17세기 여성생활사 자료집 ❷

【이화한국문화연구총서 2】

17세기 여성생활사 자료집 ❷

황수연 · 김기림 역주

보고사

서문

분명 존재했으나 드러나지 않는 것들이 있다. 또는 의도적으로 무시된 것들도 있다. 그리하여 오랜 시간 동안 부재(不在)한 것으로 간주되었던 것들은 자신의 존재가 증명되기를 기다린다. 여기 모아서 한글로 옮긴 자료들은 바로 존재했으나 그간의 역사에서는 생략되었던 조선시대 여성들의 삶에 대한 기록들이다. 이를 기록한 사람들은 조선의 남성 문인들이다. 여성들이 직접 기록한 자료들도 존재하기는 하지만 조선시대 여성의 실상을 알려주기에는 너무나 부족하다. 이 때문에 여성에 대해 기록한 것들을 주목하지 않을 수 없다.

이 책은 17세기 문집 가운데서 여성에 관한 기록들을 함께 읽고 번역한 것이다. 역자들이 처음 이 작업을 시작하게 된 것은 고전여성문학에 대한 관심에서 비롯되었다. 근래에 들어 활발해진 일상사 및 미시사에 대한 관심 덕분에 이전 시대의 개인의 역사나 일상을 구성하는 많은 부분들이 흥미롭게 재조명되고 있는 것이 사실이다. 그럼에도 불구하고 조선시대 여성이 창작하고 향유했던 문학작품들을 그들의 생활공간과 그들의 문화 속에서 구체적으로 입체감 있게 이해하기는 여전히 어렵다. 조선시대 여성들이 창작하고 소비했던 국문장편소설, 규방가사, 한시, 국문 또는 한문으로 기록된 산문들이 상당한 분량으로 남아 있고, 구전으로 전승되던 것들도 적지 않지만, 아직 이러한 작품들의 생산과 소비에 관여한 주체나 생활환경에 대해서는 별로 알려져 있지 않기 때문이다. 그런데 이러한 문학 장르들의 창작과 소비의 주체였던 여성들의 구체적인 생활, 예컨대 주거 공간, 생애 주기, 교육, 문화, 규방여성들 간의 소통 등을 당시 여성들의 일상과 문화 속에서 이해하지 않고서는 오독(誤讀)의 가능성에서 좀처럼 벗어나기 힘든 것이 사실이다.

실제로 근대 이전 여성의 삶은 의외로 많이 알려져 있지 않다. 이능우의 『조선해어화사』나 『조선여속고』가 있어 여성생활사에 관심 있는 사람들의 길잡이가 되어 왔고, 여성사 자료집이 나와 있기는 하지만 조선시대 여성들의 생활과 문화를 보다 미시적으로 접근해서 보고자 하는 역자들의 궁금증을 채우기에는 충분하지 못했다. 고전문학연구에서도 여성생활사 자료에 대한 관심은 일찍부터 있어 왔고, 새로운 자료도 발굴되었다. 그러나 이 경우에도 연구자의 관심에 따라 자료들이 부분적으로 활용되고 있어 전반적인 양상을 알기는 어렵다. 따라서 역자들은 조선시대 여성의 생활과 문화를 보여줄 자료를 전반적으로 정리해야 할 필요성을 느꼈다. 그러기 위해서는 조선시대 전반이 아니라 조선시대를 세분해서 보아야 한다고 생각했다. 그래서 일단 세기별로 접근하기로 결정하고, 문집에 남아 있는 자료들을 먼저 살피기로 하였다. 17세기를 선택한 것은 17세기가 여성의 지위 및 생활과 관련하여 중요한 변화가 초래된 시기라고 생각했기 때문이다.

문집에 실려 있는 여성 관련 자료는 여성을 대상으로 한 제문(祭文), 행장(行狀), 행록(行錄), 행적기(行蹟記), 전(傳), 비문(碑文), 묘지명(墓誌銘) 등 주로 여성의 생애에 대한 정보를 담고 있는 글들이며, 대상 인물은 주로 양반 여성들이다. 작가는 이소한(1598~1645)으로부터 서종태(1651~1719)에 이르기까지 17세기에 생존했던 인물들로 그 범위를 한정하였다. 여기에는 송시열을 비롯하여 송준길, 남구만, 이단상, 김만기, 김만중, 윤증, 김수항, 김창협 등 17세기를 대표하는 학자와 문인들이 모두 포함되어 있다. 이들이 남긴 글에는 왕비, 공주, 옹주, 양반 부인, 서녀, 천민 여성 등이 글쓴이의 할머니, 어머니, 장모, 아내, 딸, 며느리, 누이동생, 조카딸, 서녀, 여종 등의 관계로 등장하고 있다. 친족 관계가 아니더라도 학문적, 정치적 입장을 같이하는 사람들끼리 묘지명이나 애사를 지어주는 경우도 있다. 이 중

계층적으로 가장 많은 비중을 차지하는 여성들은 양반 부인들이다. 따라서 이 자료집은 17세기 양반 여성의 생활사라고 할 수 있다.

2001년부터 시작된 여성생활사 자료 읽기는 이제 세기를 달리하여 18세기로 넘어갔다. 그 사이에 역자들은 참으로 많은 여성들을 만났다. 세상에 나서 얼마 살지 못하고 일찍 죽은 딸, 과부로 70년을 넘게 살았던 부인, 좋은 가문에서 태어나 좋은 가문으로 시집가서 평생을 부귀하게 살았던 상층부인, 궁중으로부터 후한 대접을 받았던 공주, 그토록 공부하기를 원했으나 당대가 원하는 삶을 살 수밖에 없어 시집갔다가 요절한 부인, 남편을 따라 죽은 열녀, 평생 일손을 놓지 않고 부지런히 일해서 집안 살림을 꾸려나간 가난한 선비의 아내, 그림을 잘 그린 여성 등 실로 많은 여성들을 만나면서 하나의 얼굴로 떠올리곤 했던 양반 여성의 다양한 얼굴들을 알게 되었다. 집단으로서의 '여성'이 아니라 구체적인 역사 현실 속에 놓인 한 개인 '여자'의 얼굴을 엿볼 수 있었던 것이다. 그러나 우리는 이들로부터 자신의 이야기를 직접 듣지는 못하고, 남성 사대부의 의식을 통해 재구성된 이야기를 들었다. 따라서 이 자료들에는 당시 남성 사대부의 여성에 대한 기대나 편견이 고스란히 반영되어 있다. 17세기뿐만 아니라 이후에도 큰 영향을 끼친 우암 송시열은 여성을 대상으로 한 글을 가장 많이 남기고 있는데, 딸이나 서녀, 며느리, 외손녀 등에 대해 애틋한 정을 표하는 면모를 보이는 한편으로는 종종 '사치나 부귀를 좋아하는 것은 여자가 더하다'든지, '여자들이 들어와서 집안의 분란을 일으킨다'든지 하는 말로 여성에 대한 편견을 드러낸다. 또한 누구랄 것도 없이 부인들의 노동을 칭송하고 있는 이면에는 부인들의 노동과 치산(治産)에 대한 양반들의 기대가 드러난다.

이 자료집의 많은 부분을 이루고 있는 행장, 묘지명, 제문은 사람이 죽은 뒤에 죽은 이의 생애를 정리하거나 또는 죽은 이를 그리워하고 기리기 위해 쓴 글들이다. 이러한 글들은 일정한 형식성을 가질 뿐만 아니라 당대가 요구하는 기준에 맞추어 인물을 평가하는 경향이 있다. 이런 까닭에 각각의 글들이 비슷하게 여겨질 수도 있다. 그러나 이것이 이 자료들의 가치를 떨어뜨리지는 않는다. 다만 보다 깊고 섬세한 눈과 귀를 가지고 틀에 맞춰 기술된 문장들의 틈새를 통해 17세기 여성들의 목소리나 삶의 구체적인 실상을 살려내는 또 하나의 과정, 즉 섬세한 독해를 요구한다. 실로 이 자료들에는 당시 여성들이 어떤 병을 앓았는지, 몇 살까지 살았는지, 혼인은 몇 살에 했는지, 친정에서의 교육은 어떠했는지, 시집간 뒤 친정과의 관계는 어떠했는지, 자녀 교육이나 재산 관리에는 어느 정도 관여했는지, 남편과의 관계는 어떠했는지, 죽은 뒤 여자들의 묘는 어떻게 썼는지, 서모나 서녀에 대한 대우는 어떠했는지, 혼인 관계를 통해 가문들 간의 혼맥(婚脈)이 정치적으로 어떻게 연계되었는지 등에 관한 실로 다양하고도 풍부한 정보가 내장되어 있다. 이를 바탕으로 당시 여성의 생애 주기, 여성의 역할과 위상, 17세기 당시의 혼맥 등을 구체적으로 그려낼 수 있을 것이다. 이런 점에서 하나하나 따로 있을 때는 주변적인 존재로 여겨졌던 이 자료들의 잠재력을 다시 한 번 확인할 수 있다.

2002년에 시작한 번역 작업이 4년 가까이 흘렀다. 여기 참여한 연구원들은 매주, 혹은 격주로 만나서 자신이 해 온 번역을 읽고 함께 다듬었다. 포함된 문인이 많고 대상으로 된 인물들 역시 다양해서 각 편이 늘 새로운 한편 모르는 것도 늘 새롭게 나와서 우리를 난감하게 했다. 번역을 해서 책을 내는 기분은 늘 편안치 않다. 부족함을 알기 때문이다. 가능한 읽기 쉽게 번역하려 했으나 다시 읽어 보면 걸리는 부분들이 또 보인다. 여러 차례 교정을 보면서 번역의 어려움을 다시 한 번 절감했다.

이 책은 번역과 원문 자료로 구성되어 있다. 번역문은 문인별로 정리하였고, 각 연구원들이 맡아서 번역한 자료들을 중심으로 권을 나누었다. 각 권은 번역문을 먼저 싣고 뒤에 원문을 실었다. 각 편에는 해당 인물이나 글에 대한 설명을 간단히 기술하여 쉽게 이해할 수 있도록 하였다. 4권 뒤에는 17세기 당시의 중요한 정치적 사건을 정리하여 각 편을 이해하는 데 도움이 되도록 하였다. 송시열, 김수항, 이세백, 조성기, 조지겸, 임상원, 김만

중, 정제두의 글은 김경미가, 이유태, 오달제, 조복양, 김익희, 윤선거, 이건, 김좌명, 이은상, 박세당, 윤증, 송규렴, 이숭일, 박세채, 이선, 이민서, 김만기, 김석주, 권두인, 오도일, 이여, 최석정의 글은 조혜란이, 이소한, 정양, 황호, 김득신, 권시, 송준길, 김수증, 이단하, 이유장, 정시한, 김수홍, 이현일, 민정중, 신정, 김간, 정호, 임영의 글은 황수연이, 정태화, 강백년, 윤문거, 홍우원, 이단상, 남구만, 임방, 서종태의 글은 김기림이, 이휘일, 홍여하, 김창협의 글은 이경하가 맡아서 번역하였고, 정형지 선생님은 역주 과정에 자문을 해 주셨다.

이 책을 내면서 많은 분들에게 도움을 받았다. 번역문을 교열해 주신 하정 이강로 선생님, 세미나 장소 제공뿐만 아니라 연구 진행 과정상에 실제적인 도움을 주신 이화여대 한국문화연구원, 원문을 입력하느라 고생한 홍인숙, 함귀남, 그리고 선뜻 출판을 맡아주신 보고사의 김홍국 사장님과 많은 분량의 원고를 맡아 편집해 주신 이경민 씨께 감사드린다.

17세기 여성들과의 만남은 즐거웠으나, 이를 번역하는 것은 괴롭다. 그러나 이나마 17세기 여성들과 만나 소통할 수 있었으니 그것도 한 보람이다.

이 책이 조선시대 여성의 삶을 복원시켜 줄
작은 디딤돌이 되기를 바라며,
역자들을 대신하여 김경미 씀.

차 례

임방

정태화

강백년

신익전

이소한

정양

황호

김득신

권시

송준길

김수증

이단하

이유장

민정중

남구만

남구만(南九萬) : 1629(인조7)~1711(숙종37). 본관 의령(宜寧). 자 운로(雲路). 호 약천(藥泉)·미재(美齋). 시호 문충(文忠). 허적, 윤휴 등을 탄핵하여 남해로 귀양가기도 하였고, 장희빈 사사를 반대하기도 하였다. 청주 및 북방의 외지에서도 공적이 탁월하였다. 강직하고 구걸하기를 싫어하였으나 당시 사람들에게 의해 척신 김석주와 친하다는 비방을 듣기도 하였다. *『숙종실록』 권50 참조.

창빈의 묘지명

[昌嬪墓誌銘]

중종의 후궁이었던 창빈 안씨의 묘지명이다. 1499년(연산군5)에 태어나 1549년(명종4)에 죽었다. 안탄대의 딸로 중종의 후궁으로 들어갔다. 중종이 살아있을 때에는 숙용까지 올랐었다.(*『인종실록』권1 참조) 죽은 후 손자 선조대왕이(둘째 덕흥군의 아들) 왕에 오르자 할머니를 높여 창빈으로 봉하였다. 숙종7년 3월 낭원군 이간이 상소하여 무덤을 새로 정비하고 묘도에 비석 세우기를 청하였고, 전평군 이곽이 주관하여 일을 진행하였다. 그리하여 묘를 새로 단장하면서 묘지가 없어 남구만에게 지어 바치라고 하여 쓴 글이다. 신정(申晸)이 쓴 [창빈신도비명(昌嬪神道碑銘)『汾厓遺稿』권10]도 있다.

창빈의 묘도[1]문자[2]를 쓰고 비석 새기는 일을 이제 거의 다 마치게 되어 이 일을 맡았던 전평군(全坪君)[3] 곽(漷)이 왕께 계를 올려 말하기를,

---

1) 묘도 : 무덤 밖에서 무덤 안으로 들어가기 위해 닦아놓은 길. 조선시대에는 왕족만 설치할 수 있었다. 여기서는 무덤 전체를 의미한다.

2) 묘도문자(墓道文字) : 무덤 속 및 무덤 주위에 설치한 물건 등에 새긴 문자들, 예를 들면 묘지, 묘표, 묘갈 등의 글을 통틀어 묘도문자라고 함.

3) 이곽(李漷) : 1659(효종10)~1698(숙종24). 조선 후기의 종실(宗室). 본관은 전주(全州). 자는 노백(魯伯), 호는 노주(鷺洲). 선조의 증손이며, 인흥군 영(仁興君 瑛)의 손자이다. 낭원군 간(朗原君 偘)의 아들이며 어머니는 한성운 딸이다. 큰 아버지인 낭선군(朗善君) 우에게 입양하였다. 1679년(숙종5) 삼조어필(三朝御筆)에 관한 소를 올린 공으로 전평군(全坪君)에 봉하여졌다. 1689년 인현왕후(仁顯王后)가 폐위되자, 이를 반대하는 극간상소(極諫上疏)를 하였다. 문명(文名)이 높았으며, 작은 방에 사락당(四樂堂)이라는 편액을 걸어 놓고 학문과 풍류를 즐겼다. 저서로는『노주집(鷺洲集)』이 있다.

“비석에 글을 새기는 일은 이미 다 마쳤습니다. 그런데 유당(幽堂)[4]에 기록이 없는 것은 또한 길이 추모하고자 하는 바가 아닙니다. 그러니 마땅히 문사를 맡은 신하들로 하여금 명시(銘詩)[5]를 짓게 하고 이 일이 이루어지면 구덩이를 파고 묻어야 할 것입니다. 그렇게 하면 성상께서 조상을 생각하시는 지극한 마음을 더욱 더 밖으로 드러낼 수 있기에 족할 것입니다. 이에 감히 죽음을 무릅쓰고 아뢰니다.” 하였습니다.

이 때 신 남구만이 붓을 잡고 글을 쓰는 직책에 있었기 때문에 서술하라는 명령을 받들게 되니 감히 사양할 수 없어 이 글을 짓습니다.

살펴보니, 빈의 성씨는 안씨이고 안산으로부터 갈라져 나왔다. 아버지 탄대(坦大)[6]는 중묘조정국원종훈[7]에 기록되어 있고, 그 지위는 순부위를 거쳤으며 나중에는 의정부 우의정에 추증되었다. 어머니는 황씨인데 정경부인에 추증되었다.

빈은 홍치(弘治) 기미년(1499) 7월 을유에 태어났다. 정묘년(1507)에 뽑히어 대궐로 들어왔다. 무인년(1518)에 후궁의 관직을 갖게 되었고 경진년(1520)에 상궁(尙宮)에 임명되었다. 기축년(1529)에 숙원(淑媛)으로 품계가 올랐고, 경자년(1540)에는 숙용(淑容)으로 올랐다.[8] 갑진년(1544)

---

4) 무덤을 말한다.

5) 문체의 한 이름, 혹은 그릇에 새겨 스스로 경계하고자 하는 글, 또는 묘비 등에 새겨 그 사람의 공적을 찬양하는 글, 여기서는 마지막 의미를 지칭한다.

6) 안탄대(安坦大) : 창빈 안씨의 아버지, 종7품인 적순부위(조선때 무관의 종 7품 벼슬)를 지냈으며 부귀영화를 사양하고 검소와 겸손으로써 생애를 마쳤으며 사후에는 조정에서 우의정으로 추서되었다.

7) 중종반정에 참여하여 공을 세운 공신들의 명단을 말한다.

8) 조선시대에는 내명부(內命婦)라는 것을 두었는데 이는 궁중에 있던 여관(女官)의 총칭이다. 이 제도는 세종 때에 규정되었다. 이들은 내관, 궁관으로 나뉘었다. 내관은 왕의 후궁층에 속하는 이들로 빈(嬪), 귀인(貴人), 소의(昭儀), 숙의(淑儀), 소용(昭容), 숙용(淑容), 소원(昭媛), 숙원(淑媛) 등이 있었다. 궁관은 상궁(尙宮)에서부터 전정(典正)까지 20개의 품계가 있었다. 이들은 각각 그 품계에 따라 직무가 주어졌다. 빈과 귀인은 왕비를

에 중종이 죽고 장례의 예를 다 마치자 옛 일을 따르기를 청하여 궁 밖으로 나가 인수사[9]에서 살았다. 그런데 문정왕후가[10] 특명을 내려 궁중에 들어와 다시 머무르라고 하였다. 기유년(1549) 10월 갑인에 마침 사제(私第)로 나갔다가 병 없이 계시다가 돌아가셨다.

명종께서 매우 슬퍼하시면서 조회도 철회하고, 특별한 대우를 내리셨다. 그리하여 조정에서 상례를 주관하라고 명령하시고 삼궁께서도 또한 휼전[11]을 평소의 몇 배로 내렸다. 그 다음해 3월 임신에 양주(楊州)의 서쪽 장흥리에 장사 지냈다. 그 후 무덤이 불안하다고 하여 과천현 동작리(果川縣 洞雀里)에 서남쪽을 등진 자리로 옮겼다.[12]

도와 부인의 예를 의논하고, 소의와 숙의는 왕비의 예를 도왔으며, 소용과 숙용은 제사, 손님 접대 등의 일을 맡았다. 소원과 숙원은 왕이 거처하는 전각을 다스렸으며 특히 명주와 모시를 짜서 해마다 바치는 일을 하였다. 궁관들도 품계에 따라 각각의 직무를 부여받아 일을 행하였다.

9) 인수사 : 인수궁(仁壽宮). 이는 정업원이라 부르던 곳이다. 도성 안에 두었던 여승방(女僧房)이었는데 조선 초기 독서당으로 사용되었다가 1517년(중종17) 독서당이 두모포로 옮기자 빈 절로 남아 있었다. 그러다가 1550년(명종5)에 다시 세워졌는데 유생들의 반발이 있었으나 후궁들의 별처로 사용한다는 명분으로 인수궁이라 하였다. 1612년(선조40)에 혁파되어 여승들은 모두 성 밖으로 쫓겨났다.

10) 문정왕후(文定王后) : 1501(연산군7)~1565(명종20). 조선 중종의 계비(繼妃). 본관은 파평(坡平). 영돈녕부사(領敦寧府事) 윤지임(尹之任)의 딸이다. 1517년(중종 12) 왕비에 책봉되었으며, 명종의 어머니이다. 중종의 뒤를 이은 인종이 일찍 죽고 명종이 12세의 나이로 왕위에 오르자 8년간 수렴청정(垂簾聽政)을 하였다. 대윤(大尹) 윤임(尹任) 일파를 제거하고 소윤 윤원형이 정권을 잡도록 을사사화를 일으켜 윤원로(尹元老)를 해남(海南)으로 귀양보내고 윤임 등을 사사하였다. 불교의 부흥을 꾀하여 보우의 도움을 받기도 하였고 1550년(명종 5) 선교(禪敎) 양종(兩宗)을 부활시키고 승과・도첩제(度牒制)를 다시 실시하였고, 중종의 능을 보우가 주지로 있는 봉은사(奉恩寺)로 이장시켰다. 1553년 국정을 왕에게 맡겼으나 실질적인 대권은 계속 장악하여 윤원형 등 친척에게 정사를 좌우하게 하였다. 소생은 명종・의혜공주(懿惠公主)・효순공주(孝順公主)・경현공주(敬顯公主)・인순공주(仁順公主) 등 1남 4녀이며, 능호는 태릉(泰陵)이다.

11) 나라에서 이재민을 구제하는 은전

12) 창빈 안씨 신도비와 묘소는 지금 서울 동작구 국립묘지 내에 있으며 유형문화재 제 54호로 지정되었다. 처음에는 양주 장흥 땅에 예장하였으나 다음해 3 월 지금의 자리로 옮겼다. 이후 천묘한 곳의 지명에 따라 동작릉으로 일컬어왔다. 묘 아래 좌측에 위치한 신

선조대왕이 나라의 대통을 이으신 지 11년 되던 정축년(1577)에 창빈(昌嬪)으로 높여 봉하고 대원군의 사당에서 제사를 지내도록 명령하였다. 효종대왕 9년 무술년(1655)에 유신인 송준길의 의논을 받아들여 자리를 옮기지 않는 불천지위(不遷之位)로 정하였다.[13] 지금 임금이[14] 즉위한 5년 기미년(1679)에 묘를 지키기 위해 5호를 두셨다. 그리고 지금 또한 비석을 세워 그 유구함을 내 보이시고 마치는 예를 숭상하시니 이에 어찌 더하는 것이 없겠는가.

아! 아름답구나. 이러한 데까지 이르게 된 이유를 가만히 생각해 보았다. 어려서 시집가기 전부터 이미 유순한 성품이 저절로 이루어져 거동에 어긋남이 없었다. 뽑혀 궁에 들어와서도 부드럽고 아름다운 도량이 다른 사람들에 비해 아주 뛰어났다. 특히 정현대비[15]의 총애를 입어 대비가 책들을 하사하기도 하였다. 그리고 누에를 치고 명주를 짜는 일을 도우는 데에 중전을 모시고 그 공을 들이고 물건을 두루 갖추었는데 모두 옛 예법에 들어맞아 옆에서 모시는 이들 중 본받지 않는 이들이 없었다.

왕을 받들어 모시면서 경외하는 마음을 가졌으며 침묵을 지켜 함부로 말하지 않으니 조금이라도 왕의 총애를 믿는 마음을 보이지 않아서 동렬들의 환심을 얻기도 하였다. 의로운 방법으로 자녀들을 가르쳤고, 화복은 각각 정해진 운명이 있다는 것을 잘 알아 무당을 불러 복을 비

도비는 1683년(숙종9)에 건립한 것으로 비신은 4각으로 특색이 있다.

13) 불천지위 : 자손이 봉사하는 범위가 5대인데 그 윗대가 되면 다른 조상신들과 함께 봉사받게 되므로 신위를 옮겨야 한다. 그런데 불천은 옮기지 않고 영원히 받는 것을 말한다. 효종 9년 11월에 송시열이 먼저 조천해야 한다고 제의하자 송준길은 왕통을 낳은 사람이므로 조천하지 말아야 한다고 제의하였다. *『효종실록』 참조.

14) 숙종.

15) 성종(成宗) : (1457~1494, 재위25년)의 계비(繼妃)인 윤씨(貞顯王后 尹氏 : 1462~1530). 중종의 생모이기도 하다.

는 일 등을 한번도 한 적이 없었다. 또 탄생과 죽음이란 반드시 오는 것이므로 그에 순응하는 것이 마땅하다는 것도 알았다. 일찍이 수의를 지어 겹겹이 쌓아 잘 보관했었는데 그 곁에 습구, 염구라고 써 두었다. 흉한 일이라고 하여 꺼리지 않았으니 처음부터 끝까지 우아하고 조심스럽게 하고 창달한 식견이 이와 같았다. 이것이 비록 선왕께서 집안을 바르게 다스린 교화와 선후께서 몸소 아래 후손에게 내리신 은혜가 있어 이루어진 것이기는 하지마는, 빈이 지닌 덕성의 아름다움 또한 가릴 수는 없는 것이다.

게다가 성스런 자손까지 낳아 경사스러움이 집안과 나라에까지 이르렀으니 또한 마땅하지 않은가.[16] 가락(假樂)시[17]에 '아름다운 덕으로 인해 복을 받고 자손에게도 돌아가니 임금에 마땅하고 왕에 마땅하도다.' 라고 하였으니 바로 여기서 그 증거를 볼 수 있다.

빈은 아들 두 명과 딸 하나를 두었다. 장남은 영양군(永陽君) 거(岠)이고 차남은 덕흥대원군(德興大院君) 초(岹)이다. 딸은 정신옹주(靜愼翁主)이다. 영양군은 후사가 없어서 흥녕군(興寧君)인 수전(秀荃)을 후사로 삼았다. 대원군은 3남 1녀를 두었다. 아들이 바로 선조대왕인데 형제 중 세 번째이다. 맏이는 하원군(河原君) 정(鋥)이고, 차남은 하릉군(河陵君) 린(鏻)이다. 딸은 안황(安滉)에게 시집갔다.

정신옹주는 청천위 한경우(韓景祐)에게 하가하여 1남 3녀를 낳았다. 아들은 진(璡)이다. 딸들은 각각 남궁 식(南宮 湜), 원호준(元虎俊), 이인호(李仁好)에게 시집갔다. 직계, 방계의 내외 자손들이 지금에 이르러서

16) 광해군의 폭정으로 반정을 일으킨 공신들이 명종의 이복동생인 덕흥군의 아들이었던 선조를 왕으로 추대한 것을 말한다.

17) 『시경』「大雅」<生民之什>중 다섯 번째 시. "假樂君子 顯顯令德 宜民宜人 受祿于天 保右命之 自天申之. 干祿百福 子孫千億 穆穆皇皇 宜君宜王 不愆不忘 率由舊章".

는 거의 천여 명이나 되는데 모두 선보(璿譜)[18]에 갖추어 실려있어서 여기에 다 적지 않는다.

명에 이른다.

그 근원의 음덕으로 이에 크고 아름다운 이를 낳으셨으니

몸소 사덕(四德)[19]을 갖추시어 뽑히어 궁궐에 들어왔도다.

임금에게 적합하니 그 복이 빛나도다.

온순하고 공손하며 성품이 맑고 삼가니 그 은총으로 지위가 더 나아가도다.

아름다운 소문이 더욱 돈독해지니 하늘이 복을 열어주시는 때를 만났네.

후사를 두심에 성손이 탄생하여

나라를 이어가게 했으니 나라가 다시 빛나게 되었네.

지극히 아름다움이여, 큰 복을 이에 받으시니

그대로 하여금 모두 좋게 하도다.[20] 이 어찌 그 유래가 없으리오.

강원(姜嫄)[21]이 제곡(帝嚳)[22]을 받들고 후직(后稷)[23]을 길러내어

주나라를 새롭게 나게 하셨으니 이로써 보니 옛날과 지금에도 보였네.

그 아름다움과 덕을 나란히 같이 하여 짝을 이루니 그 영원히 보답함이여.

---

18) 『선원계보기략』으로서 조선 왕실 족보의 하나.

19) 여자가 갖추어야 할 네 가지 덕. 부언(婦言), 부덕(婦德), 부공(婦功), 부용(婦容).

20) 이 句는 『시경』 「小雅」 <鹿鳴之什> 중 여섯 번째 시인 "天保"에 나온다. "天保定爾 俾爾戩穀 罄無不宜 受天百祿 降爾遐福 維日不足"

21) 강원(姜嫄) : 제곡의 아내이며 후직의 어머니

22) 제곡(帝嚳) : 중국 고대 제왕의 이름. 황제(黃帝)의 증손으로 고신씨(高辛氏)라고 하고, 박(亳)에 도읍을 정하였다.

23) 후직(后稷) : 주(周)의 선조인 기(棄)의 또 다른 이름. 농사를 맡았으므로 이렇게 불렀다.

살아서는 고명함을 누리고 죽어서는 이름이 드날리도다.
마땅히 끼친 업적을 찬양하고 새겨 둘 만하네.
또 무덤에 기록하여 후손들에게 가르치도다.

대광보국 숭록대부[24] 의정부 우의정 겸 영 경연사감 춘추관사 홍문관대제학 예문관대제학 지성균관사 신(臣) 남구만(南九萬)이 전교를 받들어 찬술하여 바칩니다.

---

24) 조선시대 문관 종1품 상(上)의 품계명.

정부인에 추증된 김씨의 묘표

[贈貞夫人金氏墓表]

김자남의 딸이며, 이정린의 두 번째 부인이다. 1629년(인조7)에 태어나 1680년(숙종6)에 죽었다. 혼례를 마친 후 시부모를 정식으로 뵙기 전에 시아버지가 돌아가시자 가서 예법에 맞게 곡을 하였다. 친정어머니께서 돌아가신 후 2개월 만에 몸져 누워 있다가 죽었다. 이 때까지 남편 이정린은 벼슬하지 못하였다가 부인이 죽기 한 달 전 급제하였다. 그러나 남편도 2년 동안 관직에 있었을 뿐, 2년 후에 죽었다. 이정린은 최극량 딸과 결혼하였으나 자식이 없었고 김씨와 재혼을 하여 2남을 두었다. 그 아들 이언경은 남구만의 문인이었는데 어머니가 돌아가시자 스승이었던 남구만에게 어머니의 묘표를 부탁하였다. 김씨 부인은 아들인 이언경으로 인하여 정부인이라는 봉작을 받았다.

정부인에 추증된 김씨는 국성을 가진 이씨 정린(廷麟)의[25] 처인데, 그는 병조좌랑이었고 이조참판에 추증되었다. 또 황해도 관찰사 이언경(李彦經)[26], 화순현감 이언위(李彦緯)의 어머니이기도 하다. 그 선조는

---

25) 이정린(李廷麟) : 1615년(인조3)~1682년(숙종8). 자(字) 서징(瑞徵). 이시필(李時苾)의 아들. 어머니는 정종호(鄭宗晧) 딸이다. 원래 이름이 원린(元麟)이었다. 1680년 55세가 되어서야 정시 丙科에 급제하여 성균관, 예조좌랑을 거쳐 옥구현감을 지내기도 하였다. 1682년에 죽자 광주 세촌리에 묻혔다. 자신이 현달했으나 이 때에는 이미 조부모, 부모, 부인까지 죽은 뒤여서 한으로 여겼다고 한다.

26) 이언경(李彦經) : 1653년(효종4)~1710(숙종36). 본관은 전주. 자는 사상(士常). 호는 천유(天遊). 이정린의 아들, 남구만의 문인. 1677(숙종3) 사마시에 합격, 1691년 통덕(通德)으로 알성문과에 병과로 급제, 1695년 설서, 정언 등을 거쳐 이듬해 지평이 되어 만언소(萬言疏)를 올려 붕당의 폐해를 지적하기도 하였다. 1704년 사은사의 서장관으로 청나라

신라의 왕족으로서 본적이 광주이다. 6대조는 좌찬성 광성군(光城君) 김겸광(金謙光)[27]이고, 5대조는 좌찬성 김극핍(金克愊)[28]이다. 아버지는 군수 김자남이다. 어머니는 국성인 이씨로서 장사랑 유염의 딸이다. 부인은 숭정 기사년(1629)에 태어났다

어려서 지극한 성정을 지니고 있었고 자라나서는 교훈을 깊이 새겨 그 거동과 말이 모두 법도에 딱 맞았다. 이미 결혼을 하였으나 아직 사당에 알현하지 못하였을 때 시아버지인 참판부군이 돌아가시자[29] 부인은 달려가 그 빈청에서 곡을 하고 쪽진 머리를 풀고 상을 당한 머리 모양으로 바꾸었다.[30] 그 슬퍼하고 공경함 두 가지를 다하였다. (시집의) 가족 규모가 아주 방대하여 보는 사람들이 아주 많았는데 모두 그 예법에 어긋남이 없는 것에 대해 탄복하였다.

그 때 시할머니인 조부인과 시어머니 정부인이 모두 살아계셨다. 부인이 부도를 아주 잘 닦았으므로 두 부인이 극구 칭찬하였다. 또한 자매와 동서들이 한 방에 살았는데 삼년상을 마칠 때까지 집안에서 이간질하는 말이 전혀 없었다. 두 부인이 차례로 돌아가시자[31] 집안이 더욱

에 다녀와 중국 역대 현군, 명신 중 모범이 될 만한 인물을 그린 양정도해책(養正圖解冊)을 올리기도 하였다.

27) 김겸광(金謙光) : 1419년(세종1)~1490(성종2). 본관은 광산. 자는 위경. 시호는 공안(恭安). 아버지는 김철산, 어머니는 김명리의 딸이다. 1460(세조6) 신숙주의 종사관이 되어 건주위(建主衛)의 야인을 정벌하는 데 공을 세웠다. 1471년 좌리공신(佐理功臣) 3등으로 광성군에 봉해졌다.

28) 김극핍(金克愊) : 1472년(성종3)~1531(중종26). 본관은 광주, 자는 자성(子誠). 시호는 정평(靖平). 김겸광의 아들, 1489(성종20) 진사가 되었다. 갑자사화 때에 고산현에 귀양갔다가 중종반정 이후 다시 기용되었다. 당시 권신이었던 김안로, 허흡 등의 미움을 사 告身을 박탈당하자 울분으로 단식 끝에 죽었다.

29) 1650년(효종1)의 일이다.

30) 비녀를 빼고 머리를 뒤쪽 윗부분으로 한 데 모아 묶어 앞으로 넘긴 머리모양으로 상을 당했음을 표시하는 머리 모양이라고 한다.

31) 1663년(현종4)에는 시할머니 조부인이, 1671년(현종12)에는 시어머니 정부인이 죽었다.

더 기울어졌다. 부인이 집안의 일을 주관하면서 있고 없는 것에 대해 부지런히 마음을 썼다. 상례와 장례를 주관하면서도 공궤하는 상차림이 모두 능히 정과 절문(節文)에 딱 들어맞았다.

아버지인 군수공이 돌아가시고 친정어머니 이부인 또한 노환이 있은지 오래 되었다. 이에 부인이 집에서 받들었다. 상을 당하여서는 슬퍼함을 다하였고 봉양함에 이르러서는 그 정성을 다하였으니 병이 났다거나 집안이 곤궁하다는 핑계로 조금도 게을리 하지 않았다.

경신년(1680) 8월, 친정어머니 이부인이 심하게 앓으셨다가 돌아가셨는데 부인이 음식을 끓이고 불을 지피는 짧은 사이에도 어머니를 따르는 마음이 더 심해졌다. 그 해 10월에 돌아가셨다. 이는 하늘이 낸 효녀니 어찌 옛날에 말한바 "이미 시집갔으나 쇠하지 않았을 뿐이다."라고 한 것과 같을 뿐인가.

부인이 돌아가시기 한 달 전 쯤 참판공이 과거에 올랐으니[32] 그 기뻐함을 가히 알 수 있다. 그러나 부인이 다시 일어나지 못하실 줄을 스스로 알아차리고 자식들에게 일일이 일러 주셨으니 그 슬픔도 가히 알 수 있다. 참판공이 낭관의 직위에[33] 오르고 백리에 수령을 할 적에 부인이 이미 병이 중해져서 거실에 누워 계셨다. 옛일을 돌이켜 생각해보면 곤궁하게 사시다가 끝내 돌아가셨으니 그 비통함을 알 수 있다.

지금 관찰군이 문과에 적을 올리고 지위가 크게 드러나게 되면서 조

---

32) 이 때 남편 이정린이 정시(庭試) 병과(丙科)에 2등으로 합격, 처음으로 성균관의 관직을 받게 되었다.

33) 성랑(星郎) : 한나라 명제 때에 관도공주(館陶公主)가 아들을 위해 관직을 구하였다. 그러나 후궁의 가족들은 봉작을 받지 못하였으므로 그대신 돈 천만을 주었다. 이 때 신하들은 "郎官上位應列宿 出宰百里 有非其人 則民受其殃 是以難之"라고 하였다. 이에 명제는 낭관이란 성수위에 있다는 이유로 관도공주의 청을 거절한 것. 이로부터 성랑은 낭관을 좋게 부르는 말이 되었다. 『후한서』「明帝紀」 *『중외전고대사전』 참조.

정의 안과 밖으로 들어오고 나가기도 하면서 한 때의 명신(名臣)이 되었다. 이에 그 추증하는 영광이 선조에까지 미치게 된 것이다. 화순군 또한 앞서 나아간 선비가 되어 백성과 나라를 위해 일하였다.

밖으로부터 본다면 부인은 능히 평상시에 잘 가르쳐서 돌아가셨어도 그 복록을 받으신 것이니 누가 흠모하지 않겠는가. 관찰군 형제의 말을 빌자면 천종의 많은 봉록에 미치지는 못한다 할지라도 그것은 삼부(三釜)만 못하다고 하니 그 애통함도 가히 알 수 있다.[34]

부인의 장지는 광주(廣州) 세촌(細村)에[35] 있는 참판부군의 왼쪽이다. 참판공의 장례시에 풍수가가 "서로 바라다 보이는 다른 언덕에 묻으라." 고 한 말을 들어 합장하지 못한 것이다. 자녀와 모든 자손들은 모두 참판공의 묘갈에 있다.

34) 삼부지양(三釜之養) : 증자가 말하기를 "내가 부모님 살아계실 적에는 벼슬의 녹봉이 겨우 3부(釜)였지만 마음이 흡족했다. 그 뒤 다시 벼슬을 하여 녹봉이 3천종(鍾)이 되었으나 부모님이 돌아가셔서 슬펐다"라고 하였다. 곧 박봉이라도 부모님을 살아계신 부모님 봉양이 더 낫고, 부모님 돌아가신 것을 서운해한다는 뜻. ＊『삼강행실도』『장자』 참조.

35) 조선시대 광주부의 땅으로 23개면 중 하나. 23개면 중 세촌, 대왕, 돌마, 낙생연 등이 합쳐져 지금의 성남시로 되었다.

10대조 할머니 변한국대부인 파평 윤씨의 묘표
[十代祖妣卞韓國大夫人坡坪尹氏墓表]

윤호(尹虎)의 딸. 고려말 조선초 사람이었던 남재의 첫 부인이며 남재는 홍이(洪彝) 딸과 재혼하였다. 이 글은 남구만의 10대조 할머니에 관한 묘표이다. 이것을 포함하여 뒤에 나오는 글들은 남구만 집안의 가승(家乘)에 있는 것들이다. 남구만 생존시기에 남씨 집안의 족보를 정비하는 과정에서 무덤도 재정비하고 묘지명, 묘표 등도 작성했던 것으로 보인다. 1697년(숙종23)에 족보 서문이, 1698년(숙종24)에 세승서(世乘序)를 쓴 것으로 보아 이 시기 전후로 족보찬수작업이 진행되었다. 이 글에서도 밝혔듯이 워낙 오래전의 일이기 때문에 할머니에 대한 일화들이 상세하게 전해 내려오지 못하였다. 그리하여 할머니 이후 집안 자손들의 번창함을 서술하는 데에 주력하였다.

유명 조선국 영의정 의령부원군(有明朝鮮領議政宜寧府院君)이며 충경(忠景)이라는 시호를 받았던 구정(龜亭) 남공(南公) 재(在)[36]의 원래 배필인[37] 변한국대부인(卞韓國大夫人)[38] 파평 윤씨의 묘는 장단부(長湍

36) 남재(南在) : 1351년(고려 충정왕3)~1419년(조선 세종1). 본관은 의령, 자는 경지(敬之), 호는 구정(龜亭), 시호는 충경(忠景). 아우 남은(南誾)과 함께 이성계의 조선 개국을 도와 개국공신이 되었다. 어렸을 적 처음 이름은 겸(謙)이었는데 태조를 도운 공으로 태조가 재(在)라는 이름을 하사했다고 한다. 이는 '아직도 살아있다(尙在)'라는 의미였다고 한다. 성품이 활달하고 문장이 평정하고 산술(算術)을 잘하여 남산(南算)이라고도 불렸다. 태조의 묘정에 추가로 배향되었다. * 남구만, 『약천집』권24, [십대조신도비명(十代祖神道碑銘)] 참조.

37) 원배(元配) : 맨 처음 결혼한 상대. 여기서는 맨 처음 결혼한 부인.

府) 북서 십리에서 멀리 떨어진 전재궁리(田齋宮里)[39]에 있으니 곧 송도의 동대문 밖 십리에서 아주 가까운 천수원(天壽院)[40]의 뒤쪽 골짜기 북쪽을 등진 자리에 있다.

성화(成化)[41]년간 증손인 칭(偁)이[42] 송도판관[43]으로 와서 표석을 세웠는데 글자가 지금은 다 이지러졌다. 숭정 무진년 이후 60여 년 되는 무진년(1688)에 칭의 8대손인 익훈이[44] 승지가 되어 외지로 나와 부사가 되었다. 이때 앞에는 상(牀)을, 뒤에는 담을 설치하고 왼편에는 다시 비갈을 세워 문장을 새겨 넣기를

"부인의 십대조는 윤관(尹瓘)[45]으로 시중이요, 고조는 보(珤)[46]는 영

---

38) 변한국대부인(卞韓國大夫人) : 조선초기 부원군, 공신들의 부인에게 주던 봉작으로 '某한국대부인'이라고 부르던 것 중의 하나이다. 고려시대에는 조선국대부인, 통의국대부인, 진한국대부인, 변한국대부인. 삼국대부인, 한국대부인, 삼학국대부인 등의 봉작명칭이 있었다. 이를 조선에서 시행하다가 1432년 신하의 처(妻)를 국(國)으로 일컫는 것이 마땅치 않다고 하여 그 이후로는 거의 사용하지 않았다.

39) 전재궁리(田齋宮里) : 지금의 경기도 장단군 진서면 전재리. *『동국여지승람』 참조.

40) 천수원(天壽院) : 천수사(天壽寺). 경기도 장단군 전제리에 있었던 절. 고려 숙종 때 창건된 것으로 숙종의 원찰이다. 조선시대에 와서는 절터만 있었으나 교통의 요충지라 하여 역원을 만들고 천수원이라 했다.

41) 성화(成化) : 명나라 헌종 때의 연호. 1465년~1487년.

42) 남칭(南偁) : 생몰년 미상. 남지의 아들, 어머니는 이문간(李文幹)딸이다. 남륜, 남구 등과 형제

43) 판관(判官) : 중앙관부와 지방관아에서 행정실무를 담당했던 관직, 품계는 종 5품.

44) 남익훈(南益熏) : 1640(인조18)~1693(숙종19). 본관은 의령. 자는 훈중(熏中), 호는 파은(坡隱). 증조부가 남이신(南以信), 조부는 남두첨(南斗詹), 아버지는 남선. 남치훈의 형. 처음에 강백년의 딸에게 장가들었다가 다시 신자숙(申自淑)의 딸에게 장가들었다. 강백년의 글에 그 죽은 딸을 위한 제문이 있다. 남인이 득세하자 관직에서 물러나 있다가 후에 승진하였다. 동래부사 시절에 대마도주(對馬島主)와 교섭하여 옛날의 협약 준수를 촉구하고 왜관(倭館)에 비를 세워 불법행동을 금지시키고 단속을 엄하게 하였다. *강백년, 『설봉유고』[죽은 딸 남익훈 처(亡女南郎益熏妻祭文)] 참조.

45) 윤관(尹瓘) : ?~1111년(고려예종6). 본관은 파평. 자는 동현(同玄), 시호는 문경(文敬). 여진족을 정벌하고 6진을 개척하였다.

46) 윤보(尹珤) : ?~1329년(충숙왕16). 고려 충렬왕, 충숙왕 때의 재상. 윤관의 후손. 1321년

평부원군이요, 중조인 암(諳)은 소부윤이요, 할아버지 해(侅)는 대광전서(大匡典書)요[47], 아버지 호(虎)[48]는 판삼사사 정후공(判三司事 靖厚公)이다. 어머니는 지선주사(知善州事) 이원후(李元厚)의 딸이다. 남씨의 옛 집이 대개 송도 태평관 동쪽에 있다."고 하였다.

아직 한양으로 옮기지 못했을 때에 부인이 돌아가시자 이 곳에 무덤을 팠고, 구정공이 건원릉(健元陵)[49]의 바깥 골짜기에 묻혔기 때문에 합장하지 못하였다.

부인은 두 아들을 키웠다. 장남 경문(景文)은 병조좌랑이고 차남은 경무(景武)이다. 손자는 좌의정 남지(南智)[50], 직제학 남간(南簡)[51], 의산군 남휘(南暉)[52]이다. 증손은 의령군 남륜(南倫)[53], 참판 남의(南儀)이

(충숙왕8) 수첨의찬성사로 치사하였고 다시 정승치사로 직위가 더해졌으며 영평군(鈴平君)에 봉해졌다.

47) 고려시대 향직.

48) 윤호(尹虎) : ?~1393년(태조2). 자는 중문(仲文). 해(侅)의 아들. 시호는 정후(靖厚). 1373년(공민왕22) 관사로 재직했을 때 왕과 내기 바둑을 하다가 지는 바람에 시를 지었다. 이 시가 왕의 마음에 들지 않아 양광도도순무사로 나가기도 하였다. 이성계 휘하에서 활약하였고 조선이 건국되자 개국공신이 되어 파평군(坡平君)에 봉해졌다.

49) 건원릉(健元陵) : 조선 태조의 능. 사적 제 193호인 동구릉(東九陵)의 하나. 경기도 남양주군 구리읍 인창리에 있다.

50) 남지(南智) : 생몰년 미상. 자는 지숙(智叔). 남재의 손자, 남경문의 아들. 어머니는 방순(方恂) 딸이다. 음보로 감찰이 되었고 의성군에 책봉되었다. 1435년 성절사로 명나라에 가서 『音註資治通鑑』 1질을 받아왔다. 계유정난 때 사돈인 안평대군과 사위 이우직(李友直) 부자가 죽음을 당하였는데 병으로 인하여 화를 면하였다. 죽은 뒤 1489년(성종20) 손자 남흔의 상소로 충간이라는 시호는 받았다. 이문간(李文幹)의 딸과 결혼하여 남륜, 남칭, 남구, 남휴, 남의 등의 아들을 두었다. 딸은 각각 임영대군(안평대군 아들), 이구(李璆)., 의춘군 이우직(李友直), 조무영(趙武英) 등과 결혼하였다.

51) 남경문의 아들, 남휘와 현제 정선공주의 시아주버니이며 좌정언을 지내기도 하였다. 『세종실록』 참조.

52) 남휘(南暉) : ?~1454년(단종2). 남경문의 아들. 태종의 넷째 딸 정선공주를 맞아 의산군에 봉해졌다.

53) 남륜(南倫) : 남지의 아들.

다[54]. 현손은 판서 남이(南怡)[55], 정랑 남제(南悌)[56]. 대사간 남율(南慄), 승지 남흔(南忻)[57]이니 모두 현달한 사람들이다. 이후 이름과 지위가 세상에 널리 알려졌다. 그 중에는 의성위 남치원(南致元)[58], 의천위 남섭원(南燮元), 참판 남세웅(南世雄)[59], 남세준(南世準)[60],남세건(南世健), 절도사 남효원(南孝元), 추강거사 남효온(南孝溫)[61], 판윤 남효의(南孝義), 남치근(南致勤)[62], 참판 남응운(南應雲)[63], 참의 남응룡(南應龍)[64],

---

54) 남의(南儀) : 남지의 아들.

55) 남이(南怡) : 1441년(세종23)~1468년(예종즉위년). 세조3년에 무과에 장원급제하고 이시애의 난을 평정, 여진족을 토벌하기도 하였다. 유자광의 모함에 의해 역모죄로 죽었다. 그 뒤 1818년(순조18) 남공철의 주청으로 관직이 복구 되었다.

56) 남제(南悌) : 강희맹과 삼촌 조카 사이, 강학손과 사촌, 성종 5년 1월에 부산포에 가서 왜인들의 호구 및 인구조사를 실시하기도 하였다. 조구서 집에서 놂 때 궁의 재기(才妓)와 공인(工人) 등을 함부로 불러 써서 파직당하기도 하였고, 술버릇 때문에 사간원의 견제를 받기도 하였다. *『성종실록』 참조

57) 남흔(南忻) : 1451년(문종1)~1492년(성종23). 자는 낙천(樂天). 남지의 손자, 남윤의 아들. 19세에 관직에 나가 벼슬이 좌부승지에 이르렀다.

58) 남치원(南致元) : 자는 인경(仁卿). 호는 금헌(琴軒). 성종의 셋째딸 경순옹주를 맞아들여 의성위에 봉해졌다.

59) 남세웅(南世雄) : 중종년간 문신, 대사간, 강원도, 전라도 관찰사를 역임하였다. 1537년(중종32)에 진하사로 중국에 다녀오기도 하였다. 여행 도중 어머니가 돌아가셨는데도 초상에 참여하지 못하였다. 이것 때문에 그 후로 80~90세 부모를 가진 사람들은 사신으로 추천하지 말도록 하기도 하였다고 한다. *『중종실록』 참조.

60) 남세준(南世準) : 1478(성종9)~1533년(중종28). 자는 정경(正卿), 1504년(연산군10) 사마시에 합격. 1519년 사간이 되었는데 조광조의 문제에 대해 죄 줄 것을 요청하기도 하였다. 승지, 예조참판, 이조참판으로 승진하기도 하였다.

61) 남효온(南孝溫) : 1454년(단종2)~1492년(성종23). 조선 단종 때의 문신으로 생육신의 한 사람. 호는 추강, 김종직의 문인으로 김굉필, 정여창 등과 함께 수학하였다. 벼슬을 단념하고 전국의 산수를 찾아 다녔다. 『육신전』을 펴내기도 하였고 『추강냉화』 『추강집』 『사우명행록』 등의 저서가 있다.

62) 남치근(南致勤) : 자는 근지(勤之). 남구(南俅)의 손자, 남계(南棨)의 아들, 남치욱(南致勖)은 그의 형이다. 1528년(중종23) 식년 무광에 장원. 제주도에서 왜구를 무찌르기도 하였다. 1562년 황해도 재령의 해서에서 일어난 임꺽정을 잡아 효수하였다.

63) 남응운(南應雲) : 1509년(중종4)~1587년(선조20). 자는 치원(致遠). 호는 국창(菊窓). 남세건의 아들. 김안로의 탄핵에 앞장서기도 하였고 인종 1년(1545)에는 『중종실록』편찬에

승지 남언순(南彦純)[65], 부윤 남언경(南彦經)[66], 좌의정 춘성부원군 남이웅[67], 참판 남이신(南以信)[68], 의춘군 남이흥(南以興)[69], 판서 남이공(南以恭)[70], 남선(南銑)[71], 첨지 남두첨(南斗瞻)[72], 참판 남두병(南斗柄)[73], 남노성(南老星), 판서 남이성(南二星)[74], 관찰사 남선 등이 있다.

참여하기도 하였다. 북방의 전략에 밝았고 특히 전서를 잘 썼다고 하는데 <서화담경덕비>와 <황산대첩비> <허종신도비> 등에 남아있다.

64) 남응룡(南應龍) : 1514년(중종9)~1555년(명종10). 자는 경림(景霖), 호는 이요당(二樂堂). 중종 30년 진사로 급제. 『중종실록』편찬에 참여하였고, 공조참판에 이르렀다.

65) 남언순(南彦純) : 1522년(중종17)~1578년(선조11). 자는 성보(誠甫), 남치욱의 아들. 어머니는 유한평(柳漢平)의 딸이다. 남언경의 형. 그 밖에 남언위, 남언진 등의 형제가 있다. 정시무과에 합격하여 선전관이 되었으며 학문과 무예에 뛰어났고 글씨에 능하였다.

66) 남언경(南彦經) : 양명학자. 자는 시보(時甫). 호는 동강(東岡). 개국공신 남재의 6대손이며 영흥부사인 남치욱의 아들이다. 서경덕의 문인이기도 하다. 학행으로 천거되었고, 1566년(명종21) 조식, 이항 등과 함께 발탁되어 지평현감이 되었다. 1589년 정여립의 모반 사건이 일어나자 사헌부의 탄핵으로 파직. 1593년 양명학을 숭상한다고 하여 탄핵을 받았고 이에 사직하고 영천동에서 한거하다 67세로 죽었다.

67) 남이웅(南以雄) : 1575(선조8)~1648(인조26). 자는 적만(敵萬). 호는 시북(市北). 남위의 아들. 1606년(선조39) 진사시에 합격. 이듬해 왕자의 사부가 되었다. 이괄의 난을 진압하는 데에 공을 세워 춘성군으로 봉해졌다. 병자호란 이후 소현세자가 심양에 잡혀 갈 때 호위하였고 그 후 돌아와 춘성부원군에 봉해졌다.

68) 남이신(南以信) : 1562년(명종17)~1608년(선조41). 자는 자유(自有). 호는 직곡(直谷). 남호의 아들. 남이공의 형이다.

69) 남이흥(南以興) : 1576년(선조9)~1627년(인조5). 자는 사호(士豪). 호는 성은(城隱). 무과에 급제. 이괄의 난을 평정하는 데에 공을 세웠다. 1627년 정묘호란 때 안주성이 함락되자 성에 불을 지르고 뛰어들어 죽었다. 뒤에 영의정에 추증되고 의춘부원군에 추봉되었다.

70) 남이공(南以恭) : 1565년(명종20)~1640년(인조18). 자는 자안(子安), 호는 설사(雪蓑). 참판 남이신의 동생이다. 광해군 때에 폐모론을 반대하다 파직 당하기도 하였다. 그 이전에 나라에서 청나라에 인질로 보낸 왕의 동생과 대신을 다른 사람으로 바꾸어 보냈는데 이 사건으로 인하여 1639년 파직되었다가 다음에 복직되기도 하였다.

71) 남선(南銑) : 1582년(선조15)~1654년(효종5). 자는 택지(澤之). 호는 회곡(晦谷). 선조 39년(1606) 사마시에 합격했으나 광해군의 난정으로 과거를 단념하고 용인에 살았다. 인조반정 이후 다시 기용되었고 병자호란 때에는 왕의 호위를 맡기도 하였다.

72) 남두첨(南斗瞻) : 광해·인조 때 신하, 장성현감을 지내기도 하였다. *『인조실록』 참조.

73) 남두병(南斗柄) : 남이흥의 아들.

또 문적으로써 조정에서 그 차례를 이어갔으니 정언 남유성(南有星)[75], 장령 남필성(南弼星), 대제학 남용익(南龍翼)[76]. 교리 남치훈(南致熏)[77]. 좌랑 남지훈(南至熏)[78] 남언창(南彦昌) 등이 있다.

구정공은 개국원공으로 신주를 영원히 사당에 두고 제사를 받게 되었고 부인도 배향되었다. 이에 11대손인 남반(南磐)이 실제로 그 제사를 주관한다. 부인이 남기신 법도나 말씀이 너무 오래되어 증거할 길이 없어 따라서 쓸 것이 없다. 이에 지금 그 세계(世系) 자손들에게 경사가 끊임없음을 기록하여 그 근원이 이미 앞에 있었고 그것이 후대로 와서 풍성해졌음을 밝히는 것이다.

10대손인 영의정 구만이 삼가 쓴다.

무진년(1688)에 부사 남익훈이 돌을 준비하여 글을 새기려고 했다. 그런데 임기가 다 차서 갈리는 바람에 일을 다 이루지 못하였다. 갑술년(1694)에 구대손인 남필성이 그 이전에 승지였다가 부사로 송도에 나갔다. 그리고 을해년(1695)에 비로소 돌에 이 글을 새겨서 묘 왼쪽에 세웠다.

---

74) 남이성(南二星) : 1626년(인조3)~1683년(숙종9). 자는 중휘(仲輝). 호는 의졸(宜拙). 남식의 아들. 숙종1년에 복상문제가 일어나자 김수항을 변호하였다가 진도에 유배되었다. 문장에 능하여 『어록해(語錄解』를 찬하여 현종에게 올리기도 하였다.

75) 남유성(南有星) : 숙종 때의 정언, 청양현감을 지내기도 하였는데 이 관직은 어머니가 늙고 집이 가난하다고 임금에게 아뢰어 특별히 제수 받은 것이기도 하다. *『숙종실록』2년 4월 19일 기사 참조.

76) 남용익(南龍翼) : 1628년(인조6)~1692년(숙종18). 자는 운경(雲卿), 호는 호곡(壺谷). 1689년 소의 장씨가 왕자를 낳아 숙종이 그를 원자로 삼으려하자 반대하다가 유배되어 죽었다. 문장에 능하고 글씨에도 뛰어났다. 저서로는 『기아』『호곡집』 등이 있다.

77) 남치훈(南致熏) : 1645년(인조23)~1716년(숙종42). 자는 훈연(熏然), 호는 지산(芝山). 남선의 아들. 1707년 도승지가 되었고 사은부사로 청나라에 다녀오기도 하였다. 1713년 강원도 관찰사에 임명되었고, 1689년에는 원자의 정호 문제로 송시열과 대립하기도 하였다.

78) 남지훈(南至熏) : 숙종 때의 문신, 승지 장령, 수찬 등을 역임하였다.

정부인에 추증된 증조모 성주 현씨의 묘표

[曾祖妣贈貞夫人星州玄氏墓表]

남구만의 증조모 현씨 부인은 현덕형(玄德亨)의 딸이고, 남타(南柁)의 부인이며, 신희남의 외손녀이다. 1565년(명종20)에 태어났고 16세에 남타에게 시집와서 1633년(인조11) 69세의 나이로 죽었다. 말년에 남편을 따라 結城(지금의 홍성)에 들어와 살았으며 남편인 남타가 자헌대부 병조판서에 추증되자 정부인으로 추증되었다. 이 글은 그녀가 죽은 지 56년 후에 증손 남구만이 썼다.

부인의 성은 현씨로 성주(星州)가 본적이다. 아버지는 장사랑(將仕郞) 현덕형(德亨)이고, 어머니는 관찰사 신희남(愼喜男)[79]의 딸이다. 장사랑을 낳아 준 아버지 현침(玄琛)은 종숙부이셨던 태인현감 현구(玄球)의 후사이다.

부인은 가정 을축년(1565)에 태어나 나이 16세에 의령 남씨 집안으로 시집왔는데, 좌승지 언순의 아들 타(柁)였다. 남타는[80] 무과에 급제하여

79) 신희남(愼喜男) : 1517년(중종12)~1591년(선조24). 본관은 거창. 자는 길원(吉遠). 호는 영계(潛溪). 아버지는 신우장, 어머니는 평시령 김제의 딸. 이이, 박순 등과 교유. 중종 38년(1543) 진사시에 합격, 1581년『명종실록』편찬에 참여, 1576년 강원도 관찰사로 나갔었다. 1581년 동서 붕당을 싫어하여 자진해서 금산군수로 나갔다가 벼슬을 버리고 고향에 내려갔다. 시와 글씨가 뛰어나 한호에게 서예를 가르치기도 하였다.

80) 남타(南柁) : 1557년(명종12)~1639(인조17). 아버지는 남언순, 어머니는 박환(朴煥)의 딸, 형제로 남즙(南楫), 남추(南樞) 등이 있고 여동생은 허성(許筬)과 결혼했다. 1603년 46세로 무과에 올라 훈련원 주부를 거쳐, 선전관, 충청도병마사 등을 역임했고 80세에 통정대부에 올랐다. * 남구만, 『약천집』, <증조묘지명> 참조.

관직이 절충장군행용양위부호군이었고[81] 자헌대부[82]병조판서겸 지의금부사[83], 지훈련원사[84]에 추증되자 부인 또한 따라서 추증되었다.

일남 일녀를 길렀는데, 아들은 좌찬성 행평강현감에 추증된 식(烒)이고, 안산군수 최진해(崔振海)에게 시집갔다.

찬성은 두 아들을 두었는데 영의정행금성현령에 추증된 남일성(南一星), 예조판서 남이성(南二星)이다. 의정의 아들이 곧 불초인 남구만(南九萬)이다.

숭정 임신년에 부인이 이천에 있는 딸 최씨 부인을 보러 갔다가 계유년(1633)에 돌아가시어 설봉산[85] 왼쪽 기슭 서남쪽을 등진 곳에 장사지냈다.

부인은 시어른을 섬기는 일뿐 아니라 남편을 공경하여 거스름이 없었다. 자녀를 엄하게 가르치셨으며 법도가 있었다. 이는 부덕이 항상 있었기 때문이었다.

임진년, 계사년의 병란 때에 집안이 유독 온전하여 쌓아 놓은 곡식이 있어서 금, 구슬 등을 들고 집 앞 대문 앞에 오는 이들이 하루에도 백여 명이나 되었다. 그 때 무엇을 가졌는지 묻지도 않고 굶주린 자들을 구했는데 이에 힘입어 살아난 자들이 거의 천여 명이나 되었다. 비록 남편이 시킨 대로 했을 뿐이지만 남편을 도와서 아름다움을 이루게 하였으니

---

81) 절충장군은 조선시대 서반의 정 3품 당상관의 품계명, 용양위(龍驤衛)란 조선의 중앙군사조직 중 좌위(左衛)를 이루는 군대, 부호군은 오위에 속해있던 종4품의 무관직. *『경국대전, 병전, 오위』 참조.

82) 자헌대부 : 조선시대 문신엑 주어지던 정 2품계명.

83) 지의금부사 : 의금부의 정 2품 문관직, 의금부의 차관격으로 형옥을 처리, 추구할 때 심판관 임무를 담당하기도 하였다.

84) 지훈련원사 : 무재시험(武才試驗)과 무예훈련을 관장하기 위한 훈련원의 무관, 정 2품이었다.

85) 경기도 이천의 진산.

진실로 집안에 있으면서 이런 일에 있어서는 여자이면서도 선비다운 행동이 있는 것이다.[86]

판서부군은 부인이 돌아가신 7년 후에 돌아가셨는데[87] 홍주(洪州)에[88] 장사지냈기 때문에 합장하지 못하였다. 장례 후 56년이 지난 무진년(1688)에 비석을 새기어 표를 한 자는 증손 남구만이다.

86) 이 내용은 남구만이 쓴 남타 묘지명에도 서술되어 있다. 그 내용을 보면 "當壬癸兵荒 悉發積穀 以賙避寇之餓者 戒家人不得易分金寸帛"이다. * 남구만의 [증조묘지명(曾祖墓誌銘)] 참조.

87) 1639년(인조17)

88) 홍주(洪州) : 지금의 홍성, 고려 때 홍주로 개칭, 조선 1530(중종25) 홍주부로 승격되었다가 현종 때에 홍양현으로 강등되었다가 복구, 결성군과 나란히 이웃해 있었는데 1914년 결성군과 통합되어 지금의 홍성이 되었다. *『동국여지승람』 참조.

증조모 묘지명

[贈祖妣墓誌銘]

남구만이 증조모 현씨 부인을 위해 쓴 묘지명이다. 바로 앞에 남구만이 쓴 묘표와 함께 읽으면 현씨 부인의 가계와 생애가 비교적 구체적으로 재구성된다.

부인의 성은 현씨(玄氏)이고 성주에서 갈라져 나왔다. 아버지는 덕형(德亨)이요, 장사랑이다. 어머니는 관찰사 신희남(愼喜男)으로부터 나왔다. 16세에 남씨에게 시집왔으니 남씨는 의령이 본적으로서 대대로 성한 가문이었다.

남편은 이름은 타(柁), 자는 제숙(濟叔)이다. 벼슬은 무관으로 진출하였고, 나이는 80에 이르렀으며, 품계는 높은 관직에 이르러 공경의 반열에 추증되었다.

숭정 계유년(1633)에 돌아가시니 부인의 연세는 69세였다. 이천에서 돌아가시어 설봉산(雪峰山) 왼쪽 서남쪽을 등진 곳에 장사지냈다. 그 후 남편이 돌아가셨는데 홍주에 장사 지냈기 때문에 미처 합장하지 못하였다. 그리하여 다른 곳에 무덤이 있다.

아들 식(烒)은 현감으로 찬성에 추증되었고, 딸은 군수 최진해에게 시집갔다. 식(烒)의 아들로 장남은 일성인데 살아계실 적에는 현령, 돌아가셔서는 상공이 되셨다. 둘째는 이성으로 예방을 맡으셨다. 딸은 교리 오달제(吳達濟)에게 시집갔다.

일성의 아들 하나는 불초인 구만이다. 이성의 뒤는 수만이 받아 이었다. 사위 최씨는 석징, 석우, 석유, 석영 등 네 아들을 두었는데 이는 부인의 묘표에 새기었으므로 여기에서 다시 말하지 않은 것이지 감히 생략하고자 하는 것은 아니다. 연세, 돌아가신 것, 자손 등에 대해 써서 무덤에 간직하여 영원히 기다리고자 한다.

숭정 이후 한 갑자 돌아오는 무진년(1688)에 증손자인 의정부 영의정 구만이 삼가 기록한다.

정경부인으로 추증된 할머니 연산 서씨의 묘지명
[祖妣贈貞敬夫人連山徐氏墓誌銘]

연산 서씨(1587~1652)는 서주(徐澍)의 딸, 남식(南烒)의 부인이다. 서주와 그 두 번째 부인이었던 이씨(이응린 딸) 사이에서 둘째딸로 태어났다. 또 다른 자매는 정환에게 시집갔다. 아들에 의해 추증되었다가 손자인 남구만이 영의정이 되자 다시 정경부인으로 추증되었다. 친정어머니로부터 점, 운수 따지기 등을 듣고 배워서 잘하였다고 한다.

부인의 성은 서씨이고 본적은 연산[89]이다. 병조참판에 추증된 주(澍)의[90] 딸이고, 연기현감 천령(千齡)의 손녀이며, 제주판관 련(憐)의 증손녀이다. 어머니는 광주 이씨로 좌승지에 추증된 응린(應麟)의 딸이고, 찬성이었던 손(蓀)[91]의 현손녀이다. 이부인은 어진 덕이 있었고 딸만 넷을 낳았다.[92] 자라서 모두 시집가 다 아름다운 소문이 있었으니 어머니

---

89) 연산(連山) : 지금 충청도에 있다. 신라 때 황산군(黃山郡), 고려 때 연산(連山)으로 고쳤다. 백제 계백장군의 황산벌 전투로 유명한 곳이다.

90) 서주(徐澍) : 1544(중종 39)~1597(선조30). 서천령 아들, 어머니는 정의웅(鄭義熊)의 딸. 호는 경림(景霖). 임진왜란 때 재산을 내어 군비(軍費)로 쓰게 하여 그 공으로 사헌부 감찰을 제수받았다. 아들 서후적이 공신에 들게 되어 병조참판에 추증되었다. 맨 처음 결혼한 사람은 정순우(鄭純祐)딸이고, 이응린 딸은 두 번째 부인이다. ＊남구만, 『약천집』 권36, <外曾祖贈兵曹參判徐公墓誌銘> 참조.

91) 이손(李蓀) : 1439년(세종21)~1520년(중종15). 본관은 광주. 자는 자방, 시호는 호간(胡簡). 아버지는 이수철, 어머니는 이명상의 딸. 1459년(세조5) 진사시에 합격하였고 학문뿐 아니라 말타기, 활쏘기 등도 잘하였다.

가 번창하고 부귀한 집은 세상에 드문 일이다.

부인의 차례는 두 번째이고 만력 정해년(1587) 9월 20일에 태어나셨다. 어려서부터 그 성품이 자매들과 비교하여 볼 때 더욱 유순하고 엄숙하고 공경하는 태도를 지니고 있었다. 친정어머니인 이부인이 항상 "내가 불행히도 아들을 낳지 못하였지만 만년에 자식들과 같이 살게 된다면 반드시 둘째딸에게 의탁하리라."고 하였다 한다.

부인이 아홉 살 되던 해에 참판공이 병이 들었는데 의사가 "사람의 치아를 복용하면 낫는다."하니 부인이 곧 스스로 이를 뽑아 드렸다. 옷 가득 피가 흘러 보는 사람들이 모두 놀랐다. 이에 참판공이 더욱 기특하게 여겼다.

이부인은 고금의 전기(傳記), 복서(卜筮), 운명, 운수 따지는 것 등에 대해 두루 통하고 이해하지 못하는 것이 없었는데[93] 부인이 어려서부터 입으로 전해 받았다. 게다가 여훈, 삼강행실도 등의 책을 익히었고, 점치는 일 또한 많이 맞기도 하였다.

18세가 되어 휘는 식(烒), 자는 자빈(子彬)인 우리 할아버지에게 시집오셨는데, 용양위부호군이었으며 병조판서에 추증된 타(柁)의 아드님이다. 할아버지는 음사(蔭仕)[94]로 무주, 용안, 평강 등 세 현의 현감을 지내셨는데 부인이 모두 따라다녔다.

---

92) 딸 넷은 각각 정환(鄭晥), 남식(南烒), 김반(金槃), 유백증(兪伯曾)과 결혼하였다. 셋째 딸인 김반 부인은 병자호란 때에 강화도에서 아들 김익겸과 자결하였고 후에 정려되었다. 정환의 아들 정뇌경은 오달제와 함께 척화를 주장하다 죽었다.

93) 서주의 묘지명에도 이런 내용이 서술되었다. 경사(經史)에 두루 통하였고 역법 등 점술, 상술(相術) 등을 잘하였고 특히나 오행(五行)에 대해서는 꿰뚫고 있었다고 한다. 그래서 아이들이 태어날 때마다 그 날짜와 시간을 물어보고 그 아이의 장수와 요절 여부를 잘 알아맞혔다고 한다.

94) 음사(蔭仕) : 할아버지, 아버지 등의 공으로 자식이 음직을 얻어 벼슬하는 것, 현직 당상관이나 공신의 자식들을 관리로 채용하는 음서(蔭敍)제도가 대표적이다.

경인년(1650) 할아버지가 돌아가시고, 2년이 지난 뒤인 임진년(1652) 6월 22일 부인도 이어 돌아가시자 용인현(龍仁縣) 화곡(花谷)의 동북쪽을 등진 곳에 합장하였다.

부인이 처음 시집 왔을 때 우리 집안이 청빈하여 입을 것, 먹을 것 같은 살림살이가 거의 없어서 스스로 보존하지 못할 정도였다. 부인이 밤낮으로 실을 잣고, 옷감을 짜면서 있고 없음에 힘을 써서 잠시라도 쉬는 틈이 없었다. 어른을 모시고 아래로는 집안의 많은 사람들을 거느려 겨우 일어날 수 있었다.

시어른의(시아버지 남타, 시어머니 현씨) 성품이 아주 엄하셔서 조금이라도 뜻대로 하지 않으면 질책을 하시는 것이 아주 준엄하셔서 부인이 더욱 공경함과 두려워하는 마음으로 받들어 능히 화목하고 기뻐하며 자애롭고 효성스런 도리를 얻었다. 그리하여 시종 사이가 벌어지지 않았다. 남편을 섬기는 데 있어서도 음식을 주관하는 것 외에 손님과 친구 접대, 관직에 있는 것 등에 대해 말하였고 침묵하고 나아가고 물러나는 데에도 절도가 있었다. 모든 일에 적용될 수 있는 규범에 비추어 보아 옳지 않은 일들은 기어이 바로잡고야 말았다. 또한 자식들과 비복들을 가르치고 꾸짖는 일, 종족이나 향당의 사람, 인척들에 대해 응대할 적에 먼저 간절하고 측은한 마음으로 하지 않은 것이 없으며, 이어서 비유하고 깨우쳐 주었다. 그 덕성은 마음 한 가운데에 근본하였고 밖으로는 성의로 드러난 것이었다. 그리하여 나이 많은 사람이나 어린 사람이나, 어른이나 신분이 낮은 사람들, 내외의 친척들 모두 그 화목함을 마시고 마음에 취하지 않은 사람이 없었고, 어진 마음을 품고 모든 것을 스스로에게 돌이키지 않은 이들이 없었다. 이로써 종신토록 즐거운 얼굴빛을 하였고, 말하는 기운이 기뻐하지 않은 적이 없었다. 이에 사람들로 탄복하지 않은 이도 없었고 일에 있어서도 이루어내지 않은 것도 없었다.

아아! 이런 것들이 어찌 노력한다고 하여 억지로 얻을 수 있는 것인가?

맏아들은 금성현령이며 영의정에 추증된 일성(一星)이고, 다음은 예조판서였던 이성(二星)이며, 딸은 홍문관 교리였고 이조판서에 추증된 충렬공 오달제(吳達濟)에게 시집갔는데 척화로 인하여 심양에서 죽었다.[95]

의정의 한 아들은 곧 불초 구만이다. 손자, 증손자, 증손녀 등 이하는 모두 의정판서의 묘지에 갖추어 쓰여져 있다. 할아버지께서 처음 이조참판에 추증되셨다가 다시 이조판서로 추증이 더해졌다. 이는 판서의 존귀함으로 뒤에 의정부좌찬성에 추증되었기 때문이요. 게다가 구만이 영상의 직분을 받아 더해져 추증되었기 때문이다. 부인 또한 따라서 정경부인에 이르렀다.

명(銘)에 이른다.

지극하도다, 부인의 후덕함이여.

딸이 되어서는 효도를 하고 시집오면서 효를 옮겨왔도다.

처의 어짊을 더 미루어 자식들의 어머니가 되었다.

근검함을 편안히 여기고 옷감 짜는 일, 물 긷는 일을 하시었네.

길흉에 밝으시고 주역의 하도(河圖)와 낙서(洛書), 그밖에 일을 점치는 데에도 밝으셨다.

자비로운 마음을 사람들에게 넣어주시니 종족과 향당의 사람들을 모두 자비로움의 한 울타리에 있게 하였다.

성의를 다하여 외물을 감동시키니 신명 또한 도우셨도다.

봉황이 서로 화락하면서 울고 난초같이 향기로운 자식들이 빼어났도다.

복록을 몸소 누리시고 그 경사는 후대까지 흐르도다.

시작이 있으면 끝이 있고 왼쪽이 있으면 오른쪽이 있네.

---

95) 오달제의 첫 부인은 신득연과 정씨부인(정창연 딸) 사이에서 난 딸.

무릇 우리 후손들이 감히 옛일을 잊어버림이 있을까 하여 명에 드러내어서 유구함을 기대한다.

정경부인에 추증된 어머니 안동 권씨의 묘지
[先妣贈貞敬夫人安東權氏墓誌]

남구만의 어머니(1610~1680)에 대한 글이다. 권엽과 그의 두 번째 부인이었던 정호경의 딸 사이에서 태어났다. 남일성의 부인이며 남식의 며느리이다. 시어머니는 서주의 딸이며 시할아버지는 남타, 시할머니는 현덕형의 딸이다. 그녀가 시집왔을 때 시할아버지 부부와 시아버지 부부가 모두 살아계셨다. 남편의 이종사촌인 정뇌경과 남편의 매부인 오달제가 척화를 주장하다가 처형당하자 관직에 대한 미련을 버렸다. 그래서 결성(지금의 홍성)으로 내려가 살면서 남편에게 벼슬을 권하지 않았다. 이 글은 남구만이 어머니가 돌아가신 지 18여 년 만인 1698년(숙종24)에 지었다.

부인의 성씨는 권씨로 안동이 본관이다. 시조는 고려 때 태사를 지낸 행(幸)[96], 좌찬성이었던 문충공 양촌 근(近)[97]은 우리의 조정에 들어오

---

96) 권행(權幸) : 생몰년 미상. 고려 태조 때의 공신. 본관은 안동(安東). 안동 권씨의 시조이다. 『고려사』 태조세가에는 '행(行)'이라 하였다. 본성은 김(金)이라고 한다. 930년(태조13) 후백제의 견훤(甄萱)이 고창군(古昌郡: 지금의 경상북도 안동)을 포위하여 전세가 고려에게 매우 불리하였다. 이때 유금필(庾黔弼)의 주장으로 공격을 하여 대승을 거두었다. 이 승리는 당시 고창지방호족으로 추측되는 이들이 협조를 잘 하였기 때문이었다. 이 전공으로 태조는 안동을 본관으로 삼게 하고, 대상(大相)이라는 관계를 내려주었다. 『증보문헌비고』에는 삼한벽상공신삼중대광태사아부(三韓壁上功臣三重大匡太師亞父)로 봉해진 기록도 보인다.

97) 권근(權近) : 1352(고려 공민왕1)~1409(조선 태종9). 본관 안동. 자는 가원(可遠)·사숙(思叔), 호는 양촌(陽村). 시호 문충(文忠). 초명 진(晋). 조선이 개국되고 1396년 표전문제(表箋問題)가 일어나자 자청하여 명나라에 들어가 두 나라의 관계를 호전시켰다, 사병(私兵)의 폐지를 주장하여 왕권확립에 힘을 썼다. 1401년(태종1) 좌명공신(佐命功臣)

셨다. 양촌의 7세 후손 중 안동부 판관이었던 심(深)[98]이 한성부 참군[99]이었던 오(悟)[100]를 낳았고, 권오는 문과장원이고 가선대부였으며[101] 강릉대도호부 부사였던 권엽(權曄)[102]을 낳았다. 권엽은 나주 정씨였고 나중에 좌승지에 추증된 정호경의 딸에게 장가들었다. 경술년(1610) 8월 초 4일에 부인을 낳았다.

어려서부터 단정하고 엄숙하고 민첩하고 똑똑하였다. 여공의 일 이외 문장과 역사에 대해서도 두루 꿰뚫었다. 아버지 강릉공이 특히 사랑하여 "내 딸은 반드시 어진 사람의 보조자가 될 것이다."라고 하였다. 16세에 우리 아버지께 시집오셨다. 이 때에 시부모님과(남식, 연산 서씨) 시조부모님(남타, 성주 현씨)이 모두 살아계셨다. 온 가문이 기뻐하고 경사스럽게 여기면서 모두 훌륭한 며느리 얻은 것을 축하하였다.

아버지께서 일찍 그 문예를 이루어 과거[103]에서 언제나 우등의 자리

1등으로 길창부원군(吉昌府院君)에 봉해졌으며, 예문관 대제학이 되었다, 왕명으로 『동국사략(東國史略)』을 찬하였다. 문장에 뛰어났으며, 경학(經學)에도 밝아 사서오경(四書五經)의 구결(口訣)을 하였다.

98) 권심(權深) : 1574년생. 권경우(權慶佑)의 아들. 정전의 외손. 성준의 딸과 결혼.

99) 참군(參軍) : 조선시대 한성부와 훈련원에 있었던 무관직, 한성부에는 모두 3명을 두었는데 정 7품이었다고 한다.

100) 권오(權悟) : 1540년(중종35)~14585(선조18). 자는 복이(復而). 이국주(李國柱)의 딸과 결혼했는데 그녀는 이호민(李好閔)과 남매지간.

101) 가선대부(嘉善大夫) : 조선시대 문관 종 2품.

102) 권엽(權曄) : 1574(선조7)~1650(효종1). 조선 중기의 문신. 할아버지는 권심, 아버지는 권오, 처음에 이름이 권계(權啓)였는데 나중에 권엽으로 개명했다. 첫 부인은 어운택(魚雲澤) 딸, 둘째부인은 정호경(丁好敬)의 딸이었다. 1601년(선조34) 생원이 되고 인조반정 때는 상중(喪中)에 있어 참여하지 못했으나, 이듬해인 1624년(인조2) 이괄(李适)의 난 때 공주로 피난 간 왕을 배알하고, 그해 겨울 동지사 겸 성절사가 되어 바닷길을 통해 명나라에 다녀왔다. 병자호란이 일어나자 왕을 호종, 남한산성에 들어갔다. 저서로는 『구사집』, 『구사금강록(龜沙金剛錄)』 등이 있다.

103) 발해(發解) : 발해는 원래 중국 송나라 때 지방의 향시 합격자를 뽑아 중앙의 殿試에 보내기 위해 치루어진 시험이다. 이로 미루어 볼 때 향시에서 뽑혀 중앙의 전시에 나갈 자격을 취득했다는 의미. 남일성 행장을 보면 이 부분에 대해 "屢占發解居人先" 이라고

를 차지하셨다. 20여세가 되어서 병자년, 정축년 호란을 만나게 되자 판서부군과 찬성부군을 모시고 결성[104]의 별장에서 모시고 계셨다. 이 때 부인이 아버지께,

"교리 오달제[105]는 당신의 매부이고 필선[106] 정뇌경[107]은 당신의 이종사촌형입니다. 모두 당신과 나이가 선후이고 과거에 급제하여 벼슬길에 올라 모든 사람들이 흠모하게 되었습니다. 그런데 좋지 않은 때를 만나 둘 다 참혹한 화를 입게 되었습니다. 이 어찌 자신을 스스로 귀히 여기는 자가 과거를 보고 벼슬을 구하고자 하는 세상입니까? 지금 당신께

되어 있다. '居人' 은 향시에 합격한 이를 가리키는 말이니 향시에서 선두 자리에 여러 번 합격했다는 의미로 여겨진다.

104) 지금의 홍성이다.

105) 오달제(吳達濟) : 1609(광해군1)~1637(인조15). 병자호란 때 삼학사(三學士)의 한 사람. 본관은 해주(海州). 자는 계휘(季輝), 호는 추담(秋潭). 윤해(允諧)의 아들이다. 19세에 사마시(司馬試)에 합격, 1634년(인조12) 26세에 별시문과에 장원으로 급제하였다. 병자호란이 일어나자 남한산성에 들어가 청나라와의 화의를 끝까지 반대하였다. 인조가 청군에 항복하게 되자, 청나라측에서는 전쟁의 책임을 척화론자에게 돌려 이들을 찾아 처단할 것을 주장하였다. 마침내 심양성(瀋陽城)서문 밖에서 윤집·홍익한(洪翼漢)과 함께 처형을 당하였다. 세상에서는 이들을 삼학사라고 하여 그들의 절개와 충성을 높이 기리게 되었다. 좌승지·영의정에 추증되었으며, 광주(廣州)의 절현사(節顯祠), 평택의 포의사우(褒義祠宇), 홍산(鴻山)의 창렬서원(彰烈書院), 영주의 장암서원(壯巖書院), 고령의 운천서원(雲川書院)에 제향되었다. 저서로는 『충렬공유고(忠烈公遺稿)』가 있다. 시호는 충렬(忠烈)이다. 오달제는 남일성의 매부, 남구만의 고모부였다.

106) 필선(弼善) : 조선시대 세자시강원의 정 4품 관직.

107) 정뇌경(鄭雷卿) : 1608(선조41)~1639(인조17). 본관은 온양(溫陽). 자는 진백(震伯), 호는 운계(雲溪). 정순붕(順朋)의 현손으로, 생원 환(晥)의 아들이며, 어머니는 서주(徐澍)의 딸이다. 남일성과는 이종사촌. 1636년 병자호란으로 왕이 남한산성에 피난갈 때 교리로 호종(扈從)하였다. 그 이듬해 봄에 인조가 청나라 태종에게 항복한 뒤 소현세자(昭顯世子)가 볼모로 청나라 심양(瀋陽)에 잡혀가게 되자 자청하여 수행하였으며, 1639년에 필선으로 승진하여 심양에서 세자를 보위하였다. 정명수(鄭命壽)·김돌(金突) 등이 우리나라에서 청나라에 보내는 세폐(歲幣)를 도둑질하자, 이들과 사이가 좋지 않은 청나라 사람을 시켜 그 죄상을 고발하게 하고 그들의 처벌을 주장하였다. 그러나 이미 증거를 없앤 뒤여서 도리어 청나라 관헌에 잡혀 처형당하였는데, 그때 나이 32세였다. 소현세자와 봉림대군(鳳林大君:효종)이 자기 옷을 벗어 염(斂)을 하였다 한다. 시호는 충정(忠貞)이다. 정환과 남식은 모두 서주의 사위로 동서지간이다.

서 양홍의 뜻이 있으시다면 저는 덕요의[108] 일을 하고자 합니다."
라고 하였다. 아버지께서 좋다고 하셨고, 비록 부모님의 명이 있어서 간혹 과거에 응할 뿐이었지 일찍이 과거공부에 뜻을 둔 적이 없었고 더구나 문벌로 인한 벼슬길에 대한 뜻을 아예 끊어버렸다. 친족들과 집안사람들이 여자 처사라고 하기도 하였다.

내 형제가 둘이 모두 일찍 죽었고 오직 나만 살아남았다. 부인이 어여삐 여기시지 않은 것은 아니었으나 학문을 독려하심이 아주 엄격하셔서 직접 손에 셈 가지를 들고 같이 책을 읽으시면서 하루 종일, 밤새도록 그만두지 않으셨다. 내가 어리석고 게을러 혹 글을 물리치고서 익히지 않으면 회초리를 쳐 피가 날 지경인데도 용서해 주시 않으셨다. 사람들이 "부인께서는 남편에게는 과거에 응하기를 원치 않으시면서 자식에게 대해서는 어찌 그리 지독하게 배움을 권하는 것입니까?"하였다. 그러면 "배움을 귀히 여기는 것이 어찌 과거에만 뜻을 두기 때문입니까? 이 아이가 겨우 문자나 알아서 아버지의 업을 이어갈 정도나 되면 좋은 것이지 어찌 분수에 없는 희망을 품고서 과도하게 권하고 꾸짖겠습니까?"라고 대답하셨다. 내게는 누나 한 분과(박세당 부인) 여동생 둘이(이관성, 이한익 부인) 있었는데 모두 부인의 가르침을 따랐다. 그리하여 시집가서는 남편 집안의 모든 족친들의 모범이 되었다.

아버지께서 두 개의 현을 다니시면서 지방관을 지내셨고 나 또한 한 주의 목사, 한 도의 안찰사가 되었었다. 그때마다 부인께서 수레를 타고 오고가시면서 그 영광스런 봉양을 받으셨다. 아버지께서 정사를 하시는데 흠이 없고 내가 나라 법을 어지기 않게 된 것도 모두 부인의 도움과 가르침이 그러하였기 때문이다.

을묘년(1675)에 언론으로 죄를 얻고서 부인을 모시고 고향으로 돌아

---

108) 덕요(德耀) : 양홍의 아내였던 맹광의 자(字).

왔다.[109] 내가 살아가는 데에는 아주 졸렬하고 온갖 필요한 물건을 갖추는 데에 정성도 부족하여 아침저녁 사이에 필요한 것조차도 제대로 공양하지 못했다. 이 때 부인의 연세 이미 칠순이셨으나 손에는 일을 놓지 않으시고 집안사람들을 잘 다스리고 부지런히 일을 시켜 각각 공을 바치게 하였다. 아주 작은 일이라도 엄히 하고 어린이들과 아래 사람들에게 자애로움으로 대하셨으며 조금도 빠뜨림이 없이 하였다.

기미년(1679) 내가 일에 연루되어서 섬으로 귀양가게 되었다.[110] 어머님께 이별인사를 드리는데 알지 못하는 사이에 눈물이 흘러 내렸다. 그런데 부인께서는 오직 잘 먹고 잠도 잘 자라는 것으로 훈계하실 뿐이고 원망하거나 허물을 탓하는 말을 하지 않으셨다. 경신년(1680) 내가 은혜를 입어 석방되자 부인은 오히려 만복으로 여기시면서도 내가 돌아온 것을 마치 아침에 나갔다가 저녁에 돌아온 것처럼 여기셨다. 그러면서 동요하면서 기뻐하는 기색을 내지 않으셨다.

내가 곧 부름을 받아 조정에 들어갔을 때 부인께서 병에 걸리셨다는 말을 듣고 갑작스레 사직하고 돌아오고자 하였다. 이에 임금께서 비망기에 "어머니 병이 좀 낫기를 기다렸다가 다시 서울로 돌아오라."라고 하였다. 내 죄가 아주 커서 도중에 돌아가셨다는 소리를 들으니 5월 2일에 세상을 뜨셨다고 하였다. 임금의 은혜로운 말씀을 어머님께 채 고하고 녹봉으로 받은 것으로 봉양하지도 못했는데 또다시 특이한 은혜를 입고 또 호조에 명하여 부조를 하게 하셨으니 부조한 물품을 짊어지고 따라 오는 사람들이 길가에 이어졌다.

7월에 아버지 무덤 왼쪽에 장사지냈다. 용인현 화곡리 북쪽을 등지고

109) 현종 때부터 시작되었던 예론으로 인해 숙종 1년 송시열을 비롯한 서인들이 남인들의 공격을 받았다.

110) 윤휴, 허견 등이 방자하다고 탄핵하다가 도리어 남해로 귀양가게 되었다.

있는 언덕이다.

부인께서 아직 시집가지 않으셨을 때 형제들이 글 읽는 소리를 익히 들어서 경전의 대의(大義)를 꿰뚫고 계셨다. 아버지와 내가 조정에 있을 때에 때때로 정치의 득실과 사람들이 나아가고 물러나는 것 등에 대해 들으시고는 사사로이 나에게

"아무 일은 이와 같고 아무개는 저와 같다. 옳고 그르고 따라야 할 것과 따르지 말 것들에 대해 너는 아주 조심스럽게 하지 않으면 안 된다." 라고 가르쳐 주셨다. 이에 내가 항상 전전긍긍하면서 항상 그 가르침대로 행동하였다.

부인께서 세상을 떠난 이후로 내 벼슬의 위치가 더욱 높아지고 세상의 변화함이 더욱 다양하고 복잡해졌다. 하지만 내가 재상으로서 모든 일을 처리한 것들이 과연 부인의 평소 생각과 어긋났는지 그렇지 않은지 잘 모르겠다. 사모하는 마음을 다해 불러 보지만 미칠 수 없고 하늘 끝에서 끝나버릴 뿐이다.

내가 함경도 감사에 제수되면서 아버지께서는 이조참판으로 추증되셨고 부인 또한 추봉되는 은혜를 받았었다. 내가 재상의 자리에 올랐을 때 아버지께서 의정부 영의정에 추증되었고 부인 또한 정경부인에 추증되었었다.

한 아들이 곧 구만이다. 맏딸은 의정부 우참찬인 박세당에게 시집갔고 둘째딸은 제천현감인 이관성에게 시집갔으며 셋째딸은 진사 이한익에게[111] 시집갔다.

구만의 아들 하나는 내시교관인 남학명(南鶴鳴)이고[112] 딸은 예빈시정(正)인 조태상(趙泰相)에게 시집갔다.

---

111) 이한익(李漢翼) : 영조때의 무신.

112) 남학명(南鶴鳴) : 남구만의 맏아들, 이민서 딸과 결혼.

참찬(곧 부인의 첫 사위 박세당)의 장남은 사헌부 지평인 박태유(朴泰維)이고[113] 차남은 홍문관 응교였고 이조판서와 양관 대제학에 추증된 박태보(朴泰輔)이다.[114] 박태보는 기사년(1689) 중전이[115] 폐위되었을 때에 죽었는데 후에 갑술년(1694) 중전이 다시 복위되었을 때 추증해 주었고 정려를 내려 그 강직함을 장려하기도 하였다.[116] 현감의 한 아들은 진우이고 맏딸은 사산현감역인 박필진에게 시집갔다. 둘째 딸은 이조정랑인 조태구에게[117] 시집갔고 셋째 딸은 김세연에게 시집갔다. 진

113) 박태유(朴泰維) : 1648(인조26)~1746(영조22). 조선 후기의 문신. 본관은 반남(潘南). 자는 사안(士安), 호는 백석(白石). 박세당(世堂)의 아들이며 어머니는 남일성 딸이다. 평강현(平康縣) 관아(官衙)에서 태어났다. 1681년(숙종7) 겨울 지평(持平)일 때 어영대장(御營大將) 김익훈(金益勳)이 역모를 밀고하였으나, 심문한 결과 무혐의로 드러났다. 그러자 지평(持平) 유득일(柳得一)과 함께 김익훈을 탄핵하였다가 거제현령(巨濟縣令)으로 좌천되었으나 곧 복직되었다. 뒤에 고산도찰방(高山道察訪)으로 좌천되었으나 낮은 직위에도 거리낌 없이 남병사(南兵使)이하를 모두 탄핵하였다. 감사의 잘못도 규탄하여 감사가 스스로 사직하였다. 임금이 상관을 지나치게 규탄한다고 생각하여 평안도찰방으로 이직시키려 하였다. 원래 건강하지 못한 데다가 고산(高山)의 기후가 맞지 않아 병이 악화되자, 1745년(영조21) 병으로 사직하였다. 효성이 지극하고 명필로 이름이 높았다. 남아 있는 글씨로는 철원의 김응하묘비(金應河墓碑)·영상신경신비(領相申景愼碑)·해백박동열비(海伯朴東說碑)·길목박동망갈(吉牧朴東望碣) 등이 있다.

114) 박태보(朴泰輔) : 1654(효종5)~1689(숙종15). 조선 중기의 문신. 본관은 반남(潘南). 자는 사원(士元), 호는 정재(定齋). 박세당(世堂)의 아들이며, 어머니는 남일성(南一星)의 딸이다. 당숙인 박세후에게 입양되었다.1680년 교리가 되었는데 문묘 승출(陞黜)에 관한 문제와 당시 이조판서 이단하(李端夏)를 질책한 상소로 인하여 파직되었다.1689년 기사환국 때 인현왕후(仁顯王后)의 폐위를 강력히 반대하는 소를 올리는 데 주동적인 구실을 하였다가 심한 고문을 받고 진도로 유배 도중 옥독(獄毒)으로 노량진에서 죽었다. 재주가 뛰어나서 젊은 나이에 장원급제를 한 경력이 있으며, 학문적인 태도도 깊고 높아 당대의 명망 있는 선비들과도 깊은 교유관계를 가졌다. 인현왕후 복위 후 그의 충절을 기리기 위하여 정려문이 세워졌다. 영의정에 추증되고 풍계사(豊溪祠)에 제향되었다. 저서로는 『정재집』 14권, 편서로 『주서국편(周書國編)』, 글씨로는 박임종비(朴林宗碑)·예조참판박규표비(禮曹參判朴葵表碑)·박상충비(朴尙衷碑) 등이 있다. 시호는 문열(文烈)이다. 박태유, 박태보는 모두 박세당의 아들. 그런데 박세후가 박태보를 양자로 입양하였다.

115) 인현왕후 폐비 사건을 말한다.

116) 1698년(숙종15) 기사환국 때에 인현왕후 폐위를 강력히 반대하다 진도로 귀양가던 중 죽었다. 그 후 왕이 후회하여 정려문을 세워주고 영의정에 추증하였다.

117) 조태구(趙泰耉) : 조계원(부인은 신흠의 둘째 딸) 손자, 조사석 아들. 이유상, 이관성

사의 아들은 예문관 대교 교조(李敎肇)이고 맏딸은 윤유(尹游)에게[118], 둘째 딸은 심택현(沈宅賢)에게[119] 시집갔다. 학명은 2남 2녀를 두었는데 모두 어리다.

내가 듣건대, 정이 너무 지극하면 글로 나타낼 수가 없고 지나치게 애통한 소리는 도리어 슬픔을 나타낼 수가 없다고 한다. 유자는[120] 상을 치를 적에 곡을 하면서 뛰었고,[121] 자춘은[122] 그 어머니의 마음에 다 맞게 하지 못했음을 후회스럽게 생각했다고 하였다. 지금 내가 영원히 어머니의 모습을 이별했으면서도 죽어 없어지는 데에 나아가지 못하였다. 이에 불효스런 글로써 울음을 삼키고 한 편의 문장을 이루어 무덤의 표지로 삼고자 한다. 다만 한 마디, 한 글자라도 혹시나 조금이라도 문채만 빛내려고 하는 데에 가깝지나 않을까 두려울 뿐이다. 그러니 어찌 또 감히 명시를 짓겠는가?

아! 슬프도다, 숭정 주갑(周甲) 이후 무인년(1698) 아들 대광보국 숭록대부 영중추부사 구만이 피눈물을 삼키고 삼가 표지한다.

딸 등과 결혼. 영조를 세자로 책봉하자는 의론에 반대하였다. 이 일로 인하여 죽은 지 23여년이 흐른 1746년(영조22)에 관작을 추탈 당하였고, 영조 31년(1755)에는 처자가 노예가 되었으며 가산을 적몰 당하였다. *『경종실록』, 『개수경종실록』 참조.

118) 윤유(尹游) : 1687년 卒. 윤순(尹淳)의 형, 호걸스럽고 사치와 여자를 좋아하였다고 한다. *『영조실록』 참조.

119) 심택현(沈宅賢) : 영조 1686년 卒. 성망은 없었으나 여러 관직을 두루 역임했다. 조정에서는 한가한 관청의 일을 돕는 관직에 있었다. 늙어서는 시세에 따라 부침하여 좋고 나쁜 점에 대해 굳이 논하고자 하지 않았다고 한다. 그리하여 '주관없이 추종하면서 벼슬자리만 채웠다'라는 평가를 받기도 하였다. *『영조실록』 참조.

120) 유자(有子) : 공자 제자.

121) 용(踊) : 죽음을 슬퍼하여 행하는 도약의식이라고 한다.

122) 자춘(子春) : 공자 제자인 악정자춘(樂正子春). 발을 다치자 부모가 물려준 몸을 상하게 한 것이 효도에 어긋난 일이라고 여겨 병이 나은 뒤에도 걱정하였다고 한다. 부모님의 마음을 편안케 하지 못한 것을 말한다. *『禮記』「大戴」 <曾子大孝> 참조.

죽은 딸의 묘지명

[殤女墓誌銘]

남구만의 둘째딸로 1658년에 태어나 1668년에 죽었다. 남학명과 남매사이이다. 홍역에 걸렸는데 의사의 잘못된 처방으로 인하여 죽었다고 하였다, 그런데 후에 며느리도 이와 비슷한 병에 걸렸었는데 마마라는 진단을 받고 병 치료를 하여 살았다. 그리하여 천연두와 홍역이 증상은 비슷해 보이나 치료 방법이 다름을 깨닫게 되었고 이에 자신의 무지함으로 딸을 죽게 만든 애틋한 심정을 보여준다. 딸이 죽던 1668년(현종9) 4월에는 전국적으로 홍역이 유행하여 죽은 사람이 많았다고 하는데 이 때 죽은 것으로 보인다.(*『현종실록』현종 9년 4월 참조.) 딸이 죽은 10여 년이 지난 후의 사건이었던 며느리 병에 대해 언급한 것으로 보아 적어도 딸이 죽은 지 10여 년 후에 지은 것으로 여겨진다.

너는 나의 둘째딸이다. 무술년(1658)에 태어나 무신년(1668)에 죽었구나.

아! 어찌 그리도 짧단 말이냐? 네가 처음에 겨우 말을 배우고 걸음을 옮길 적부터 그 바탕이 두텁고 무거우며 품성이 영민하고 영리한 줄을 이미 알아보았다. 그래서 마땅히 오래도록 살아 모든 복록을 다 누릴 것이라고 여겼다.

아! 어찌 이다지도 어그러졌단 말이냐? 네가 홍역을 앓다가 죽었는데 의서에서 말하는 이른바 마마라는 것이었다. 바야흐로 그 열이 한창 성할 때에 의사가 말하기를 차가운 것으로써 열을 치료해야하고 열이 안으로 들어갔으면 구할 수 없다고 하였다. 월경이나[123] 야인건[124] 등은 절대로 피하고 다만 황금(黃芩), 황련(黃蓮) 등의[125] 약물만으로 해열해야 한다고 하였다. 그런데 열은 없어지지 않고 병의 증세는 더해만 갔다가 드디어는 죽게 되었다. 네가 죽은 후 10여 년이 지났을 때 며느리가 또 이 병을 앓았었다. 의사가 말하기를 "천연두와 홍역은[126] 그 치료하는 방법이 서로 다르다. 급히 열을 다스리면 살지만 조금이라도 늦추면 죽게 된다."라고 하였다. 더러운 약 가운에 가장 차가운 것으로서 돼지똥[127] 만한 것이 없어서 날마다 서너 개씩 복용하였고 10여 일 후에는 병이 좀 나았다. 그 후에 마마를 앓는 사람이 있으면 이 방법을 써서 낫지 않은 적이 없었다. 아! 뒤의 것을 갖고 앞의 것을 미루어 보니 너는 치료 방법을 잘못 써서 죽은 것이 분명하구나. 자식이 살아 있어도 수재와 화재를 면하지 못하는 것들도 부모의 죄라고 전해진다. 그런데 병으로 침상에 누워 있는데 어리석은 의사에게만 맡겨두었으니 선유들이 말하는 "자비롭지 못한 부모"라 할 만 하구나.

아! 네가 제 명대로 살지 못하고 갑작스럽게 죽은 것은 내가 자애롭지 못한 죄 때문이다. 이미 다 끝나버렸구나, 이미 다 끝나버렸구나. 다시 무슨 말을 하겠느냐? 지금 내가 이 글을 쓰는 것은 내 통한함을 드러내고 뒤에 경계 삼기 위함이다.

네 병이 극에 달했을 때 다리가 바싹 마르고 그 뼈가 다 드러날 지경

---

123) 월경은 여자들의 월경수(月經水)를 말한다. 동의보감에 의하면 월경의(月經衣)를 물에 담가 그 즙을 내어서 먹는다고 되어 있으며 화살의 독 등을 해독할 수 있다고 한다.

124) 야인건(野人乾)은 사람의 마른 똥을 물에 타서 먹는 약을 말한다. 『동의보감』에 의하면 성질이 아주 차가워서 유행하는 열병을 치료하는 데에 쓰며 남자의 똥이 좋다고 한다.

125) 황금과 황련은 모두 황금색을 띤 약초들로 열을 내리는 효과가 있다.

126) 원문에 두장병(痘臟病)과 진부병(疹腑病)으로 되어 있다. 두장병(痘臟病)은 두창, 곧 천연두이며 이것은 돌기가 큰 편이며 연속적으로 돋는다고 한다. 진부병(疹腑病)은 홍역과 비슷한 것으로 하주 작은 돌기가 한꺼번에 생겨나는 증상이라 한다.

127) 돼지똥은 성질이 차가와서 유행성 열병 치료에 쓴다. *「동의보감」 참조

에 이르렀고 자리가 전부 헤어져도 자리를 다시 들이지 않았었다. 누워 있어도 편안하지 않았고 입맛 또한 변하여 거의 죽조차 삼킬 수도 없었다. 싱싱한 생선을 구우려 했지만 이것조차 못하여 더욱 한이 되었다. 네가 죽은 지 2년 후에 내가 청주목사에 제수되어 가던 길에[128] 네 무덤 앞을 지나면서 곡을 하고 이렇게 말했었다. "술과 고기가 잔뜩 있지만 어찌 기쁜 안색을 할 수 있을까? 비록 관직에 있어 화려하지만 이는 더욱 더 슬픈 마음만 나게 한다."

아! 너는 이것을 알고나 있느냐? 모르고 있느냐? 용인현 화곡의 선영 옆에 장사지내고서 이제야 네 무덤에 묘지를 쓰고 명을 짓는다.

네 낭랑하던 말소리 기억하나 밝고 밝았던 그 기운 이미 멀어졌구나.

네 어여뻤던 모습 상상하지만 그윽하고 아리땁던 그 바탕 이미 눈 앞에서 없어졌구나,

멀어지는 것은 그저 공중에서 떠다닐 뿐이니 비록 구하고자 하나 따라갈 수 없구나.

없어진 것은 가라앉아 버려 있는 듯하지만 옮겨갈 수 없구나.

이에 명을 지어서 그 옆에 묻는다. 후대 사람들이 혹 그 슬퍼함을 참지 못할 것이다.

---

128) 1670년(현종11) 경의 일.

영인 이씨의 묘지명
[令人李氏墓誌銘]

남구만 바로 아래 여동생의 딸, 곧 이관성의 맏딸이다. 1660년(현종1) 2월 27일에 태어나 1698년(숙종24) 4월 7일 죽었다. 남구만은 영인 이씨의 외삼촌이다. 그리고 박필진(朴弼震)의 부인이다. 박필진은 박세당의 친족 조카이기도 하며 박세당은 남구만의 매형이 된다. 영인 이씨는 외할아버지의 부임지인 진천 관아에서 태어났고 외가의 고모할머니(오달제 부인)의 손에 키워졌다. 남편 박필진과의 사이에 아들 박사엄과 딸 셋을 두었다, 박필진은 아들을 형 박필성(효종 딸 숙녕옹주와 결혼)의 양자로 보냈고 평생 재혼하지 않고 혼자 지냈다.

나에게는 누님 한 분과 여동생 둘이 있다. 그 중 첫 여동생이 제천현감 이관성에게 시집갔었다. 제천 현감은 1남 3녀를 두었는데 그 중 맏딸이 곧 영인이며 부여현감인 박필진에게 시집갔다.

이씨는 우리 정종대왕에서부터 갈라져 나왔다. 할아버지는 호조판서 이경직(李景稷)[129]이고, 아버지는 상주목사였던 이장영(李長英)이었다.

129) 이경직(李景稷) : 1577(선조10)~1640(인조18). 조선 후기의 문신. 본관은 전주(全州). 자는 상고(尙古), 호는 석문(石門). 정종의 8대손이며, 동지중추부사 이유간(李惟侃)의 아들이다. 이항복(李恒福)과 김장생(金長生)의 문하에서 수학하였다. 1618년 폐모론이 일어났을 때, 이에 반대하여 사직하고, 약 5년여를 고향에 내려가 지냈다 이괄(李适)의 난이 일어나자 전라도절도사로 여산(礪山)으로 달려가 병사들을 모으고 난군 진압에 힘썼으며, 그 공으로 가선대부(嘉善大夫)로 품계가 오르면서 수원부사가 되었다. 1640년에 강화유수로 있다가 병으로 죽었다. 관료로서 재주가 있고 품위가 준수하였으며, 특히 사부(詞賦)와 글씨가 뛰어났다. 좌의정에 추증되었으며, 시호는 효민(孝敏)이다.

박씨는 신라 왕족으로부터 갈라져 나왔다. 할아버지는 예조판서 박세모(朴世模)[130]이고 아버지는 돈녕부 도정 태장(泰長)이다. 두 씨족이 모두 이름과 덕이 혁혁하여 세상에서 갑을을 칭하였다.

여동생은 아녀자다운 모습과 아녀자로서 지녀야할 덕이 있어서 아버지 금성부군(남일성)께서 아주 사랑하였고 다른 자녀들은 감히 바라지 못할 정도였다. 여동생은 아버지께서 진천에 수령으로 계실 때 뵈러 갔다가 경자년(1660) 2월 27일에 진천현의 관아에서 영인을 낳았다. 영인은 총명하고 뛰어나 평범한 아이들과는 달랐다. 내 고모이신 충렬공[131] 부인께서 거두어서 길러 주셨다. 경술년(1670) 가을 내가 청주 목사로 부임해 갔었고 그 다음해에 북쪽의 안찰사로 옮겨갔었다. 이 때 어머니 권씨 부인도 가족을 모두 데리고 같이 갔었는데 눈 앞에 영인을 두고 즐거움으로 삼았다.

영인은 부드럽고 아름다우며 민첩하고 지혜로웠고 부모님의 뜻을 잘 받들었다. 16세에 박씨를 택하여 시집갔었는데 그 때는 내가 조정에서 죄를 얻어 어머니를 모시고 결성에 물러나와 살던 때였다.[132] 여동생과 영인이 모두 어머니에게 귀녕오기도 했는데 5~6년 동안 직접 모시고 살기를 반 이상 하였다. 이 때 부여군 또한 때때로 와서 내게 문안하기도 하였다. 어머니께서 돌아가신 후[133]에는 같은 집에서 같은 솥의 밥

---

130) 박세모(朴世模) : 1610(광해군2)~1667(현종8). 조선 후기의 문신. 본관은 반남(潘南). 자는 여도(汝道). 첨지중추부사 호(濠)의 아들이며, 어머니는 신흠(申欽)의 맏딸이다. 온건한 서인계열로 홍명하(洪命夏)·박장원(朴長遠)·이경휘(李慶徽)·서필원(徐必遠)·이상진(李尙眞) 등과 교유하였고, 특히 윤선거(尹宣擧)와는 우의가 두터웠다. 송준길(宋浚吉)은 그를 가리켜 재상(宰相)의 풍도(風度)가 있다고 말하였다고 한다.

131) 충렬공 오달제를 말함. 오달제는 남구만의 고모부였다. 1637년(인조15)에 오달제가 죽고 남씨 부인 혼자 살고 있었다.

132) 1675년경의 일로 이 때는 숙종 12년, 남구만이 어머니와 함께 결성으로 가서 살았다.

133) 1680년경의 일이다.

을 먹지 못하여 아침저녁으로 느끼는 즐거움도 옛날 같지 않아 그 즐거움을 계속할 수 없는 애통함을 이길 수 없었다. 그런데 무인년(1698) 4월 초 7일에 영인이 병에 걸려 갑작스럽게 죽었다.

아! 슬프다. 영인은 시집가기 전에는 온순하다는 칭찬을 들었고 이미 시집가서는 시부모의 마음을 얻었다. 남편을 섬기면서 있고 없는 것을 잘 살폈고 예에 따라서 하고 어긴 적이 없었다. 그래서 마땅히 길이 복을 누릴 것이라고 여겼다. 하지만 어린 자식을 잃고 병도 잘 들어 그 괴로움에 편안한 날이 적었다. 남편이 벼슬길에 나아가는 것을 보았지만 두 깃발을 세우고 지방관으로 나가는 영화를 보지는 못했다. 하늘이 갚은 것이 어찌 이다지도 어그러지는지.

아들 한 명이 있는데 사엄(師淹)이다. 그런데 부여군의 형 금평위인 박필성(朴弼成)[134]의 후사가 되었으니 두 아버지의 한 아들이었다. 부여군은 늙을 때까지 다시는 장가들지 않았다. 집안이 텅 빈 것을 달게 여기면서 평생을 마쳤다.

사엄이 아내를 둔 일과 그 두 딸이 각각 이병태(李秉泰)[135],이복(李馥)에게 시집간 것은 모두 영인이 병이 위독하여 정침에 있은 뒤였고 막내는 아직 시집가지 않았다. 그 무덤에 있는 슬픔을 이기지 못하니 이 세상에 살아 있는 것 또한 어떠하겠는가?

---

134) 박필성(朴弼成) : 1652(효종3)~1747(영조23). 조선 후기의 문신. 본관은 반남(潘南). 자는 사홍(士弘), 호는 설송재(雪松齋). 효종의 사위이며, 도정(都正)을 지낸 태장(泰長)의 아들이다. 1662년(현종 3) 효종의 딸 숙녕옹주(淑寧翁主)와 결혼하여 금평위(錦平尉)에 봉해졌으나, 1668년에 숙녕옹주는 두환(痘患)으로 죽었다. 1747년 7월 97세의 나이로 죽자 8월에 효행을 치하해서 정문(旌門)이 세워졌다. 시호는 효정(孝靖)이다.

135) 이병태(李秉泰) : 1688(숙종14)~1733(영조9). 조선 후기의 문신. 본관은 한산(韓山). 진사 협(浹)의 아들이다. 합천군수에 재직시 가뭄으로 식량난에 허덕이는 많은 기민을 구제하기도 하였다. 그러나 수토병(水土病)에 걸려 임지에서 죽었다. 청백리에 녹선(錄選)되고 이조판서에 추증되었다. 시호는 문청(文淸)이다.

영인의 무덤은 양주군 장리 금곡 봉두산에[136] 있는 아무 방향을 향한 언덕에 있으니 곧 박씨의 선조들이 있는 다음 자리이다. 부여군이 내게 묘지를 청하여 그 무덤 곁에 두어 끝내 없어지지 않기를 바라기에 내가 눈물을 거두고서 명을 쓴다.

지어미를 잃었으나 다시 장가들지 않았으니 그 아름다운 짝 없음을 가엽게 여기지 않음이네.

아들 또한 출가시켜 양자로 들어가게 하였으니 후사 없음을 염려한 것도 아니었네.

이에 밥상을 눈썹에 맞춘 양홍의 어짊 있으니 차마 그 옛날의 떳떳함을 잊지 못해서이지.

어찌 결발의 의리만 가지고서 그 평소의 뜻을 고치려 하지 않는 것이랴.

136) 지금 경기도 양주에 있다.

장모 숙인 이씨의 묘표
[外姑淑人李氏墓表]

남구만의 장모 숙인 이씨는 아버지가 이무림, 어머니는 신득중의 딸이며, 정수(鄭脩)의 첫 부인이다. 1611년(광해3)에 태어나 정묘호란이 일어난 1627년에 정수와 결혼하고 그 해 2월에 강화도로 피난하였다가 천연두로 여관에서 죽었다. 당시 16세였고, 결혼한 지 겨우 한 달 만이었다. 후에 정수는 안동 김씨인 김계(金棨)의 딸과 재혼하였다. 정수는 이 둘째 부인과 철원부 관인리에 합장되었고 숙인 이씨의 묘는 이씨 종가의 선영인 파주 분수원에 따로 있다. 남구만의 실제 장모는 김계의 딸이다. 이 글은 1652년(효종3)에 지었다.

숙인은 전의 이씨로서, 동지돈녕부사이며 호조판서에 추증된 이무림(李茂林)의 딸이다. 사헌부 감찰이었으며 이조참판에 추증된 이보명(李寶命)의[137] 손녀이고, 은산현감이었고 승정원 좌승지에 추증된 이념(李念)의 증손녀이다. 학생이었던 신득중(申得中)의 외손녀이며 사헌부 지평이었던 정수의[138] 배필이었다. 만력 신해년(1611) 12월 4일에 태어나

137) 이보명(李寶命) : 선조년간의 문신.

138) 정수(鄭脩) : 1609(광해1)~1662(현종3). 자는 공신(公愼), 정언신(鄭彦信)의 증손, 정협(鄭協)의 손자, 정세미(鄭世美)의 아들, 어머니는 이상의(李尙毅) 딸이다. 맨 처음 목릉(穆陵) 참봉에 제수되었으며 정언, 영춘현감, 사헌부 지평 등을 지냈다. 첫 부인은 이무림 딸, 둘째 부인은 김계(金棨)의 딸, 둘째부인 김씨는 1613년에 태어나 1628년에 정수와 결혼, 1661년에 죽었다. 첫 부인인 이씨는 자식이 없고 김씨 부인과의 사이에서 정래상(鄭來祥), 정지상(鄭至祥) 등의 아들을 두었고 사위로는 남구만과 이정만(李庭萬)이 있다. * 남구만, 『약천집』 <外舅持平鄭公墓表> 참조.

시고, 정묘년(1627)정월에 정공에게로 시집왔다. 이때 난리를 피해 강화부로 갔다가 이해 2월 14일 천연두 증세로 여관에서 돌아가셨다. 파주 분수원에 있는 이씨의 선영 옆, 아무 방향을 등진 곳에 장사지냈다.

아! 숙인은 영광스럽고 현달한 집안에 태어나 몸을 의탁하였다가 어진 지아비를 골라 시집왔으나 겨우 한 달을 넘기고 죽어 그 자식을 기르는 데에 이르지도 못하였다. 이는 실로 산 사람으로서도 가장 처참한 슬픔이요 저승에 간 사람도 영원히 애통해할 일이다. 숙인이 죽은 후 36년이 지나서 공이 세상을 뜨시자[139] 철원부 관인리에 [140]무덤자리를 택하였다. 숙인이 돌아가신 지 꽤 오랜 시간이 지나간 뒤이다. 뒤이은 아들인 사간 래상(來祥)이 놀랄까봐 두려워하여 감히 옮겨서 합장하지 못하였고 또 세월이 너무 흘러 멀어지면 자취가 희미해져서 증거할 길이 없는 것을 두려워하였다. 이에 무덤 앞에 돌을 세우고 사위인 원임 의정부 영의정 남구만이 삼가 글을 써서 표한다.

139) 1662년(현종3)에 정수가 죽었다.

140) 지금의 동두천 근처

서종태

서종태(徐宗泰) : 1652(효종3)~1719(숙종45). 병조참의를 지낸 문상(文尙)의 아들이며 영의정을 역임한 문중(文重)의 조카이다. 자는 군망(君望), 호는 만정(晩靜)·서곡(瑞谷)·송애(松厓). 1681년 『현종실록(顯宗實錄)』 편찬에 참여하였다. 1689년 기사환국으로 인현왕후(仁顯王后) 민씨(閔氏)가 폐위되자, 오두인(吳斗寅)·박태보(朴泰輔) 등과 소를 올리고 은퇴하였다. 1694년 갑술환국으로 인현왕후가 복위되자, 다시 관직에 나와 승지·대사간·대제학·공조판서·대사헌을 역임하였다. 1703년 정조사로 청나라에 다녀오기도 하였다. 저서로 『만정당집(晩靜堂集)』이 있다. 시호는 문효(文孝)이다. 장단의 도라산리에 묘소가 있다. *『숙종실록』, 『국조보감』 참조.

이단상 부인께 올리는 제문

[夫人祭文]

이 글은 이단상(李端相)의[1] 부인에게 올리는 제문이다. 부인은 이행원(李行遠)의 딸이며 이명한의 넷째 며느리, 김창협의 장모이기도 하다.[2] 1629년(인조7) 7월 2일에 태어나 14세에 결혼하였으며 1702년(숙종28) 7월 17일에 죽었다. 1669년 이단상이 죽자 가평에 장사지내고, 그 후 33년이 지난 1701년 양주 영지동으로 묘를 옮기려 하였다. 그 때 부인 이씨가 7월 17일에 죽었다. 그리하여 9월에 면례를[3] 거행하여 아버지 묘를 옮기면서 같이 합장하였다. 이 때 사위인 김창협이 묘지명을 쓰기도 하였다. 아들 이희조(李喜朝), 이하조(李賀朝)가 있다. 서종태의 외삼촌이 이단상이므로 이 부인은 곧 외숙모가 된다. 이단상의 문집인 『靜觀齋集』을 내면서 그 부인에 대한 글들을 같이 넣었는데 서종태의 글도 여기에 실려 있다.

외숙모의 초상을 치를 때 마땅히 제수와 술잔을 올리는 예를 하여 작

1) 이단상(李端相) : 1628(인조6)~1669(현종10). 본관은 연안(延安). 자는 유능(幼能), 호는 정관재(靜觀齋)·서호(西湖). 이정구(廷龜)의 손자이다. 이명한(明漢)의 아들이며 어머니는 박동량 딸이다. 어머니 박씨, 형수 이씨(李聖求 딸)가 정축년에 강화에서 죽었다. 이일상(李一相), 이가상(李嘉相) 등이 형이다. 이행원(李行遠)의 사위. 홍명하(洪命夏)·송준길(宋浚吉)·조복양(趙復陽) 등이 학문과 덕행을 인정, 경연관(經筵官)에 추천되었으나 이를 사양하고 양주 동강(東岡)으로 은퇴하였다. 문하에서 아들인 희조(喜朝)와 김창협(金昌協)·김창흡(金昌翕)·임영(林泳) 등의 학자가 배출되었다. 저서로는 『대학집람(大學集覽)』·『사례비요(四禮備要)』·『성현통기(聖賢通紀)』·『정관재집』 등이 있으며 시호는 문정(文貞)이다.

2) 김창협의 『농암집』<정부인전의이씨묘지명(貞夫人全義李氏墓誌銘)>에 그녀의 행적이 자세하다.

3) 면례(緬禮) : 무덤을 옮겨 다시 장사 지내는 일.

은 정성이나마 드렸어야 했습니다. 그러나 자꾸 미루고 시간만 흘러가 아직도 예를 거행하지 못하였으니 그 애석함과 한스러움을 어느 날에 다 잊겠습니까. 시간은 자꾸 흘러 벌써 상기(祥期)가 닥쳤습니다.

옛 일을 생각하면 마음에 깊은 슬픔이 일어납니다. 그러나 병이 들어 몸소 제사에 나아가지 못합니다. 변변치 않은 제수가 저의 마음속에 있는 정과 꼭 맞지는 않으나 그것을 올리고 상 앞에 엎드려 곡을 하니 눈물이 마구 흐릅니다.

아아! 슬픕니다! 제가 평소에 외숙모의 지성과 독실한 행적에 대해 흠모하고 감탄하였습니다. 옛날 외삼촌 정관 선생(靜觀先生)께서 모든 일에서 물러나시어 산림에서 사실 때, 죽을 끓이는 것조차 때때로 끊어질 때가 있었습니다. 그런데 외숙모께서는 외삼촌으로 하여금 가난함을 잊게 하셨습니다. 대체로 외삼촌이 일생을 청렴하고 엄하셨으며 도의를 즐기셨던 것은 외숙모의 내치(內治)의 도움이 많았기 때문입니다.

외삼촌께서 세상을 떠나시자[4] 숙모의 곡성은 끊어지지 않았고 한 숟가락의 미음조차 잡수시는 일이 드물었습니다. 상제가 다 끝났는데도 슬퍼함이 이와 같으셨으니, 결코 자신만 온전하고자 하지 않으셨습니다. 그런데 다행히도 온전하게 사셨으니 신께서 도와주신 것입니다.

두 아들이[5] 고을을 얻어 수령으로 나아가 봉양을 하고 다스리는 데에 삼가하고 깨끗하게 하여 그 직무를 잘 수행하였고, 영화로움을 바라는 뜻을 버리게 하여 가학이 땅에 떨어지지 않게 하셨습니다. 이는 모두 외숙모께서 의로운 방법으로 자식들을 가르치시어 연이어 이루어냄이 있도록 만드셨기 때문입니다.

---

4) 1669년, 이단상이 죽음.

5) 이희조, 이하조.

지난 번 둘째 아들 상을 입으셨을 때[6] 외숙모는 이미 70의 고령이셨습니다. 지극한 슬픔이 몸을 상하게 하여 날이 갈수록 피눈물이 마르지 않았습니다. 그리하여 안으로 상한 것들이 매우 많았습니다. 겨우 한 해를 보내고 났는데 별로 중하지 않았던 병이 갑작스럽게 돌아가시는 지경에까지 이르게 하였습니다. 외숙모는 이치에 통달하셨는데 어찌 목숨의 길고 짧음을 운명에 맡겨두지 못하였습니까. 하지만 그 독실하고 지극하신 성품은 하늘에서 받았고 다른 사람보다 훨씬 뛰어나시어 스스로 그렇게 할 수 없었을 것입니다.

저와 외숙모의 두 아들은 종형제 사이지만 마치 친형제 같았습니다.[7] 지난 해 어머니께서[8] 양산으로[9] 이사하시어 서로 옆에 살게 되었습니다. 아침저녁으로 출입하면서 자주 그 덕과 규범을 보았으며 사랑을 듬뿍 받게 되어 그것을 마음에 고이 간직하고 있었습니다. 또 외숙모께서는 제 어머니와 나이도 같으시어 제 어머니가 돌아가신 이후로 외숙모께서 강녕하심을 몹시 기뻐하였습니다. 그래서 마음이 슬퍼져 차마 찾아뵙고 우러르며 절하지 못한 적도 있습니다.

아아! 슬픕니다! 양산의 언덕 새로 정한 무덤은 옛 집과 아주 가깝습니다. 눈썹에 밥상을 나란히 맞추었던 아름다운 규방의 덕은 백 년 동안 한결같이 향기로운 것입니다. 여기에 왕래하시면서 때때로 묘 아래서 뵙고 절하며 살필 수 있기만을 바랄 뿐입니다.

아아! 슬픕니다!

---

6) 둘째 아들 이하조(1664~1700, 현종5~숙종26)가 죽었다.

7) 이단상의 누이가 서종태의 어머니였으므로 이희조, 이하조와는 외종사촌간이다.

8) 서종태 어버지인 서문상 부인, 이명한 딸로 이단상과 남매지간. 이단상 부인의 시누이.

9) 양산(楊山) : 지금의 경기도 양지(陽智).

죽은 재상 강석기의 처를 신원하는 데 대한 의론
[故相姜碩期妻伸寃議]

강석기의 처는 신식(申湜)의 딸이다. 강석기의 딸은 소현세자빈 강씨. 강빈이 심양에서의 영리(營利)[10]로 인조의 불평과 역위(易位)를 꾀한다는 의심을 받던 중, 1646년(인조24) 수라상의 반찬에 독을 넣은 사건이 발생하자 강빈의 소행으로 지목되었고 이것이 빌미가 되어 사사되었다. 이를 '강빈의 옥'이라 하는데, 앞서 죽은 강석기는 관작을 추탈 당하였고, 그의 부인은 처형당했다. 그 후 1718년(숙종44)에 신원되었다. 강빈 신원이 재개되면서 그 해 4월 11일 하교하여 강석기와 그 부인도 복작하고 치제토록 하였으며, 8월 26일에는 죽은 당시의 문서에 의거하여 가재(家財)를 모두 돌려주도록 하였다. 이 글은 그 때에 쓰인 것이다. 신득연과는 남매사이로 정태화의 고모, 즉 정창연의 딸과는 시누이, 올케 사이이기도 하다.

죽은 재상이었던 강석기(姜碩期)[11]의 처는 처음 옥사가 일어났을 때,

10) 영리(營利) : 뇌물외교에 소요되는 자금을 마련하려는 것.

11) 강석기(姜碩期) : 1580(선조13)~1643(인조21). 본관은 금천(衿川). 자는 복이(復而), 호는 월당(月塘)·삼당(三塘). 이조참의 찬(燦)의 아들로, 큰아버지 순(焞)에게 입양되었다. 신식의 딸과 결혼. 김장생의 제자. 부승지로 있을 때 딸이 소현세자빈(昭顯世子嬪)이 되었다. 인조는 소현세자가 역위(易位)를 꾀한다는 의심을 하여 죽었고, 강빈도 음식에 독을 넣었다는 사건(역모)의 주모자로 모함되어 사사되었다. 그것을'강빈의 옥'이라 한다. 그에 따라 이미 죽은 강석기는 관작을 추탈당하였고, 그의 부인은 처형되었으며, 아들 문성(文星)과 문명(文明)은 장살(杖殺)당하였다. 그 후 숙종 때 복관(復官)되었고 빼앗겼던 재산도 모두 돌려받았다. 시호는 문정(文貞)이다. 세자빈의 아버지이면서도 집안의 형편은 변함없었고 세력을 빙자하는 행세를 하지 않았다고 한다. *『인조실록』, 『숙

그들을 모함했던 신하들이 거짓으로 꾸며낸 고소장 때문에 죽었습니다. 그래서 지금 사람들이 매우 마음 아파하고 불쌍히 여겨 신원해야한다고 하였습니다. 근일에 성상께서 특별히 어진 뜻을 내시어 그 집안이 입었던 화에 대해 여러 번 측은해 하는 교지를 내리셨습니다. 며칠 전 조정에서 의논한 것에 대한 비답(批答)12)에서도 또한 성스러우신 뜻이 있었습니다. 이 일은 처분해 주실 것을 기다리는 것 외에는 별도로 의논하여 올릴 것도 없을 듯 합니다. 바라옵건대 전하께서 헤아려 주시옵소서.

종실록』 참조.

12) 비답(批答) : 임금에게 올린 글에 대한 임금의 회답.

최씨와 홍씨 두 여자가 복수한 일에 대한 논의

[崔·洪兩女復讐議]

경상도 삼가(三嘉)[13]에서 홍방필이라는 사람이 살해된 사건이 있었다. 그 처 최씨와 딸 홍씨가 여러 해 동안 기회를 엿보다가 손수 칼로 찔러 죽여 원수를 갚았다. 이 때가 숙종 36년이었다. 경사도 감사가 이 일을 왕에게 계문하게 되었고 신하들 사이에 법에 따라 벌을 주어야한다는 의견과 정황을 참작하여 용서해주며 심지어 정려문까지 하사해야한다는 등 의견이 분분하였다. 이 글은 이 때에 쓰인 것인데, 의논 끝에 숙종 36년 10월 19일에 급복하도록 허락하였다. 임윤지당(1721~1793)도 이 사건에 대하여 〈崔·洪二女〉라는 글에서 '두 여인의 일은 정절과 효성이 지극할 뿐만 아니라 용기도 있다. 비록 남자라 하더라도 그들에게 미치지 못할 것이다.'라고 평하였다.
이 일은 법을 지키느냐, 효를 진작(振作)시켜 기강을 잡느냐하는 것과, 정려해야 할지 아니면 급복의 등급으로 해야 할지에 대한 논의였다.[14]

명장이 홍방필(洪邦弼)을 죽인 것은 다만 사사로운 원한에서 나온 것입니다. 그러므로 그 아내와 자식이 복수를 한 것은 주나라에서도 허락했던 바입니다. 이것은 대를 이어서 사람을 죽이는 것과 관련되어 있는데 다만 유사(有司)에게[15] 먼저 말하지 못한 것은 가히 죄가 될 수 있습

13) 지금 경상남도 합천군의 삼가면을 말함.
14) 『숙종실록』36년 10월 19일 조, 『임윤지당고』 참조.
15) 해당관청의 일을 맡은 관리.

니다. 그러나 홀로 사는 늙은 과부와 약한 딸이 틈을 엿보아 갑자기 뜻을 내어서 손수 찌른 것이니 어찌 먼저 말하지 않았다는 것을 갖고 책망할 수 있습니까?

최씨와 홍씨 두 여자는 원수와 더불어 하늘을 머리 위에 두고 있는 것을 큰 수치로 삼았으니 이런 일은 남자라도 쉽게 해내지 못하는 일입니다. 그 의로움과 매서움이 밝게 빛나고 남달리 뛰어나 풍화(風化)와 교화(教化)을 지탱하고 쇠해 가는 세속을 뒤흔들 만합니다. 그 일이 아주 특별하여 옛 적에도 드뭅니다. 비록 정려문을 내려주신다 하여도 가히 아까울 게 없습니다. 법조문에 의거하여 무조건 살인죄로 죽이게 되면 그 폐단을 금지하지 못한다는 것도 해당 관서에서 인용한 말과 같습니다.[16] 그러나 가볍게 처리하기도 어려우니[17] 혹 특명을 내리시어 급복(給復)[18]하시어 그 아름다움과 너그러움을 보여주시옵소서. 그러하면 아마도 그 마땅함을 얻을 것이옵니다. 엎드려 바라옵건대 전하께서 살펴주소서.

16) 이 사건과 제기된 문제 중 하나는 '남편, 아버지를 위해 복수를 한 것' 이 정렬(貞烈)과 효(孝)를 실천한 것으로 판단하여 칭찬할 것인지, 아니면 살인죄를 적용하여 처형해야 할 것인가 하는 것이었다. 그런데 단순히 살인죄를 적용하여 죽이게 된다면 그 누구도 남편, 부모의 원수를 갚으려 하지 않게 되며 이런 폐단을 막을 수 없게 된다는 것이다. 즉 효를 행하지 않는 습속이 성행하게 되는 폐단이 생겨난다고 여긴 것이다. 따라서 단순 살인죄 적용은 효를 행하지 않는 폐단을 생겨나는 것을 금지시키지 못한다는 것이다. *『숙종실록』 참조.

17) 정려(旌閭)를 하느냐 급복(給復)을 하느냐 하는 문제, 정려를 하는 것을 가볍게 실시할 수는 없다는 것.

18) 급복(給復) : 조세, 부역 등을 면제해 주는 것, 사복(賜復)이라고도 한다.

아버지의 상례를 다 마치지 못함과 부인이 남편을 잃은 후 따라 죽는 것에 대해 정려문을 내리는 것이 타당한지 아닌지에 대한 논의

[親喪不勝喪婦女喪夫從死者旌閭當否議]

이 글은 숙종 39년 4월 13일, 민진원이 청원한 일에 대하여 의견을 모은 것 중 서종태가 쓴 것이다. 상례를 너무 지나치게 하여 목숨을 잃은 자에 대해 포상하는 것이 타당한지 서술한 글이다. 이 외에 당시 영의정이었던 이유(李濡)는 정려를 허락하는 것이 방해가 되지는 않는다고 하였다. 의견은 분분하였으나 결국 정려하는 것으로 결론지었다.[19] 상례 기강이 해이해지는 상황에 대한 우려와 과도한 상례 실행으로 인하여 목숨까지 잃고 후사를 생각하지 않았던 사람들이 있었음을 보여준다. 국가의 입장에서 윤리기강확립과 인명(人命)의 소중함을 어떻게 다루어야 하는지에 대한 갈등을 보여주는 논의이기도 하다.(*『숙종실록』 참조.)

이것은 예조판서인 민진원이 계를 올린 것 때문에 의논하는 것이다. 민진원은 "아버지의 상을 다 마치지 못한 것과 아내가 남편을 따라 죽는 것은 다른 사람에 대한 모범이 되

19) 민진원이 또 말하기를, "효행(孝行)과 절의(節義)는 중도를 얻는 것이 중요합니다. 어버이의 상(喪)을 견디지 못한 나머지 죽은 사람이거나 과부가 지나치게 슬퍼하다가 따라 죽은 경우는 비록 사람마다 할 수 있는 일은 아니나, 끝내 중도에 지나침을 면치 못하니, 바로 정포(旌褒)를 허락하는 것은 아마 과중(過中)한 듯합니다. 이것도 마땅히 정식(定式)이 있어야 할 것입니다." 하였는데, 이이명이 해조(該曹)로 하여금 품처(處)토록 할 것을 청하였고 이유가 정려하여도 무방하다고 하자 여러 대신(大臣)들이 이유(李濡)의 의논을 많이 따르니, 임금이 이유의 의논에 따라 시행할 것을 명하였다. *『숙종실록』권53, 39년 4월 13일 기사 참조.

지 못한다. 그러니 정려문 내리는 것을 허락 말아야 합니다."라고 하였다. 이에 다른 상을 주는 일이 타당한지 그렇지 않은지에 대해 의견을 모으려고 하였다. 계사년 5월.

무릇 충성과 효도를 하거나, 여자로서 절개를 지키는 데에 탁월한 사람에게 정려문을 내리는 것은 비록 풍속에 힘쓰고자 하는 뜻이 그 속에 있기는 하지만 실은 그 행실의 어짊에 대해서 상을 주고 숭상하고자 하기 때문입니다. 효도는 진실로 아름다운 행실입니다. 하지만 법도를 지나쳐서 상례를 다 마치지 못하고 병을 얻어 죽는 데에 이르는 것은[20] 성인조차도 불효라고 경계하셨으니 세상에 대해 교훈이 되지 못합니다. 그런데 증자는 물조차 입에 넣지 않기를 7일이나 하였고 이는 삶을 해치는 데에 거의 가까웠으니 성현이 실천하신 것에도 이처럼 과도한 부분이 있기도 합니다.

세상의 도가 점차 쇠해진 이래로 상례의 기강이 점차 무너져 독실하게 행하여 상례를 다 마치지 못하는 일은 아주 드물게 되었습니다. 성상께서 세상교화를 지탱하시고자 한다면 상례를 지나치게 행함을 억제하는 것을 마땅히 느긋하게 하여야 하며, 그것을 권하는 것이 더 시급합니다. 옛날의 높은 행실에까지는 미치지 못한다 하더라도, 비록 평범한 법도에서 조금 지나친 점이 있기는 하나 지극한 성정에서 나온 것입니다. 그 마음가짐에만 힘쓰고 실제 실행하는 바가 없게 되면 겉으로 특별하고 남다른 행위를 하지 않게 되니 어찌 아름답게 여길 수 있겠습니까? 하물며 너무 슬퍼하여 삶을 해치는 것은 본래 호인(鄠人)이 자신의 넓적다리 살을 베어서 의리를 상하게 하는 것과 같지는 않습니다.

부인이 남편을 잃고서 혹 훗날의 일을 기다리지 않고 죽어서 따라가는 것은 그 절개와 열렬함은 비록 귀하기는 하지만 더욱 더 의리에 맞

20) 멸성(滅性) : 친상(親喪)을 당하여 너무 슬퍼한 나머지 병을 얻어 죽는 것.

지 않고, 다른 사람들에 대해 가히 모범이 될 것은 아닙니다. 하지만 말세에 혼인의 의[21]는 혹 중요한 것을 잃어버리게 되었습니다. 그래서 백성들 집안에서는 따라 죽지 않아 아주 중요하고 큰일을 알지 못하는 것을 부끄러움으로 여기기도 합니다. 그런데 왕왕 정표의 탁월한 행위로 사람들을 감동시키고 마음을 움직이게 하는 경우가 있습니다. 그러니 어찌 풍속 교화에 도움이 있지 않겠습니까?

신들의 논의는 여러 폐단을 염려한 데에서 나온 것으로 시속으로 하여금 도리에 맞게 하고자 한 것입니다. 비록 의견이 없을 수는 없지만 영상께서 내 놓은 의견 가운데 '이는 천백여 명 가운데 하나가 있을 정도이고 권면한다고 해도 반드시 사람들 모두가 다 본받지는 않을 것이고 도리어 폐단이 생겨날 것이다.'라고 한 것은 신들의 어리석은 생각과도 같습니다.[22]

절개를 지키는 행위가 아주 아름답고 특별한 자들에게 정문을 내려[23] 착함을 칭찬하면 윤리도 돈독해지고 풍속도 잘 세워지게 됩니다. 이는 옛날 중국이나 우리나라에서 이미 행하던 일입니다. 그래서 이미 법으로 이루어진 것이니 다시 논할 필요가 없을 것입니다. 엎드려 바라건대 전하께서 살피시옵소서.

---

21) 반합지의(牉合之義) : 반쪽과 반쪽이 합쳐 일체가 되는 것으로 곧 남녀가 결혼하는 것.

22) 이에 대해 당시 영의정이었던 이유(李濡)는 "이것은 바로 천백 명 가운데 1명만이 있는 경우로서, 비록 권려(勸勵)하더라도 반드시 사람마다 다 본받을 수는 없으나, 정려(旌閭)로써 허락하는 것은 격려(激勵) 권면(勸勉)하는 도리에 방해가 되지 않을 것입니다."라고 하였다. *『숙종실록』 39년 4월 13일 기사 참조.

23) 원문에는 "사이도설(賜以棹楔)" 이라고 되어있다. 이는 붉은 화살 모양의 나무로 정문을 장식하던 것. 따라서 정문을 작설(綽楔), 홍문(紅門)이라고도 한다.

강빈의 억울함을 풀어주자는 의론

[姜嬪伸冤議][24]

강빈은 소현세자의 빈이다. 1627년(인조5) 가례(嘉禮)를 올려 소현세자의 빈이 되었다. 병자호란 뒤인 1637년 세자와 함께 심양(瀋陽)에 볼모로 갔다가 1644년에 귀국하였다. 소현세자와 함께 심양에 있을 때에 청과 긴밀한 관계를 유지하였는데 이것이 인조의 의심을 사게 되었다.

귀국 후 두 달 만에 소현세자가 죽고 인조 24년(1646) 수라상의 반찬에 독을 넣은 사건이 발생하자 강빈의 소행으로 지목되었고 이것이 빌미가 되어 사사되었다. 이에 강빈의 어머니와 남자 형제들도 모두 죽었다. 숙종 44년에 이르러서야 신원되었고 이에 따라 아버지 강석기, 어머니 등도 모두 복작되었다. 이 글은 그 때에 쓰인 글이다. 앞의 〈강석기의 처를 신원하자〉는 글과 거의 같은 때에 지어진 것이다.

---

24) 민회빈(愍懷嬪) 강씨(姜氏) : ?~1646(인조24). 조선시대 소현세자(昭顯世子)의 빈(嬪). 본관은 금천(衿川). 우의정 강석기(碩期)의 딸이다. 1627년(인조5) 가례(嘉禮)를 올려 세자빈이 되었다. 병자호란 뒤인 1637년 세자와 함께 심양(瀋陽)에 볼모로 갔다가 1644년에 귀국하였다. 병자호란으로 청나라에 인질로 잡혀갔던 소현세자는 심관(瀋館)에서 국왕의 대리자로서 많은 재량권을 행사하였고 청측과 긴밀한 관계를 유지하였다. 한편 인조는 세자에게 전위(傳位)를 강요당하거나 세자 대신 입조(入朝)의 요구를 받게 되지 않을까 하는 의심을 하였고, 소현세자는 귀국 후 두 달 만에 병증(病症)이 있은 지 3일 만에 34세로 급서(急逝)하였다. 여기에다 인조의 총애를 받으면서 강빈과 반목질시하던 조소용(趙昭容)이 강빈이 인조를 저주하였다고 무고하여 그의 형제들을 모두 유배시키자, 강빈은 인조거실(仁祖居室)근처에 가서 통곡하고 그때부터 왕에게 조석문안도 하지 않았다. 그리고 왕의 수라상에 독을 넣었다는 혐의도 받게 되어 후원별당에 유치(幽置)되었다가 조정대신들의 반대에도 불구하고 1646년 3월에 사사(賜死)되었다. 이어 세자의 어린 세 아들은 귀양가게 되고, 강빈의 노모와 4형제는 모두 처형 혹은 장살(杖殺)되었다. 이후 선조44년(1618)에 신원되었다. 그녀의 능인 영회원은 광명시 노온사동에 위치하며 규모는 2,182㎡이다. 사적 제375호이다. 봉분의 좌우에는 문인석, 망주석, 석양, 석마, 석호등이 배열되어 있다. *『인조실록』, 『숙종실록』, 『조선왕조사』 참조.

신의 미미한 충정으로 오늘날 가만히 보니 강빈의 일을 다시 의논하라고 명하신 일에 대해 감격과 애틋한 마음을 금할 길 없습니다. 선왕께서[25] 처분하신 일이 지극히 엄하고 지극히 중요하여 감히 의론을 용납하지 않았습니다. 지금까지 60~70여 년간 공적인 논의가 끊이지 않았고 그 깊은 원한을 풀 길이 없었습니다. 그리하여 사람들이 모두 마음으로 슬퍼하고 가련히 여겼습니다.

다행히 지금 성상께서 밝은 지혜를 내시어 스스로 애달프게 여기시고 의로움을 깊이 생각하시며 그 생각을 멀리까지 하여 신원하시고자 하는 데에까지 이르렀으니 이는 진실로 크나큰 덕을 베푸시는 일입니다. 아래에 있는 사람으로서 마땅히 따르고자 합니다. 일을 진행하는 것이 워낙 아주 큰일이고 처리한 적이 매우 드뭅니다. 오직 원하옵건대, 성상께서 밝게 살피시고 상량하시어 결정하여 주시옵소서.

---

25) 인조가 소현세자를 죽이고 민회빈 강씨를 죽인 일.

정순왕후의 시책문

[定順王后諡册文]

단종비 정순왕후 송씨(定順王后 宋氏 : 1440~1521). 여산송씨(礪山宋氏) 판돈녕부사(判敦寧府事)인 여량부원군(礪良府院君) 송현수(宋玹壽)의 딸로 태어난 정순왕후는 1453년(단종1)에 왕비로 책봉되었다. 1457년(세조3) 사육신(死六臣) 사건으로 부인(夫人)으로 강등되어 열여덟 어린 나이에 홀로 되어 1521년(중종16) 82세로 승하할 때까지 한 많은 일생을 보냈다.
단종은 영월로 유배되었다가 사약을 받고 죽었다. 그 후 1516년(중종11)에 와서야 묘를 찾아 봉분(封墳)을 갖추게 되었다. 1698년(숙종24)에 복위(復位)되어 단종(端宗)으로 묘호(廟號)를 붙이고 종묘(宗廟)에 부묘하고 단릉(單陵)의 형식으로 능호는 장릉(莊陵)이다. 정순왕후의 능은 사릉(思陵)이다. 단종의 장릉이 멀리 강원도 영월에 위치해 있지만 사릉은 경기도 남양주에 있다. 승하 당시 부인의 신분으로 강등되어 궁궐에서 쫓겨난 상태이었기에 부인의 묘로 초라하게 조성되었다가 단종 복위와 함께 정순왕후로 추복(追復)되어 단릉(單陵)의 형식으로 능호를 사릉(思陵)이라 명명하였다. 단종의 시책문은 남구만이, 왕비 정순왕후의 시책문은 서종태가 지었다.(*『숙종실록』, 신명호, 『조선왕실의 의례와 생활, 궁중문화』, 돌베개 참조)

삼가 이름을 드러내어 제부(躋祔)[26]하는 성대한 의식을 이제야 하고

26) 제부(躋祔) : 삼년상을 마친 뒤 신주를 사당에 있는 조상의 신주 곁으로 모시는 일. 여기서는 단종비였던 정순왕후의 신주를 사당으로 옮기는 것을 말함.

자 합니다.[27] 아름다운 덕을 나란히 높여 이에 비워두었던 예절과 은혜의 의식(儀式)을 거행하여 비로소 명분과 실제가 서로 맞게 되었으니, 실로 신과 사람을 위로할 수 있기를 바라옵니다.

삼가 생각해보니, 독실하시며 덕스러우신 왕후는 명망 있는 가문에서 태어나 어린 군주의 아름다운 배필이 되어, 자태가 아리땁고 지혜가 조숙하셨습니다, 처음에 청명(淸明)함을 도왔으며, 음으로 교화함에 깊고 믿음직스럽게 하시어 내외가 화목하도록 하였습니다. 권세가 지극함에 달하자 자리를 선양(禪讓)함에[28] 이르러서도 또한 보필하여 이루어지게 하여 태비(太妃)의[29] 높은 이름을 받고, 또한 빛나는 아름다움을 받았으며, 온 나라의 융성한 공양을 누리니, 모두가 넉넉함을 기뻐하였습니다.

불행히도 시변(時變)이 계속 일어나 드디어 조정의 의논이 틀려지게 되었습니다.[30] 해가 숨고 달이 어두워져 황도(黃道)와[31] 함께 밝아야 할 빛을 잃었으니, 물가에 가도 생각하고 산에 가도 슬퍼하여 창오(蒼梧)에[32] 따라가지 못한 원통함이 맺히었습니다. 곤궁함에 처하여서도 왕비의 자세는 티가 없었고,[33] 자연의 이치에 그대로 따라 보산(寶算)

27) 숙종 24년 12월 25일(을축)에 단종의 시책문은 남구만이, 왕비 정순왕후의 시책문을 서종태가 지었다. *『숙종실록』 참조.

28) 1455년 윤 6월에 금성대군과 종친들이 귀양가게 되면서 하는 수 없이 수양대군에게 왕위를 물려주고 상왕(上王)이 되어 수강궁으로 거처를 옮겼다. *『문화유산-왕릉』 참조

29) 1455년 단종이 상왕이 되었을 때 의덕왕대비(懿德王大妃)로 봉해졌다. *『왕릉기행으로 엮은 조선왕조사』 참조.

30) 1456년 단종 복위사건이 실패하자 1457년 6월 노산군(魯山君)으로 강등되어 영월 청령포로 귀양갔다가 그 해 10월에 죽음을 당하였다.

31) 황도(黃道) : 태양이 운행하는 궤도

32) 중국의 호남성 영원현에 있는 산이름. 순임금이 여기서 죽었다. 이에 그 아내인 아황과 여영이 거기에 가지 못하고 통곡하였다고 한다. 이 글에서는 단종이 영월로 유배되었으나 함께 가지 못함을 말한다.

33) 단종이 영월에 유배되자 정순왕후는 동대문 밖 동망봉 기슭에 초막을 짓고 살았다. 그 후 세조가 소식을 듣고 영빈전을 지어주었으나 거절했다, *『문화유산-왕릉』 참조.

이[34] 더욱 멀었습니다. 신의 이치가 오랫동안 하늘에서 막혀있으니 아름다운 사업이 가려지고, 사당에서 받으실 제사를 오랜 세월 동안 빠뜨려 모든 사람들이 함께 슬퍼하였습니다.

생각건대 큰 칭호가 어찌 이승과 저승의 차이가 있겠습니까? 예를 빠뜨렸던 것은 혹 오랜 시간을 기다렸기 때문일 것입니다. 고제(古制)를 참조하여 한결같이 미미하나마 충심으로 결단하였습니다. 헤아려 보건대 저 천도는 반드시 펴지는 것이니 감히 이에 나타내어 게시하시어, 바라건대 우리 종사(宗事)에 부족함이 없게 하소서. 마땅히 정문(情文)을 다 갖추어 이에 왕의[35] 법도를 회복하여 조실(祧室)에[36] 올려 대(代)를 차례지었고, 아울러 곤위(位)를[37] 성대하게 하여 책보(冊寶)를[38] 올려 이름을 바꾸었으니, 황홀함이 마치 요적(褕翟)이[39] 거듭 빛나는 듯하여 하늘과 땅이 완연하게 그 형체(體)를 가지런히 하게 된 것과 같습니다. 생각하건대 성조(聖祖)께서 높여서 봉사하고자하는 아름다우신 뜻이 어찌 빛나지 않을 것이며, 열조(列朝)의 오르내리는 밝은 영(靈)들이 말없이 열어주지 않겠습니까? 진실로 떠도는 영이 여기에 다 모이니, 한릉(漢陵)의 주렴과 장막 비로소 새로워졌고, 경광(耿光)이 다시 밝아지니 주묘(周廟)의 완염(琬琰)이 비로소 빛나게 되었습니다. 옛일을 생각하니 실로 감회가 더하여, 재물을 진설하여 경건함을 다합니다.

---

34) 보산(寶算) : 천자의 나이.

35) 단종을 가리킴.

36) 조실(祧室) : 먼 조상들을 합사(合祀)하는 사당.

37) 단종의 배필이었던 정순왕후를 가리킴.

38) 책보(冊寶) : 시책(諡冊)과 시보(諡寶)를 말한다. 시책은 시호는 옥돌 같은 것에 새겨 책으로 만든 것이고, 시보는 시호만을 새긴 도장을 말한다. *『조선왕실의 의례와 생활, 궁중문화』 참조.

39) 요적(褕翟) : 꿩의 깃으로 장식한 황후의 옷. 꿩 무늬 옷이기도 하다. 요적(褕狄)이라고도 한다.

삼가 신(臣) 의정부 영의정 유상운(柳尙運)을[40] 보내어 옥책(玉冊)을 받들어 존시(尊諡)를 추상(追上)하기를, 정순(定順)이라 하고, 휘호(徽號)를 단량 제경(端良齊敬)이라 하오니, 깊은 정성을 굽어 헤아리시어 밝게 영감(英鑑)을 베푸소서. 동사(彤史)에 아름다움이 전해짐은 비록 2백 년이 지났으나 징험할 수 있으며, 요도(瑤圖)에 경사가 넘침은 천만 년이 되도록 쇠하지 않을 것입니다.

---

40) 유상운(柳尙運) : 1636(인조14)~1707(숙종33). 본관은 문화(文化). 자는 유구(悠久), 호는 약재(約齋) 또는 누실(陋室). 아버지는 좌랑 성오(誠吾)이며, 어머니는 판서 박동량(朴東亮)의 딸이다. 1638년 다시 세력을 잡은 서인이 노론과 소론으로 분당이 되었는데 소론인 윤증(尹拯)・박세채(朴世采) 등과 소론에 소속되었다. 척신인 김석주(金錫冑)가 노론의 위세를 등에 업고 정사를 전횡하려 하자 이에 반대하여 여러 번 탄핵하는 소를 올려 그 기세를 꺾고자 하였다. 1694년 장희재 처형을 반대하기 하였는데, 그는 장희재를 처형하게 되면 그 혐의가 세자의 생모인 희빈에게까지 미치게 되어 앞으로의 혼란을 예측할 수 없다는 점을 들어 남구만(南九萬)과 합세하여 장희재를 제주도로 유배시키는 선에서 마무리 지었다. 세자의 생모(장희빈)에게 사약을 내리는 일도 반대하였다. 시호는 충간(忠簡)이다.

인현왕후의 애책문

[仁顯王后哀册文][41]

인현왕후(仁顯王后)는 1667년(현종8)에 태어나 1701년(숙종27)에 죽었다. 숙종의 계비이다. 성은 민씨(閔氏), 본관은 여흥(驪興)이다. 아버지는 여양부원군(驪陽府院君) 민유중(維重)이며, 어머니는 은진송씨(恩津宋氏)로 송준길(浚吉)의 딸이다. 1681년(숙종7) 가례(嘉禮)를 올리고 숙종의 계비가 되었다. 예의가 바르고 덕성이 높아 국모로서 만백성의 추앙을 받았으나, 왕자를 낳지 못하여 왕의 총애를 잃게 된 데다 특히, 장소의(張昭儀)가 왕자 균(경종)을 낳자 숙종의 총애는 장소의에게 쏠리게 되었다. 1689년에 숙종이 왕자 균을 원자로 봉하고 세자로 책봉하려 하자, 송시열(宋時烈) 등 노론파가 반대하다 면직, 사사되었고 이현기(李玄紀)·남치훈(南致薰) 등 남인들이 등용되는 기사환국이 일어났다. 이 때 지위가 오른 희빈 장씨(禧嬪張氏)의 간계로 폐비 되어 안국동 본댁(本宅: 感古堂)에서 지내게 되었다.

그 뒤 숙종이 폐비에 대한 처사를 후회하고 있던 중에 1694년 소론파의 김춘택(金春澤)·한중혁(韓重爀) 등이 폐비복위운동을 일으키자, 이를 저해하려는 남인 민암·김덕원(金德遠)·권대운(權大運) 등을 유배, 사사시키는 갑술옥사를 거쳐 다시 복위되었다. 그뒤 덕을 베풀고 희빈 장씨와 화기(和氣)를 도모하면서 살았으나, 원인모를 질병으로 1701년에 35세의 젊은 나이로 요절하였다.

존호는 효경숙성장순(孝敬淑聖莊純), 휘호는 의열정목(懿烈貞穆), 능호는 명릉(明陵)이다. 한 궁녀가 그를 주인공으로 하여 쓴 소설 〈인현왕후전〉이 전한다. 이 애책문은 1701년 명릉으로 옮길 때 지은 것이다.

---

41) 애책문(哀冊文) : 죽은 사람의 공덕을 찬양하고 죽음을 애도하는 글이 담긴 책.

유세차(維歲次) 신사년(1701) 8월 14일 기사(己巳)에 대행 왕비(大行王妃)[42]께서 창경궁(昌慶宮) 경춘전(景春殿)에서[43] 돌아가셨다. 이 해 겨울 12월 초8일 경신(庚申)에 영좌(靈座)를[44] 조전하는 곳에[45] 옮기고, 9일 신유(辛酉)에 영구히 명릉(明陵)으로[46] 옮겼으니, 이는 예(禮)에 따라 한 것입니다. 용찬의[47] 휘장을 거두고 적로(翟輅)가[48] 큰 길에 임(臨)하니, 삼광(三光)은[49] 어두워 처참하고 슬퍼하며 온갖 신령은 호위하기에 분주하였는데, 소고와 만장은[50] 왕비의 평소 행차인가[51] 의심케 하고, 그 의장은[52] 완연히 평소의 거동하셨던 모습이었습니다. 우리 주상 전하께서 왕비께서 거처하시던 궁에[53] 임하시어, 남기신 자취를 어루만지시고, 조류(組旒)를[54] 바라보시며 마음 아파하시며, 영원히 깊은 수도

---

42) 대행왕비(大行王妃) : 왕비가 죽고 나서 시호를 올리기 전까지 부르는 호칭.

43) 경춘전(景春殿) : 창경궁 안의 건물, 성종 때에 대비를 위해 지어졌는데 그 후로 왕비들의 거처가 되었다. 지금의 건물은 순조 34년에 재건된 것이며 현재 창덕궁에 속해있는 낙선재 후원과 연결되어 있다. 인현왕후 외에도 소혜왕후, 헌경왕후가 여기에서 세상을 떠났다.

44) 영좌(靈座) : 시신이 들어 있는 관 앞에 놓는 붉은 의자, 여기에 고인이 평상시 입었던 옷과 혼백(魂帛)을 넣어 둔 함을 올려놓았다.

45) 발인(發靷)하기 전날 저녁에 조전(祖奠)을 지내는데, 곧 조전을 지내는 곳을 말함. 조전은 발인하기 전에 영결(永訣)을 고하는 제전.

46) 명릉(明陵) : 인현왕후의 왕릉, 현재 서오릉에 있으며 숙종의 능과 쌍릉을 이루고 있다. *『문화유산-왕릉』 참조.

47) 용찬(龍攢) : 왕이나 왕비의 관.

48) 적로(翟輅) : 왕비가 타는 수레.

49) 해, 달, 별의 빛.

50) 소만(簫輓) : 소고와 만장.

51) 청필(淸蹕) : 왕이나 왕비의 평상시의 행차. 필(畢)은 깃대위에 네모난 나무판을 붙이고 그 위를 푸른색 비단으로 감쌌으며 그 비단천 아랫부분을 끈으로 묶어 늘어뜨린 것으로 한(罕)고 더불어 왕, 왕비 행렬의 좌우에 세웠다. *『조선왕실의 의례와 생활, 궁중문화』 참조.

52) 길장(吉仗) : 의식을 행할 때의 의장.

53)초액(椒掖) : 왕비가 거처하는 궁전.

(隧道) 속에[55] 잠드심을 슬퍼하시고, 착한 잠규(箴規)를 듣지 못하심을 가슴 아파하셨습니다. 이전(彝典)을[56] 상고하여 휘음(徽音)을[57] 외우게 하시니, 그 사(詞)에 이릅니다.

옛날의 다스림을 우러러 살펴보건대, 반드시 어진 곤위(坤位)에 힘입어 몸을 닦고 집안을 가지런히 다스리는 일을 이루어내었고[58], 복을 오래도록 누렸으니, 아! 빛나고 밝은 시대에 규문 안이 아주 엄정하였습니다. 태임과 태사가[59] 대(代)를 이어 덕을 배합하여 교명을 이루니, 하늘이 좋은 운수를 내려주어 이에 안에서 돕는 일을 맡게 하셨도다.

여흥(驪興)의 집안에서 복을 받아 성녀(聖女)가 탄강하시니, 달을 꿈꾸는 상서가 나타나고, 사록(沙麓)이[60] 무너진 경사를 징험하였습니다. 내외가 법도 있던 집안으로서, 동작(動作)이 이목(耳目)에 젖어 아름다운 자질이 일찍 성취되시고, 모범과 가르침에 따라 행하시어 부드러우시면서 완순(婉順)하였으니, 진실로 선량하였다는 소문에 합당하였습니다. 상서로운 날을 점쳐서 정하여 임금의 배필로 삼으니, 그 즐거움은 종고(鍾鼓)하기에[61] 흡족하고, 예절은 아침 저녁으로 경건하게 하였습

---

54) 조류(組旒) : 깃발을 매달아 장식한 기(旗).

55) 수도(隧道) : 무덤의 굴이나 무덤 안으로 들어가기 위한 지하도 같은 것을 말한다. 곧 무덤을 의미하기도 한다.

56) 이전(彝典) : 정상(正常)의 전례(典禮).

57) 휘음 : 왕비의 아름다운 언행(言行).

58) 수신제가를 의미함.

59) 임사 : 태임(太任)과 태사를 말함. 태임은 문왕(文王)의 어머니요, 왕계(王季)의 아내로 훌륭한 부덕(婦德)을 지녔다고 하며, 태사는 문왕의 아내요 무왕(武王)의 어머니로 역시 부덕이 훌륭하였다고 한다.

60)사록 : 춘추 시대(春秋時代) 진(晉)나라에 있던 토산(土山)의 이름. 춘추 시대 때 이 토산이 무너지자, 일관(日官)이 6백 45년 뒤 성녀(聖女)가 태어날 것이라고 예언하였는데, 과연 이 예언과 같이 한(漢)나라 원제(元帝)의 후(后)인 원후(元后)가 이 곳에서 태어나, 6백 45년 뒤인 해에 애제(哀帝)가 죽은 후 섭정(攝政)하였다.

61) 종고(鍾鼓) : 정숙하고 어진 여인을 구하려고 자나깨나 근심하였다가, 세상에 드문 덕

니다. 공경하는 마음으로 양전(兩殿)을[62] 섬기며 기쁜 낯으로 뜻을 받들고, 그 어여삐 여기고 사랑하심을 깊이 입으니, 더욱 효도와 공경을 다하였습니다. 일마다 조용히 도우시며 옛날의 어진 도우심 본받아 힘쓰시어 더욱 임금의 건덕(乾德)을 빛나게 하시고, 아름다운 교화(教化)가 널리 미쳤습니다. 시(詩)를 진술(陳述)하고 사서(史書)를 돌이켜 보며, 널리 여칙(女則)을 살피셔서 온화한 마음으로 바른 도를 행하시니, 패옥(佩玉)의 소리 고요하고 아름다웠습니다. 높고 낮음을 [63] 가르쳐 이루고, 규목(樛木)의[64] 은택(恩澤)을 다하여 칭송이 육궁(六宮)에 드높으니, 시(詩)가 이남(二南)에 전파되었습니다. 몸소 겸소한 뜻을 가지고 억제하며 화려한 꾸밈을 물리치시고, 사사로운 은택을 끊어 버리셨습니다. 중도에 어렵고 막힘을 만났으나,[65] 기거하심에[66] 흠이 없었으며, 삼가고 두려워한 나머지 6년을 하루같이 낮추시어 지극한 덕이 더욱 빛나셨습니다. 아름다운 명이 다시 내려지자 그 지위가[67] 다시 높아지시니, 귀신과 사람이 그 경사를 함께 흡족해하였습니다. 원량(元良)을[68] 어루만지고 길러내심에 은애(恩愛)가 밝은 덕에 넘치니 궁정에서는 자비로움

있는 여인을 얻고, 친애하여 큰 악기를 연주하며 즐긴다는 뜻이다. 주(周)나라 문왕(文王)이 태사(太)를 배필로 얻고 기뻐하여 높이 받드는 뜻을 그린 것으로서, 『시경(詩經)』 「주남(周南)」 <관저(關雎)>에 보면, 정숙한 여인을 맞았으니, 사랑하여 종과 북으로 즐긴다."하였다.

62) 인조 계비였던 자의대비 조씨와 시어머니 현종비 명성왕후 김씨.

63) 굉연(紘綖) : 면류관의 끈과 덮개로서 존비(尊卑)의 구분을 말함.

64) 규목(樛木) : 『시경』 「주남(周南)」에 나오는 <樛木>시를 말한다. "南有樛木 葛藟纍之 樂只君子 福履綏之"에 나오는 말이다. 규목에 칡덩굴이 무성하듯 왕비가 첩들을 질투하지 않아 즐거워하고 편안히 여긴다는 것.

65) 숙종 10년에 폐비되어 궁 밖으로 나가게 되었다.

66) 옥도(玉度) : 제왕이나 후비의 기거(起居).

67) 육괴(六塊) : 왕비의 지위를 의미한다. 진서(晉書)의 예지(禮志)에 '왕후는 운모를 유화(油畵)한 안거를 타고 여섯 필의 괴마가 이끌었다'는 데서 나왔다.

68) 원량 : 왕세자. 장희빈의 아들 곧 경종을 의미함.

과 효성이 아주 깊고 돈독하였고, 궁중 안이 엄숙하고도 화기가 있었고[69], 그 계통과 질서(統序)가 모두 정연하였습니다. 사당에 나아가 조상께 알현하시니 그 예의(禮儀)가 이에 성대하였습니다.

꽃다운 연세에 문득 병환에 걸리시니, 유부와 편작[70]도 재주가 다하여 1년이 넘게 병세가 아주 심하였습니다. 풍상씨(馮相氏)가[71] 재앙의 조짐을 고하고 헌원성(軒轅星)이 정채(情彩)를 잃더니, 지유(地維)가[72] 흔들려 끊어지고, 영구차가 아득히 가버렸으니, 슬픔이 궁벽한 골짜기까지 미치고, 곡성이 높은 하늘에 사무쳤습니다. 넓고 아득한 땅은[73] 자모(慈母)의 보살핌을 잃었고, 큰 덕화(德化)는 음공(陰功)을 잃게 되었습니다.

아아! 슬프다! 어진 자는 오래 산다는 말을 징험(徵驗)할 길이 없고, 신의 도움도 종말이 없습니다. 어찌 수명을 조금 더 늘려 왕도(王道)를 돕지 않는 것인지요? 난궁(蘭宮)은[74] 비어 있는 채 새벽 달만 비치고, 누에 치시던 방은 적막하게 가을 풀 속에 묻혀 있습니다. 입고 계셨던 위유[75]를 거두어 영의(靈衣)로 하였고, 보좌(寶座)가 바뀌어 영령을 가려 놓은 세악이[76] 되었습니다. 낙엽지는 궁전 동산의 나무에는 서리가

---

69) 숙옹(肅雍) : 엄숙하고도 화기가 있음.

70) 유편(兪扁) : 황제 때의 명의인 유부(兪跗)와 편작(扁鵲)으로 모두 명의(名醫)임. 『사기』 「열전」 <편작전(扁鵲傳)>: "上古之時 有兪跗 治病不以湯液." *『사기』 「열전」 참조.

71) 풍상씨(馮相氏) : 천문(天文)을 맡아 보는 관원

72) 지유(地維) : 대지(大地)를 얽어서 받들고 있다는 밧줄.

73) 면구(綿區) : 멀리까지 뻗쳐있는 구역, 곧 넓은 땅으로 우리 국토 전역을 의미한다.

74) 난궁(蘭宮) : 왕비가 거처하는 궁전

75) 위유(褘褕) : 위의와 유의로 꿩 무늬를 수놓은 왕비의 옷. 위의(褘衣)는 검은색 무늬이며 주로 선왕에게 제사할 때에 입었다. 유의(褕衣)는 푸른색 무늬이며 먼 조상 제사 때에 입었다. *『조선왕실의 의례와 생활, 궁중문화』 참조.

76) 세악(繐幄) : 가는 베로 만든 영장(靈帳)으로 빈전에서 왕릉으로 갈 때 잠시 머무는 천막.

차갑고, 침침한 전각(殿閣)의 발에는 바람만 쓸쓸합니다. 은하수(銀渚)를[77] 따르려 하니 길이 멀고, 요지(瑤池)를 찾으려 하니 구름만 아득하기만 합니다.

아아! 슬프다!

길한 산을 이미 가리어 정하고, 장례 행렬을 위한 기구들을 진열하니, 난새가 바람에 펄럭입니다.[78] 삐걱거리는 신위(蜃衛)가[79] 깊고 엄한 단금(丹禁)을[80] 떠나 그윽하고 어두운 현당(玄堂)으로 향하려 하니 온 관료들은 영결(永訣)을 슬퍼하여 눈물이 비오듯 흘러내리고, 천승(千乘)은[81] 애통하시며 소재(宵載)에[82] 임하셨습니다.

아아! 슬프다! 앵봉(鶯峰) 기슭에 봉황(鳳凰)이 날고 용(龍)이 오르듯이 아득히 가버리셨으니, 신령(神靈)께서 만년토록 가호(加護)하실 것입니다. 지기(地氣)는 세 능침(陵寢)까지 이어지리니 상설(象設)[83]을 우러러보니 마치 앞에 엄연히 임하신 듯하고, 영각(靈閣)이 엄숙하니 더욱 빛이 납니다. 진유(眞遊)를 우러르니 날로 멀어지고, 지극하신 그 은택(恩澤) 잊을 수 없습니다.

아아! 슬프다! 조화(造化)의 기미(機微)를 미루어 살피건대, 명의 길고 짧음을 누가 주관하는가? 중생(衆生)과 같이 다하도록 아름다운 이름은 끝이 없을 것입니다. 도신(塗辛)의[84] 밝은 법도는 동사(彤史)에 명성과

---

77) 은저 : 은하(銀河).

78) 난새가 그려진 깃발이 바람에 펄럭이는 것.

79) 신위(蜃衛) : 관을 실은 수레.

80) 단금(丹禁) : 궁궐(宮闕).

81) 임금을 말한다.

82) 소재(宵載) : 밤늦게 영구하는 수레에 널을 실음.

83) 상설(象設) : 왕릉 주위에 꾸며 놓은 석물(石物)들, 난간석(欄干石), 무인석(武人石), 장명등(長明燈), 망주석(望柱石), 상석(床石) 등을 말한다.

84) 도신(塗辛) : 도산씨(塗山氏)가 신일(辛日)에 우(禹)에게 시집옴.

업적을 전하고, 계명(鷄鳴)[85] · 주이(周珥)[86]는 그 아름다움을 거의 이을 수 있을 것입니다. 인현(仁顯)의 시호로써 그 아름다움을 드높임을 다하니, 지난날의 법칙을 뛰어넘어 밝게 빛날 것입니다. 또 옥돌에 새겨서 그 공렬(功烈)을 실으니, 이 천지와 함께 길이 드리울 것입니다. 아! 슬프다!

85) 계명(鷄鳴) : 왕비가 임금이 정사(政事)에 부지런히 힘쓰도록 내조(內助)하는 것을 말함. 『모시(毛詩)』에 의하면, 제(齊)나라 애공(哀公)이 황음(荒淫)하자, 현비(賢妃)가 새벽에 닭이 울고 동녘이 밝았으니, 정청(政廳)에 나아가라고 권고한 데에서 나온 말이다.

86) 주이(周珥) : 주선왕(周宣王)이 아침에 늦게 일어나자, 강후(姜后)가 비녀와 귀고리를 뽑고 궁중 복도에서 대죄(待罪)하며 자신이 부재(不才)한 소치(所致)라 하고 죄를 청하니, 선왕이 깨닫고 정사(政事)에 근면하여 중흥(中興)을 이루었다는 고사(故事).

임방

임방(任埅) : 1640(인조18)~1724(경종4). 본관은 풍천(豊川). 자는 대중(大仲), 호는 수촌(水村) · 우졸옹(愚拙翁). 아버지는 임의백(任義伯)이며, 어머니는 김상(金商)의 딸이다. 송시열(宋時烈)과 송준길(宋浚吉)의 문인이다. 신임사화로 함종에 유배되었다가 금천(金川)으로 옮겨져 그곳에서 죽었는데 영조 즉위 후 신원(伸寃)되었다. 만년에는 『주역』·『논어』를 직접 손으로 베껴 써가면서 그 뜻을 깊이 연구하였다. 인품이 청아하고 시율(詩律)을 아주 좋아하였다. 『가행육선(歌行六選)』·『당절회최』·『당률집선(唐律輯選)』·『당아(唐雅)』 등의 시가집을 엮었으며, 이밖에도 『논어취분(論語聚分)』·『사가할영(史家割榮)』·『선문(選文)』·『철영시』·『수촌집』 등의 저서를 남겼다. 시호는 문희(文僖)이다. *『영조실록』 참조.

숙빈 최씨의 상에 내시를 보내며 올리는 제문
[淑嬪崔氏喪遣內侍致祭文]

숙빈 최씨는 숙종의 후궁, 영조의 생모. 최효원의 딸. 무덤은 경기도 파주시 광탄면 영장리에 있는 소령원. 사적 제358호로 지적되었다. 숙종20년에 영조를 낳았고 49세 때인 숙종44년 3월 9일에 죽었다. 소령원에서 4킬로미터 떨어진 곳에 보광사가 있는데 영조6년(1730) 생모의 명복을 위해 중건하였다고 한다. 숙종44년 3월 9일에 숙종의 어명에 의해 지은 글.(*『숙종실록』 참조)

숙빈의 영혼을 생각해보니, 부드럽고 아름다웠으며 맑은 바탕으로 깊이 차 있는 고아한 성품이었소. 어린 나이에 궁에 들어와 의로운 행동거지로 스스로 삼묘(參昴)를 읊고[1] 규갈(樛葛)을[2] 읊었소. 직책은 홑이불(衾裯)다루는 것을 편안히 했고[3] 예를 다하여 수건과 빗을 받들었소. 공경하고 삼가는 조심스런 마음으로[4] 아침부터 저녁까지 공경하는 마음

---

1) 『시경』「소남(召南)」에 나오는 <小星>시. “嘒彼小星 三五在東 肅肅宵征 夙夜在公 寔命不同” 후비의 교화가 아래 첩들에까지 미쳐 왕을 모실 수 있으나 후비에 비해 신분이 비천하여 밤새도록 임금 옆에 머물 수 없으므로 새벽별, 밤별을 보면서 왔다갔다함을 말한다. 이는 곧 후궁들이 왕비의 처지와 같지 않음을 잘 받아들여 실천했다는 것을 의미한다.

2) 『시경』「주남(周南)」에 나오는 <樛木>시를 말한다. “南有樛木 葛藟纍之 樂只君子 福履綏之”에 나오는 말이다. 규목에 칡덩굴이 무성하듯 왕비가 첩들을 질투하지 않아 즐거워하고 편안히 여긴다는 것. 여기서는 숙빈이 왕비의 은혜를 받으면서 동시에 다른 비빈들과도 잘 지낸 것을 칭송하는 의미.

3) 『시경』「소남(召南)」의 <小星>에 나오는 내용. “嘒彼小星 維參與昴 肅肅宵征 抱衾與裯 寔命不猶”. 후궁의 신분으로 후비의 덕을 본받아 잘 지낸다는 의미.

이었소. 길한 징조가 곰 꿈과 잘 맞아[5] 경사스럽게 기린 같은 아이들을 길렀소.[6] 난새를 그린 고명(誥命)으로 내명부의 봉함이 높아지니 상복의 영광이 더욱 빛납니다. 그런데 스스로 부지런하며 삼가면서 항상 가득 찬 것을 경계했었소.[7] 내가 악질에 걸렸을 때에도 지성으로 병시중을 들면서 마음 초조히 하고 경계를 늦추지 않았소. 8년을 한결같이 하여 근심이 안으로 쌓이고 마침내 몸을 상하게 되었으니 결국은 병이 될 수밖에 없었소. 어찌 알았겠소? 한 가지 병이 편작과 화타의 모든 공을 어그러뜨리게 될 줄을. 궁 밖으로 나갔으나 마침내 다시 일어나지 못하고 말았구려.

인자하면서도 장수를 누리지 못하였으니 복과 선함은 정말 믿기 어려운 것이요. 평소 살던 궁궐의 그 곳은 이미 지난날들의 것이요, 패물소리는 영원히 조용해졌으니 지하세계로 가서 다시는 돌아오지 못하는구려. 육궁들이 모두 슬퍼합니다. 죽어도 의탁할 곳이 있으니 무슨 섭섭

---

4) 익익소심(翼翼小心) : 삼가고 조심한다는 의미. 『시경』「大雅」 <文王之什> 중 <大明>에 나오는 말, "維此文王 小心翼翼"

5) 『시경』「소아」 <斯干>에 나오는 내용. "大人占之 維熊維羆 男子之祥"으로 곧 남자아이를 낳을 상서로운 꿈을 의미한다.

6) 연잉군을 낳은 것을 말한다. 후에 영조임금이 되었다.

7) 제(齊)나라는 춘추오패(春秋五覇)의 하나였던 환공(桓公)이 죽자 묘당(廟堂)을 세우고 각종 제기(祭器)를 진열해 놓았는데 그 중 하나가 이상한 술독이었다. 텅 비어있을 때는 기울어져 있다가도 술을 반쯤 담으면 바로 섰다가 가득 채우면 다시 엎어지는 술독이었다. 하루는 공자(孔子)가 제자(弟子)들과 함께 그 묘당을 찾았는데 박식(博識)했던 공자도 그 술독만은 알아볼 수 없었다. 담당 관리에게 듣고 나서 그는 무릎을 쳤다. "아! 저것이 그 옛날 제환공(齊桓公)이 의자 오른쪽에 두고 가득 차는 것을 경계했던 바로 그 술독이로구나!" 그는 제자들에게 물을 길어와 그 술독을 채워보도록 했다. 그러자 비스듬히 세워져 있던 술독에 물이 점차 차오르자 바로 서더니 물이 가득 채워질 무렵 다시 쓰러졌다. 이를 본 공자가 말했다. "공부도 이와 같은 것이다. 다 배웠다고(가득 찼다고) 교만(驕慢)을 부리는 者는 반드시 화(禍)를 당하게 되는 法이니라." 여기서 나온 말로 좌우명(座右銘)이 있다. 자리 오른쪽에 붙여 놓고 반성의 자료로 삼는 격언(格言)이나 경구(警句)를 말한다.

함이 있으리오. 옛 일을 생각하니 내 마음이 아주 슬플 뿐이오. 내시를 보내 이 형작(泂酌)[8]차렸으니 어둡지 않은 영혼이 있다면 오기 바라오.

8) 형작(泂酌) : 제사에 쓰기 위해 멀리까지 가서 수원(水源)이 없고 길에 괴어 있는 물을 떠 오는 것, 또는 그 물.

죽은 아내에게 올리는 제문

[祭亡室文]

임방의 부인은 변명익(邊命益)의 딸, 변광재의 누이이다. 1640년경에 태어났고 1654년경 임방과 결혼하였으며 1671년 30세의 젊은 나이에 죽었다. 임방과는 17년간 결혼생활을 하였고 1남 2녀를 두었다.[9] 이 글에서 임방은 가난했던 결혼 생활로 인해 부인이 고생한 것을 애통하게 여기는 감정을 드러내고 있다. 임방은 후에 이명담(李命聃)의 딸과 재혼하였다.

우리 임금님 12년 신해년(1671), 저물어 가는 가을 초승에 남편 풍천[10] 임씨의 임방은 변변치 못한 술과 안주 떡 등의 제수를 차려 놓고 죽은 부인 공인(恭人)[11] 황주 변씨의 영혼과 영원히 이별하고자 합니다. 이에 곡을 하고서 고합니다.

아아! 슬프구려! 아! 슬프구려! 그대가 갑자기 나를 버리고 어두운 곳으로 가 의탁하였으니 나는 이미 그대를 잃고 누구와 함께 살아가리요? 당신과 평생을 같이하자고 한 약속은 살아서는 같이 늙고 죽어서는 같은 곳으로 가자고 한 것이었소. 그런데 지금 당신은 어찌되었단 말이오? 아침 이슬처럼 먼저 사라져 버리니 인간 세상 모든 일이 이것으로

---

9) 아들은 임정원(任鼎元), 딸들은 각각 이이영(李以榮), 조문환과 결혼하였다.

10) 황해도 은율 부근의 지명.

11) 조선시대 외명부의 직급. 남편의 벼슬이 5품일 때 주어진다.

다 어그러졌구려. 옛 일을 생각하니 말보다 눈물부터 앞서는구려.

을미년 당신 집에 혼인 폐백을 드리고 당신이 내게 시집온 지 지금 17년이오. 당신과 결혼한 처음부터 당신을 이미 깊이 알고 있었소. 지초와 난초 같은 바탕, 빙옥 같은 마음이 있었고 서로 즐거워하던 것이 마치 비파와 거문고 같이 화합을 잘하였소. 당신이 하늘로부터 받은 품성은 어찌 그리 맑고도 단아하였던지. 부드럽고 화목하며 순하게 따르고, 곧고 고요한 행동거지는 실로 선비 같은 행실이었고 네 가지 덕을 완전히 갖추었소. 시집오기 전에는 효심과 우애심이 뛰어났고 이미 도요(桃夭)를[12] 부르며 시집와서는 능히 집안에 맞는 사람이 되었소. 끝까지 온화하고 은혜롭게 했으며 항상 자신을 삼갔으며 그것으로써 시부모를 모시니, 시부모께서는[13] 기뻐하시었소. 형제들 사이에 처신하는 데에도 형제들이 탄미할 정도였소.

친척들에게도 정을 두터이 하고 노비들에게 은혜로움으로써 감복시켰소. 그래서 안과 밖, 윗사람, 아랫사람들 모두 보고서 사랑하지 않은 이가 없었고 가깝거나 먼 친척들 또한 듣고서 칭찬하지 않은 이들이 없었소. 세상 사람들은 "아름다운 짝" 이라 하고 나는 "어진 배필" 이라고 말하는 바이오. 서로 공경하기를 손님과 같이 하고 밥상을 눈썹 가까이 들었고, 옆으로 곁눈질로 쳐다보지 않았으며, 말을 골라 하여 함부로 나쁜 말을 하지 않았소. 화합하고 즐거워함이 또한 아주 깊어 처음부터 끝까지 한결같았다오. 죽고 사는 것, 서로 떨어져 사는 것이 모두 당신 말대로 이루어졌으니 아! 우리 부부가 하늘에 무슨 죄를 졌단 말이오.

무술년(1658) 이래 참혹한 화가 끊임없어 어머니를 빼앗아가며[14] 조

---

12) 『시경』「주남」의 <도요>시. 부인이 시집와서 그 집안을 잘 돌보는 것을 의미.

13) 임방의 부모인 임의백과 김씨부인(金尙의 딸)을 말함.

14) 1658년 54세의 나이로 어머니 김씨(김상 딸)가 죽었다. 임방의 나이 18세였으며 결혼한

금 늦추어주지 않았소. 늦게까지 아버지를 모시고 혹 백세를 봉양할 수 있으려나 했는데 정미년(1667)에 이르러서 가혹한 벌에 또 아버지마저 돌아가시니[15] 내가 어디 의지하였겠소? 눈물을 삼키면서 다만 허탈해 있었는데 당신은 때에 맞추어 제사를 지내며 슬퍼하는 것이 예에 지나칠 정도였고 그것이 근심으로 쌓이고 마음을 불태웠으며 슬픔과 고생이 아주 심하여 꽃이 불타고 옥이 삭아지는 듯 하였소 그리하여 좋았던 기운이 점차 스러져 건강한 기운까지 해치게 되었고 병이 고황에 들어 아침저녁 사이로 죽을 것만 같았소. 다행히 하늘의 도우심을 입어 병석에서 잠시 떠나 있었으나 3년 동안 조금씩 앓게 되어 다만 마른 몸만 남게 되었소. 그리고 올 봄에 이르자 연달아 흉한 일들이 생겨 굶거나 들에서 나물들을 캐다 먹으니 병의 기운이 더 널리 퍼지게 되었던 것이오. 나야 원래 가난을 밥 먹듯 하여 오히려 배불렀을 때보다 굶주린 때가 더 많았소. 그런데 대 흉년을 만나 미음에 쌀가루조차 넣지 못할 지경에 이르렀음에랴. 며느리와 자식들조차 못 먹어 피부가 트고 얼굴이 누렇게 뜨게 되었고 굶주린 장은 이미 말라버릴 지경이었소. 그래서 독질이 다시 들었던 것이오.

병이 나던 처음에 숙아(淑兒)가 먼저 병이 나서 눕자 당신이 친히 병구완을 하였는데 밤낮을 가리지 않으며 먹는 것, 자는 것조차 잊어버리고 눈물을 흘리면서 간호했으나 조금도 나아지지 않았소. 그래서 내가 당신을 데리고 옮겼고 또 다른 데로 옮겨 마을의 남쪽 경계로 갔었소. 동호 쪽에서 오는 흉한 소식이 이 날 밤 연달아 오니 당신은 먹을 것을 물리치고 슬프게 부르짖었소. 다음날 내가 나갔다가 아직 돌아오지 않

지 4~5년경의 일이다.

15) 이 해 4월 5일 아버지 임의백이 서울 정릉동 집에서 죽음.

았을 때 당신은 병을 고하는 글을 써놓았고 목숨은 실낱 같이 아주 위중했었소. 말을 달려 돌아와 당신을 보고는 너무 놀라고 말았소. 한기와 열기가 서로 번갈아 들며 말을 하는 데에도 소리조차 이루지 못하였었소. 그러나 한 밤 사이에 병에서 죽음으로 갑자기 변할 줄 누가 알았겠소? 당신을 데리고 집으로 돌아왔는데 날마다 더 위중해지고 열이 겨우 물러가면 설사를 하면서 간신히 숨을 쉬는 모습이 바로 끊어질 듯하였소. 나를 돌아보며 울음을 삼키고 손을 잡고 이별하였소. 그 음성이 오열로 바뀌니 참혹하여 차마 들을 수 없을 없었고 급한 대로 약을 먹이고 앉아서 새벽까지 기다렸소. 끊어졌다가 다시 숨을 쉬었다하는데 마치 혼이 다시 돌아온 것만 같았소. 당신이 조금씩 소생하는 것을 기뻐하면서 오랫동안 앓았던 병인데 어찌 수일 만에 낫기를 기대하겠냐고 말하기도 했었소. 그런데 갑자기 당신이 떠나니 마음은 칼로 베어내는 듯하오. 눈물이 시냇물 흐르듯 하오.

청춘은 아직 저물지 않았는데 꽃은 어찌 이렇듯 떨어지는 것이오! 이것이 어찌 하늘이 한 것이겠소? 인간이 일을 잘하지 못한 탓이오.

반함(飯含)16)하던 날 밤 자는 듯이 누워 있는데 그 옥 같은 모습이 마치 살아 있는 듯하였고 깨어날 것만 같았소. 당신은 전신이 정녕 평범한 사람은 아니었던가 보오. 세상을 싫어하여 매미가 허물 벗듯 홍진 세상을 벗어나 부용의 연기, 안개 자욱한 곳으로 가니 그 돌아간 곳은 청화한 곳이려니와 이 풍진 세상에는 허물만 남겨놓았구려. 슬퍼하는 것이 망녕된 것이오?

아아! 당신은 어찌 이리도 슬프게 한단 말이오. 이 세상 이 사람 영원히 다시 만나기 어렵게 되었구려. 성품은 어찌 그리도 사리에 밝고 통달

16) 반함(飯含) : 염습할 때 시신의 입에 쌀 등을 넣는 것으로 저승 가는 노잣돈으로 삼는다고 한다. 쌀 세 숟갈과 돈, 옥, 금 같은 것을 같이 넣기도 한다.

했던지. 재주는 어찌 그리 맑고 뛰어났던지. 아름다운 그 지혜와 의로운 법도, 행동거지는 모두 여칙에 들어맞았으니 고금에서 구하고자 해도 당신에 비길 만한 이가 드물 것이오.

대개 부인네들이란 이익을 보면 의리에 어둡게 되는 법인데 당신은 마치 이익에 의해 더러워질 것만 같은 태도를 취했소. 부인네들이란 대개 곤궁하게 되면 외람되게 분수에 어긋나는 일을 하게 마련인데 당신은 깨끗하기가 맑은 물과 같았소. 부인네들의 성정이란 참소를 믿고 아첨을 좋아하건만 당신은 한 마디 말도 사사로움이 없었소. 부인네들의 성정이 또한 질투를 하고 의심을 하건만 당신은 마치 봄날의 부드러움과 같았소. 빈곤함이 이미 극에 달했는데 평소처럼 변하지 않았고 갑자기 화가 닥쳐왔으나 순순하게 받아들이면서 고민하지 않았소. 밖으로는 허물과 잘못됨이 없었고 안으로는 후회하거나 인색함을 끊었소. 일찍이 눈썹을 찡그리거나 하지 않았으니 그것은 나조차 미치지 못하는 바였소. 당신이 행한 그 의로운 일들, 아름다운 바탕은 선한 것에 대해 주는 하늘의 복을 받을라치면 마땅히 후한 보답이 있어야 할 것들이었소. 그런데 막힘(否)이 극성에 달할 뿐 편안함(泰)은 끝내 오지 않으니 참으로 괴이하오.

일생의 반을 곤궁하고 배고프게 지내어 30세 나이로 일찍 죽었으니 하늘이 베푸는 것이 왜 이리도 한결같이 보잘것없는 것인지. 양홍도 중도에서 갑자기 맹광을 잃었고 30대의 반악[17]도 부질없이 부인 잃은 글을 지었소. 아아! 이 슬픔! 나로 하여금 어찌 잊을 수 있게 하겠소? 지독한 한이 내 마음속에 웅크리고 있소.

춥고 배고픈 어려움 속에서 당신이 모두 몸소 도왔으니 그 삶이 가련

---

17) 반악(潘岳) : 중국 진(晉)나라 때의 문인. 그의 부인은 양경(楊經)의 딸.

도 하거니와 그 죽음도 가련하오. 병이 들었어도 제대로 구하지도 못하고 죽어도 친히 염습도 못하였소. 당신을 염습할 때 쓰던 것도 변변치 않은데 그것은 당신이 시집올 때 가져온 옷들이었소. 가난으로 인해 상처받는 일이 되었소. 일이 이렇게 되니 남은 섭섭함이 많을 것이오. 겨우 한 나무로 되어[18] 버리듯이 떠나버렸으니 적막하고 텅 빈 방을 감히 보지도 못할 지경이오. 외로운 혼백은 어디에 의탁한 것이오? 굶지는 않은지요?

내가 당신을 잃은 후 실성하여 마치 미친 사람과 같소. 어리고 유약한 당신을 데리고 동서로 분주하게 다니면서 세속에서 피하는 것에 얽매여 끝내 상례에도 참석하지 못하였소. 7월 그믐 즈음 처음으로 집에 들어왔더니 먼지가 방안에 가득하고 잡초들만 뜰에 가득하였었소. 스치는 물건마다 슬픔을 자아내고 지나는 곳마다 내 마음을 처량하게 만드는구려. 주렴 밖의 청산은 완전히 당신의 다듬어진 눈썹을 대하는 듯, 쓸쓸한 창가의 밝은 달은 마치 당신의 깨끗한 자태를 대하는 듯하오. 내 마음 또한 돌이 아니니 어찌 이를 참을 수 있겠소? 중추부터 비로소 향내를 피우고 나물과 거친 밥이나마 올리지만 어찌 이를 제사 지낸다고 할 수 있으리오? 향을 불사를 때마다 내 마음 또한 타들어 가는 듯하오.

아아! 슬프구나! 아아! 슬프구나! 당신이 죽어갈 때 했던 말들이 아직도 귀에 쟁쟁하오.

"세 아이들이 모두 어리니 추위에 떨면서 울어도 누가 옷 해 입힐까요? 밥을 찾아도 누가 먹여주나요? 딸아이는 컸지만 아직 시집도 못가

18) 취일목(就一木) : 죽어서 관에 들어가는 것을 말한다. 춘추전국시대 晉나라 공자 중이가 季隗를 처로 맞이하였다. 그리고 제나라로 가면서 그 처에게 돌아오지 않으면 재가하라고 하였다. 이에 그 처가 "내가 지금 25살인데 다시 25년이 되면 그때는 내가 이미 나무가 되어 있을 것입니다."라고 하였다. 이에 就木이란 나무로 된 관에 들어간다는 것으로 죽음을 의미한다. *『좌전』 참조.

고 아들은 어려서 아직 관도 쓰지 못했어요. 칭얼대는 막내딸은 젖 먹여 키우기 더 힘들 거예요. 성장하고 시집, 장가가는 일들이 모두 당신에게 달려 있네요. 내가 죽었다고 말하지 말고 더욱 불쌍히 여겨 주세요."

은근하게 남긴 그 말이 내 뼈에 사무쳐 있소. 당신이 아직 죽기 전 어찌 차마 조금이라도 소홀하게 했겠소. 약하고 남겨진 애들도 모두 중한 병에 걸려 서로 끌어안고 있으니 자연히 처절한 마음이오. 어머니를 부르며 우는 소리는 사람의 간장을 찢어내는 듯하오.

아아! 슬프구려! 아아! 슬프구려! 갑신년 때 일이 기억나는구려. 내가 병들자 당신은 나를 구하려는 마음을 조금도 늦추지 않았지요. 약을 반드시 친히 맛보았고 미음도 친히 끓였소. 밤낮을 이어서 옷도 벗지 않았고 별들에게 기도하고 빌면서 나대신 당신을 아프게 해달라고도 했었소. 하늘이 그 정성에 감동하여 겨우 귀신 되는 것을 면하게 되었소. 아마 당신의 정성이 아니었더라면 내가 어찌 이처럼 살아 있겠소? 당신은 능히 나를 구했는데 나는 당신을 구하지 못했으니 다른 날 지하에서 만나더라도 어찌 부끄럽지 않으리오.

아아! 슬프다! 아아! 슬프다! 내 성격이 평소 소탈하여 집안의 재산을 관여하지 않아 있고 없는 것 모두 당신이 주관하는 데에 의지했었소. 먹어서 배고픔을 면했고 옷을 해줄 때 반드시 따뜻하게 해 주었는데 당신을 잃고 난 후 내 몸 돌볼 계책이 전혀 없소. 집을 팔아서 목구멍에 풀칠을 하니 사는 일이 아주 황량해졌소. 천지에 집도 없으니 나는 장차 어디로 가야하는 것이오?

아아! 슬프다! 아아! 슬프다! 당신이 아팠을 때 서모(庶母)가 와서 병구완을 해주었고 초상 때에는 옷도 벗어서 덮어주셨소. 불쌍하게 여기는 그 정성을 당신은 알고 있는지요. 병구완을 하고 초상을 치름에 자기 자식과 차별 없이 하였으니 급히 달려와 구해주고 도와주신[19] 그 은혜에 감동되어 눈물을 흘릴 뿐 어떻게 갚아야 할는지요.

아아! 슬프다! 아아! 슬프다! 당신이 죽은 지 오래되었지만 당신 무덤을 아직 정하지 못했소. 지금 계양(桂陽)의[20] 기슭에 잠시 장사지내려 하는데 한 조각 외로운 배로 관을 실어 가려하오. 가을바람 소슬하고 새벽달은 창망하기만 하구려. 몇 마디 해로성(薤露聲)[21]이 들리고 붉은 깃발들이 바람에 나부끼는구려. 외진 촌에 떨어지는 낙엽이 눈에 가득하니 슬프고 처량하기만 하오. 얕게 묻고서는[22] 7일에 이르러서 슬픈 마음을 대략 서술하오. 말이 너무 슬프고 정이 너무 넘쳐흐르는구려. 당신의 영혼이 있다면 또한 처참하여 오열할 것이오. 부부의 지극한 정이 유명을 달리한다고 하여 차이는 없소. 한번 꿈에 의지하여 당신과 만나봤으면 좋겠소. 곡을 하여도 그 정을 다하지 못하겠고 말을 하여도 마음을 다하지 못하겠소. 저 창창한 하늘이 어찌 끝이 있으리오.

아아! 슬프다. 아아! 슬프다.

19) 포복(匍匐) : 포복구지의 준말로 사람이 상을 당했을 때 급히 가서 도와준다는 뜻. 『시경』「邶風」<谷風> "백성이 상을 당했으면 얼른 가서 도와주네(凡民有喪 匍匐救之)"

20) 지금 경기도 부평, 부천.

21) 아침 이슬이 햇살에 쉽게 사라지 듯 사람의 인생도 그렇다는 내용의 노래이다. 주로 장례 때 많이 부른다고 한다.

22) 천토(淺土) : 죽은 이를 관에 넣어 두고 아직 정식으로 장례 치루지 않은 것. 『書言故事』의 註 :"淺土 殯而未葬". *『서언고사』 참조.

죽은 부인의 담제일에 올리는 제문

[亡室禫祭祭文]

부인이 죽고 1년 후에 지은 제문이다. 그 동안 쓸쓸하고 힘들었던 일과 상기를 마치고 난 후의 애석함을 보여준다.

아아! 슬프다. 지난 해 당신을 영결(永訣)하던 날이 마치 어제와 같구려. 대상(大祥)[23]까지 다 치러내고 담제(禫祭)[24]를 지낼 때가 되었소. 마음이 또 슬퍼지는구려. 이 통한을 어떻게 견디리오. 당신의 아름답고 조용했던 바탕이 갑작스럽게 적막함으로 바뀌었고 맑고 곧았던 그 행실이 홀연히 없어져 버렸소. 지난 날 당신의 희고 깨끗했던 모습을 이제는 다시 볼 수 없고, 옛날의 낭랑했던 그 음성을 이제는 다시 들을 수도 없구려. 안으로 들어가면 스치는 곳마다 고통과 쓰라림을 만들어내고 밖

---

23) 대상(大祥) : 초상부터 윤달은 계산하지 않고 25개월 만인 재기일(再忌日)에 지낸다. 아내를 위한 대상, 아들이 지내는 부재모상(父在母喪)의 경우에는 초상부터 13개월 만인 초기일(初忌日)에 지내되, 소상(小祥)은 앞당겨 11개월이 되는 달에 날을 가려서 지낸다. 대상은 먼저 '고묘(告廟)'라 하여 제사를 하루 앞두고 술과 과일을 차려놓고 신주를 사당[家廟]에 옮겨 봉안한다는 것을 고하고 영좌(靈座 : 신주를 모시는 자리)에 입묘(入廟)할 것을 미리 아뢴다.

24) 담제(禫祭) : 정해진 喪의 기간을 마치고 일상으로 되돌아가기 위해 지내는 제사. 담사(譚祀)라고도 한다. 대상을 지낸 그 다음달이나 1년 후에 지내는 제사. 초상으로부터 27개월에 지낸다, 즉 대상을 지낸 다음 다음달 하순의 정일(丁日)이나 해일(亥日)을 택하여 지낸다. 담제는 지내야 하는 경우는 부모상, 손자가 지내는 조부상, 남편의 상(夫喪), 아내의 상(妻喪)의 경우뿐이다. 그 중 남편이 아내를 위해 지내는 경우는 상후 15개월 만에 지낸다.

으로 나가면 온갖 일들에 대해 흥미조차 없어져 버렸소. 근근이 살아가는 모습이 마치 짝 잃은 기러기가 깃들어 의탁할 곳 없는 것 같소. 멀고 먼 만 리를 떠도는 나그네가 이리저리 다니면서 돌아가 쉴 곳조차 없는 모습 같기도 하오. 사는 모습이 이에 이르니 누가 슬퍼하지 않을 수 있단 말이오.

항아리에는 먹을 곡식이 없고 어린 것들은 방에 가득하오. 배고프면 먹을 것을 생각하고 추우면 옷 입을 걱정을 하게 된다오. 지난 날 당신이 있었을 때 이런 일들이 한번도 내 머릿속에 있었소? 하루아침에 당신을 잃게 되니 아침부터 저녁까지 모든 것이 걱정거리가 되어버렸소. 가장 곤궁한 백성 중 홀아비를 제일 첫 번째로 꼽은 것은 정말 마땅한 일이고, 세상의 모든 홀아비를 생각해봐도 나만큼 곤궁한 사람이 또 몇이나 더 있단 말이오.

아아! 슬프다! 아아! 슬프다! 아침저녁으로 당신에게 올리던 상식을 대상을 치러낸 이후에는 그만두었소. 그렇게 하는 것이 예법이라지만 내 정(情)으로 봐서는 참을 수 없는 일이오. 제사는 마땅히 정성껏 지낼 것이오. 이제 담제를 지내는 날을 당하여 이제 그만 하는 것은 당신이 처음 죽어 상을 치를 때 3개월 동안 상식을 올리지 않았으니 의리를 일으킨 것이오.

아! 슬프다! 최마[25]의 복을 이제 다 마치게 되어 변변치 않았던 상식마저 이제는 그만 두어야 하오. 내 마음이 슬프니 이제 장차 어디에 의탁해야 하오? 담제는 제사 중 아주 큰 것이지만 가난으로 인하여 또 마

25) 거상(居喪)하는 제도. 아들이 부모의 상(喪)에는 3년 동안 거상하기 때문에 생긴 말이다. 아버지가 죽으면 참최복(斬衰服)을 입고 3년 동안 거상하고, 어머니가 죽으면 자최복(齊衰服)을 입고 3년 동안 거상한다. 만일 아버지가 살아 있고 어머니가 죽었으면 상기를 단축하여 1년 동안 거상한다. 여기서는 부인이 죽고 남편이 상복을 입은 것으로 1년 동안 상복을 입은 것을 말한다.

음이 아프구려. 그 제향하는 의식이 아주 형편없고 보잘 것 없구려. 당신에 대해 생각해보면 일마다 슬프지 않은 것이 없고 물건(物)마다 슬프지 않은 게 없소. 술잔을 들어 당신에게 권하려니 눈물이 쏟아져 흐르는구려.

아아! 슬프다!

홍씨에게 시집간 죽은 넷째 딸에게 주는 제문
[祭亡女祭四娘洪氏婦文]

넷째 딸이 홍현보(洪鉉輔)와[26] 결혼, 홍중기의 며느리이기도 하다. 임방의 나이 39세에 낳은 딸이었다. 첫 부인인 변씨가 1671년에 죽고 이 딸이 1679년경에 태어난 것으로 보아 이명담(李命聃)의 딸인 둘째 부인이 낳은 딸인 것으로 보인다. 남편 홍현보와의 사이에 아들 하나를 두었다. 홍현보는 후에 이세박의 딸과 재혼하였다.

유세차(維歲次) 무술년(1718)에 죽은 딸이며 홍생의 부인인 영인(令人)[27]의 상여가 10월 초의 길일(吉日)인 을사일에 풍덕(豊德)으로 발인하고 4일인 무신일에 영원히 묻히게 된다. 그래서 그 관을 열기 하루 전인 9월 그믐 갑신에 아버지인 수촌옹이 변변치 않은 술과 음식을 갖추어 곡을 한 다음 영결을 고하고자 한다.

아아! 슬프구나! 너는 어찌하여 나를 버리고 먼저 갔느냐? 너는 어찌하여 나를 버리고 먼저 떠났느냐? 나는 지금 80살이 다 되어 죽어갈 날이 얼마 남지 않았다. 그리고 네가 세상에 남아서 내가 죽으면 곡을 해야 이치에 맞는 것이며 마땅한 일이다. 그런데 도리어 이 늙은 아버지로

---

26) 홍현보(洪鉉輔) : 1680(숙종6)~1740(영조16). 조선 후기의 문신. 본관은 풍산(豊山). 자는 군거(君擧), 호는 수재(守齋). 영안위(永安尉) 홍주원(柱元)의 현손이며, 홍중기(重箕)의 아들이다. 성품이 온화, 겸소하였으며, 목민관이 되어서는 휼민에 힘썼다. 시호는 정헌(貞獻)이다. 첫 부인 임씨가 죽고, 후에 이세박(李世璞)의 딸과 재혼하였다.

27) 조선시대 4품 관직을 가진 부인들에게 주어지던 봉호.

하여금 한창 나이인 어린 딸을 잃고서 먼저 곡하게 만드는구나. 흰머리를 하고 울부짖으며 밤낮으로 슬퍼하니 이 어찌 천리의 어그러짐이 심한 것이 아니냐? 이 어찌 인사의 어그러짐이 큰 것이 아니냐? 내가 일찍이 이런 말로 이미 두 딸의 상여 앞에서 곡을 했거늘 지금 또 다시 이 말로 네게 곡을 하고 영결을 고하게 될 줄 어찌 알았겠느냐?

아아! 슬프다! 내 나이 39세에 너를 얻었다. 너는 태어나면서부터 인자하고 공경하고 조심하는 마음을 하늘로부터 얻었었다. 집안에 있으면서 부모를 대하고 시집가서 시부모를 모시는 데에 정성과 효도를 다 하였다. 규중의 법도가 다른 사람보다 훨씬 뛰어난 것이 많았다. 그러나 부모와 형제들은 오히려 그것을 다 알지 못하였다. 네 뜻과 행실의 순수함으로 미루어 보면 그 착함에 대해 하늘이 장수와 복록을 주어야 할 터인데 도리어 어쩐 일로 병이 들었단 말이냐. 10년 동안 병이 들어 누워 있던 날은 많고 일어나 있던 날은 적었다. 마침내는 다시 소생하지 못하고 드디어는 난초가 꺾이듯, 옥이 부서지 듯 죽는 데에 이르렀으니 요물이 갑자기 닥치게 된 것이지.

네 남편이 벼슬을 하기 시작한 처음 몇 년 동안 승진하는 것을 보지도 못했고 아들 하나[28] 아주 어리지만 뛰어났어도 성장하는 것을 보지도 못했구나. 장수나 복이라는 것이 너에게는 모두 막혔나보다. 하늘이 보답으로 주는 그 도는 과연 어디에 있는 것이냐? 애달프다! 애달프다!

작년 이래로 내가 쇠약해지고 병이 나 밖으로 나가지 못해 너를 자주 만나지 못했다. 너 또한 오랫동안 병을 안고 있어서 귀녕 오는 것도 드물었다. 가끔 안부를 묻는 소식에 매번 그리워하는 마음을 담고 있었지. 비록 한 세상에 있으나 그 때가 벌어지고 잘 맞지 않아 그리워하는 마

---

28) 홍봉한(洪鳳漢)을 말한다.

음이 더욱 간절하였다. 네가 지금 영원히 이별하게 되었으니 내가 어떻게 너를 다시 볼 것이냐? 내가 어떻게 너를 다시 볼 수 있으랴. 이 이후로 너와 내가 다시 만나는 것은 오직 구원(九原)에서 만날 기약뿐이다.

아아! 슬프구나! 내가 3남 6녀를[29] 길러 모두 장성하여 시집가고 장가들어 내외의 손자들이 늘어서 있었다. 그래서 세상 사람들이 나보고 자녀복이 많다고 하였다. 그런데 늘그막에 그 운명이 기박하여 계속 자식이 죽어가는 참혹한 화를 당한단 말이냐? 맨 처음 다섯째 딸을[30] 잃고 곡하였고, 다시 셋째 딸을 잃고[31] 곡을 하였으며 지금 또 넷째 딸을 잃고 곡을 하는구나. 6년 동안 딸 셋의 상을 연이어 치렀으니 이로 인하여 비록 내가 철석(鐵石)같은 마음을 가졌으나 어찌 마음이 꺾이고 찢어지고 갈라지고 무너지지 않겠느냐? 내 성정이 본래 대담하고 마음이 느긋한 편이어서 초상의 슬픔을 당하였어도 일찍이 너무 슬퍼하여 생을 해치는 일을 하지는 않았었다. 그런데 한번 너를 곡한 이래로 말을 하면 반드시 눈물이 흘러나오게 되고 생각을 하면 문득 오열하게 되는구나. 스스로 억제하고 잊으려 해도 능히 그만둘 수 없게 되었다. 이것이 노쇠하고 마음이 약해진 데서 나온 것일 뿐이고 평소 너의 두터운 효성과 널 사랑하는 나의 깊은 마음이 때문이 아니라면 어찌 이렇게 지독히 슬프겠느냐?

아아! 슬프다. 네 맏딸이 이제 겨우 결혼을 하여[32] 그 아래에 아들과

29) 3남 6녀 : 첫 부인 변씨와 재혼한 부인 이씨의 소생들을 말한다. 첫 부인 소생으로는 임정원(任鼎元)과 이이영(李以榮), 조문환에게 시집간 딸들이 있다. 재혼한 부인 소생으로 아들은 임숭원(任崇元), 임행원(任行元)이 있고 딸들은 각각 박필직, 홍현보, 이원곤, 김진륜 등과 결혼하였다. * 유척기, 『知守齋集』 <議政府右參贊任公墓誌銘>.

30) 이원곤(李元坤)부인.

31) 박필직(朴弼稷)부인.

32) 이덕중(李德重)과 결혼하였다.

딸을 두었지만 아직 어리다. 네 막내딸은 하나는 아직도 강보에 싸인 어린 아이일 뿐이다. 네 남편 홍현보가 앞에 가득한 이 어린 것들을 대하고서 어찌 너를 잃은 정을 참아낼 수 있을 것이냐?

아아! 슬프다! 네가 살아 있을 때에 비록 많은 복을 누리지 못하였으나 죽어서는 내외의 많은 친척들이 모두 "어진 부인이 죽었구나."라고 하면서 슬퍼하고 애석해하며 마음 아파하지 않는 이가 없었다. 어찌 어리석고 덕이 없으면서 오래 사는 것과 복을 탐내는 것보다는 낫지 않으냐? 하물며 네 남편은 어질면서도 문장도 잘하여 과거에 급제할 날이 머지않았다. 또 네 아들 또한 천리마의 능력을 가진 망아지라 할 수 있다. 네 사위 또한 집안의 보배이다. 그러하니 네 집안은 반드시 성대하게 크게 일어나 세상에서 칭찬하게 될 것이다. 그리하면 네가 죽은 후의 영광과 경사로 귀하게 되기에 아주 족할 것이다. 이것으로 하늘이 네 착함에 대해 나중에 보답하는 것이 될 것이다.

네가 이제 영원히 땅 속으로 돌아가려고 하는데 나는 늙고 병들어 교외에 나가 네 상여를 보내지도 못하고 또 멀리 네 무덤까지 갈 수도 없구나. 이에 술 한 잔을 올리며 통곡하고 길이 이별하고자 한다. 마음 가득한 회한으로 애닯아 글조차 이룰 수 없을 지경이다. 네가 비록 어두운 곳에 있을지라도 늙은 아비의 이런 정을 알 것이라 생각한다.

아아! 슬프다! 아아! 슬프구나!

돌아가신 어머니 정부인 상산 김씨의 행장
[先妣貞夫人商山金氏行狀]

임의백의 처, 임방의 어머니 행장이다. 김상(金尙)의 맏딸, 친정 어머니는 박항(朴恒)의 딸이다. 1605년(선조38)에 태어나 1658년(효종9)에 죽었다. 19세에 임의백과 결혼하고, 시집에 들어와 고아가 된 시조카까지 키우며 살았다고 한다. 임방의 나이 18세 되던 해 죽었다. 처음에 금천의 박달리에 묻었다. 그 후 이장하려고 하였으나 무덤 자리가 불길하다는 소리를 듣고서 못하고 있다가 1699년(숙종25)에 속리산 만리동에 이장하였다. 그 후 20여 년이 지난 1719년(숙종45)에 이 글을 쓴 것으로 보인다.

어머니는 김씨로 본관이 상산(商山)이다.[33] 고려 때 찬성사이며 상낙군(上洛君) 김일(金鎰)의 후손이다. 충청도 관찰사 사은공(仕隱公) 김상(金尙)의[34] 딸이다. 동지중추부사이며 예조판서에 추증된 청육공(靑陸公) 김덕겸(金德謙)의[35] 손녀이고, 이조참판에 추증된 김홍(金洪)의 증

33) 지금 경북 상주의 옛 이름.

34) 김상(金尙) : 1586(선조19)~1656(효종7). 아버지는 김덕겸(金德謙)이며 어머니는 홍위(洪偉)의 딸. 광해군 때에 폐모론이 제기되자 남양의 촌사로 은거하였고, 정묘호란 때에는 강화도로 임금을 호종하였으며 1654(효종5)에 벼슬을 내놓았다. *『광해군일기』, 『인조실록』 참조.

35) 김덕겸(金德謙) : 1552(명종7)~1633(인조11). 조선 중기의 문신. 본관은 상주. 자는 경익(景益), 호는 청륙(靑陸). 아버지는 김홍(洪)이며, 동생은 대사헌 김덕성(德誠)이다. 동생과 함께 행실과 글재주로 명성이 높았다. 1612년(광해군4) 광해군을 비방하는 익명의 언서(諺書)가 집에 투하되어 추국을 당하였다. 뒤에 노인직으로 동지중추부사(同知中樞府事)에 오르고 집에서 은거하였다. 시로 명성이 높았으며 저서로는 『청륙집』이 있다.

손녀이다. 어머니는 나주 박씨로 병조좌랑이었던 박원(朴垣)의 딸이다. 온양군수였던 박동도(朴東燾)의 외손녀이고 대사헌이었던 박응남(朴應男)의[36] 외증손녀이기도 하다.

어머니는 만력 을사년(乙巳年) 3월 27일에 태어나셨다.[37] 사은공에게는 딸 넷이 있었는데 어머니가 장녀였다.[38] 품성이 단정하고 의젓하고 점잖았으며 한결같았고, 인자하며 맑은 덕과 효도하고 순종하는 행실이 있었다. 실패를 가지고 놀 때부터 이미 평범한 아이들과 달라서 할아버지 청육공이 매우 사랑하였다. 항상 무릎 아래에 두고서 가르치기도 하였다. 법도 있는 집안에서 성장하여 예법과 가르침을 익혔다. 언어와 행동거지 등 모두 예의와 법도에 맞았다. 사은공이 사위를 가리는 데에 그 기준이 아주 높았는데 19세에 우리 아버지께 시집오셨다.

시어머니 정부인은 [39]아주 엄하면서도 바르게 행동하시어 법도가 있었다. 어머니께서 받들고 섬기는 데에 한결같이 공손하고 순종하여 며

---

36) 박응남(朴應男) : 1527(중종22)~1572(선조5). 조선 중기의 문신. 본관은 반남(潘南). 자는 유중(柔仲), 호는 남일(南逸) 또는 퇴암(退庵). 사간 소(紹)의 아들이다. 8세에 어머니를 따라 서울에 와서 유조인에게 배웠고, 뒤에 성제원(成悌元)·이중호(李仲虎)의 문하에서 수학하였다. 심의겸(沈義謙)과 친교가 두터워 조카딸(朴應順의 딸)을 선조비로 책봉하도록 하였으며, 궁중의 복색을 화사하고 선명한 것으로 바꾸도록 하였다. 이이(李珥)는 『석담일기(石潭日記)』에서 "고지식하며 말을 과감히 하고 겉으로는 시비를 분별하지 못하는듯하나 속으로는 시비를 판단하는 기준이 있었다."고 평하였다. 성품이 강직하였기 때문에 대사헌 재임 중 기탄없는 논박을 하여 원망하는 사람이 많았다. 또 왕비의 숙부였으므로 왕의 총애를 받으니 사림(士林)의 큰 힘이 되었고, 그가 죽자 사류(士類)들이 애석하게 여겼으며 이조판서에 추증되었다. 시호는 문정(文貞)이다.

37) 1605년(선조38).

38) 김상에게는 딸 넷과 막내로 태어난 아들 김원석(金元錫) 있었다. 김원석은 1659(인조7)에 태어나 1664(현종5)에 죽었고 정지화의 딸과 결혼하였다. * 참고문헌 임방, 『수촌집(水村集)』<通德郎金公墓誌銘>. 딸 넷은 각각 임의백(任義伯), 이핵(李翮), 이홍연(李弘淵), 권대운(權大運)과 결혼하였다. * 유척기, 『지수재집(知守齋集)』 <議政府右參贊任公墓誌銘> 참조.

39) 임곤(任袞)의 부인으로 정유길 딸이며 정엽과 남매지간이다.

느리로서의 도리를 아주 잘하였다. 그래서 정부인이 기뻐하고 깊이 사랑하였으며, “어진 며느리로다. 어진 며느리로다”하고 극구 칭찬하였다. 집안을 다스리는 데에 있어서는 오직 아버지의 명을 따랐을 뿐이며 조금이라도 어기지 않았다. 또 밖의 말, 밖의 일에 대해 일찍이 간여한 적이 없었다.

원래 집안에 먹는 것이 부족하여 검약하고 절제하는 데에 힘을 쓰셔서 다 없어지면 그 뒤를 이어가 절대로 먹을 것이 모자라거나 떨어지지 않도록 하였다. 자식들을 기르고 가르치셨는데, 비록 사랑하기는 하였으나 아주 어릴 때부터 옷 입는 것, 밥 먹는 것, 걸어다는 것, 드나드는 절도 등에 대해 모두 예법대로 가르치셨다. 간혹 잘못하는 것이 있으면 즉시 경계하고 꾸짖어 두 번 다시 그렇게 하지 않도록 하셨다. 어머니를 일찍 여읜 조카가 있었는데 아버지가 불쌍하게 여기어 우리 집에 데리고 와 길렀었다. 이 때 어머니는 당신이 낳으신 자식들과 조금도 다름없이 사랑하고 입을 것, 먹을 것 등을 다 해주셨다. 그래서 감사(監司)인 규(任奎)와[40] 그 아래로 임익(任益), 임창(任昌) 등 내외의 모든 조카들을 마치 자식 보듯 했고 그래서 그 모든 조카들도 어머니처럼 여겨 의지하며 우러러보면서 지냈다.

아버지가 통천군(通川郡)의 수령으로 가시게 되자 따라가셨다. 6년 동안 내아(內衙)에 계시면서 바깥 사람들과의 사귐을 허락하지 않았고 재물을 들이거나 물건을 사거나 하지 않았다. 그리하여 관아의 안이 아주 조용하였다.

어머니는 아주 어릴 때부터 성장할 때까지 할아버지 청육공의 곁을

40) 임규(任奎) : 1620(광해군12)~1687(숙종13). 임의백의 형인 임준백의 아들이다. 본관은 풍천(豊川). 자는 문중(文仲), 호는 석문(石門). 1686년 황해도관찰사를 끝으로 관직을 떠났다.

떠나지 않았다. 청육공은 문장으로 이름이 있었는데 날마다 책을 옆에 두고 있었다. 어머니는 비록 글을 정식으로 배우지는 않았지만 눈에 익히 보고 귀에 익히 들어서 자연스레 깨닫고 이해하는 바가 있었다. 그래서 경서에 나오는 말이나 역사적인 일에 대해 아는 것이 많았으나 한 번도 논평하지는 않았다. 평소에는 여공(女紅)을 잡고 부지런히 하였을 뿐이며 남자의 일에 속하는 책들을 처음부터 가져다 보지 않았다. 오직 수건 상자 속에 있었던 사략(史略) 몇 권 등은 간혹 펼쳐보시곤 하였다. 내가 어렸을 때 간혹 그 글의 뜻 가운데 잘 이해되지 않는 것이 있어 물어보면 곧 해석하여 가르쳐주셨는데 아주 환하게 알 수 있게 되었다. 우리들을 대하여 항상 옛 사람들의 효, 우애에 얽힌 아름다운 행적, 친족들의 언행 중 본받을 만한 사람들에 대해서 자세히 말씀해 주시면 우리들은 경청하였다.

사은공의 집안이 아주 청빈하였다. 그리하여 어머니께서는 매번 부모님 연세가 높으시지만 맛난 것을 계속하여 드리지 못하는 것을 한스럽게 여겼다. 이에 새로 난 것이나 맛 좋은 음식이 있으면 아무리 적더라도 반드시 나누어 보내어 어머니를 공양하였다. 친정어머니 박부인이 항상 효녀라고 칭찬하였다.

성격상, 사치하고 화려한 습성을 좋아하지 않았다. 혹 집안사람들이 모일 때 부녀자들이 옷이나 장신구 등을 성대하게 차리고 그 아름다움을 자랑할 때 어머니께서는 웃으며 말씀하셨다.

"나는 가난해서 힘써도 여기에 미치지 못한다. 비록 내가 그런 것들을 다 누릴 수 있다 하더라도 내 성격이 그런 것을 좋아하지 않으니 시속(時俗)을 따라서 억지로 하고 싶지도 않다."

장남이[41] 과거에 급제하자 아버지께서는 조정에 있는 것을 좋아하지 않으시어 외직을 구하여 영천으로 가시게 되었다. 그 때 사은공이 청풍

(淸風)에서 벼슬을 하였었다.[42] 어머니께서는 친척의 아이들을 모두 데리고 다니면서 두루두루 인사를 하였다. 그랬더니 사은공이 매우 기뻐하시면서 잔치를 열고 경사스럽게 여겼다. 어머니는 항상 이것을 평생의 제일 기쁘고 행복한 일로 꼽으셨다. 아버지의 벼슬이 바뀌면서 그에 따라 숙부인(淑夫人), 정부인(貞夫人) 등에 친히 두 번이나 봉해졌다.[43]

1657년(효종8)에 병이 나자 해를 걸러 누워 계셨다. 아버지께서 영남의 안찰사로 나가셨다가 1658년(효종9) 초겨울에 부절(符節)을 반납하고 집으로 돌아오셨는데 서로 만나게 된 지 며칠 만에 어머니의 병세는 이미 구할 수 없을 지경에 이르렀다. 장남이 손가락을 잘라 피를 마시게 하였으나 효험이 없었다. 10월 초 9일에 타락동(駝駱洞)의 새 집에서 돌아가셨다. 춘추 54세였다.

아아! 슬프다! 아아! 슬프다! 송광식(宋光栻)이 아주 어렸을 때 동춘당 송준길 선생께서 마마를 피하고자 하여 우리 아버지께 아이를 맡기셨다. 이 때 어머니께서는 마치 친자식처럼 사랑해주셨는데 어머니가 돌아가시자 곡하면서 슬퍼하였다. 내 이질(姨姪)인 이광직(李光稷)은[44] 같이 상례를 치루고 손수 염습(斂襲)을 하면서 그 정성과 조심을 다하는 예를 보였다.

아아! 슬프다! 어머니는 지극히 인자하시고, 지극한 덕이 있으셨으며 자식으로서의 도리, 며느리로서의 도리, 아내로서의 도리, 어머니로서의 도리를 다 갖추었고 빠뜨린 것이 없었다. 그러니 하늘은 마땅히 후한 복

---

41) 임방의 형인 임좌(任座) : 1624년에 태어남. 자(字) 원직(元直), 조한영(曹漢英)의 사위

42) 김상의 행장에 의하면 1651년(효종2) 경의 일이다.

43) 숙부인(淑夫人) : 정 3품 당상관 벼슬을 가진 사람의 부인에게 주어지던 봉호
정부인(貞夫人) : 2품 벼슬 가진 사람의 부인에게 주어지던 봉호.

44) 이광직(李光稷) : 1632년 출생. 자는 자휘(子輝), 이홍연(李弘淵)의 아들, 아버지 이홍연과 임방의 아버지 임의백이 모두 김상의 사위. 이광직과 임방은 이종사촌이기도 하다.

과 장수를 베풀어야 할 터이다. 그런데도 어머니께서 받으신 복을 제대로 받지 못하시어 누리신 연세 또한 아주 짧다. 무슨 이유로 유독 어머니만 이런 것인가? 이는 우리들의 불효와 죄가 쌓여 그 화가 위에까지 뻗어 나갔기 때문이다. 다만 스스로 하늘을 쳐다보고 부르짖어도 이르지 못하겠구나. 애통하고 애통하다!

12월 22일 김포에 무덤을 잠깐 두었다가 다음해 1659년(효종10) 2월 29일에 금천(衿川)의 박달리(博達里)에 다시 장사지냈으니 시아버지 묘의 왼쪽 기슭, 동남쪽을 향한 언덕이다. 감여가(堪輿家)[45] 말로는 무덤자리가 좋지 않다고 하여 아버지께서 돌아가셨을 때에는 덕산(德山)의 가야동(伽倻洞)에 장사지냈고 이제 어머니도 여기로 옮겨 나란히 묻으려고 했었다. 그런데 자손들의 초상이 계속 이어지자 감여가들이 또 덕산의 무덤은 더 불길하다고 하여 감히 옮겨 나란히 묻는 예를 거행하지 못하였다. 그러다가 1699년(숙종25)에 이르러 보은의 속리산 남쪽 기슭 만세동에 위치한 남향 언덕을 골랐다. 불초자식 임방이 덕산에 가서 아버지의 관을 옮기고 내 아들 정원(鼎元)은 금천으로 가게 하였다. 그리하여 2월 초 9일 어머니의 관을 모셔오게 하였다. 무덤을 파고 보니 수환(水患)이 아주 참혹할 정도였다. 너무도 망극하여 통곡을 하였다. 드디어 2월 22일 임술에 합장하는 예를 거행하였다. 어머니는 왼쪽에 묻었다.

어머니는 모두 4남 2녀를 낳아 기르셨다.[46] 그 자식들과 내외의 손자, 손녀들은 모두 아버지의 행장에 자세하게 실려 있어서 여기서 다시 쓰지 않는다.

1719년(숙종45)에 불초한 자식 임방이 피눈물을 삼키면서 삼가 쓴다.

---

45) 감여가(堪輿家) : 산소 자리를 잡는 것을 전문으로 하는 사람을 일컬음.

46) 아들로는 임좌(任座), 임방(任埅), 임승(任陞) 등이 있고, 딸들은 각각 강연, 윤지상과 결혼하였다.

정태화

정태화(鄭太和) : 1602(선조35)~1673(현종14). 본관 동래(東萊). 자 유춘(駱春). 호 양파(陽坡). 형조판서 정광성(廣城)의 아들이다. 1628년(인조6) 별시문과(別試文科) 병과에 급제, 1636년 병자호란 때 도원수가 도주하자 패잔병을 모아 현관(縣館)에 의지하여 시석(矢石)으로 항전하여 수많은 적을 사살한 공으로 집의(執義)가 되었다. 1637년 소현세자(昭顯世子)를 심양(瀋陽)에 배종(陪從)하고 돌아왔다. 1671년 기로소에 들어갔는데, 병으로 조정에 나갈 수 없으므로 현종은 가마를 타고 들어오도록 하였다. 예론으로 조정의론이 나누어질 때 그 사이를 잘 주선하였다고 한다. 동생 정치화와 함께 정승에까지 올랐다. 시조 1수가 전한다. 현종의 묘정(廟庭)에 배향(配享)되고, 문집에 『양파유고』, 저서에 『양파연기(陽坡年紀)』가 있다. *『현종실록』, 이덕일, 『송시열과 그들의 나라』, 김영사, 『조선왕조사2』 참조.

고모 신승지[1]부인에게 올리는 제문

[祭姑氏申承旨夫人文][2]

이 글은 중간 중간에 글자가 빠져 있다. 1637년(인조15)에 쓰여진 글이다. 정태화의 고모이며, 정광성의 누이이고 정창연의 딸이다. 신득연과 결혼하였고 병자호란 등으로 가족들이 헤어졌다가 다시 만났으나 그만 죽어 애달파하는 마음을 보여준다. 그 딸이 오달제의 첫 부인이기도 하다.

(一字 缺) 기는 맑고 빼어났고 태도는 단정하고 의젓하였습니다. 타고난 자질이 지극히 아름다웠으며 오로지 덕을 스스로 갖고 계셨습니다. 아녀자의 규범으로써 바른 것으로 삼았고 법도에 맞는 말로써 규칙으로 삼으시어 할아버지가 무척 사랑하시고 어여삐 여기셨습니다. 명문 집안

---

1) 신승지는 신득연(申得淵)을 말한다. 신득연 : 1585(선조18)~1647(인조25). 본관은 고령. 자는 정오(靜吾), 호는 현포(玄圃). 대사헌 신식(申湜)의 아들이다 1632년(인조10)에는 강원도관찰사가 되어 그의 아버지가 편찬한『가례언해』를 간행하였다. 회답사로 후금에 파견되기도 하였는데 후금의 장수인 용호(龍胡) 가 무서워 달아나기도 하였다. 1643년(인조21)에는 조카인 이규(李烓)가 명나라와 밀무역한 사실을 알고서도 고하지 않았다고 하여 제주도에 귀양갔다가 거기서 죽었다. 이러한 사실에 대해 "인품이 사리에 어둡고 벼슬살이하면서 탐오한 짓을 많이 했으므로 송관(訟官)신으로서는 합당하지 않다." 라는 평가를 받기도하였다. 숙종1년에 그의 아내가 관작을 돌려달라는 청원을 하여 왕이 허락하였다. 신식의 딸이며 신득연의 누이가 강석기와 결혼하였고 그 사이에서 난 딸이 민회빈 강씨이다. 신득연과 강석기는 처남 매부사이며, 김제남과는 성(姓)이 다른 7촌 조카이다. *『인조실록』,『숙종실록』 참조

2) 이 글은 여러 곳에서 글자가 많이 빠져 있고 앞부분도 없어진 듯하다. 제문의 처음 형식은 보이지 않고 내용이 중간부터 전개되어 있다. 그리하여 전체 내용 파악이 어렵다.

에 시집가서 군자의 좋은 짝이 되었고 아름다운 명성을 지녀 퍼뜨리며 아녀자 도리를 크게 닦았다. (八字 缺) 성심으로 애일지성[3]을 드리며 곁에 있지 못함을 안타까워하였습니다. 귀하게 되시어 그에 걸맞은 직위를 받으시고 해가 지나 늙어 오십이 되어서도 사모하는 마음이 여자 가운데 있었습니다. 매번 약을 쓸 일이 있으면 애를 쓰며 와서 시중을 들며 오로지 봉양하고 간호하는 데에만 마음을 쓰고 집안의 일은 돌보지 않을 정도였지요. (八字 缺) 밤에도 게으르지 않게 하면서 평상시처럼 회복되기를 기다렸으니 그것을 보고 들은 사람으로서 누가 탄복하지 않겠습니까.

지난 해 바로 이 달(병자년, 1636) 적들이 도성으로 쳐들어와 솥 안의 끓는 물처럼 어지러워 각자 난리를 피하여 갔고, 이때 아저씨가 마침 수령이 되었습니다. (八字 缺) 고모가 따라갔었는데 그 길이 충청도 쪽을 향하고 있어서 늙으신 부모와 이별하시면서 눈물만 줄줄 흘리셨지요. 이 때 조카인 저는 토산(兎山)의[4] 군막에 있어서 가정이 어느 곳에 있는지 소식도 끊겼었다. 창과 방패가 길을 막아섰으니 내 마음이 아주 어지러웠습니다. (八字 缺)[5] 군중에서 부음을 듣고서 슬픔을 삼키고 겉으로 드러내지 못하고 있었으니 어찌 감히 돌아가겠다고 할 수 있었겠습니까.[6] 나라를 위해 죽기로 의로운 결심을 하여 명령을 주관하여 흩어

---

3) 애일(愛日) : 부모를 효성으로 봉양하는 일. 하루나 한 시간도 아끼어 부모의 효양을 게을리 하지 않음. 『논어』 "父母之年不可不知也 一則以喜 一則以懼"의 집주에 "於愛日之誠 自有不能已者"라 한 데서 온 말이다.

4) 황해도에 있는 지명, 고구려 때는 오사함달(烏斯含達)이라 했고 신라 경덕왕 때 토산(兎山)이라 고쳤다. *『동국여지승람』 참조.

5) 이 때 정태화는 토산에서 패배하고 달아나는 군졸들을 모아 정비한 뒤 싸워서 적을 물리쳤다.

6) 이 때가 병자호란 때임을 감안할 때 정태화의 할아버지이며 고모의 아버지였던 정창연의 부음이었을 것으로 여겨진다. 실제 정창연의 생존시기는 1552(명종7)~1636(인조14)

진 군사들을 불러 모아 옆 고을로 옮겨가는데 그 행색이 아주 급하였지만 산 속을 거쳐갈 때에 고모께 나아가 뵈었지요. (八字 缺) 그러다가 금년(정축년) 정월 그믐께에 갑자기 이별하면서 다시 만날 것을 마음속으로 바라고 있었는데 몇 달 되지도 않아서 갑자기 병이 위중하다는 소식을 듣고 의원을 재촉하여 길로 나서서 약으로 구하기를 빌었습니다. 겨우 가서 얼굴을 다시 뵈었는데 어찌 그리 급작스럽게 늙으셨는지. (八字 缺) 하늘의 도는 참으로 헤아리기 어렵습니다. 이미 시집가서 불행한 일을 당하셨다가 (글자 없음) 옥랑(남편)이 급제하는 영광이 있었으나 시대의 변화를 말하면서 멀리 승냥이와 호랑이 앞에 내던져지듯 하셨지요. 슬프게 애도하고 생각하여 더욱 몸 속 깊이 병이 드셨는데 게다가 다시 달아나 숨으려고 하는 이 때에 또 큰일을 만났으니 병이 더 위중해져 마침내 일어날 수 없게 되셨습니다.

아아! 슬프다. 슬프고 애통함이 어찌 그칠 수 있겠습니까.(八字 缺)

아름다운 무덤 영원히 편안케 하고자 하여 이미 그 날을 잡고 불초한 조카가 가서 한 길을 살피고자 하였습니다. 그런데 혼란하고 불안한 때를 만나 사정이 옛날과 같지 않고 괜히 사사로운 정에 얽매여 관부를 어지럽게 하면서 모든 물품을 받들어 올리려 하는 것 같아 결국 더 보탤 것이 없게 되었습니다. (一字 缺) 구덩이를 파고서 곡하고 (一字 缺) 묻으려 하니 부끄울 뿐 입니다.

난리 뒤라서 타향에 친척들이 모두 각각 흩어져 있다가 지금 모여 장례를 치르게 되니 그나마 다행입니다. 오직 술과 다과를 삼가 영전에 바치지만 제사가 그 슬픈 정에 딱 맞지 않고 글로 어찌 슬픔을 다 할 수 있습니까. 그러나 어둡지 않은 영혼이 있으면 오셔서 한 잔 흠향하소서.

이다.

강백년

강백년(姜栢年) : 1603(선조36)~1681(숙종7). 본관 진주. 자 숙구(叔久), 호 설봉(雪峰) · 한계(閑溪) · 청월헌(聽月軒). 시호 문정(文貞). 강유 아들, 어머니는 김응서(金應瑞) 딸이다. 강운상 손자. 초취(初娶)는 김광수(金光燧)의 딸이었는데 자식 없이 죽었다. 그 후 황담(黃湛)의 딸과 재혼하여 아들 강선을 두었다. 안후상, 민취도 남익훈 남수규 등이 사위이다. 1646년 부교리로 있을 때 강빈옥사(姜嬪獄事)가 일어나자 강빈의 억울함을 상소했다가 한때 삭직되었다. 1648년 대사간으로서 다시 강빈의 신원(伸寃)을 상소하였다가 청풍군수(淸風郡守)로 좌천되었다. 1660년(현종1) 청(淸)나라에 다녀왔다. 문명(文名)이 높았으며 기로소에 들어갔다. 아버지가 대간으로 있을 때 뇌물을 받은 일로 인하여 추국을 받게 되자 이를 거울 삼아 아주 신중하게 처신하였다. 청렴하고 검소하였다. 1690년(숙종16) 영의정에 추증되었고, 후에 청백리(淸白吏)로 녹선되었다. 문집에 『설봉집(雪峰集)』 · 『한계만록(閑溪漫錄)』 등이 있다. *『숙종실록』 참조.

남익훈의 처인 죽은 딸에게 주는 제문

[亡女南郎益熏妻祭文]

25세에 죽은 셋째 딸을 위하여 지은 제문이다. 남익훈의 부인이었고 아이를 낳다가 죽었다. 그녀가 죽은 후에도 강백년은 병 때문에 딸의 빈소를 지키지 못하고 또 강씨 선영에 묻고자 하였으나 시가의 선영에 묻히게 되자 안타까운 마음을 보여준다. 남익훈은 후에 신자숙(申自淑)의 딸과 재혼하였다.

하늘이여! 하늘이여! 너는 곧바로 갔느냐? 태어난 것은 무슨 뜻이며 일찍 죽은 것 또한 무슨 뜻인가? 아 너의 천명이 진실로 이에 이른 것이냐? 사람이 만나는 재앙 중에 가장 심한 것이 죽음이로구나. 귀신이 혹 사악함을 부린 것인데 사람이 깨닫지 못한 것인가? 처방한 약이 잘못되었는데 의원이 잘 살피지 않은 것인가? 너의 어질음으로써도 그 보답을 받지 못하였으니 이치로써 자세히 미루어 살펴도 그 이유를 알지 못하겠구나. 너를 끌고서 거처를 이리저리 옮긴 것이 혹 그 이유가 된 것은 아닐런지 의심스러우니, 만일 그렇다면 그 책임은 이 늙은 아비에게 있음이지. 그러나 사람이 오래 살고 일찍 죽는 것이 하늘에 달리지 않은 것이 없으니 집에 비록 재앙이 있었다 한들 어찌 이런 단서를 알 수 있었을 것이냐? 처음에는 돌아오지 않을까 의심도 해보았지만 허물을 돌릴 데 없으니 푸르기만 한 하늘을 우러러 하소연한들 하늘 또한 아무 말도 없구나.

아아! 슬프다. 네가 실패를 갖고 놀 때 제일 사랑하여 너를 어루만지고 너를 길러내기를 마치 난초와 혜초를 기르는 듯이 하였다. 온순한 성품과 맑고 현숙한 자질은 옛날의 어진 부인들에게서 찾아보아도 필적할 만한 사람이 거의 없었다. 길쌈, 바느질, 옷감 짜는 일 등을 여자로서 해야 할 일로 여겼고 내훈과 여헌(女憲)의 의미를 다 이해했다. 너의 얼굴을 보면 금과 옥처럼 굳세고 곧았다. 네 마음을 생각해보면 눈과 얼음처럼 깨끗하고 맑았다. 화목하고자 하는 행실에 대해 육친들이 다 말하였고 점술가도 네가 복록을 길이 누릴 것이라 말했었지. 바야흐로 네가 임신을 하고 손꼽아 날을 기다리면서 기린을 품었다고 하였었지. 그래서 자손이 번성할 것을 의심치 않았다. 그런데 해산하는 그 잠깐 사이에 너 먼저 가고 이을 자손도 없게 되어 외로운 영혼이 의탁할 곳도 없게 되었구나.

아아! 슬프다. 너의 평생을 생각해 보니 정성과 효성이 보통을 넘었다. 내가 혹 병이 나면 반드시 먼저 약을 맛보았고 내 몸에 걸친 것 모두 네 손이 바느질한 것이다. 아침저녁 반찬도 또한 네가 올린 것이다. 그런데 한 마디의 실과 한 자의 베도 너는 사사로이 가지지 않았고 어머니 상자에 넣어놓고는 있을 때 없을 때를 같이 하였지. 형제간에도 우애가 또한 지극하여 옷 바구니를 함께 쓰면서 네 것 내 것 없이 하였지. 내 곁에 있을 때에는 항상 행동거지를 삼가면서 개조차 꾸짖지 않았지. 웃어도 잇몸이 보이지 않게 하였지.

이미 남편의 집에 가서는 시어머니께 그 효도를 옮겼다. 가난해서 따뜻하게 덮을 것이 없자 정성을 다해 절기에 따라서 버선을 바치면서도 항상 자손에게 부끄러워했었다. 효도와 봉양을 지극하게 하기를 원하였으나 결국은 펼치지 못했구나.

아아! 슬프다. 너는 항상 아픈데도 삼가서 혹 부모님께 걱정을 끼쳐 드릴까봐 병이 들어도 아프다고 말하지 않았고 약을 먹지 않고 스스로 고치려하다가 죽을병에 걸리고 말았구나. 그런데 안색이 평상시처럼 온화하고 먹기 싫어도 억지로 먹었으며 약이 쓴데도 오히려 달게 삼켜 내 마음을 편하게 해주려고 했었지. 그러면서 스스로 별 것 아닌 병인 양 하였는데 그것이 점차 고황에까지 들어가 마침내 어쩔 수 없게 되었구나.

네가 숨을 거둘 때를 생각해보니, 얼굴은 헤어짐을 생각하고 있었는데 목이 메어 하고자 하던 말이 있어도 하지 않았지. 한번 꿈속으로 들어가 슬픈 말을 다하고 싶지만 꿈에조차 볼 수 없구나. 언제 그 한을 다 풀 수 있으랴.

살아 있을 때에는 어찌 그리 총명하던지, 일마다 다 곡진하게 하였는데 죽어서는 어찌 그리 은정이 박한지 불러도 듣지도 않고 말하여도 또한 대답도 안하는구나. 흰 장막만 덩그러니 드리워져 있고 빈 집에는 인기척도 없구나.

아아! 슬프다. 나는 항상 네게 "네 신세가 애석하다"고 하였지. 네가 남자였더라면 우리 집안이 흥성하였을 텐데 네가 여자의 몸으로 태어났으니 너도 오히려 불행한 것이었다. 우리의 가난한 집안에서 태어났으니 이것 또한 너의 운명이었다. 강보에 있을 때부터 시집갈 때까지 고생을 했지. 먹을 때에는 겨우 껍질 벗긴 거친 것만 먹었고 입는 것도 면옷과 베옷에 그쳤을 뿐이지. 물들인 옷감 일체가 모두 네 손에서 나온 것이었지. 마음으로 항상 안타깝고 민망했으나 우리 집 가난에 어찌할 수 있었겠느냐. 어진 남편을 짝으로 하여 네가 돌아가 기댈 곳을 얻게 되자 초년에는 가난했어도 만년에 복을 누리고 사는 것이 이치에 마땅하여 지체가 높아지는 경사와 벼슬하는 영화 얻기를 바란 것이 부모의 마음이었다. 갑자기 네가 일찍 죽을 줄은 조금도 생각하지 못하였으니 네 스스로 생각해보아도 어찌 이러한 지경에 이를 줄 알았겠느냐.

아아! 슬프구나. 죽고 사는 이치는 늙은 사람이 먼저 죽는 것이 마땅한데 나는 아직도 살아있구나. 네가 오히려 나보다 먼저 갔으니 하늘이란 정말 감당하기 어렵고 이치를 헤아리기 어렵구나. 너의 명이 박해서 그런 것이 아니라 이것은 나의 운수가 기박해서 그런 것이다. 인간 세계에 허둥지둥 와서 25년간 있었으니 홀연히 왔다가 홀연히 가서 마치 한바탕 꿈인 듯 하구나.

동네 사람들 모두 슬퍼하고 길 가던 사람들도 모두 애석해 한다. 땅속에 있는 너의 사사로운 한도 또한 응당 끝이 없을 테지. 뒤집어 생각해 보면, 오래 살고 일찍 죽은 것이 하나의 티끌과 같은데 내가 쇠하고 늙었으니 곧 목숨이 얼마 남지 않을 사람이다. 정신없는 사이에 조만간 돌아가 지하에서 상봉할 날 머지않다는 것도 알고 있지. 이렇게 생각하여 스스로 마음을 편하게 하고자 하지만 도리어 억누르기 힘들구나. 슬픔과 한이 마음 가득 찼고 심장과 간장이 찢어질 듯하구나.

아아! 슬프다. 네가 모습은 비록 죽어갔지만 어둡지 않고 있다면 부모를 그리워하는 마음은 아침저녁으로 끊임없을 테지만, 와도 그 그림자나 소리가 없고 가도 그 자취가 없구나. 네 비록 자주 와도 내가 알 수 없구나. 어떻게 해야 거북점이라도 쳐서 생살권을 쥔 사령에게 하소연하여 네 피부를 되돌리고 네 눈과 귀를 돌려받아 낭랑한 소리와 어여쁜 모습을 완연히 평소와 같이 하고 속마음을 이야기 할 수 있으랴. 하지만 그러한 경우는 없으니 허망한 소원 이룰 수도 없구나. 모든 것이 끝났다.

이제 다시 바라는 것도 없지만, 다만 내세에 다시 골육간이 되어 우리의 옛 인연을 이어가서 맺힌 원한을 풀기만 바랄 뿐이다. 하늘의 도는 아득하고 망망해 이 또한 알기 어려워 다만 슬피 곡할 뿐이니 하늘과 땅은 끝도 없구나.

아아! 슬프다. 안타깝게도 네가 살아 있을 때 잠시도 떨어지지 않고 있다가 늦게 산 속에 살려는 계획을 세우니 또한 너를 기다리기도 하였지 네가 보러 올 적에 오히려 서로 그리워하였지. 마치 내가 살았을 적에 영원히 너를 대할 수 있을 것 같은데 하루아침에 유명을 달리하게 되었으니 일과 정황이 어그러졌구나. 때마침 병으로 인하여 급하게 거처를 옮겨 다녀 너의 빈소는 빈 집에 덩그러니 있게 되었고 여종 하나만 남겨두어 아침저녁으로 관을 보살피게 했으나 이미 뜻대로 되지 않았다. 삭망에 변변치 못한 삭망 차례나마 올리려 했는데 그것도 때에 따라 하지 못했다. 그래서 마치 서로 잊어버린 것처럼 되었다. 이는 내 마음속의 슬픔과 사정이 여의치 못해 그런 것이었지 내 정이 얕고 박하여 그런 것이 아니다. 만약 네가 알고 있다면 또한 섭섭하거나 한스럽지는 않을 것이다.

살아서는 가난하였고 죽어서 또한 박대당하니 너 홀로 무슨 죄란 말이냐. 내려지는 벌이 가혹하기도 하구나.

아! 슬프다. 상여가 점차 멀어져 가려하여 머무르게 하고 싶지만 그럴 수 없구나. 상여가 이미 다 갖추어졌고 조전(祖奠)[1]의 상도 이미 차려졌다. 부모 형제가 모두 여기 있는데 너 홀로 공산을 향하게 되었으니 네 마음이 어떠하랴. 네 시신을 가져다 우리 선영 있는 곳에 장사지내려 했으나 사사로운 정까지 되돌아보기가 어렵구나. 저 아름다운 무덤을 쳐다보니 광릉의[2] 남쪽 언덕이요, 곧 네 남편의 집이로구나. 대대로 선영이 있고 더군다나 형제들의 우애가 깊음에랴. 너를 염습하는 것부터 장사지내는 데에 이르기까지 모든 과정에서 이미 마음을 다하였으니 때에

---

1) 길제사. 조(祖)는 중국의 황제(黃帝) 아들인 누조(纍祖)를 말하는데 누조는 놀러다니기 좋아하다 길에서 죽었다고 한다. 이에 누조를 도로의 신으로 모시게 되었고 먼 길 떠나는 사람들이 무사하기를 기원하기 위해 누조에게 제사를 지낸다고 한다.

2) 지금의 경기도 광주.

따라서 향을 사르는 것도 생각해보니 빠뜨리지 않겠구나. 네가 돌아가는 곳, 네 진짜 집에서 편안히 여기며 있거라. 눈물이 섞이고 가슴에 사무쳐 글자마다 눈물이구나. 너에게 한 잔 술을 주니, 바라건대 와서 이르거라.

아! 슬프구나!

신익전

신익전(申翊全) : 1605(선조 38)~1660(현종 1). 본관은 평산(平山), 자는 여만(汝萬), 호는 동강(東江). 신흠의 아들. 신익성 동생, 정숙옹주가 형수이다. 조창원의 딸과 결혼하였다. 김상헌의 문인. 1636년(인조 14)에 병자호란이 일어나자 청나라에 볼모로 잡혀갔다가 귀국하여 광주목사를 지내기도 하였다. 효종 때에 ≪인조실록≫ 편찬 작업에 참여하였다. 저서로는 ≪동강유집(東江遺集≫이 있다. 그의 여자형제들은 각각 박호, 조계원, 박의, 강문성, 이욱 등과 결혼하였다. 박호와 박의는 사촌형제로 신흠의 딸들을 부인으로 맞이함으로써 신씨 자매는 결혼 후 사촌 동서지간이 되었다. 신익전은 조창원의 사위이고 그 누나는 조계원의 부인이 됨으로써 남매가 결혼을 통하여 처숙모, 조카 사이로 되었다.

사촌 누나 정경부인 신씨에게 올리는 제문
[祭從姊貞敬夫人申氏文]

이 글은 신익전이 사촌누나에게 올리는 제문이다. 내용으로 보아 1651년이나 1652년 즈음에 지은 것으로 보인다. 사촌누이는 신감(申鑑)의[1] 맏딸이며, 홍명구(洪命耉)의[2] 부인이고 홍서익의 며느리이다. 신씨의 5촌 조카인 신익성 딸이 시동생인 홍명하와 결혼함으로써 동서간이 되기도 하였다. 아들은 홍중보(洪重普), 며느리는 이현영(李顯英)의 딸이다.

아! 아무개는 누나를 영결합니다. 지난 가을 제가 송도로 수령을 나가던 날[3], 그 때 누나는 이미 병으로 누워 계셨습니다. 그런데도 베개를 의지하고 앉자 나를 그 자리로 끌어당겼습니다. 말하기도 어려울 정도

---

1) 신감 : 1560년 출생, 경신 자(字)는 명원(明遠). 호(號)는 소선(笑仙)이고 아버지는 신광서(申光緖). 생부(生父)는 신승서(申承緖)로 신흠의 동생인데 신광서의 양자로 들어갔다. 조인후(趙仁後)의 딸과 결혼하여 아들 신익량(申翊亮)을 두었다.

2) 홍명구(洪命耉): 1596(선조29)~1637(인조15). 본관은 남양(南陽). 자는 원로(元老), 호는 나재(懶齋). 참의 서익(瑞翼)의 아들이며 어머니는 심종민(沈宗敏)의 딸이다. 홍명하의 형이다.1633년 우승지가 되고, 병자호란이 일어나자 자모산성(慈母山城)을 지키다가 적병이 이미 평양을 지났고 남한산성이 포위되었다는 소식을 듣고 근왕병(勤王兵) 2,000명을 거느리고 추격하여 남하(南下), 김화(金化)에 이르러 적의 대병을 만났다. 이 때 글을 지어 시자(侍者)에게 주어 노모와 결별(訣別)하고, 죽을 것을 알면서도 동요하지 않고 싸워 적 수백 명을 살상한 끝에 전사하였다. 이조판서에 추증되었다. 홍명구의 부인은 신감의 딸이고 홍명하의 부인은 신익성의 딸이다. 5촌 질녀와 함께 홍씨 형제와 결혼하여 동서지간이 되었다. *『인조실록』 참조.

3) 신익전의 행장을 살펴보면 송도의 수령을 나간 때가 1651~1652년이었다.(효종2~3년경). *<신익전행장> 참조.

였으나 오히려 외직으로 나가는 저를 위로하시면서 병으로[4] 앞날을 기약하기 어려워 스스로 탄식했었지요. 그리고 집안사람들끼리 갈수록 멀어져 서로 삭막한 것에 대해서도 염려하였습니다. 말하시는 모습이 아주 힘들어 보여 안색을 살피고는 그 병이 아주 심한 것이 걱정 되었습니다. 그러나 아직 정신이 어그러지지 않은 것만 믿고서 조금은 마음 편히 몇 마디 말만 하고서 물러나왔었지요. 지난 가을부터 지금까지 몇 달, 며칠이나 되었다고 누님의 당에 올라와 다만 빈소 차려진 것만 보는 것입니까. 이른바 앞날의 일이라고 말씀하신 것이 단지 곡을 하면서 제전을 올리는 것으로 바뀐 것입니까.

아아! 슬프기만 합니다! 누님의 숨겨진 행실이 비록 문지방 밖으로 나가지는 않았지만 부인으로서의 도리, 어머니로서 하신 도리는 옛날 어진 부인들의 풍모가 있었습니다. 영화로운 데에 사시거나 슬픈 일을 처리하시거나 한결같이 예로써 하여 허물이 전혀 없었으니 여인들이 부끄러워할 것들이 많이 있었습니다.

아아! 슬픕니다! 누님의 나이를 세어보니 50세는 넘으셨고 60세는 채 되지 않았습니다. 그런데 병들어 누워 계신 것은 정축년(1637)의 갑작스런 난리 때부터였습니다.[5] 목숨을 버려 따라 죽을 것을 기약하면서 희미(稀糜)의 절개로 성이 무너지는 억울함을 당하여[6] 삼경에 불 때기를

---

4) 미진(美疹) : 옛날에 중손(仲孫)이 형 맹손(孟孫)보다는 계손(季孫)과 훨씬 가깝게 지냈다. 그런데 맹손이 죽자 중손이 너무 슬퍼하여 그 이유를 물으니 "계손이 나를 사랑하는 것은 마치 내 몸에 붙어있는 병과 같았다. 반면 맹손이 나를 싫어하는 것은 마치 쓴 약과 같았다. 나에게는 나와 함께 있는 병보다는 오히려 쓴 약이 더 이롭다."라고 말하였다. 따라서 미진이란 처음에는 잘 깨닫지 못하지만 점차 중해지는 병을 의미한다. *『좌전』 참조.

5) 남편 홍명구가 청군과 싸우다가 이 때 죽었다.

6) 붕성(崩城) : 정부(貞婦)를 이름, 진시황 때 범기량(范杞梁)이 장성을 쌓기 위해 부역 나가자 그의 아내 맹강녀(孟姜女)는 옷을 만들어 찾아갔다. 그러나 남편이 이미 죽어 성 밑에서 곡을 하니 성이 무너져 내려 기량의 유해가 나타났다고 한다. 남편 홍명구가 병

하루같이 하셨으나 오랠수록 스스로 맹서하셨지요. 영화롭고 경사스러우며 분화한 것을 만나게 되면 조금도 빠뜨리지 않는 것을 또 13년 동안 하루같이 하셨습니다. 그런 즉 저는 누님의 마음속에 간직한 소원이 다만 무덤을 같이 하여 외로움을 이겨내고자 하는 것임을 알았습니다.

아아! 슬픕니다! 저와 누님은 사촌지간입니다. 아버님이나 숙부님께서 서로 저와 누님 보기를 마치 자신들의 자식처럼 여기신 것뿐만이 아닙니다. 게다가 제가 불행하여 아주 어려서부터 장성할 때까지 위로는 부모님과 부모님 같은 분들을 잃었고 옆으로는 점차로 형제들과 형제 같은 이들을 잃어갔습니다. 그리하여 혼자 외롭게 이 세상을 살아야 했고 사는 재미조차 다 하였습니다. 그런 즉 누님을 이별하는 날 마음속에 드는 그 슬픔은 계속됩니다. 이에 제가 술을 올리면서도 제어할 수 없을 지경입니다.

아아! 슬픕니다! 누님은 아시는지요, 모르시는지요. 상향.

자호란 때에 전사한 이후로 13년 동안 계속 남편 생각을 하며 지낸 일을 말한다.

둘째 누님 조참판 부인께 올리는 제문

[祭第二姊趙參判夫人文]

이 글은 1655년(효종6)에 신익전이 자신의 둘째 누나인 참판 조계원(趙啓遠)부인에게 올린 제문이다. 그녀는 신흠과 이제신의 딸 사이에서 태어난 둘째딸로 1592년경에 태어나 64세에 죽었다. 신익전은 후에 조창원의 맏사위가 되어 둘째 누나와 처숙모와 조카사이가 되어 한 집안사람으로서 지내기도 하였다. 그녀의 언니는 박호(朴濠)와 결혼. 여동생들은 각각 박의(朴漪), 이육, 강문성 등과 결혼하였다.

유세차(維歲次) 을미년(1655) 6월 무진에 남동생인 아무개가 삼가 맑은 술과 몇 가지 제수를 죽은 누님 정부인의 영전에 올리고 글을 지어 올립니다.

아! 슬픕니다! 누님은 이제 가셨군요. 누님이여, 어디로 가신 것입니까? 곡을 하면서 제문을 올려 이별을 대신합니다.

난극(欒棘)이[7] 첩첩 쌓이고 흰 장막만 흩날릴 뿐입니다. 아름다운 음성은 날마다 달마다 달아나듯 멀어집니다. 하늘의 밝은 도리를 생각해 보니, 51년을 황망한 가운데 오고 갔으니 이는 누가 주장한 것입니까? 아! 제가 늦게 태어나[8] 부모님 상을 연달아 치렀고,[9] 세 누님들도[10] 일

---

7) 『시경』에 "극인난난(棘人欒欒)" 이란 말이 나오는데 극인이란 슬픔에 잠겨 잇는 사람이란 뜻, 또 부모상을 입은 사람이 자기를 일컬을 때에 쓰기도 한다. 여기서는 부모와 같았던 누가가 죽어 슬퍼하는 것을 의미.

8) 신익전이 1605에 태어나고 아버지 신흠이 1628년에 죽었다. 곧 13세에 아버지가 돌아가신 것.

9) 1623년(광해15)에 어머니가 돌아가시고, 1628년(인조6)에 아버지 신흠이 죽음.

10) 맏누나인 박호 부인이 1643년에 죽었다. 이 누나의 무덤을 옮길 때 지은 글이 있다. *

찍 돌아가셨으며 맏형도 뒤이어 돌아가셨지요.[11] 외롭게 된 저는 이슬 같은 남은 인생을 누님의 무양함에 의지하면서 살았습니다. 그런데 누님 또한 갑자기 가시니 장차 무엇을 우러르며 살겠습니까?

누님은 복록을 누리시면서 선비 같은 행동이 있다고 칭해졌으며 부부간의 화합하는 즐거움을 누리셨고 보배로운 나무들이 잘 자라나 뻗어났습니다. 부드럽고 자애로우시며 서로 화합하고 잘 가르치셔서 그 집안에 마땅할 일들을 부지런히 하셨습니다. 5·60세가 되셨어도 여전히 삼가셨고 봉작의 예에 따라 정부인이 되셨습니다. 경사도 생기고 자식이 용문에 올라 출세하여 세상의 부러움을 사기도 했으니 온갖 상서로움을 만나셨습니다. 그런데 미진(美疢)[12]이 거듭 꺾이게 하고 상하게 하며 정신을 점차 삭게 하여 몸을 보호하는 혈기까지 상하게 하고 드디어 자리에 눕게 만들 줄 누가 알았겠습니까? 약이 좋지 않았던 것도 아니었는데 말입니다.

아아! 슬픕니다! 제가 누님보다 13살이나 어려 젖을 떼었을 때 누님은 벌써 딸을 낳으셨고[13] 제가 겨우 관을 이길만 하였을 때 누님의 규

신익전 『東江遺集』<祭朴姊淑人遷兆文> 참조.

11) 맏형 신익성이 1644년 곧 신익전 29살 때 죽었다. 신익성(申翊聖, 1588(선조21)~1644(인조22))은 병자호란 때의 척화5신(斥和五臣)의 한 사람. 본관은 평산(平山). 자는 군석(君奭), 호는 낙전당(樂全堂)·동회거사(東淮居士). 영의정 흠(欽)의 맏아들,, 선조의 딸 정숙옹주(貞淑翁主)와 혼인하여 동양위(東陽尉)에 봉해졌다. 광해군 때 폐모론이 일어나자 이를 반대하다가 유배당하였다. 1642년 명나라와 밀무역하다가 청나라에 잡혀갔던 선천부사 이계가 조선이 명나라를 지지하고 청나라를 배척한다고 일러받친 일이 있었는데 이 일로 인하여 최명길(崔鳴吉)·김상헌(金尙憲)·이경여(李敬輿) 등과 함께 심양(瀋陽)에 붙잡혀갔다가 소현세자(昭顯世子)의 주선으로 풀려나와 귀국하였다. 전서의 대가였다고도 하는데 글씨는 회양 청허당휴정대사비(淸虛堂休靜大師碑), 광주(廣州) 영창대군의비, 파주 율곡이이비(栗谷李珥碑) 등이 있고, 저서로는 『낙전당집』·『낙전당귀전록(樂全堂歸田錄)』·『청백당일기(靑白堂日記)』 등이 있다. 시호는 문충(文忠)이다.

12) 미진(美疢) : 본래는 좋은 음식이나 병이 되는 것을 말함. 좌전에 "미진불여악석(美疢不如惡石)"이란 말이 있는데 이 말을 양이승(梁履繩)의 <좌통보석(左通補釋)>에서는 사람을 죽이는 극약이라는 뜻이라고 하였다.

범을 가히 알 수 있었습니다. 계축년(1613)을 거슬러 올라가 보면 그 때 집안에는 어려움이 겹겹이 닥쳤습니다.[14] 이 때 누님께서 친정으로 돌아와 아버님을 보살폈습니다. 서쪽으로는 물가로, 동쪽으로는 골짜기로 다니며 기뻐하면서 또는 한탄하면서 시중을 다 들었던 일들이 눈앞에 삼삼합니다.[15] 제가 소민공(昭敏公)[16]의 가문으로 장가가서는[17] 부녀자의 도를 잠깐이나마 엿볼 수 있었습니다.[18] 한결같이 온유함으로 처신하였고 슬프거나 기쁘거나 불행할 때나 태평할 때나 누님은 조금도 변하지 않으셨습니다. 이것을 더 미루어 화목하게 하였고 그것은 손님들에게까지 미치게 되었습니다. 주관하는 데 목메는 것까지 맞추어 하니 형님은 허물이 없다고까지 말하였습니다.

---

13) 설세(設帨) : 옛날에 딸을 낳으면 대문의 오른쪽에 수건을 달고, 아들을 낳으면 대문 왼쪽에 활을 걸었다. 이 딸들은 각각 이자(李滋), 한두상(韓斗相)과 결혼하였다.

14) 이 때 아버지 신흠이 계축옥사가 일어나자 선조로부터 영창대군(永昌大君)의 보필을 부탁받은 유교칠신(遺教七臣)으로서 이에 연루되어 파직되었다. 또 만형인 신익성도 폐모론에 반대하다고 쫓겨났다.

15) 1613년 계축옥사가 일어나자 선조로부터 영창대군(永昌大君)의 보필을 부탁받은 유교칠신(遺教七臣)으로서 이에 연루되어 파직되어 김포에 있던 집으로 내려가 살았고, 1616년(광해8) 인목대비(仁穆大妃)의 폐비 및 이와 관련된 김제남(金悌男)에 대한 가죄(加罪)와 함께 다시 논죄된 뒤 춘천에 유배되었다가 1621년에 사면되었다.

16) 조존성(趙存性) : 1554(명종9)~1628(인조6). 조선 중기의 문신. 본관은 양주(楊州). 자는 수초(守初), 호는 용호(龍湖) 또는 정곡(鼎谷). 증판서 조연손(連孫)의 손자이며, 조준수(俊秀)의 아들로 증좌찬성 조남(擥)에게 입양되었다. 성혼(成渾)·박지화(朴枝華)의 문인이다. 이괄(李适)의 난이 일어나자, 검찰사(檢察使)로 왕을 공주로 호종(扈從)하였다, 1627년(인조5) 정묘호란 때 왕이 강화도로 가면서 분조(分朝)의 호조판서에 임명하여 세자를 따라 전주에 갔으나 돌아와서 병사하였다. 시조 4수가 『해동가요』에 전한다. 시호는 소민(昭敏)이다.

17) 1621년, 신익전은 17살 때 조창원 딸과 결혼함으로써 남매지간에서 처숙모, 조카 사이가 되었다. 둘째 누나는 조존성의 며느리, 신익전은 조존성의 손녀사위가 되었던 것.

18) 신익전은 조창원의 사위였고, 누나는 조계원의 부인이었다. 조창원과 조계원은 형제이므로 이 누나는 손위 누나이면서 동시에 처숙모가 된다. 결국 한 집안사람이 되었던 것. 소민공인 조존성 입장에서 보면, 신흠의 딸이 며느리, 신흠의 손자가 손녀사위가 되었던 것이다.

아아! 슬픕니다. 바야흐로 누님의 병이 위독하게 되었을 때 제가 가서 문안을 했었는데 그 때 이렇게 말씀하셨습니다.

"석 달 후에는 돌아가신 어머니 기일이다. 네가 제사지낼 차례이고 나는 병으로 일어나기 어렵구나. 옛날을 생각해보니 그 마음을 어찌 다 말할 수 있겠느냐?"

그 낭랑한 음성이 아직도 제 귓가에 가득합니다. 지금 제가 부르짖어도 누님이 어찌 들으실 수 있으리오? 그 옛 집에서 향불 사르려니 아득하기만 하고 볼 수는 없습니다. 술잔을 올려 제사를 지냅니다.

아아! 슬프다! 골육을 나눈 동기는 죽고 사는 이치가 한가지이니 어둡지 않은 영혼이 있으시다면 차라리 이제 말을 그치렵니다.

아아! 슬프다! 상향

박씨에게 시집간 누님 숙인의 무덤을 옮기며 올리는 제문
[祭朴姊淑人遷兆文]

이 글은 신익전의 맏누나이며 신흠의 첫째 딸을 대상으로 한 제문이다. 그녀는 박호(朴濠)의 부인이며, 박세모(朴世模), 박세해(朴世楷)의 어머니이다. 딸 둘은 각각 이수인(李壽仁), 임일유(林一儒)에게 시집갔고 시아버지는 박동열이다. 1643년에 죽었고, 이 글은 12년 후인 1655년 그녀의 무덤을 파산으로 옮길 때 지었다. 이 해 6월에 둘째 누나마저 죽어 형제들이 거의 없었다. 앞에 있는 둘째누나 제문과 같은 해에 지었다.

박세모의 손자인 박필진은 남구만의 여조카 영인 이씨(이관성의 딸)와 결혼하였다(남구만의 〈영인이씨묘지명〉에 실려 있다).[19]

유세차 을미년(1655) 9월 초 4일 을유에 돌아가신 누님 숙인의 무덤을 다시 파산의 들판으로 옮기는데 남동생 예조판서 아무개는 관청을 지키는 데에 얽매여 가서 그 관 앞에서 곡하지 못하고 대신 아들 섬(暹)[20]을 보내어 술 한 잔을 올리고 글로써 권합니다.

아! 누님께서 돌아가신지 햇수로 벌써 12년이나 됩니다.[21] 무덤이 오래되고 편안치 않아 새롭고 길한 곳을 정했습니다. 제가 시마(緦麻)의

---

19) * 남구만, 『약천집』 참조.

20) 신섬(申暹) 곧 신익전의 둘째아들.

21) 1643년에 죽었고 이 글은 12년 후에 쓴 것, 남편 박호는 그녀가 죽은 지 50여 년 후에 죽었다. * 남구만, 『藥泉集』 <僉知中樞府使朴公墓碣銘> 참조.

복을[22] 입었을 때가 아득합니다. 일찍이 나이 다섯 살 때부터 효심이 지극하였고 부모님이 돌아가시자 멀리까지 추모하는 정성을 보이셨습니다. 영혼께서 아신다면 누님 또한 어찌 슬프겠습니까? 그 무덤을 나란히 같이 하고자 하는 소원을 이제부터는 이루실 수 있습니다. 동포 형제들을 손꼽아 세어보니 살아있는 사람은 적고 모두 다 죽었습니다. 한 짝뿐인 외로운 그림자이며 홀로 남은 외로운 모습으로 있습니다. 그러니 그 마음 어떻겠습니까? 제사에도 몸소 행하지 못하고 병이 더욱 깊어지니 떡과 술잔만 올립니다. 영혼이 오소서. 아아! 슬프구나. 상향

22) 시마(緦麻) : 삼개월 동안 상복을 입는 것.

맏며느리 심씨에게 주는 제문

[祭冢婦[23]沈氏文]

신익전의 맏아들인 신정(申晸, 1628~1687)의 부인(1627-1655)이며 심희세의 막내딸이다. 심희세의 첫 부인인 유대우(俞大佑)의 딸이 두 아들을 낳고 죽었으며, 둘째 부인은 박안정(朴安鼎)의 딸이다. 심씨는 심희세와 박씨 부인 사이에서 막내로 태어났다. 15세에 신정과 결혼하였고 결혼한 지 15년 만에 29세의 나이로 죽었다. 이 글은 시아버지인 신익전이 애도하는 글이다. 그녀가 죽은 지 18년 되는 1672년(현종 13)에 신정이 전라도 관찰사에 제수되자 정경부인에 추증되었고 이 때 신정은 그녀의 묘지명을 썼다. 신정의 『분애유고(汾厓遺稿)』에 부인의 묘지명이 실려 있다. 신정은 후에 허섬(許暹)의 딸과 재혼하였다.

아아! 슬프다. 며느리가 우리 집안에 들어온 지 지금 15년이 되었다. 그 동안 마음은 깊고 성실하였으며 그 거동은 맑고 조심스러웠고 입으로는 말을 가려서 하고 그 행실 또한 가려서 하였다. 처음 시집와서 세숫물을 받들고 음식을 주관하던 때부터 병이 심해질 때까지 하루같이 한결같았다.

너는 3남 2녀를 길러냈다.[24] 큰 아이는 이제 겨우 몇 살이고 작은 아이는 아직 젖도 떼지 못하였구나. 그런데 너는 버리듯이 갑자기 떠나가 아득

---

23) 총부(冢婦) : 종가집 맏며느리. 며느리 중에서도 가장 존경받는 위치이다.

24) 신징화(申徵華), 신서화(申瑞華), 신계화(申啓華)가 있으며 첫 딸은 결혼만 허락하고 일찍 죽었고, 둘째 딸은 이석형(李碩亨)과 결혼하였다.

히 멀리도 가버렸구나. 네 나이를 따져보니 30세도 채 되지 않았으니 아 어찌 태어난 바탕이 아름다운데도 그 명을 받은 것이 인색하단 말이냐.

며느리의 아버지는 곧 나의 절친한 친구이며 그 친분은 실로 우리 아버지와[25] 남파상공[26] 때까지 거슬러 올라간다. 대대로 돈독한 관계였는데 게다가 혼인까지 하였으니 아름다운 짝이었음은 물론이려니와 그 의젓한 숙녀의 풍도가 우리 집안에도 아주 마땅하였다. 제사를 주관하는[27] 데에 돕는 일에 있어서도 무슨 허물이 있었다더냐. 그런데도 조물주가 그 아름다움을 이루어낸 것을 시기한 것이 이와 같구나 네가 시집올 때 썼던 물건으로 염할 때에 썼고 새로운 무덤을 만들었다. 그런데 마치 그 날짜가 물 흐르듯 이처럼 다가오니 어찌 받은 운명이 이리도 인색하단 말이냐. 아니면 내가 그 동안 쌓았던 재앙이 아직도 끝나지 않았던 말이냐. 그렇지 않다면 내가 제사를 주관할 때에 도와주던 사람을 빼앗아가 도리어 내가 이 술잔을 올리게 한단 말이냐.

아! 이미 모든 것은 다 끝나버렸구나, 15년 동안 한결같았던 것을 이제는 다시 보지 못하게 되었고 이미 보았던 것들을 잊을 수가 없구나. 오직 여기에는 두세 명의 어린 것들이 남아 있을 뿐이로구나.

아! 슬프다! 영혼은 이들을 버리고 어디로 간 것인가. 혼령이 어둡지 않다면 아마도 이 말을 듣고 이 술잔에 이를 것이다.

---

25) 신흠(申欽)을 말한다.

26) 심희세의 아버지 심열(沈悅) : 1569(선조2)~1646(인조24). 본관은 청송(靑松). 자는 학이(學而), 호는 남파(南坡). 아버지는 부사 예겸(禮謙)이며 심충겸(忠謙)에게 입양되었다. 어머니는 정숙(鄭潚)의 딸이다. 1638년(인조16) 염철사(鹽鐵使)가 되어 중국 심양(瀋陽)에 가서 물물교환을 하였고, 그 뒤 강화유수 · 판중추부사 · 우상 · 영상 등을 역임하였다. 그는 관직에 있으면서 탁지(度支)에 대한 뛰어난 경륜으로 왕의 총애를 받았다. 시호는 충정(忠靖)이며, 저서로는 『남파상국집』 6권이 있다.

27) 주창(主鬯) : 鬯은 신이 강신할 때 쓰는 술을 말하니 주창이란 곧 사당의 제기를 관장하는 사람을 말한다. 그리하여 맏아들이라는 의미도 있다. 여기서는 시아버지가 제사를 지낼 때 옆에서 도왔던 맏며느리라는 의미도 있다.

둘째딸 영풍군부인에게 주는 가르침

[次女永豐郡夫人[28]訓辭]

신익전은 모두 5남 2녀를 낳았다고 한다. 그 중 둘째딸이 숭선군 이징에게 시집갔는데 바로 이 사람이다. 숭선군(崇善君)은 조선 후기의 종실, 이름은 징(徵). 인조의 다섯째 아들이며, 어머니는 귀인(貴人) 조씨(趙氏)이다. 1646년(인조24)에 숭선군에 봉해졌다. 1651년에 누이 효명옹주(孝明翁主)의 시할아버지 김자점(金自點)의 역모사건이 일어나 어머니와 누이가 역모에 관련되었다 하여 조귀인(趙貴人)이 사사되고 효명옹주는 서인이 되었는데, 이에 연좌되어 강화도에 위리안치 되었다. 1656년 부수찬 홍우원(洪宇遠)의 소청으로 풀려 돌아온 뒤 관작이 복구되고 시호는 효경(孝敬)이다.
이 글은 신익전이 딸을 종친의 부인으로 시집보내면서 써 준 글이다. 왕가의 여자로서 지켜야할 도리를 말하고 있다.

여자의 도리란 남편을 따르는 것이다. 따름에 있어 순종하고 어기지 않을 뿐이다. 지금 네가 군자를 받들고 궁중에 출입하게 되었으니 오로지 아침저녁으로 항상 조심해야 한다. 한 마디 말이라도 가벼이 입 밖으로 내어서는 안 되고 한 걸음이라도 가볍게 마음대로 옮겨서는 안 된다.

28) 군부인(郡夫人) : 조선조 외명부 직첩 중의 하나. 외명부란 조선시대 특수창의 여인과 봉작을 받은 일반 사대부 여인을 통칭. 그 중 군부인은 종친들의 부인이 받는 일품 봉작 명칭이었다. 이 밖에 현부인(縣夫人, 2품), 신부인(愼夫人, 정3품 중 당상관), 신인(愼人, 정3품 중 당하관과 종3품), 혜인(惠人, 4품), 온인(溫人, 5품), 순인(順人, 정6품) 등의 봉작들이 종친들의 부인들에게 주어졌다.

하루하루 오직 효도와 충심과 공손함과 검소함이야말로 네가 오직 힘쓸 것이다. 광영을 믿는 마음을 갖고 좋아하거나 싫어하는 마음으로 함부로 하면서 살아가게 된다면 소생들의 부끄러움이 될 것이니 소생들의 마음이 어떠하겠느냐? 모름지기 지극한 뜻을 몸소 행하여 조금이라도 소홀하게 하지 마라. 이것이 내가 바라는 것이니 너는 마음에 두지 않을 수 있느냐? 힘쓰지 않을 수 있겠느냐.

이소한

이소한(李昭漢) : 1598(선조31)~1645(인조23). 본관은 연안. 자는 도장(道章), 호는 현주(玄洲). 서울 출신. 좌의정 정구(廷龜)의 아들이다. 1612년(광해군4) 진사시에 합격하고, 1621년 정시문과에 병과로 급제하여 승문원에 나아가 벼슬하였다. 1623년(인조1) 인조반정과 함께 승문원주서를 거쳐 홍문관 정자에 승진되면서부터 그의 풍부한 학식이 정부관료들 간에 널리 인정되었다. 수찬 정언 교리 등의 문관요직을 지냈고 충원현감 진주목사 예조참의 등의 내외관직을 역임하였다. 시문에 능하고 글씨에 조예가 깊었으며 <동사록(東槎錄)>, <진양록(晉陽錄)>, <심관록(瀋館錄)>, <방축록(放逐錄)> 등의 시를 남겼다. 아버지 정구, 형 명한과 함께 3소(三蘇)라 일컬어졌다. 시문집으로 『현주집』 7권이 있다. *『인조실록』, 『영조실록』, 『월사집』, 『현주집』 참조.

아내의 생일에 올리는 제문

[亡室生辰祭文]

이 글은 현주 이소한이 죽은 아내, 여주 이씨를 위해 쓴 제문이다. 여주 이씨(驪州 李氏)는 좌찬성 이상의(李尙毅)의 딸이다. 이씨 부인은 병자호란 때 가족과 함께 강화도에 들어갔다가 순절(殉節)한 여성으로 알려져 있다. 이씨 부인은 병자호란 때 가족의 목숨을 구하기 위해 적을 유인하고는 자결을 하였던 것으로 보이는데, 이러한 정황에 대한 단서는 이소한의 아들 이은상이 지은 〈亡室鄭夫人練祭祭文〉과 이소한의 형, 이명한이 지은 〈先妣行狀〉 등의 글을 통해 발견된다. 『영조실록』에도 이 집안이 피란하면서 겪었던 정황이 자세하게 기록되어 있다. 이씨 부인에게는 정려문이 내려져 사회적으로 전란 때 정절을 세운 여성으로 인정되지만 이소한은 그러한 평가를 앞세우기보다 제문을 통해 아내를 잃은 참담함과 상실감을 절실하게 드러내고 있다. 특히 제문 후반부의 정서적 표출은 매우 곡진한 감동을 준다.

이소한 부부는 생일이 일치하는 특별한 인연을 갖고 있었고 부부의 정이 깊었던 것으로 보인다. 이소한은 아내를 위해 이 글을 포함해 총 4편의 제문을 지었다. 이소한의 제망실문은 전란에 희생된 여성과 가족의 일면을 살피는 데에도 중요한 사실을 제공한다.

생각하니 영혼은 군자의 행실과 부인의 덕을 어느 것 하나 갖추지 않은 것이 없었소. 『여칙(女則)』을 보면 여자로서 장수를 누리며 삶을 끝마치는 것이 복인데 어찌하여 그러지 못하고 이런 지경에 이르렀소? 어찌 하늘은 무지하여 그 베풂에 어둡고 사람에게 일어나는 일에 실수를 하였는지요? 하늘은 무슨 일을 한 것인지요? 말을 하고자 하나 마음이 매우 아파[1] 도리어 난잡한 말[2]이 나옵니다.

아! 사람이 살면서 어려운 것이 죽음만한 것이 없는데 마치 여행하며 돌아가는 것처럼 여기고 사는 것을 부끄럽게 여겨 여자로서 이처럼 확실하고 분명하게 하였구려. 내 어찌 당신을 모른척 했겠소만 마음을 따를 수 없었던 것은 어머님 때문이었소.[3] 이에 애통함을 머금고 참으며 이리 지내고 있소. 어짊은 보답하지 않음이 없어 아이들은 모두 살아있으나 어찌 내가 능히 키울 수 있겠소? 영혼이 반드시 보호함이 있을 것이오.

평생 원하던 바는 멀리 남쪽 지역에 내려가는 것이었소. 나는 지난번 몸소 갔다가 식솔을 거느리고 와 함께 머물고 있으니 영혼도 응당 의지할 곳이 있다면 나 또한 걱정이 줄어들 것 같구려. 늙은 계집종이 남아 있다가 지난 번 또 따라왔으니 산 자는 마침내 모였는데 죽은 자는 어디로 갔소?

아! 돌아가신 어머님[4]께서 임종하실 때 나의 손을 잡고 말씀하시길, "네 처는 어지니 아름답게 죽은 것을 어찌 원망하겠느냐?" 하셨소. 또 큰 아이[5]가 영남에서부터 돌아와 말하길, "영남의 많은 선비가 우리 가문을 칭찬합니다."라고 하였으니 영혼은 응당 스스로 알아서 구천에서

1) 최심(摧心) : 마음이 매우 아픔. [潘岳・寡婦賦] 少伶俜而偏孤兮 痛忉怛而摧心.

2) 무사(蕪辭) : 난잡한 말. 자기 말에 대한 겸사.

3) 『영조실록』19/09/05(갑신)의 기록에 의하면, "이소한은 자신의 노모에게 환난이 미치지 않게 하기 위해 적병을 속여서 이끌고 갔는데, 이소한 아내와 이은상 4형제와 두 어린 딸이 모두 그 뒤를 따르다가 성 밑에 이르러 이소한의 아내는 이소한이 끝내 보전하지 못할 것을 염려하여 남몰래 먼저 자결하였습니다."라는 대목이 있다. 본문에서는 이소한이 아내가 자결할 것을 미리 알면서도 어머니를 생각해 말리거나 따라가지 못했던 사실을 말하고 있는 것으로 보인다.

4) 정경부인 안동 권씨(1569~1637)를 말한다. 이정구의 부인이며, 여주 이씨에게는 시어머니가 된다.

5) 여주 이씨의 큰아들 이은상(李殷相, 1617~1678)을 가리킨다.

웃고 있을 것이오.

아! 굳센 영령은 항상 저승에 있지만 만날 인연이 그리 멀지는 않소. 빠른 시일 내에 경기지역이나 충청도 가운데서 장차 새로 무덤 터를 잡으려하오. 옛부터 선인은 반드시 길한 장소를 얻는다고 하였소. 열을 드러내고자 정려문을 세웠고 영혼이 편하도록 제사를 지내오. 집안 살림을 꾸리고 양육하여 어린 아이는 자라고 큰 아이는 자립해, 아들은 장가가고 딸은 시집가야 하나 모름지기 어머니가 죽어 기한이 막혔으니 이 모든 일이 나의 책임이오.

아! 일은 진실로 감당하기 어렵고 마음대로 할 수 없는 것은 운명이라 몸에 슬픔이 쌓였소. 늘 심성을 보전하려고 여유를 부려보나 다시는 세상에 대한 생각이 없어 긴 대자리에 외로이 있으니 흰 장막이 하늘거리오. 슬픈 일을 당하면 슬픈 것이 진실로 당연한 이치이나 기쁜 일을 만나도 슬프니 어느 경우에 잊을 수 있겠소? 이러한 삶 이러한 마음 하루도 마음 상하지 않은 때가 없으니 비록 다른 해에 집안에 영화와 경사가 이어진다 한들 홀로 누린다면 어찌 즐겁겠소? 다만 눈물만 흐를 뿐이오.

아! 밤이면 반드시 당신이 꿈에 나타나는데 목소리와 모습이 완연히 옛날과 같소. 만약 꿈이 깨지 않는다면 내 또 어찌 슬퍼하겠소? 꿈에서 깨면 번번이 정신이 나간 듯 어린아이를 어루만지며 곡을 하오. 누구를 향해 심회를 토해 내겠소? 슬픔에 가슴이 막힐 뿐이오. 이제 생일을 맞아 대략 보잘것없는 제수를 올리오. 우리 둘은 초하루에 태어나 매번 자랑삼아 말하길, “세상에 보기 드문 일”이라 하였는데 영혼은 그것을 기억하는지요? 말이 마치 귀에 맴도는 듯 하구려. 나는 바야흐로 상중에 있어 오래도록 글을 짓지 않고 있소. 경계함이 있음을 알지 못하는 것은 아니지만 슬픈 마음을 어찌 내버려둘 수 있으리오? 글을 받들고 술잔을 올리니 목이 메어 뜻을 다 펴지 못하오.

아내의 1주년 기일 하루 전에 고하는 제문
[小朞前一日先告祭文]

이 글은 이소한이 아내의 1주년 제사를 지내기 전날 지은 제문이다. 이소한은 비록 1년의 세월이 지났지만 아내를 잃은 슬픔과 당시의 참혹함을 잊지 못하는 남편의 심정을 제문을 통해 토해내고 있다. 한편 1년 동안 달라진 자식과 집안의 소식을 마치 산 사람에게 알려주듯 전하고 있는데 이를 통해 제문이 산 자와 죽은 자의 '소통'을 맡은 문학 양식이었음을 확인할 수 있다.

아! 작년 오늘의 일을 어찌 차마 말할 수 있으리오. 구차하게 살아남아[6] 숨을 쉬며 아직 죽지 않고 있으나 다만 맑은 혼이 십에 여덟 아홉은 잃은 것을 깨달을 뿐이오. 사람은 진실로 한번 죽음이 있을 뿐인데 죽음으로 그 절개를 완전히 했으니 이것이 굳세고 맹렬한 것이오. 태산 같은 죽음과 기러기 터럭 같은 죽음이 이 한 번의 행동에서 판연히 결정되었구려. 그대의 죽음은 다만 우리가 감탄하고 탄복하도록 하였을 뿐 아니라 심지어 적들로 하여금 칭찬을 토해내게 하였소. 영혼은 이미 웃음을 머금고 이러한 일을 분명히 하신 것인데 어찌 나 홀로 목이 메어 눈물을 흘릴 수 있겠소. 세월은 머물러 있지 않아 기일이 홀연 돌아오니 당시 혼백이 놀라고 몸이 떨리며 뼈가 아팠던 참담함이 분연히 생

6) 투생(偸生): 구차하게 살아남음. 마땅히 죽어야 할 때에 죽지 못하고 욕되게 살기를 탐냄. [荀子・榮辱] 今夫偸生淺知之屬 曾此而不知也.

각나 가만히 있을 수가 없소.

아! 아이들은 모두 잘 있소. 돌림병에 걸렸으나 나았고 둘째 며느리가 아이를 안고 어제 또 와서 모였소. 영혼은 늘 바로 보지 못하니 틀림없이 마음에 맺혔겠지요. 어찌 오늘 죽어서 절을 받고 곡을 하며 처음 만나고 처음 드리는 음식이 바로 제사 음식이 될 줄 알았으리오. 가슴이 아프오. 가슴이 아프오. 모든 것이 다 끝났구려.

현중과 조카들은 모두 옛날처럼 방에 모여 있는데 영혼만 홀로 어디에 갔소? 가슴이 아프오. 모든 것은 끝났구려. 신방에 간다고 고하는 것과 일을 집도하는 것은 전과 같건만 외로운 마음은 쉽게 느꺼워 부딪치는 일마다 모두 신산스럽소. 내일 장차 제사를 행할 때 영혼의 자리에 바치기 위해 이에 몇 줄 글을 지어 슬픈 정을 쏟아내며 그 마음을 아뢰오.

아내의 생일에 올리는 제문

[生辰祭文戊寅]

자신의 생일이 곧 아내의 생일이라 아내를 잃은 후 혼자 맞게 된 생일은 이소한에게 상처를 깨닫게 하는 날이 되었다. 이소한은 날이 갈수록 상처와 아픔을 잊기 마련인 세상의 이치와는 무관하게 날이 갈수록 아픔이 더해져 급기야 병을 얻게 되었다. 제문의 분량은 짧지만 아픈 몸으로 인해 곡도 제대로 하지 못하는 작자의 눈자위에 가득 고인 눈물이 그의 마음을 드러내기에 충분하다. 이 제문은 1638년(인조 15)에 쓰였다.

아! 내가 당신을 잃은 후 다시 오늘 생일을 맞았소. 남은 생 더부살이 같고 마디마디와 장은 잘라낸 것 같소. 몸은 있으되 중심은 없어졌고 마음은 혼을 잃은 듯 하오. 다 털어버리고 누구와 함께 가면 좋겠소? 사람들은 간혹 '날이 가면 잊는다.'고 말하지만 나의 마음은 오래될수록 더욱 아프기만 하오. 아이들은 눈앞에 가득하지만 마음은 저승에 있고 모든 감정은 조화를 잃어 하찮던 상처가 병이 되었소. 오늘 생일을 맞아 이에 술잔을 올리나 몸이 아파 곡을 다하지도 못하는데 눈물만 눈자위에 가득하구려.

천장할 때 무덤에 가서 아내에게 올리는 제문

[遷葬[7]時臨壙祭文]

이 글은 아내를 장사지낸 지 3년이 지난 후 묘를 옮기면서 쓴 제문이다. 묘를 옮기기 전에 아내가 묻힌 관을 열어 보니 빗물과 서리 때문에 모습은 부식했지만 마치 다시 만난 것처럼 남편의 마음은 기쁘다. 하지만 그것도 잠시, 이제 다시 무덤을 덮으면 영원히 만나지 못한다는 사실에 슬픔을 감당하기 어렵다. 그동안 사위를 맞이하고 자신의 지위도 올라 부귀와 영화를 누리게 되었지만 좋은 일에도 아내가 없으니 전혀 기쁘지 않다는 남편의 고백이 참담하게 느껴진다.

아! 한 번 무덤[8] 문을 닫은 이래 3차례 추위와 더위가 바뀌었소. 비록 꿈에 기대었지만 목소리와 모습은 영원히 막혔구려. 새 무덤자리를 이미 정해두고 옛 무덤을 다시 여니 완연히 살았을 때와 같아 기쁜 마음에 슬픔을 잊었소. 빗물이 스며든 것에 놀랐으니 그 얼마나 세월이 흐른 것이오? 외딴 섬의 꿈은 실로 지난번에 말했었소. 낭랑한 한 마디 말이 항상 귓가에 있는 듯 하구려. 지난날을 생각하면 지금도 오장이 타는 듯하오.

아! 전에 내가 남쪽으로 다니느라 바빠 그대와 변변한 말도 나누지 못했으니 안타까운 이 마음 나의 슬픔을 더하는구려. 한 고을의 수령이

---

7) 천장(遷葬) : 이장(移葬)을 말함. 이미 썼던 묘를 다시 파서 다른 곳으로 옮겨 장사하는 것.

8) 천대(泉臺) : 묘혈(墓穴) 또는 저승.

되었으나[9] 홀로 누리고 성찬을 먹어도 기쁘지가 않소. 억지로 어린 손자를 데리고 눈물을 삼키며 마음을 달랠 뿐이오. 딸을 시집보내 사위를 얻었으니 그 사람이 옥 같은데 당신은 알고 있소 알지 못하오? 예나 지금이나 슬퍼하며 아득한 저승을 생각할 따름이오.

산은 우뚝하고 물은 아름다우며 높이 있는 무덤 안에 당신은 장차 들어갈 것이오. 이미 나왔다가 다시 들어가니 어찌 이것을 견딜 수 있겠소? 생각하니 지금 들어가면 다시는 나올 기약이 없을 것 같구려. 나는 비록 당신에게 머물러 있지만 당신은 나를 돌아보지 못하는구려. 부모님 모두 가까이 계시니 영혼은 길이 평안을 누리시길 바라오.

9) 이소한은 이때 충원현감(忠原縣監)을 지냈다.

정양

정양(鄭瀁) : 1600(선조33)~1668(현종9). 본관은 연일(延日). 자는 안숙(晏淑). 호는 부익자(孚翼子) · 포옹(抱翁). 철(澈)의 손자이며, 강릉부사 종명(宗溟)의 아들이다. 1618년(광해군10) 진사시에 합격하였고, 1636년(인조14) 병자호란이 일어나자 강화로 피신하였으나 성이 함락되자 자살하려다가 미수에 그쳤다. 전란 후 수년간 은거 생활을 하다가 동몽교관에 제수된 뒤 의금부도사 광흥창주부(廣興倉主簿) 수운 판관을 역임하였다. 1650년(효종1) 용안현감으로 나가 치적(治積)을 올렸으며 이후 비안현감 · 종부시주부 · 진천현감 · 금구현령 · 한수부서윤 등을 역임하였다. 1661년(현종2) 지평으로 발탁되었으나 교리 민유중(閔維重)으로부터 인망(人望)에 부응(浮應)하는 인물이라는 탄핵을 받은 바 있었다. 이후 간성군수 · 시강원진선을 거쳐 1668년 장령에 이르렀으나, 이 해에 죽었다. 『어록해(語錄解)』를 중수 간행하였다. 실록의 기록에 의하면, 언론이 강개하고 벼슬을 살면서 맑고 꼿꼿하여 사류들이 그의 기개를 훌륭히 여겼다고 한다. *『현종실록』 참조.

장모 정부인 양성 이씨에게 올리는 제문

[祭外姑貞夫人陽城李氏文]

(무인년(1638) 12월 10일 집의 종을 보내 삼가 묘에 제전을 올린다.)

이 글은 정양이 장모가 돌아갔다는 소식을 듣고 쓴 제문이다. 정양은 결혼한 후에 비교적 오랜 기간 장모와 함께 살았던 것으로 보인다. 그는 일찍 어머니를 잃어 장모를 어머니처럼 의지하며 아들 같은 은혜를 입었고 진심으로 장모의 현숙함을 존경해왔음을 고백하고 있다. 17세기에 들어 결혼 제도가 바뀌어 시가 중심의 가족 제도로 변모하기 시작했지만 여전히 사위가 처갓집에서 살면서 처가 식구와 돈독한 정을 나누었던 실례를 볼 수 있다. 정양이 장모에게 바친 제문은 총 3편이다.

아! 무슨 병이 있었기에 갑자기 이 지경에 이르렀습니까? 오래된 병 때문에 이 지경에 이른 것입니까? 하지만 매년 대수롭지 않은 우환이라 그리 걱정하지 않았습니다. 연세가 이미 높으나 고령은 아직 멀어 반드시 걱정할 나이는 아니라고 생각했습니다. 그러나 또한 명이 이에 이르렀으니 나이는 믿을 만하지 못한 것입니까? 아니면 병은 비록 보통이었으나 쇠하여 지탱할 수가 없었던 것입니까? 8월 그믐에 겨우 편지를 받아보니 글의 뜻이 자상하고 빈틈없었으며 강녕한 것이 예전과 같아 어찌 두 달 사이에 갑자기 부고를 전해들을 수 있으리라 생각했겠습니까?

부고가 이른 날, 멀리 고성에서 8일 일정으로 나그네 생활을 하려고 하였는데 거리에서 흉문을 만났으나 입으로만 전하고 편지가 없어서 돌아와 질병에 대해 물으니 또한 알지 못했습니다. 다만 짧은 종이의 간단한 부고가 시마복을 더하는 이튿날 저녁에서야 비로소 이르렀고 질부 김부인의 편지를 본 다음에야 오랜 병이 달을 넘어 지탱할 수 없었음과 이미 장례도 지났음을 알았습니다. 아! 영해가 너무 멀어 소식이 끊겨 달을 넘은 병을 부고를 받은 후에야 들었고 장례를 치르는 기간 역시 무덤을 덮기 전에 듣지 못했습니다. 병이 있을 때 달려가 문병하지 못했고 장사에도 임하지 못했기에 이 허물을 평생토록 짊어지고 살아야하니 통한이 끝이 없습니다. 지반 번 노령이 멀었다고 믿고 두려움을 알지 못했습니다. 단지 대수롭지 않은 질환이라 걱정할 바 아니라고 생각하였으니 모두 그 운명을 모른 것 아닙니까? 어찌 이처럼 갑자기 돌아가실 줄 알았겠습니까?

아! 저는 은혜를 받음이 편중되어 어려서부터 오만하고 어리석고 패악해 미친 짓을 일삼았습니다. 그러나 저를 탓하지 않으시고 더욱 마음 아파하시며 가엽게 여기고 구휼해주어 마침내 어리석고 패악한 광란이 감화될 수 있게 하셔 지금 하늘에서 받은 은혜와 같이 우러러 받드니 이 모든 것은 우리 장모님의 부덕이 어질기 때문입니다. 아! 다만 이뿐이 아니라 일찍이 계해년(1623) 교화하여 변하는 날에[1] 장인어른[2]께서 다시 기용되시어 덕원부가 되셨을 때 안으로 배우자의 아름다움을 다스리시고 거칠고 야만스러운 풍속을 탄복시킬 줄 아셨습니다. 임기를 마치어 부서를 바꾸게 되었을 때[3] 그 부서의 늙은 관리가 그윽이 서로 말

1) 인조반정을 말함.

2) 전의 이씨(全義 李氏) 북병사(北兵使) 이언척(李言惕)을 말함. 이언척은 양주목사를 지낸 이경희(李慶禧)의 손자이며 훈련도정 이효가(李孝可)의 아들이다. 선전관, 의주판관 등을 재직하고 1623년 牧使로서 영사원종공신(寧社原從功臣) 1등에 녹훈되었다. 시호는 무의(武懿)이다.

3) 조체(爪遞) : 임기(任期)가 차서 갈림.

하길, "우리는 나이가 이미 많으나 일찍이 내실에서 사사롭게 알현하여 청탁하는 일이 없음이 모부인 같은 경우를 보지 못했다"고 하였습니다. 그래서 제 친구 이시부는 귀로 듣고 눈으로 보며 매번 탄식하기를 그치지 않았습니다. 그러나 이 어찌 족히 우리 장모님의 밝은 덕을 만분의 일이나 형용하는 것이겠습니까?

제가 사위가 된 지 20년 동안 약간의 틈이 있어 모든 것을 다 보지는 못했지만 윗사람이나 아랫사람들이나 멀고 가까운 친척에게 모두 환심을 얻어 한 사람도 헐뜯는 자가 없었습니다. 그러니 아! 타고나신 성품이 높으신 것은 또한 가정에서의 가르침에서 말미암은 것임을 알 수 있습니다. 그렇기 때문에 돌아가신 증조할아버지[4] 세마공이 사론[5]을 당하여 곤란을 당하시던 날 두 손으로 막으며 유학에 큰 공을 남기시고 또 오성 이 재상[6]과 잘 지내시다가 사우(死友)[7]가 되셨으니 아름다움에 이른 것이 마땅하지 아니겠습니까?

아! 한 아들은 현명하고 효행이 특출하며 여러 손자는 성대해 온화한 기운이 집안에 가득하니 누가 "복과 덕이 있는 집안이다"라고 말하지 않겠습니까? 그러나 한스러운 바는 장인어른이 조정에 선지 30년 동안 청백고절하고 하루같이 늠름하여 굶주리는 고생이 있었는데 영혼이 홀로 고생을 많이 하셔 추워도 옷을 두텁게 입지 못하고 주려도 배부르게

---

4) 황고(皇考) : 죽은 증조부에 대한 존칭. 『禮記』「祭法」"曰皇考廟" <疎>'曰皇考廟者 曾祖也'. 혹은 죽은 아버지에 대한 존칭. 『禮記』「曲禮・下」"祭 ……父曰皇考"

5) 사론(士論) : 선비들의 공론(公論).

6) 오성대감 이항복을 말함. 이항복(李恒福): 1556(명종 11)~1618(광해군 10). 본관은 경주(慶州), 자는 자상(子常), 호는 필운(弼雲)・백사(白沙)・동강(東岡). 이제현(李齊賢)의 후손으로 아버지는 참찬 몽량(夢亮)이고 권율(權慄)의 사위이다. 임진왜란 때 병조판서를 지내면서 많은 공적을 세웠고 벼슬이 영의정에 이르렀다.

7) 사우(死友) : 죽는 한이 있더라도 서로 저버리지 않을 만한 친구. 『後漢書』 81 <范式傳> "臨盡歎曰 恨不見吾死友"

먹지 못하였으니 필경 지금의 변이 어찌 기한에서 이른 것이 아님을 알겠습니까?

아! 지난해 동쪽에서 돌아온 이후 매번 부모가 자식을 사랑하는 정으로 처의 근심을 위로하러 오셨는데 오직 호랑이를 두려워하는 마음이 있어 시변을 보려고 머뭇거리며 결정하지 못했습니다. 짐짓 후일을 기다린 것은 실로 저의 몸이 튼튼하고 마음이 편안한[8] 기력을 믿고 필경 장수를 누려 백년을 가히 보전할 수 있을 것이라 의심하지 않았기 때문입니다. 그러므로 올 9월 초에 가려고 하였다가 그만두게 된 것 또한 이러한 이유 때문이었습니다. 지금 처자식들에게 영원토록 회한을 짊어지게 하였고 병세가 더욱 위험해 조석으로 보전할 수가 없게 되었으니 어찌 슬픔을 이길 수 있겠습니까?

아! 마치 아들처럼 은혜를 입었으나 끝내 은혜를 갚을 방법이 없어 이 끝없는 한을 머금으니 오직 한결같은 슬픔으로 길이 호곡할 따름입니다. 혼령은 그것을 아십니까? 그곳은 아득하여 알지 못하십니까? 아! 이제 끝입니다. 갈 곳 몰라 하는 이 몸 이제 어디로 돌아갈 수 있겠습니까? 천지가 비록 위대하나 귀의할 곳 없어 매번 어머니처럼 자애로운 영령에 의지하였는데 이제 끝났으니 명이 기박하여 멀리 절 올리며 바라보며 곡을 합니다. 눈물은 끝이 있으나 말은 끝이 없으니 영령이 어둡지 않고 계시다면 바라건대 저의 마음을 살피시옵소서.

---

8) 강녕(康寧): 몸이 튼튼하고 마음이 편안함. 병과 환난이 없음. 서경에서는 강녕함을 오복의 하나로 꼽고 있다. [書・洪範] 五福一日壽 二日富 三日康寧 四日攸好德 五日考終.

또 쓰다[又]

기묘년(1639) 8월 27일(己卯八月二十七日)

장모가 죽은 지 1년 만에야 비로소 무덤에 와 본 정양은 일찍 와서 살피지 못한 것을 진심으로 미안해하며 그것을 죽을 때까지 이고 가야 할 죄로 인식할 만큼 죄책감을 느낀다. 장모에게 물심양면으로 깊이 의지했음이 드러난다.

아! 돌아가셨다는 소식을 들은 지 1년이 지난 지금에야 비로소 무덤에 와서 곡을 합니다. 받은 은혜가 자식과 같았는데 어찌 가시는 길에 해야 할 책임에 차이가 났는지요? 비록 병에 매여 있기 때문이라고는 하나 어찌 죽을 때까지 지고 갈 죄를 감당할 수 있겠습니까? 무덤의 풀이 황량한 것을 탄식하며 예전의 목소리와 모습을 그려봅니다. 부평초처럼 떠돌아다니니[9] 자애로운 은혜를 생각하니 잊기가 어렵습니다. 저의 일생의 운명이 곤궁함으로 말미암아 중도에 돌아가심을 슬퍼합니다. 배고픔과 추위, 따뜻함과 배부름, 어찌 바라며 부르겠습니까?

어린아이처럼 보호해주시고 사랑해주셨는데 이제 누구에게 돌아가 의지하겠습니까? 혈혈단신 이 몸을 몸소 어루만져 주셨는데 하늘을 우러러보니 망망할 따름입니다. 정령께서 내려오시면 응당 환히 아시며 어둡지 않으실 것입니다. 저승과 이승이 길이 등져있으니 저의 한이 어

9) 표박(漂泊) : 정처없이 여기저기 떠돌아다님. 유신(庾信)의 애강남부(哀江南賦) 서(序)에 "下亭漂泊 高橋羈旅"란 구절이 있다.

찌 끝날 것을 아시겠습니까? 이 고인 물 같은 정성을 바치고 보잘것없는 술을 올리며 길이 곡하며 영원히 이별을 고합니다. 아! 슬픕니다.

또 쓰다[又]

경자년(1660년, 현종 1년) 10월 무덤을 옮길 때(庚子十月)

장모님이 돌아간 지 10년이 지난 후 합장하기 위해 무덤을 옮기게 되어 제문을 올린 작가는 그 사이 아내마저 여의어 더욱 외로워진 자신의 처지를 장모에게 전하고 있다. 제문이 단지 죽은 자를 위한 애도의 감정을 드러낼 뿐만 아니라 작가의 감정을 풀어내는 양식임을 알 수 있다.

아! 저승이 한결같이 가로막았으나 10년이 어제만 같습니다. 그 사이 재앙이 계속되어 눈물을 흘리며 웁니다. 태산이 무너지는 듯, 나의 반이 잘려나간 듯 슬프니 애통함이 어떠하겠습니까? 남은 생애 혈혈단신으로 살면서 지금 합장하기 위해 무덤을 여는 날을 정했다고 하기에 와서 마지막으로 곡을 합니다. 예전에 슬퍼했던 마음이 배는 더한데 아름다운 모습과 목소리가 완연히 눈으로 보는 듯 선합니다.

제가 은혜를 받은 것을 돌아보니 여러 자식 가운데 남다른 바가 있었습니다. 일찍 아들로 여겨 주시고 장가들기 전부터 옷과 음식을 맡아주셨으니 따뜻한 은혜와 인자하심은 영원히 뼈에 사무칠 것입니다. 지금은 가난한 홀아비가 되었으니 누구를 의지할 수 있겠습니까? 어린아이들은 부들 앞에서 울고 배고픔과 추위는 매우 핍절합니다. 한결같이 벼슬은 녹록하고[10] 오랜 병은 위태로우니 내 마음 누구에게 기댈 수 있겠

10) 녹록(碌碌) : 만만하고 호락호락함. 『史記』 <酷吏傳 論> “大卿碌碌奉其官.”

습니까? 아침에 저녁을 도모할 수 없으나 마치 장모님이 저를 위로하며 돕는 목소리가 들리는 듯합니다.

아! 죽은 아내는 지극히 효성스러워 부모님을 그리워하다가[11] 병에 걸려 갑자기 저를 버리고 가버렸습니다. 만일 함께 모여 왼편에서 끌어 당기고 오른편에서 잡아당기며 한번 그 즐거움을 맛볼 수 있었으면 좋으련만 간혹 어둠 속에서 자다가 깨어나면 외롭고 쓸쓸해[12] 괴롭습니다. 집안 살림이 망해[13] 이 술 한 잔을 올리며 깊은 정성으로 보잘 것 없는 제물을 바칩니다. 한결같이 가슴 아프게 영결하며 흠향하러 오시기를 바랍니다.

---

11) 유모(孺慕) : 어린아이가 어버이를 따르듯이 몹시 사모함.

12) 경경(睘睘) : 의지할 것 없이 외로운 모양. 『시경』「唐風」<杕杜> “獨行睘睘.”

13) 탕석(蕩析) : 소멸함. [杜甫・北征詩] 姦臣竟葅醢 同惡隨蕩析.

아내 이씨에게 올리는 제문

[祭亡室李氏文]

이 글은 정양이 아내 전의 이씨를 잃고 쓴 제문이다. 그는 서두에서부터 아내를 잃어 망망해진 자신의 집안 살림에 대해 걱정하며 그동안 자신이 아내에게 얼마나 의지했는지를 드러내고 있다. 남편이 고백한 것처럼 아내에게 어린 아이처럼 의지했던 생활을 통해 도리어 아내가 맡은 역할과 책임이 과중했음을 확인할 수 있는 점은 아이러니컬하다. 그러나 남편은 진심으로 아내를 힘들게 했던 것들에 대해 뉘우치고 사과하며 앞으로 속죄하는 마음으로 살아갈 것을 다짐하기도 한다. 본문의 이씨 부인은 집안 살림을 등한시하는 남편을 대신해 집안을 꾸려나가며 남편을 위해 헌신적으로 희생한 여성으로 그려진다. 그녀는 병자호란이 일어났을 때 강화도로 피난을 갔다가 성이 함락되자 남편과 함께 자결을 시도했으나 죽지 않았다. 그러나 이 때 많은 피를 흘려 육체적으로 병을 얻게 되었고 자식들과 친정어머니의 죽음을 지나치게 슬퍼해 정신적으로 쇠약해져 결국 죽음에 이르게 된 것으로 서술된다. 정양은 이언척(李言惕)의 딸인 전의 이씨 부인과 1617년에 결혼하였다.

아! 당신의 죽음은 실로 우리 집안의 살림을 망하게 하고 나를 죽게 하는구려! 집안 가세는 대대로 가난했는데 난리14) 이후 궁하고 주리게 되어 이미 모든 것을 보전하기 어려운 상황이었소. 그런데 당신이 마음과 힘을 다하여 집안 살림을 담당해 위로 아래로 모두 평안하게 하기를

14) 병자호란을 말함.

마치 부잣집에서 풍성함을 누리는 것처럼 하였소. 그러니 어찌 마음이 모두 다 타 없어진 것이 많아 천명을 다하지 못할 것을 알았겠소?

아! 집안 살림은 망했구려! 외할머니께서 나를 길러주신 은혜를 그대에게 의지해 제사를 정결하고 정성스럽게 드리려고 했는데 이제 누구와 함께 제사를 지내겠소? 어리고 약한 자녀들은 당신을 의지해 교육하고 시집 장가보내려 했는데 이제 누구와 더불어 키울 수 있겠소?

아! 내 병이 위중한 것이 30년이라 하루도 기력을 지탱한 적이 없었으나 당신은 나를 아이처럼 보호해 주었소. 음식을 때에 맞춰 주었고 적절히 시원하고 따뜻함을 조절해 주었으며 집에 곡식이 없어도 내가 술을 좋아하는 습성이 있다[15]는 것을 생각해 비록 난리가 나 도망가는 중에도 일찍이 술이 부족했던 적이 없었소. 심지어 삼척 산중에 먹을 것이 없어 당신은 굶주린 기색과 부들 같은 얼굴이었는데 나만 홀로 평소와 다름없이 실컷 마시고 먹었으니 지금 누구를 의지해 길이 끊이지 않고 술을 마실 수 있으리오? 죽음에 일정한 기일이 없음을 스스로 아니 언젠가 당신을 따라 죽지 않겠소?

아! 맑은 기운을 받은 사람은 대부분 오래 살지 못한다고 하더니 당신은 하늘에서 타고난 분수가 가장 높고, 맑고 순수하기가 다른 사람보다 출중하니 명이 이에 이른 것은 맑고 순수한 자질이 그렇게 만든 것이오? 생각하건대 아녀자들은 피가 중요한데 전쟁 중에 스스로 칼로 찔러 피를 흘린 것이 심해서 마침내 이에 이르게 된 것이오[16]? 어찌 갑자기 나를 버리고 먼저 가서 나로 하여금 갈팡질팡하는 외로운 그림자로

---

15) 정양은 술을 즐겨 스스로를 단속하지 못한다고 평가되었다. 금주령이 있었는데 술에 취해 사헌부에 인피되기도 하였다. *『현종개수실록』 참조.

16) 병자호란이 일어났을 때, 정양은 부인과 강화로 피신하였다가 성이 함락되자 함께 자살을 시도하였으나 성공하지 못하였다.

만들어 의지할 데 없이 하고 길이 끝없는 슬픔을 안게 하시오?

아! 늙은 나이에 음보로 벼슬에 나아갔지만 먹고 살기 위해서였소. 내가 바라던 것은 한 고을의 수령이 되어 먹고 살며 나라의 은혜에 보답하기 위해 정성을 다하는 거였소. 그러나 여러 해를 넘겨 분주히 힘껏 일하다 휴가를 청하니 쌀 창고가 금년 1월부터 바닥이 나기 시작해 3월 이후로는 불을 때지 못한 적이 여러 차례였소. 당신은 반생동안 병을 앓아 입이 써 먹지 못하고 거친 밥과 채식만을 억지로 먹었으나 배부르지 못했소. 삶은 고기와 생선회를 맛보이고자 하였으나 끝내 그러지 못하였소. 지금 다행히 다시 작은 벼슬을 얻게 되어 당신을 위해 기름진 쌀과 과실과 고기를 차려놓고 한번 흠향하기를 바라나 어찌 그럴 수 있으리오? 슬픔으로 마음이 갈라지고 한이 끝없으니 맛난 음식과 저민 살코기인들 내 어찌 차마 목으로 넘길 수 있으리오?

아! 당신은 10여 년 전 연달아 세 아이를 잃고 병이 심해져 이 이후로 다시는 건강한 사람이 되지 못했소. 당신의 부모님을 여읜 지경에 이르러서는 가 뵙지 못해 한스러워하더니 그 고통이 평생 가슴에 맺혀 부모를 애도하는 생각에 하루도 울지 않은 적이 없었소. 이른바 '50세가 되어서 부모를 그리워한다'는 것을 나는 당신에게서 보았소.

얼굴색이 검고 말라 옛날의 꽃다운 얼굴을 다시 볼 수 없었는데 나는 어리석어 근심은 생각지도 않았소. 나는 늘 마음의 병이 있어 매번 당신에게 성내고 꾸짖으며 마치 원수와 벌레 보듯 여기며 도리어 '왜 안 죽나' 걱정했으니 분별없고 사리에 어긋났던 허물을 스스로 속죄하려고 하나 할 곳이 없구려. 다시 장가들거나 첩을 두지 않을 계획이며 고생을 겪으며 삶을 마칠 작정이오.

아! 모든 일은 다 끝났소. 대부분의 사람들이 즐거워하는 바를 어찌 일삼을 수 있으리오. 부모 없이 외롭게 살면서 스스로 위로한 것은 좋은 아내를 맞은 것이었는데, 이제 마침내 반을 잃었으니 내 슬픔이 어떻겠소? 산다는 것은 잠시 이 세상에 붙어 있는 것이고 죽는 것은 본래의 집으로 돌아가는 것이니, 죽어서 같은 무덤에 묻히는 것이 부부[17]의 즐거움이요. 그때가 멀지 않았음을 아니 지금 무익하게 슬퍼할 필요가 없으나 다만 죽지 않는 남은 세월 동안 가난하고 고생스러움을 어찌 감당하리오. 어린 자식을 가르치고 키울 책임이 커 온 마음이 여기에 있는데 당신은 어찌 눈을 감을 수 있으리오?

발인이 내일이라 남편이 멀리 이승에서 이 조촐한 제전을 갖추었소. 단술과 숭어와 싱싱한 배와 과일은 평소 좋아하던 것이나 넉넉하게 먹어 보지 못했던 것이오. 길이 곡하는데 하늘의 뜻은 알 수 없구려.

---

17) 반합지환(牉合之歡) : 반쪽과 반쪽이 합쳐 일체가 되는 것으로 곧 남녀가 결혼하는 것.

절부 김천명의 처 전

[節婦金天命妻傳]

이 글은 병자호란 때 정절을 지키기 위해 적에게 대항하다가 무참히 살해된 평민 여성을 주인공으로 한 전(傳)이다. 전쟁이 발발하면 여성은 몸이 무방비 상태로 적에게 노출되어 미리 자결하거나 끝까지 저항하다가 살해 되는 등 남성보다 더욱 가혹한 피해를 당하게 된다. 본 전의 주인공 여성은 필요 이상으로 적에게 대항하여 죽음을 자초하였음을 부인하기 어려우나 당시 여성들의 순결과 정절의식을 감안한다면 반드시 그렇게 평가할 일도 아니다. 이 여성을 입전한 정양은 이 여성의 죽음을 당시 목숨을 아끼려고 비겁한 행동을 했던 사대부와 비교하여 경계하는 도구로 삼고 있기도 하다.

교하촌 백성 김천명의 처는 그 성이 무엇인지는 모르지만 자색이 다른 사람보다 뛰어났다고 한다. 병자호란 때 적이 원근에 가득하자 마침내 수풀 사이에 은닉하면서 나왔다 숨었다 하였다. 며칠 후에 스스로 면할 수 없음을 생각하고 하루는 시골집에 들어가 굳건하게 누워있으면서 떠나지 않았다. 그때 적을 피하는 사람들이 모두 연기로 자신들의 얼굴을 검게 칠하고 혹 적을 만나면 더럽다고 여겨지기를 바라며 좋다고 여겨 다투어 따라했으나 이 여자만은 개의하지 않았다.

얼마 후에 다섯 마리의 말을 탄 적이 갑자기 그 집에 이르러 위협하며 약탈하였는데, 그 여자가 방 가운데 누워 있는 것을 보고는 생긴 것이 취할 만하다고 여겨 문에 핍박하여 나왔다. 여자가 의에 대항해 가지 않고 서로 맞서기를 시간이 지나도록 하다가 적이 마음을 굽힐 수 없음을 알고 개가 짖는 것처럼 사나운 소리로 화내면서 말하기를, "너는 어찌 감히 나를 거절하는가? 우리 여러 명이 능히 너를 제압하면 네가 장차 어찌 하겠는가?"라고 하였다. 여자가 말하길, "너는 다섯 명일 뿐이다. 비록 너희가 만 명이라도 어찌 능히 나를 제어할 수 있겠는가?"라고 하였다.

적이 더욱 화가나 힘을 합해 협박하고 마침내 더럽히려고 하였으나 마침내 그렇게 하지 못하였다. 그런 연후에 그 중의 적 몇 명이 말을 타고 먼저 몰고 가버렸다. 여자가 소리를 지르며 말하길, "어찌 죽이지 않고 가는가?"하니 적이 마침내 칼을 찔러 어지러이 베어 죽었다.

내가 전쟁 후에 나의 둘째 형과 둘째 형수님의 무덤을 상곡산에 임시로 만들 때에 그 이웃사람들이 다투어 이처럼 자세하게 칭찬하는 것을 들었는데 그 나머지는 듣지 못했다. 선성에 사대부가 많지만 절의로 죽은 사람은 다만 하나의 촌 아낙에서 나왔으니 어째서인가?

아! 나는 이 여자의 죽음에 대해 더욱 가련하게 생각한다. 지금 조정에서는 바야흐로 강도에서 절의로 죽음을 널리 채록해 기록한다고 한다. 그래서 여러 곳에서 절의를 모두 들어 명하면서 이것은 어찌 채록하지 않는가? 만약 선성에서 강도와 같은 일을 채록한다면 이 여자의 특별한 죽음을 드러내어 편입하지 않음을 어찌 근심하겠는가? 만일 그렇지 않으면 다만 선성에 사는 사람들의 입에서 칭송받다가 아마도 세월이 오래되면 없어져 전해지지 않을 것이다. 그래서 여기에 써서 기록하여 다른 날 여러 선성사람들에게 물어 채록 여부의 경우를 묻고 이 여자의 뜻을 드러내고 칭찬하고자 한다. 숭정 기묘년(1639) 동지 하순에 부익자(孚翼子)[18]가 쓴다.

---

18) 정양(鄭瀁)의 호.

황호

황호(黃戾) : 1604(선조37)~1656(효종7). 본관은 창원(昌原). 자는 자유(子由), 호는 만랑(漫浪). 인적 사항에 대해서 상세히 전하는 문헌이 없다. 약관에 대과(大科)에 등제하여 주서가 되었다가 1625년(인조3)부터 여러 차례 직언으로 파직되는 등 관운이 순탄하지 않았다. 1637년 통신사의 종사관으로 일본에 다녀왔고, 같은 해 장령이 되었다. 남인계열에 속하였던 인물로 추정되며, 그의 문재(文才)는 당대의 신진 중에서 발군의 측면이 있었고, 문명(文名)을 크게 떨쳤다고 한다. 저서로 『만랑집(漫浪集)』이 있다.

정부인 이씨의 묘지명

[貞夫人李氏(洪汝栗妻)墓誌銘并序]

이 글의 묘주 진보 이씨(眞寶 李氏, 1563~1647)는 퇴계 이황의 증손녀로서 아버지는 이안도이고 어머니는 안동 권씨(권소의 딸)이다. 이씨 부인은 홍여율의 처가 되어 5남 1녀를 두었는데 38세에 미망인이 되었고, 85세에 죽었다. 정부인 이씨는 도학의 종주인 퇴계의 자손으로 태어나 퇴계와 사우지간이었던 치재 선생의 집안으로 시집을 가 바른 행실과 규범을 보였던 전형적인 사대부 집안의 여성이었다. 황호는 정부인 이씨의 묘지명을 쓰며 특히 부인이 조상의 제사를 공경하게 지낸 면모를 부각하고 있다. 이는 당시 상제례를 중시하던 사회적 측면을 반영하는 것이라 할 수 있다.

진보(眞寶) 이씨는 그 선조에 퇴도 선생(退陶先生)[1]이 계시니 그분은 우리 동방의 도학의 종주이시다. 퇴도 선생의 맏아들은 현감을 지낸 이준(李寯)이며 적손은 직장을 지낸 이안도(李安道)이다. 그의 배우자는 안동 권씨인데 연산조에 곧은 신하로 교리를 지낸 권달수(權達手)의 손녀이고 부사를 지낸 권소(權紹)의 딸이다. 이 부인은 당성(唐城) 홍씨의 집에 시집오셨다. 부인의 남편은 당찬군 홍여율(洪汝栗)이고 아버지는 당흥부원군 홍진(洪進)이며 할아버지는 치재 선생(恥齋先生)이다. 퇴도를 좇아 서로 스승과 벗의 사이로 지냈다.

---

1) 퇴계 이황을 말함.

부인의 가세는 혁혁하여 비길 만한 데가 없고 부인의 아름다운 행실과 규범은 족히 영원히 전해질 만하다. 대개 딸이 되어서는 부모님 섬기기에 효도를 다하고 출가하여서는 시부모에게 옮겨 그 예를 다하고 사랑을 더하며 그 남편은 바름과 순종으로 대하고 자식은 의로움으로 가르치며 자애했으니, 세상의 말할 줄 아는 사람들은 두 선생[2]의 후세에 여사(女士)가 있다고 했다. 집안의 가장(家狀)[3]을 가져다가 한두 가지를 모아 보니, 부인은 평생 말하는 데 중도가 있었으며 행동거지에 급박함이 없었고 바르고 얌전하여 아름다운 것이 다른 사람에 뛰어났다.

나이 38세에 미망인이 되었는데 늙어서도 처음처럼 행동하고 기일[4]에는 재계하며 그 달을 마쳤다. 친정어머니가 아프다는 소식을 듣고 달려가 귀녕을 가고자 하였으나 그러지 못하자 돌아가실 때까지 애통해하였다. 시어머니 상을 당하여서는 곡하며 제사하여 그 슬픔과 공경함을 다하였다. 제사를 맡아서는 손수 제수를 장만하고 밤에도 자지 않았다. 시절 음식을 보면 반드시 올렸고 부모의 사당이 영남에 있어 음식을 올리지 못함을 생각해 감히 맛보지 않았다. 매해 기일을 당하면 번번이 힘을 다해 제사지내는 일을 도왔다,

정랑군[5]이 부인을 모시고 안동임소로 갈 때 부인은 길이 예안에 이르자 몸소 사당에 제사를 지내고 돌아와 산소를 찾아보니[6] 동네 사람 가운데 이를 본 자가 감동하였다. 그 족당을 대우하는 데 존비와 친소를

---

2) 퇴도 선생(退陶先生)과 치재 선생(恥齋先生)을 말함.

3) 가장(家狀) : 집안 조상과 형제의 행적에 관한 기록. 고인의 묘표·묘지·신도비문 등을 작성하거나 시호(諡號)를 정하는데 혹은 과거 시험 응시자의 신분을 확인하는데 참고하였음.

4) 기신(忌辰) : 사람이 죽은 날. 기일(忌日).

5) 부인의 둘째 아들 홍형(洪炯)을 말함. 이 묘지명을 황호에게 부탁한 사람이기도 함.

6) 전묘(展墓) : 산소를 찾아봄.

따지지 않고 모두 골육을 대하는 것처럼 하였다. 비록 멀리 밖에 있어도 주는 것을 반드시 편벽되지 않게 하였으며 정성으로 대하여 도리에 맞는 자[7]가 많았다. 부인은 자손을 가르치고 경계하는 데 있어 가법을 엄격히 지켰다. 특히 말을 삼가고 술을 절제할 것을 항상 차근차근 가르쳤다. 아! 부인의 행동이 대체로 이와 같으니 이른바 여사가 아닌가? 만약 시에 나열해 세상에 풍화한다고 해도 어찌 부족함이 있겠는가?

부인은 계해년(1563) 9월 16일에 태어났으니 실로 당창공과 같은 나이이다. 정해년(1647) 6월 30일에 돌아갔으니 85세를 누리셨다. 이에 그 해 10월 27일에 당창공의 묘 옆에 부장하니 묘는 여주 북쪽 계림장 남쪽을 등진 방향의 언덕에 있다.

5남 1녀를 두셨는데 딸은 일찍 죽었다. 장남 환(煥)은 첨정을 지냈고, 그 다음 아들은 일찍 죽었다. 그 다음은 형(炯)인데 정랑을 지냈고 그 다음은 엽(燁)이며, 찬(燦)은 일찍 죽었다. 첨정은 2남 2녀를 낳았고 정랑은 3남 4녀를 두었다. 증손자와 증손녀 약간명은 당창군의 묘표에 실려 있다.

전에 당창공이 살아있을 때 부인은 남편을 좇아 숙인을 제수 받았는데 정랑군이 지금의 임금님께 공이 조정에 세운 공훈과 열을 아뢰어 당창군을 이조참판으로 추가로 봉작하였고 부인은 정부인을 명받았으니 자손이 능히 잘 했다고 할 수 있다. 법도에 따라 글을 붙이고자 하는데 정랑군이 나에게 무덤에 넣을 글을 부탁했다. 나는 적임자가 아님을 들어 사양했으나 그렇게 하지 못했다.

명(銘)에 이른다.

명문 대가에 태어나 여사로 일컬어졌다.

---

7) 귀덕(歸德) : 도리에 맞음.

삼종을 따르고 구손을 바라보며 처음부터 끝까지 한 가지 덕을 갖추었도다.

부인은 퇴도 선생의 어진 자손이고 치재 집안의 종부이며
군자의 짝이고 또한 족히 내칙의 우두머리가 되었도다.
게다가 자손이 길이 남아 후세에 미칠 것이니
장차 멀고도 영원히 계속될 것인저!

정부인에 추증된 오씨의 묘지명

[贈貞夫人吳氏(沈演妻)墓誌銘幷序]

심연의 아내이며 심서견의 어머니인 해주 오씨(1588~1622)는 35년의 짧은 생을 살았다. 부인이 죽은 날은 그의 아들 심서견이 태어난 지 불과 사흘 되던 날이었다. 어머니의 얼굴도 알지 못하는 아들은 어머니의 행적을 통해 어머니를 기억해보려 황호에게 묘지명을 부탁했다. 황호는 심서견의 처남이다. 황호는 부인의 남편이 남긴 제문을 참고해 부인의 묘지와 명을 지어 주었다. 대부분 행장이 묘지명을 짓는데 주요한 밑 자료가 되는데 제문 역시 실제적 자료의 역할을 했음을 이 글을 통해 엿볼 수 있다.

고인 함경도 관찰사 심연(沈演)[8]에게 어진 배우자가 있으니 정부인에 추증된 해주오씨(海州 吳氏)이다. 부인은 검교 군기감 오인유(吳仁裕)의 후손이다. 할아버지 오희문(吳希文)은 감역을 지내고 영의정을 추증 받았으며 아버지 오윤해(吳允諧)는 도정을 지내고 참판을 추증 받았

8) 심연(沈演) : 1587(선조20)~1646(인조24). 본관은 청송(靑松). 자는 윤보(潤甫), 호는 규봉(圭峰). 1612년(광해군4) 진사시에 합격하였다. 지평 정언 교리를 거쳤고 광산에 현감으로 부임하여, 재판을 공정히 하고 선정을 베풀어 현을 주로 승격시키고 그곳의 목사가 되었다. 1635년 경상도관찰사가 되었을 때 병자호란이 일어나자 휘하 군대를 이끌고 쌍령(雙嶺)에서 싸웠으나 패하고 문경에서 재기를 꾀하던 중 화의가 성립되자 패전의 책임을 지고 전라도 임피(臨陂)에 유배당하였다. 1638년 사면되어 제주목사로 부임하였으며 덕정의 업적을 인정받아 비변사당상이 되었다. 한성부판윤 · 승지 · 대사간 등을 거쳐 황해도 · 평안도의 순찰사, 평안도 · 경기도의 관찰사를 역임한 뒤 함경도관찰사로서 임지에서 죽었다.

다. 어머니 정부인은 수원 최씨(水原 崔氏)이다. 참봉을 지내고 좌승지를 추증 받은 최형록(崔亨祿)이 외조부이다.

부인은 만력 무자년(1588) 3월 2일에 태어나서 임술년(1622) 2월 17일에 돌아갔으니 겨우 35세를 살았다. 심공의 선영인 용인산 의곡의 동북을 향한 서남쪽 언덕에 장사를 지냈다. 25년 후 공이 죽자 다른 무덤에 장사지냈는데 몇 걸음 정도의 거리이다.

부인에게 장부 아들이 한 명 있으니 이름이 서견(瑞肩)이다. 진사시에 합격하고 지금은 벼슬이 사재감 직장이다. 나를 찾아와 눈물을 흘리고 피를 삼키며 말하길,

“저는 하늘의 복을 받지 못해 태어난 지 4일 만에 어머님이 돌아가셔 이미 어머님의 모습도 흐릿하여 알 수가 없습니다. 조금 자라서는 우매하여 또 언행에 대해서 갖추어 들은 바도 없습니다. 외숙부모님도 돌아가셨으니 누구를 좇아 물을 수 있겠습니까? 하늘이시여! 하늘이시여! 나를 어찌 사람의 아들이라고 할 수 있겠습니까? 제 돌아가신 아버님의 장례를 치를 때 장차 천장하여 합장하려고 여러 집안사람들과 상의하니 모두 말하길, ‘세월이 오래되어 땅 속의 일은 알 수가 없으니 편안한 혼백을 놀라게 할 수 없다.’고 하여 불초 소생인 저는 통곡하고 그만 두었습니다. 지금 무덤의 돌을 세워 길이 기리고자 하니 의당 새기는 글이 필요합니다. 돌아보니 모두 없어져 징험할 것이 없는데 오직 돌아가신 아버님께서 우리 어머님을 제사지내는 글을 지어 수건에 간직해 둔 것이 있으니 청컨대 이것으로 행장을 삼아 주십시오.”
라고 하여 내가 받아 읽어 보고 그 행적을 엮어 보았다.

제문에 대략 이르길,

“생각하니 그대의 성품과 행동은 하늘에서 맑음을 받았고, 규방의 예의를 배워 부모에게 순종하였소. 돌아보니 내가 약관에 연달아 부모님

상을 당하여 의지할 곳 없이 외롭고[9] 고생하며 가정을 꾸리지 못하고 있다가 그대를 만나 배필이 되었으니 실로 하늘이 맺어준 혼인이었소. 그대의 나이 몇 살이었소? 나보다 한 살이 적었는데 이미 비녀 꽂고 시집왔는데 덕스러운 모습이 아름다워 그대가 문으로 들어올 때부터 집안의 친척이 서로 축하하였소.

우리 집안은 소박하고 대대로 내려오는 가업도 단초롭고 빈한해 열 식구가 굶주려 얼굴이 누렇게 뜨고 술지게미만 먹으며 항상 가난했소. 당신이 와서 궁핍함을 막으려 새벽부터 밤까지 부지런히 수고하며 정성을 다하였소. 우리 돌아가신 조상을 받드는 데 몸소 정성을 다하며 스스로 애쓴다 여기지 않았소. 어찌 겨울에 따뜻하게 입고 여름에 시원하게 입었겠소? 다 떨어진 옷을 몸에 걸치고 푸성귀로 주린 배를 채우며 빨래하고 삯바느질하며 무엇인들 하지 않았소? 사람들이 다 고생한다고 생각하나 당신은 마치 영화를 누리 듯하며 눈썹은 원망하며 찡그리지 않고 입으로는 탄식하는 소리가 전혀 없었소.

당신은 매번 나에게 말하길, '가난은 선비의 일상이지요. 제 마음에 걱정되는 바는 옷이 없는 데 있는 것이 아니니 부군은 오래도록 저를 경계해주십시오. 지금은 매우 가난하지만 과거에 급제하는 명예를 원하는 것도 아니고 부귀에 상관하지도 않습니다. 어찌 밭으로 돌아가 곡식 농사 짓는 것을 심히 즐거워하지 않겠습니까?'하며 나를 향해 아름답고 좋은 말로 소곤거렸소.

작년 가을에 당신과 고향에 돌아가니 종들이 환영을 하고 벼와 곡식이 항아리에 가득하니 당신은 고향에서 사는 것을 즐거워하며 농사일을 중요하게 여기고 솔선하였소. 외양간에서 소를 기르고 그릇도 또한 갖

9) 영정(零丁) : 의지할 곳 없이 외로운 모양. 『陳書』19 <沈炯傳> "母子零丁 兄弟相張."

추며 곡식을 비축했다가 말과 섬의 양을 심으며 봄에 돌아갈 것을 기다렸소. 이처럼 봄 농사를 하려는 뜻이 분명했으니 누가 사람의 인생이 갑자기 아침 이슬처럼 앞서 갈 줄 생각이나 했겠소? 지난날 당신이 맡아 한 일이 나의 슬픔과 고통을 더하는구려. 당신은 부드러운 덕과 순결한 자질로 15년간 마음씀이 한결같았소. 깊은 정을 나누며 함께 늙고 같은 무덤에 묻히길 간절히 바랐는데 누가 오늘 아침에 당신이 죽고 내가 살아있을 줄 알았으리오?"
라고 하였다.

나는 나도 모르는 사이에 눈물이 종잡을 수 없이 흘러내리는 것을 알지 못하고 말하기를, "아! 모든 것을 갖추었고, 슬프도다. 여기에서 부부의 모습을 볼 수 있구나."라고 하였다.

열심히 애쓰고 예를 좋아하는 것에는 경강의 아름다움이 있고 안빈낙도하는 것에는 맹광의 풍[10]이 있으니 이는 옛날에 이른바 여사라고 하는 것이 아니겠는가? 심공은 살아서 평소 경솔하게 남을 인정하지 않았고 사람을 논하는 데는 반드시 그 윤리를 헤아리셨으니 어찌 부부의 사사로움으로 말을 꾸미고 과장되게 칭찬하였겠는가? 이는 새기기에 충분하다.

그리고 부인의 큰아버지, 돌아가신 상공 오윤겸(吳允謙)은 규방에서 뛰어난 사람이라 칭찬하였고 심공 집안의 어른 학사 대부씨는 어질고 부덕이 있다고 말씀하셨다. 내가 어렸을 때에 심공과 이웃에 살았는데 부인의 아름다운 규범을 그윽이 항상 들었으니 이 또한 징험할 만하다.

---

10) 맹광과 양홍의 고사를 말함. 맹광(孟光)은 동한의 부잣집 딸로 피부가 검고 뚱뚱한 여자였는데 아무에게나 시집가려 하지 않고 양홍 같은 사람에게만 가겠다고 버티다 결국 양홍(梁鴻)에게 시집을 가게 되었다. 가난하지만 학문에 조예가 깊었던 양홍이 맹광의 고운 예복을 보고 좋아하지 않자 맹광은 무명옷으로 갈아입고 그 뒤로 남편을 잘 대접하여 밥상을 눈썹까지 치켜 올려 바쳤다고 한다. 여기서는 가난한 생활을 말한다.

직장[11]은 나의 돌아가신 아버님 목사공의 딸에게 장가들어 3남 4녀를 두었는데, 아이들이 모두 어리다. 아들은 득원(得元), 윤원(胤元), 삼원(三元)이다. 관찰사의 세계와 관위는 묘지에 있으니 갖추어 싣지 않는다. 마침내 명을 지었다.

명(銘)에 이른다.

살아서 남편과 함께 영화를 누리지 못했으나 귀함을 받았고

죽어서 무덤을 함께 하지 못했으나 거리는 가까이 있네.

애사가 있어 아름다움을 실었으니 내가 새기어 없어지지 않기를 바라네.

또 자손들이 있으니 영세토록 누리고 보답 받으소서.

---

11) 부인의 아들이자 이 글을 부탁한 심서견(沈瑞肩)을 말함.

김득신

김득신(金得臣) : 1604(선조37)~1684(숙종10). 본관은 안동. 자는 자공(子公), 호는 백곡(栢谷). 아버지는 경상도관찰사를 지낸 치(緻)이며 어머니는 사천목씨(泗川睦氏)로 첨(詹)의 딸이고, 아내는 경주 김씨이다. 시를 잘 지었을 뿐만 아니라 시를 보는 안목도 높아 『종남총지(終南叢志)』 같은 시화도 남겼다.

숙부인 문화 류씨의 묘지명 병서

[淑夫人文化柳氏(仁瑞女)墓誌銘并序]

김득신은 처남의 부탁으로 장모인 숙부인 문화 류씨의 묘지명을 썼다. 문화 류씨 부인(1570~1654)은 아버지 류인서와 어머니 성씨 부인(성세평의 딸) 사이에서 태어나 판교공에게 시집가서 2남 4녀를 두었다.

류씨 부인은 여러 자식을 키우고 안정된 삶을 살다가 85세에 돌아간 유복한 여성이었다. 사위인 김득신은 류씨 부인이 벼슬하는 남편의 바깥일에 간섭하지 않고 자신의 일을 묵묵히 수행한 점을 높이 평가하고 있다.

김진현씨가 모년 모월 모일 그의 어머니 숙부인 문화 류씨를 선군의 묘 옆에 장사지내며 나에게 명을 부탁하여 의리상 감히 거절하지 못했다. 그 행장을 살펴보니 고려때 대승 류차달(柳車達)이 먼 조상이고 구녕도의 만호 류지형(柳之亨)이 그 고조이며 선전관 류윤종(柳潤宗)이 증조이고 류경란(柳景蘭)이 그 할아버지이다. 비포권관 류인서(柳仁瑞)가 아버지인데 강원감사 성세평(成世平)의 딸에게 장가들어 융경 경오년(1570) 9월 28일에 부인을 낳았다.

부인은 하늘에서 받은 자질이 순수하고 온화하며 부여받은 성품이 곧고 정숙했다. 기거하고 행동하고 멈춤에 있어 법도에서 벗어나지 않아 그의 외왕조부모님이 돌보고 사랑하였다. 외증조할아버지가 성주에 읍재가 되어 가실 때 또한 데리고 가서 길러 주셨다. 부인은 외증조부의 상을 당하여 1년 동안 고기를 먹지 않았고, 곱고 화려한 옷을 입지 않은 것이 3년이었으니 모두 그 양육해주신 은혜를 감사히 생각하여 그런 것이었다.

17세에 판교공에게 시집와서 시부모님을 모시는데 며느리의 도를 어기지 않았으며 무자년(1588)과 신묘년(1591)에 연달아 내외의 상을 당하여 슬퍼하고 마음 상한 것이 너무 지나쳐 병이 들 정도였다. 평소 몸가짐이 신중하며 여유가 있고 말을 함부로 내뱉지 않았으며 비록 말이 많은 때에 처하여도 시비로 싸우는 지경에는 간여하지 않아 친족들이 칭찬하였다.

판교공은 대부인을 받들어 그 지극한 효성을 다하였고 부인 역시 남편의 뜻을 따라 음식을 바쳤다. 대부인이 원하는 것은 반드시 따르고 원하지 않는 것은 하지 않았다. 대부인은 항상 말씀하시길, “우리 효부, 우리 효부”라고 하셨다.

판교공은 고을에서 여러 번 벼슬하여 벼슬아치들이 안팎으로 가득했다. 부인은 그러한 것을 알았으나 일에 간섭하지 않아 판교공이 항상 좋게 여겼다.

정해년(1647) 장남 진현이 우봉 현령이 되어 부인이 따라 갔으나 그 고을이 외지고 산골짜기에 있어 고향 마을과 거리가 멀어 부인이 집에 있는 가족들을 그리워했다. 무자년(1648) 가을에 돌아왔다가 임진년(1652) 여름 진현이 경산현령이 되어 그 해 가을 부인을 그 고을에 모시고 가 영화롭게 봉양하였다. 그 때 연세가 이미 80세를 넘었으나 두발이 하얗게 세지 않았고 평소의 질환인 천식 또한 줄어들었다.

갑오년(1654) 봄 평소의 묵은 증세가 다시 돋아 4월 19일에 관사에서 돌아가셨으니 85세였다. 5월 7일 관을 받들어 돌아와 7월 7일 판교공 무덤에 따라 묻어 쌍묘를 봉하니 남향을 등지고 서북을 향한 언덕이다.

부인은 2남 4녀를 두었다. 장남은 진현(鎭賢)으로 현령이며, 차남은 손현(巽賢)으로 생원이다. 장녀는 김득신(金得臣)에게 시집갔고 차녀는 노경명(盧景命)에게 시집갔고 그 다음은 참봉 구봉우(具奉羽)에게 시집가고 그 다음은 송지승(宋之承)에게 시집갔다. 자녀의 내외 손자는 많으나 기록하지 않는다.

명(銘)에 이른다.

부자의 짝이 되어 덕을 잡고 법칙을 실행하였도다.

부드럽고 아름다워 정도에 맞았으며 그 모습 어긋나지 않았도다.

정성으로 시부모를 섬겼으며 부도를 갖추었으니 그 집안에 마땅한 그 사람이로다.

영화와 명예가 따라 이르렀으니

자식과 손자 난초가 자라고 옥처럼 선 듯

영원히 번성하고 경사와 복이 항상 모일 것이다.

그러한 가운데 내가 명을 써 묻고자 하니 영원히 없어지지 않기를 바란다.

권시

권시(權諰) : 1604(선조37)~1672(현종13). 본관은 안동. 자는 사성(思誠), 호는 탄옹(炭翁). 아버지는 좌랑 득기(得己)이고, 어머니는 전주 이씨로 도정(都正) 첨(瞻)의 딸이다. 어려서부터 총명하고 지행(志行)이 절이(絶異)하여 사람들이 안자(顔子)에 비유하였다. 9세 때 이미 훌륭한 시를 지었으며, 15세에 이기지설(理氣之說)과 사칠지변(四七之辨)에 정통하였다. 1636년(인조14) 대군사부(大君師傅)에 임명된 것을 비롯하여, 선릉참봉(宣陵參奉) 세자시강원자의 등 여러 차례 벼슬이 주어졌으나 나아가지 않았다. 1649년 효종 즉위 뒤 공조좌랑에 임명되어 처음으로 벼슬길에 나갔으며, 경상도사 등을 역임하였다. 그 뒤 집의 진선 등을 거쳐 1658년(효종9) 승지로 임명되었으며 이어서 찬선에 오르고 1659년 현종이 즉위한 뒤에 한성부우윤에 임명되었다. 이듬해 예송문제가 있을 때, 송시열과 송준길에 대립하여 윤선도를 지지하는 상소를 올렸다가 같은 서인의 규탄으로 파직되어 낙향하던 중 광주의 선영에 머물러 살았다. 송시열과 같은 기호학파로서 예론에 밝았다. 졸기에 의하면, 몸가짐이 구차하지 않고 언론이 편벽되지 않아 추앙받았다고 한다. *『효종실록』, 『현종실록』 참조

사촌 누이 동생에게 올리는 제문
[祭庶從妹文]

권시는 서출이었던 사촌 누이 동생에게 제문을 써서 죽음을 애도하고 있다. 사촌 누이 동생은 서녀로 태어나 일찍 부모를 여의고 외롭게 살았다. 다행히 어진 남편에게 시집갔으나 결혼한 지 몇 달 만에 남편을 여의고 자신도 이어 세상을 등졌다. 그녀의 나이 19세였고 자식도 남기지 못했다. 그녀의 가련한 삶에 대해 사촌 오빠는 가엾게 여기면서 심지어 태어나지 않는 편이 나았다고 생각한다.

유년 월 삭 간지에 사촌 오빠 순곡 거사가 몇 개의 육포와 한잔 술을 갖추어 사촌 아버지의 서녀, 이씨 집안에 시집간 사촌 누이의 영령에 제사를 지낸다. 사람은 누군들 죽지 않으랴마는 누군들 죽음을 슬퍼하지 않으리오. 그러나 애통해할 만한 사람이 어찌 다시 너 같은 사람이 있겠느냐?

누이동생은 일찍 부모를 잃고 나이가 들어 마침 어진 남편에게 시집을 갔는데 결혼한 지 몇 달 만에 남편과 아내가 모두 죽었다. 옛날 사람이 말하기를, "인생이 꿈 같고 환상 같다."고 했는데 나는 일찍이 말하길, "만일 길몽을 꾼다면 마음이 기쁘고 기분이 편안할 것이다. 하물며 이 인생 백년에 있어서 좋은 일이 뜻에 맞으면 기쁠 것이니 어찌 단순히 인생이 꿈 같고 환상 같다고 할 수 있겠는가? 이는 통괄하여 말할 수 있는 것이 아니다."라고 하였다. 진실로 누이동생의 신세와 같은 경우는 거의 한번도 길몽이었다고 할 만한 적이 없었다.

아! 인생이 이와 같다면 마치 없는 것만 같지 못하다. 누이동생의 나이 바야흐로 19세이고 누이동생의 남편은 27세이고, 누이동생의 오빠가 있는데 26세이다. 누이동생의 남편이 죽은 것이 7월 초하루 경신일이었는데 9일 후 술신일에 누이동생의 오빠가 죽고 누이동생이 27일 병술일에 죽었다. 한 집에 살던 사람이 한 달에 세 명이 죽었는데, 모두 자식이 없이 일찍 죽었다.

아! 일반 사람에게 이러한 일이 있다 해도 오히려 그 슬픔을 감당하기 어려운데 하물며 너희 같은 형제에 있어서랴! 아! 어찌 생각해야 하는가? 죽은 형 겸수씨는 나이 19세에 장가를 들자마자 죽었으니 당시 과부 형수는 나이 16세였는데 올해 9년이 되었고 봄 초에 과수 역시 죽었다. 사람들은 그가 복을 받지 못함을 애도하지만 어찌 우리 집안에 다시 너처럼 박명한 자가 있음을 다시 볼 것이라고 생각했겠는가? 우리 집안의 여러 형제 자손이 일찍 죽었으니 앞으로 자손들이 박복하여 조상들이 남긴 복을 받지 못할 것인가? 아니면 자손들이 불초하여 선열을 이어받아 지키지 못해 흉한 재앙에 이른 것인가?

아! 누이동생의 남편은 누이동생보다 어질었으니 누이동생은 실로 매제에게 미치지 못했다. 나는 매제가 죽은 것은 누이동생이 박명해서이니 진실로 누이동생이 이 어진 남편을 보호하지 못해서라고 생각한다. 그러나 어찌 한 달도 되지 않아서 네가 또한 일찍 죽을 줄 생각했겠는가?

아! 매제의 집안에서 장차 매제를 장사지내며 아울러 너를 같은 무덤에 장사지내려고 한다. 아! 백년을 함께 하는 부부의 기약이 여기에서 그치고 마는 것인가? 들으니 누이동생이 임종에 우리를 보고자 하였다는데 우리는 네가 죽는 것을 보지 못했다. 지금 우리가 누이동생에게 한 잔 술을 올리나 아득히 멀리 있어서 우리와 잔을 건넬 수가 없구나. 아! 아느냐 모르느냐? 아! 슬프다.

심씨 집안에 시집간 누나에게 올리는 제문

[祭沈家姊文]

권시는 4세에 어머니를 여의고 할머니에게 자라다가 할머니마저 돌아가시자 누나를 의지하며 살았다. 평소 몸이 약했던 권시는 그 일로 누나에게 걱정을 끼쳤는데 정작 자신보다 누나가 먼저 죽자 암담함에 어쩔 줄 몰라 한다. 동생은 평소 꿈에 누나를 보면서 누나의 안위를 점쳤는데 누나가 죽고 난 지 한참이 지나도 꿈에 나타나지 않자 누나가 자신이 임종을 보지 못한 것을 한으로 여겨 그런 것이라며 자책한다. 평생 동생을 걱정하며 살던 누나와 누나를 어머니 같이 여겼던 동생의 정이 애틋하게 묻어나 있는 제문이다. 안동 권씨 부인은 심지원(沈之源)과 결혼했고, 38세의 나이에 세상을 등졌다.

유세차 숭정6년 계유년(1633) 1월(계사) 20일 임자일에 동생 모는 병 때문에 곡하러 가지 못하고 사람을 시켜 단술 한 잔을 갖추어 심씨 집안에 시집간 누나 안동 권씨의 영전에 제전을 올리고 그 슬픔을 폅니다.

아! 누이가 가신 것을 저는 슬퍼할 수가 없습니다. 나는 하늘에서 부여받은 명이 박해 어린 나이에 어머님을 여의고 18세에 고아가 되어 형제자매가 함께 돌보며 백년을 누리어 일찍 죽는 일이 없기를 바랐습니다. 어머니가 돌아가실 때 저는 겨우 4세가 지나 할머니께서 저를 길러 주셨는데 다음 해에 할머니 또한 돌아가셔 외로이 의지할 곳이 없었습니다. 누나 보기를 마치 어머니같이 하였는데 저의 기박한 운명은 오늘 무한한 슬픔을 감당하게 되었으니 운명이여! 어찌 이처럼 슬픈가요?

아! 누나는 부드럽고 아름답고 자애로웠으며 술 담그고 음식 만드는 것과 옷감 짜는 일에 솜씨가 있었으니 부덕과 여공을 두루 갖추지 않은 것이 없었습니다. 효성스럽고 순종하며 인척들과 화목한 것이 내외의 친척에게 드러났습니다. 매우 총명하고 다른 사람을 능가하는 재주와 식견이 있어 저는 항상 말하길, "만일 누나가 남자로 태어났다면 반드시 집안을 크게 일으켰을 것입니다."라고 하였습니다. 무릇 인물이 맑고 빼어난 자는 다치기 쉬운데 누이는 특별한 품성과 뛰어난 기질을 갖고 망하여 가는 세상을 만나 쇠미한 집안에 살았으니 오래 살기를 바랄 수 있었겠습니까?

아! 누나는 하늘에서 받은 품성이 굳세어 저처럼 약하지 않았습니다. 그러나 누나의 나이 38세이니 나같이 약한 사람이 어찌 세상에 오래 살아 누나를 위해 슬퍼할 수 있겠습니까? 아! 누나는 병중에 나를 기다렸고 임종에 서로 보지 못함을 한으로 여겼습니다. 나는 누님의 병이 위독하다는 소식을 듣고도 추위에 겁먹고 병이 깊어질 것이 두려워 달려가 누님과 영결을 나누지 못하고 마침내 이승과 저승을 달리하는 무궁한 슬픔을 만들었으니 그것이 너무나 슬픕니다. 누나의 우애의 정이 돈독하시나 저의 골육의 정은 박하니 누나는 저를 생각하셨으나 저는 누나를 잊었던 것입니까?

평소 누나가 큰 질병과 우환이 생길 때면 반드시 꿈에 나타났습니다. 때문에 내가 꿈에서 누나를 보면 몽사가 불길해 내가 반드시 말하길, "누나에게 반드시 무슨 질병이 있고 무슨 우환이 있나보다."하고 다른 날 알아보면 과연 그랬습니다. 이것은 동기의 꿈이 또한 통한 것입니다. 누나가 돌아가신 후 6일 만에 제가 부고를 들었으니 누나가 가신 지 지금 십 수 일이 되었는데 꿈에서 한 번도 보지 못했으니 이는 누나가 제가 보러 가지 않은 것을 유감으로 여기셔서 그런 것임을 알겠습니다. 저는 오직 이것이 슬픕니다. 그러나 또한 어찌 슬퍼할 수 있겠습니까?

저 또한 아프니 죽으면 마땅히 지하에서 누나를 만날 것입니다. 부모의 슬하에서 하나는 왼쪽에 하나는 오른쪽에 있으면 이는 기쁜 일입니다. 제가 어찌 슬퍼하겠습니까? 아! 저는 평생 질병이 많아 죽을 지경에 이른 것이 여러 번입니다. 누나는 항상 저의 병을 걱정하시고 저는 하루아침에 갑자기 죽어 형제들에게 걱정을 끼치지 않을까 두려워했었습니다. 어찌 제가 도리어 누나가 일찍 죽음을 당해 슬퍼할 것을 생각이나 했겠습니까? 아! 슬픕니다.

계집종 계정에게 주는 글

[酹婢桂貞文]

권시 부부를 주인으로 모시던 여종 계정이 죽자 권시는 그녀를 위해 제수를 마련하고 제문을 써주었다. 13세에 권시 집안에 종으로 들어와 16세의 어린 나이에 죽은 계정은 주인을 마치 부모처럼 대하며 충실을 다하였기에 주종과 신분 관계를 떠나 권시는 진정으로 그녀의 죽음을 애석해하고 불쌍하게 여기고 있다.

기축년(1649) 5월 초하루, 주인 권 거사는 너의 친구 계집종 임향(壬香)에게 밥과 나물을 장만하도록 시켜 너 계정(桂貞)의 영혼에 제사를 지낸다. 네가 죽은 지 이미 11일이 되었으나 너의 혼백은 돌아갈 곳이 없으니 이에 너의 주인과 주인 마님 그리고 너의 주인 아씨가 너를 집안의 어른으로 여기고 너를 위해 한 차례 제사를 지내 너의 혼을 위로한다. 네게 영혼이 있다면 이곳에 와서 흠향하고 누리며 영원히 귀의하거라.

아! 너는 비록 천하게 태어났으나 성품과 행동거지가 실로 다른 사람보다 훌륭했다. 처음 너를 데려다 일을 시킬 때 나이 겨우 13세였고 이제 16세가 되었지만 장대한 남자 종들이 따를 수 없었다. 네가 우리 집에 온 이후로 배가 고파도 한번도 배고프다고 말하지 않고 추워도 춥다고 하지 않았으며 고생해도 고생스럽다고 하지 않으며 주인 보기를 마치 부모같이 하였다. 능히 충실을 다하는 것을 알고 있었고 또 능히 멀리 생각하는 것을 알고 있었으니 이 어찌 보통의 천한 사람들이 쉽게 할 수 있는 일이겠느냐? 또한 어찌 나이 어린 아이들이 쉽게 할 수 있는 바이겠느냐?

이에 주인 부부가 너를 믿고 아끼기를 마치 눈처럼 하고 어금니처럼 하였거늘 어찌 병으로 며칠 누워 있더니 하루아침에 갑자기 죽었단 말이냐? 대장부로서 너 일개 어린 계집종의 죽음을 생각하며 눈물을 그칠 수 없으니 정도가 지나친 것은 아닌지 모르겠다. 아! 애석하다.

송준길

송준길(宋浚吉) : 1606(선조39)~1672(현종13). 자는 명보(明甫), 호는 동춘당(同春堂). 본관은 은진(恩津), 부친 이창(爾昌)은 영천군수(永川郡守)를 지냈고, 송시열의 부친 갑조(甲祚)와 함께 쌍청당 송유(宋愉)의 후손이다. 어머니는 광산인 김은휘(金殷輝)의 딸이다. 김장생(金長生)은 동춘당에게 외당숙이 된다. 18세(1623) 무렵부터 김장생에게 나아가 수학하였고, 김장생이 별세한 후 김집(金集)을 스승과 붕우 사이의 지위로 대접하면서 학문적 교류를 지속하였다. 동춘당은 김장생 문하에서 기호학파의 학자들과 교류하였다. 장인이자 스승이었던 정경세(鄭經世)로부터도 일정한 영향을 받았다. 동춘당은 김상헌(金尙憲)과 그의 자손들 그리고 민유중(閔維重)을 비롯한 여흥 민씨 집안의 학자들과 학문적·정치적으로 밀접하게 교류하며 노론 세력을 형성하였다. 동춘당은 17세기 정파적 대립의 주요 원인이 된 예송(禮訟)에서 노론의 입장을 일관되게 견지하면서 허목과 윤휴, 윤선도 등 남인 세력의 비판을 방어하는 대변가 역할을 하였다. 동춘당의 문하생은 민정중(閔鼎重), 민유중(閔維重) 형제를 비롯하여 권상하, 황세정, 이선, 조상우, 이희조 등 17, 18세기 기호학파의 중요한 인물들이다. 동춘당은 1624년(19세) 진사에 합격하였으나, 1627년 부친상을 치른 후 더 이상 응시하지 않았다. 1633(28세) 동몽교관에 임명되어 잠시 부임하였다가 같은 해 정경세가 별세하자 곧 귀향하고, 1649년 효종의 즉위 때까지 학업에 전념하였다. 1649년 효종이 즉위하자 산림들을 등용하였는데, 이 때 동춘당도 진선으로 천거되었다. 그러나 동춘당은 산림 출신들과 함께 친청파(親淸派)인 김자점 일파를 탄핵하였다가 김자점 측이 효종의 반청정책을 청에 밀고함으로써 도리어 정치 일선에서 물러나게 된다. 동춘당은 1657년 진선으로 다시 경연에 출입하면서부터 정치에 참여하여 1659년 효종의 상을 당하자 송시열과 함께 상사를 주관하였다. 이후 산림출신의 다른 관료들과 마찬가지로 진퇴를 거듭하지만, 동춘당은 대체로 만년에 이르기까지 꾸준히 정치에 참여하였다. 현종조에는 경연을 통해서 자신의 학문적 입장과 정치적 견해들을 꾸준히 제기하였다. 1669년 죽기 전까지 허적을 탄핵하는 소를 올렸는데 현종에게 받아들여지지 않아 이에 유감을 품은 채 별세하였다. 동춘당은 16세기 조선성리학의 성과를 폭넓게 수용하여 17세기 기호학파의 학문적, 정치적 입장을 구축하는 과정에 적극적인 역할을 한 것으로 평가된다. 문정(文正)이란 시호를 받았다. *『효종실록』, 『현종실록』, 『연려실기술』 참조.

유씨 할머니 묘소에 세제를 거행하기로 결정하고 보내는 통문

[先祖妃柳氏墓所定行歲祭通文[1]]

유씨 할머니는 은진 송씨 집안의 8대조이다. 유씨 부인은 남편이 일찍 죽자 개가시키려는 친정 부모를 피해 아이를 등에 업고 개성에서 회덕까지 걸어와 시집에서 아이를 기르며 평생을 마쳤다. 이 일로 유씨 부인은 정려를 받았고 은진 송씨 집안의 역사적 인물이 되었다. 이 글은 송준길이 자신의 조상 묘소를 돌보며 유씨 부인의 묘소에 세제를 거행하기로 결정하고 이를 여러 집안사람들에게 알리는 통문이다.

우리 할머니 유씨의 묘는 주안현 관동에 있는데 제사가 끊긴 지 지금 100여 년이 된다. 무덤을 돌보지 않고 나무하고 꼴 베는 사람들도 금하지 않아 무릇 길 가는 사람들이 안타깝게 여기고 탄식하지 않는 이가 없다. 하물며 우리 자손들이 이러한 경우를 당해 마음이 어떻겠는가?

우리 집안이 비록 매우 쇠하였으나 헤아려 보건대 현재 살아 있는 자가 아직 100여 명이나 되며, 이 지역에 사는 자가 절반이 된다. 무덤과의 거리가 심히 멀지 않은데도 성묘하는 예를 폐하고 행하지 않아서 무덤이 무너지고 없어지는 지경을 면치 못하게 하였으니, 이것이 어찌 우리 자손의 책임이 아니겠는가?

아! 세일제를 영원토록 폐하지 않는 것은 이미 『주자가례』의 근본 뜻

1) 통문(通文) : 여러 사람이 돌려 보는 통지문(通知文).

이다. 그러하니 비록 묘전이 없다 하더라도 어찌 우리 집안사람들이 함께 힘쓸 바가 아니겠는가? 이에 이 달 9일에 모든 집안사람들이 묘 아래에 모여 성묘의 예를 마치고 잘 의논하여, 앞으로 매년 일정한 규칙으로 삼기를 원한다. 모름지기 이날 집안사람들이 모두 모이면 매우 천만다행이겠다.

증조할머니 단인 완산 이씨의 묘에 고하는 글
[曾祖妣端人完山李氏墓告文]

송준길이 벼슬을 하게 된 사실을 증조할머니에게 아뢰는 글이다. 송준길은 은혜를 조상님의 은덕으로 돌리고 성묘하면서 이 글을 지었다.

유세차 숭정 6년 계유(1693) 6월 신유 20일 경진에 증손 선무랑 동몽교관 송준길은 감히 증조할머니 단인 완산 이씨의 묘소에 밝게 아룁니다. 헤아려보니 우리 증조할머니를 여기에 의탁하여 장사지낸 것이 이미 100여 년이 되었습니다. 그 사이에 시대가 바뀌고 일이 변하여 아직까지 무덤을 옮기지 못하였고, 길이 너무 먼 데다가 자손마저 바뀌어 제사도 지내지 못하는 지경에 이르고 나무하고 꼴 베는 사람들도 금하지 못하였습니다. 자손들의 불효한 죄가 이에 이르러 빠져 나갈 데가 없으니 유명을 생각하면 실로 슬프고 목이 멥니다.

준길이 조상께서 남겨 주신 복을 받아 다행히 벼슬을 얻었기에 와서 성묘하면서 시절의 음식을 바치니, 엎드려 바라옵건대 은혜로운 영혼이 만일 계신다면 오셔서 흠향하십시오.

할머니 유씨에게 정문이 내린 뒤에 묘소에 고하는 글

[先祖妣柳氏旌閭後墓所告由文]

송준길 집안에서 추진하던, 선조비 유씨의 정문을 세우는 일이 마침내 이루어지게 되었다. 이에 송준길은 정문을 받게 된 그간의 과정과 일을 유씨 부인에게 아뢰며 아울러 은전을 내려준 왕에게도 감사하는 마음을 적고 있다.

우리 할머니의 아름다운 행실과 곧은 절개는 고금에 뛰어나, 법에 상고해 볼 때 정문을 세워 포상하는 것이 마땅합니다. 그러나 행적을 묻어 둔 지가 대개 300년이나 되어 여러 해 동안 못난 자손들은 묘소에 오르는 것이 부끄러웠습니다. 지난번 자손들이 함께 모의하여 현정에 고하고 현감은 여러 방백에게 알려 마침내 조정에까지 들리게 하였습니다.

예조 판서[2]가 사적을 논하여 아뢰고 대신이 의견을 올리자[3] 성상께서는 가상히 여기시고 즉시 추후의 정려를 허락하셨으며, 법령을 상고하고 전례를 물어 전조까지 감면해주셨습니다. 높은 은혜와 융숭한 예에 참으로 유감이 없습니다.

처음 이 일을 의논할 때는 모두들 오래 전의 일이어서 증거가 없어 소원을 이루지 못할까 두려워하였습니다. 그러나 어르신들에게 묻고 비갈에서 상고하였으며, 또 후손 중에도 그 빛난 업적의 사실을 알고 있는

2) 종백(宗伯) : 예조 판서.

3) 헌의(獻議) : 임금의 정사(政事)에 관한 물음에 대한 의견을 올림.

자가 있었습니다. 일이 잠시 묻히는 경우는 있으나 이치가 끝내 막히는 경우는 없기에 이제 정문의 은명이 내렸으니, 아름다운 명성은 세상의 풍속과 교화를 도울 것이고 광명은 후손들을 보호할 것입니다.

백달촌에 옛 터가 그대로 남아 있으므로 그 앞에 정문을 세워 은혜로운 명령을 드러내겠습니다. 일을 시작하는 처음에 그 사유를 고하고 슬픈 마음으로 성묘합니다. 삼가 생각건대, 영령은 정직하고 총명하시므로 영원토록 어둡지 않으실 것이니, 흠향하시고 들어주시길 바랍니다.

누님 묘소에 고하는 글

[殤姊墓告文 丙午]

송준길에게는 오래 전에 죽은 누나 이외에 다른 형제가 없었다. 외가의 선영에 묻힌 누나의 묘소에 가서 분묘를 살피다 무너진 것을 보고 흙을 더하고 사초하면서 제사를 지내며 지은 글이다.

우리 누님은 특별한 자질을 가지고 태어났으나 불행하게도 일찍 죽었고 장사도 외가의 선영에 지내고 부모의 묘역으로 돌아오지 못하였으니 더욱 슬프고 가슴이 아픕니다.

나는 이 세상에 태어나 팔자가 매우 기박하여 일찍 부모를 여의었고 게다가 형제도 없으며 또 외아들마저 잃었습니다. 집안의 형세가 외롭고 쓸쓸하여 아득한 천지에 원통하기가 그지없을 따름입니다.

병이 조금 나은 틈에 와서 분묘를 살펴보니 세월이 오래되어 무너진 것을 보고는 매우 놀랐습니다. 그래서 흙을 더하고 사초하면서 술과 과일로 제전을 올립니다. 영혼이 계시다면 흠향하십시오.

숙부인에 추증된 증조할머니 완산 이씨 묘소에 묘갈 세우는 것을 고하는 글

[曾祖妣 贈淑夫人完山李氏墓竪碣告文 戊申]

송준길이 휴가를 받아 증조할머니의 무덤에 성묘하고 묘소에 묘갈을 세우는 것을 아뢰는 글이다.

준길은 병 때문에 먼 시골에 칩거하여 살면서 해야 할 일을 미루어 성묘를 하지 못한 지 어느덧 10여 년이 되었습니다. 이번에 다행히 임금님의 부르심을 받들어 조정으로 올라갔다가 은혜로운 휴가를 받았기에 와서 무덤에 성묘합니다. 겸하여 고 태학사 정홍명이 짓고, 준길이 써서 작은 묘갈에 새긴 것을 묘도의 동남쪽에 세웁니다. 또 임금님의 넉넉한 예를 받아 특별히 요전상[4]을 마련해 주시어 유명을 감동케 하셨으니, 감격스런 눈물 한이 없습니다. 이에 감히 그 사유를 자세히 고하니, 영령께서는 오셔서 흠향하십시오.

---

4) 요전상(澆奠床) : 무덤 앞에 차려 놓은 제물.

정부인에 추증된 아내 진주 정씨의 묘소에 고하는 글
[亡室 贈貞夫人晉州鄭氏墓告文 己酉]

송준길의 손자 송병원이 생원시에 합격한 것을 아내의 묘소에 알리는 글이다. 송준길은 손자의 급제를 아내와 함께 축하하고 기뻐하지 못하는 것을 아쉬워하는 마음을 보이고 있다. 송준길은 정경세의 딸인 진주 정씨와 1623년에 결혼하였다.

이번에 셋째 손자 병원이 다행히 생원시에 3등 제 22인으로 급제하였습니다. 나 또한 지난 가을에 조정에 갔다가, 이번에 다행히 귀향을 허락하시는 은혜를 입어 새로 급제한 손자아이를 데리고 와서 당신의 묘소에 영분[5]합니다. 생각이 살아 있는 사람과 죽은 사람에 미치니 한편으로는 기쁘고 한편으로는 슬퍼서 마음이 서글픕니다. 그대의 영혼이 만일 아신다면 내 심정과 같을 것이라 생각합니다. 삼가 관에서 주신 제전을 차려 놓고 일의 전말을 상세히 고합니다.

---

5) 영분(榮墳) : 과거에 급제하거나 혹은 처음으로 벼슬에 오른 사람이 조상의 묘소에 가서 풍악을 잡히고 그 영예(榮譽)를 고하는 일.

누님 묘소의 표석 세우는 것을 고하는 글

[殤姊墓竪表告文]

송준길은 결혼도 하지 않고 죽은 누나의 무덤이 없어질 것을 걱정하여 비석을 만들었다. 그리고 비석의 뒷면에 세계(世系)와 사실(事實)을 기록하여 묘소에 세우면서 그것을 누나의 혼령에게 아뢰기 위해 이 글을 지었다.

숭정 경술년(1670) 8월 을유삭 모월 모일에 아무 관직에 있는 동생 준길은 삼가 손자 병문을 보내어 결혼하지 않고 돌아가신 누님 은진 송씨의 묘소에 밝게 고합니다.

우리 누님을 외가의 선영에 장사 지낸 뒤로 세월이 이미 오래 되어 형편상 부모님 산소 가까이로 천장하기 어렵게 되었으니 사정이 매우 슬픕니다. 후일에 시대가 더욱 멀어지면 무덤이 장차 평지가 될 것이니, 그리되면 또 누가 누님의 무덤을 구별해 알아볼 수 있겠습니까? 이렇게 되는 것이 두려워 감히 작은 비석 하나를 마련해서 간략하게 세계와 사실을 비석 후면에 기록하여 오늘 묘소 앞에 세우려 합니다. 누님의 영령은 굽어 살피시고 천년만년 영원히 평안하십시오. 감히 술과 과일을 차려 놓고 정성을 펴서 고합니다. 삼가 아룁니다.

과부인 딸, 나씨 부인에게 주는 제문
[祭孀女羅氏婦文]

송준길의 딸은 남편이 죽은 후 바로 자결한 계획을 갖고 있다가 동서가 아들을 낳으면 그를 남편의 후사로 삼기 위해 참고 살았다. 그러나 10여년이 지나도록 동서가 아들을 낳지 못하자 결국 스스로 목숨을 끊었다. 송준길은 자결한 딸을 위해 제문을 지었는데 딸을 편협하고 불통하다고 나무라며 시종일관 비우호적인 태도를 보이고 있다. 친정아버지가 딸의 절개에 대해 생각하는 일면을 볼 수 있다.

유세차 숭정 임인년(1662) 8월 신축 삭 27일 정묘는 과부인 딸 나씨 부인[6]의 발인이다. 너의 늙은 아버지는 병으로 영결식에 가지 못해 손자 병문(炳文), 병하(炳夏) 등에게 일을 맡기고 관 앞에 고하며 곡한다.

아아! 슬프다. 전하는 말에 '인생에 있어 재난을 면치 못하는 것은 부모의 죄다'라고 하니 너를 지금 이 지경에 이르게 한 것은 모두 나의 죄이다. 다시 무슨 말을 할 수 있겠느냐? 다시 무슨 말을 더 할 수 있겠느냐?

너의 순수하고 현명하며 밝고 명철한 자질과 아름답고 현숙하며 단정하고 너그러운 행동거지는 이치상 천지신명의 은혜를 받는 것이 당연한데 너의 박명함이 이와 같으니 위대한 천지신명께 유감이 없을 수가 없다. 옛 사람들이 말하길, "천리는 헤아릴 수 없고 신은 믿고 의지할 수 없다"고 하였는데 아마도 이 때문에 생긴 말인가?

---

6) 송준길의 큰딸. 이름은 미상. 1648년(인조26)에 나명좌(羅明佐)와 결혼하였다.

네가 과부가 된 다음부터 너를 집에서 데리고 살며 서로 의지해 살고자 했으니 부모와 자식의 정이 어찌 끝이 있겠느냐마는 상황이 그럴 수가 없었다. 너는 일찍이 나에게 말하길, "사는 것이 무익하니 죽어서 편안함만 같지 못합니다."라고 하였다.

나는 그럴 때마다 너에게 말하길, "내가 살아있는데 네가 어찌 감히 죽을 수 있단 말이냐? 장차 네가 남편의 제사를 받들 아들을 세우고자 한다면 반드시 네가 살아있어야만 가능하다."라고 하였다.

너는 과부가 된 초기부터 이미 자결할 계획을 갖고 있어 여러 차례 집안사람들에 의해 구해졌다. 나는 네가 이런 마음을 항상 갖고 있음을 걱정해 일부러 이 말을 해서 그 마음을 없애려고 하였다. 지금까지 10여 년 동안 참고 살기에 나는 네가 내 말을 따르고 있다고 생각했는데 지금 와서 갑자기 이 지경에 이르니 어찌 단지 네 자신만 생각하고 늙은 아비와 시부모님은 생각하지 않았느냐?

네 마음은 반드시 동서가 아들을 낳으면 장차 데려다 후사로 삼기를 밤낮으로 한결같이 생각하며 애타게 바랐으나 누차의 생산에 모두 아들을 얻지 못했다. '내가 살아 기다린 지 이미 오래되었으니 다시 더 기다릴 것이 무엇 있으랴?' 생각하고 마침내 자결할 계획을 실행하고 나머지는 돌아볼 겨를도 없었구나.

나는 항상 네가 효도하고 우애하며 온화하고 너그러우며 사리에 통달하다고 생각하여 한결같은 마음으로 의지하며 네 오라비[7]보다 아래에 두지 않았거늘 지금 보니 그 편협하고 불통함이 대저 어찌 그리도 심하냐? 네가 해주관아에서 돌아왔을 때부터 바로 가서 만나기를 아침저녁으로 바라며 어찌 잊었겠느냐? 다만 집이 가난해 말이 없기에 뜻이

7) 송준길의 아들 송광식(宋光栻). 1625~? 효종 때 학자. 자는 희장(希張).

있어도 이루지 못했었다.

또한 네가 편지에 쓰기를 7월 네 어머니[8]의 기일에 올 것을 기약하기에 마침 네 오라비가 현령이 되어 올라갈 때 너를 데리고 오라고 시키고 손꼽아 기다렸다. 그런데 네 오라비가 아침에 네 집에 도착해보니 너는 전날 밤 이미 죽었으니 네가 늙은 아비를 생각하지 않고 또 네 오라비의 행차를 기다리지도 않았으니 그 이유가 무엇이냐?

네 아우는 약하고 가난해 네 어머니를 잃은 후부터 너를 보기를 어머니같이 하였고 너 또한 네 아우를 자식처럼 대해 내가 항상 기뻐했는데 지금 모두를 다시 돌아보아 생각함이 없구나.

예로부터 충신과 열부가 뜻을 이미 결정하면 용감하게 가서 반드시 이루며 앞뒤를 돌아보는 바가 없었다. 비록 중도에 들어맞지는 않지만 또한 스스로 성취하여 일개 '의(義)'자를 얻는 것도 예로부터 그러하였다.

내가 너를 어찌 다만 원망하기만 하겠느냐? 오직 너를 이 지경에 이르게 하고 시종 할 말이 없으니 모두 다 나의 죄이다. 옛말에 이르길, "비록 하늘의 운명이라고 하지만 인사로 이를 수도 있다."고 하였는데 생각이 이에 미치자 슬픈 창자가 자연 마디마디 끊기는 것 같으니 이를 어쩌랴?

아! 너의 절조와 열을 가지고 남자로 태어났으면 우리 집안의 명성을 이어 어찌 원대하게 이익이 되지 않았겠느냐? 그러나 불행하게도 명이 박하여 부인이 되었으니 만약 그 죽음을 조금 늦추어 와서 내 여생을 봉양했으면 나의 늘그막의 심신이 어찌 조금이나마 편안하지 않았겠느냐? 그러나 지금 모두 그럴 수 없으니 이 모든 것이 내 재앙과 죄를 쌓

8) 송준길의 부인 진양정씨(晉陽鄭氏). 송준길의 스승 우복(愚伏) 정경세(鄭經世)의 딸로 1623년 (인조1)에 결혼하여 1655년(효종6) 7월에 사망.

은 것 아님이 없다.

천지신명의 뜻을 당해 화가 나니 다시 무슨 말을 하겠는가? 들으니 네가 지하에 들어갈 기한이 되었다고 하나 나는 늙고 병들고 또 형세에 매여 영결식에 가지 못하고 네 오라버니 또한 공적인 일 때문에 가지 못해 다만 네 조카들로 하여금 가게 했으니 이 또한 사람의 인정상 차마 처할 수 없는 일이다.

네 어미가 나를 버리고 먼저 가고 거의 지금 10년이 되어가지만 나는 항상 슬프다. 지금 보니 황천은 아득하고 막막해 아는 바가 없으나 나는 매우 부럽다. 너는 황천에서 네 어머니에게 절하고 모름지기 나의 이 마음을 전하거라. 그러나 나는 매우 늙어 남은 날 기약이 없고 황천이 단란한지 알 수 없으나 과연 이승의 삶과 다르기야 하겠느냐? 이는 헤아릴 수 없을 뿐이다. 말은 다함이 있으나 정은 끝이 없다. 너의 영혼 항상 헤아려 살피거라.

할머니 유씨의 정문비기

[先祖妣柳氏旌門碑記]

8대조 할머니 유씨 부인의 정문비기이다. 송준길은 유씨 부인의 정문만으로는 선조비의 아름다운 행적을 오래도록 전하기에 부족할까 걱정하는 종인들의 뜻에 따라 비석을 세우고 행적을 대략 기록하였다.

아! 이곳은 우리 할머니 유씨께서 사시던 옛 집으로 나라에서 정문을 세우도록 명한 마을이다. 유씨는 계통이 고흥에서 나왔다. 고려 말기에 유준(柳濬)이 상서로서 고흥백에 봉해졌는데, 이분이 바로 우리 할머니의 아버지이다. 할머니는 홍무 신해년(1371)에 태어나셨다. 배필을 선택하여 우리 할아버지 진사부군 송극기(宋克己)에게 시집오셨다. 진사부군께서 불행히 일찍 돌아가셨는데, 할머니는 그때 나이가 22세였다. 친정 부모가 젊은 나이에 과부가 된 것을 가엾게 여겨 개가시키려 하자, 할머니께서는 차라리 죽을지언정 다른 마음을 품지 않겠다고 맹서하고, 4세 된 고아를 업고 수백 리 길을 걸어 송경에서 회덕의 시부모의 집으로 돌아와서 평생을 마쳤다.

할머니께서 돌아가신 지 200여 년 뒤 숭정 계사년(1653) 봄에 준길이 마침 사산의 분암에 있었다. 어느 날 저녁 갑자기 마치 하늘이 내 마음을 인도하는 것 같아 마음속으로 '우리 할머님의 굳은 지조와 열행이 옛 사람에 뒤지지 않은데 이러한 미덕을 도리어 묻어두고 있으니, 우리 자손들이 장차 어떻게 속죄할 수 있겠는가?'라고 생각하고, 여러 집안사람들과 상의하고 조정에 아뢰어 정문을 내리는 은전을 입었다.

5년 뒤 정유년(1657) 겨울에 신 준길이 외람되이 강연에 입시했을 때, 돌아가신 임금님께서 마침 곧은 부인의 일에 대해 언급하셔 신이 감히 할머님의 유적을 들어 대답하였더니, 돌아가신 임금님이 바로 "몇 년 전에 이미 정포를 명하였다."라고 전교하셨다.

신은 이에 성상께서 여러 가지 일을 처리[9]하시는 중에도 오래된 작은 일까지 하나도 빠뜨리지 않고 밝게 살피심이 이와 같은 것에 속으로 감탄하였다. 이것은 비록 대성인의 밝은 지혜와 총명함이 천고에 뛰어나 일어난 결과이지만 또한 우리 할머니의 지극한 행실과 절개가 돌아가신 임금님의 마음[10]을 감동시켜 오래도록 기억하고 잊지 않게 한 것이니, 아! 이 또한 특별한 일이다.

이에 우리 후손들은 서로 권면하여 우리 할머니께서 남긴 열행을 저버리지 말고, 특별히 총애하신 왕명을 받들어 널리 드러낸다면 아마도 부끄럽지 않은 자손이 될 수 있을 것이다.

모든 집안사람들이 정문만으로는 할머님의 아름다운 행적을 오래도록 전하기에 부족할까 염려하여 비석을 세워 할머니의 행적을 대략 기록하였다. 할머니의 상세한 사실은 9대손 찬성 송시열이 지은 묘표기에 실려 있다. 묘는 회덕읍 동쪽에서 10리 거리에 위치한 관동의 산 서남방을 향한 언덕에 있다.

---

9) 만기(萬機) : 임금의 정무(政務) 또는 여러 가지 정사(政事).

10) 신충(宸衷) : 제왕의 마음 속. 신념(宸念).

숙부인 금천 강씨의 묘지명

[淑夫人衿川姜氏(鄭東望妻)墓誌銘并序]

숙부인 금천 강씨는 송준길의 이종조카이며 소현세자의 빈인 강빈의 언니이다. 강빈이 폐서인이 됨에 따라 그의 아버지 강석기와 오빠가 화를 당하여 금천 강씨도 여러 번 자결하려고 하였는데 뜻을 이루지 못하였다. 그러나 결국 집안의 화로 인해 병이 생겨 죽게 되었다. 송준길은 금천 강씨의 묘지명을 쓰면서 강씨 집안에 닥친 참화에 대해 언급하고 있다. 사적에 잘 나타나 있지 않은 강빈 친정 집안의 사실을 알 수 있는 자료이다.

나는 이미 정승선 동망[11]을 위해 그의 돌아가신 아버지 참의공의 무덤에 지를 썼다. 승선은 또 그의 전부인의 행실을 적어 나에게 명을 쓸 것을 부탁했다. 아! 부인은 실로 나의 이종조카로, 돌아보건대 의롭고 정이 있었으니 차마 거절하지 못함이 있다. 그러나 또한 차마 말할 수 없는 것이 있다. 병술년(1646) 공사(公私)의 화[12]는 예부터 일찍이 있던

---

11) 정태제(鄭泰齊) : 1612(광해군4)~? 본관은 동래. 자는 동망(東望), 호는 국당(菊堂) 또는 삼당(三堂). 이조좌랑 양우(良佑)의 아들이며, 우의정 강석기(姜碩期)의 사위이다. 1635년(인조13) 알성문과에 병과로 급제하여 검열이 되었고, 1639년 정언・지평・헌납을 거쳐 이듬해 이조좌랑을 지냈다. 1642년 이조정랑이 되고, 이어서 응교・집의, 1644년 사간 동부승지를 역임하고 이듬해 정조사로 청나라 연경에 갔을 때 순치제에게 간청하여 봉림대군의 귀환을 허락받았다. 돌아와서 밀양부사가 되었으나 이듬해 공청감사(公淸監司) 임담과 유탁의 모반사건에 연루, 유배되었다. 그 뒤 풀려나 삼사의 벼슬을 거쳐 이조참의 승지를 지냈으며, 1660년 (현종1) 동래부사로 나갔다. 저서로 『국당배어(菊堂俳語)』와 한문소설 <천군연의(天君衍義)>가 있다.

바가 아니다. 매번 생각할 때마다 나도 모르게 자다가도 놀라고 꿈에서도 경악한다. 지금 붓을 잡고 부인의 묘에 명을 쓰려고 하니 또 어찌 한 글자 글자마다 천 번 흐르는 눈물을 감당할 수 있겠는가?

아! 슬프다. 부인의 성은 강씨로 계보가 금천에서 나왔으니 곧 우리 월당상공[13]의 장녀이시다. 할아버지는 강찬(姜燦)으로 이조참판이다. 그의 누이동생이 바로 소현의 빈[14]인데 폐서인이 되었다. 남자 형제는 문성(文星)·문명(文明)·문두(文斗)·문벽(文璧)·문정(文井)이다. 그의 외할아버지는 대사헌 신식(申湜)이다.

---

12) 숙부인 금천 강씨의 동생 즉, 소현세자빈 강씨를 사사(賜死)한 일을 말함,

13) 강석기(姜碩期) : 1580(선조13)~1643(인조21). 본관은 금천. 자는 복이(復而), 호는 월당(月塘), 삼당(三塘). 이조참의 찬(燦)의 아들로, 큰아버지 순에게 입양되었다. 김장생의 제자로 1616년(광해군8) 증정문과에 병과로 급제, 승문원에 들어갔으나 시세에 불만을 품고 고향으로 돌아갔다가 인조반정 뒤 교리 등을 역임하고, 대사간·대사성·도승지 등을 거쳐서 1636년 이조판서에 올랐으며 1640년에는 우의정에 세자부를 겸하였다. 부승지로 있을 때 딸이 소현세자빈이 되었는데, 그 뒤 강빈은 심관에서 뇌물 외교에 필요한 자금을 마련했다는 이유로 인조의 불평을 샀으며 또 역위(易位)를 꾀한다는 의심을 받던 중, 세자가 부왕에 의하여 독살된 뒤 강빈도 저주사건 즉 역모의 주모자로 모함 받아 사사되었다. 그것을 '강빈의 옥'이라 하는데 앞서 죽은 강석기는 관작을 추탈 당하였고, 그의 부인은 처형되었으며 아들 문성과 문명은 장살(杖殺)당하였다. 따라서 그의 가문은 역적 집안으로 멸문의 화를 당했다가 숙종 때 복관(復官)되었다. 시호는 문정(文貞)이다.

14) 민회빈 강씨(愍懷嬪姜氏) : ?~1646(인조24). 조선시대 소현세자(昭顯世子)의 빈(嬪). 본관은 금천(衿川). 우의정 석기(碩期)의 딸이다. 1627년(인조5) 가례(嘉禮)를 올려 소현세자빈이 되었다. 병자호란 뒤인 1637년 세자와 함께 심양(瀋陽)에 볼모로 갔다가 1645년(인조23)에 조선으로 돌아왔다. 그런데 세자는 환국 후 두 달 만에, 병증(病症)이 있은 지 3일 만에 34세로 급서(急逝)하였다. 세자의 독살혐의가 짙은데도 인조는 입관(入棺)을 서두르고 강빈(姜嬪)과 대신들의 간청도 뿌리치고 장례를 매우 간소하게 지냈다. 그해 봉림대군(鳳林大君)이 귀국하여 세자가 되었고, 소현세자의 원손(元孫)은 왕위계승 자격을 잃게 되었다. 여기에다 인조의 총애를 받으면서 강빈과 반목질시하던 조소용(趙昭容)이 강빈이 인조를 저주하였다고 무고하여 그의 형제들을 모두 유배시키자, 강빈은 인조거실(仁祖居室) 근처에 가서 통곡하고 그때부터 왕에게 조석문안도 하지 않았다. 그리고 왕의 수라상에 독을 넣었다는 혐의도 받게 되어 후원 별당에 유치(幽置)되었다가 조정대신들의 반대에도 불구하고 1646년 3월에 사사(賜死)되었다. 이어 세자의 어린 세 아들은 귀양 가게 되고, 강빈의 노모와 4형제는 모두 처형 혹은 장살(杖殺)되었다.

부인은 만력 기유년(1609) 6월 13일에 태어나 19세에 승선군에게 시집왔다. 부인은 타고난 성품이 맑고 똑똑해 사리에 통달했다. 병인년(1626) 강왈광(姜日廣)과 왕몽윤(王夢尹) 두 조사가 왔을 때 여러 부녀자들이 성을 무너뜨리듯 가서 보느라 가마가 길을 가득 메웠는데 부인은 홀로 가지 않았다. 아버지 월당상공이 기특하게 여겨 "여사로다. 부인의 행실은 이와 같아야 한다."라고 하였다.

이미 정씨에게 시집와서 자신의 부모를 섬기던 것으로서 그 시부모를 섬기니 봉양함을 받들어 따랐기 때문이었다. 시부모님의 마음을 위무하고 기쁘게 하는데 지극함을 쓰지 않는 것이 없었다. 병자의 난리에 바삐 도망가고 숨는데 부인은 시부모님이 탄 말을 따라 걸으며 힘들거나 피로한 기색을 보이지 않았다. 흩어지고 넘어지는 순간에도 노인을 봉양하는 데 더욱 정성을 다하니 시부모가 매번 칭찬하여 말하길, "우리 어진 며느리로다." 하였다.

승선군[15]이 일찍 대과에 붙어 벼슬[16]을 하다가 뜻밖의 화[17]를 만나 멀리 서쪽 지역으로 유배를 갔다가[18] 소환[19]되지 못한 채 참의공[20]이 세상을 떠났다. 부인은 홀로 상례를 치러야 했는데 형식과 슬픔을 두루 갖추어 부신하고 부관하는 모든 도구를 조금도 유감이 없게 하였다. 참의공을 처음 광릉에 장사지냈는데 거리가 경성과 40리 정도였다. 처음

15) 강씨 부인의 남편, 정태제를 말함.

16) 비옥(緋玉) : 비단옷과 옥관자(玉冠子). 곧. 당상관의 관복.

17) 무망(无妄) : 64괘의 하나. 건괘와 진괘가 거듭된 것임. 하늘 아래에서 천둥이 치는 형상을 상징하며, 뜻밖에 일이 닥침을 의미함.

18) 정태제가 公淸監司 임담과 유탁의 모반사건에 연루되어 유배되었던 일을 말하는 듯하다.

19) 사환(賜環) : 죄를 용서하여 소환하는 것. 옛날 죄를 지은 신하가 귀양을 갔을 때 임금이 다시 소환하고 싶으면 환을 내려 주었고, 영원히 결별하고 싶으면 결을 내려 주었다는 고사에서 나온 말.

20) 정태제의 아버지, 곧 부인의 시아버지를 말함.

기일을 당해 부인은 몸소 가서 슬픔을 펴고 몹시 추운 때였지만 종일토록 쌀 한 톨도 입에 넣지 않았다. 부인은 혼신으로 슬퍼하여 몇 번이나 기절하였다가 살아나곤 했다. 부인은 제사를 받드는 데 그 정성과 공경함을 다하여 항상 손수 제수를 갖추었으며 고기를 비롯한 나머지 제수 또한 모두 삼가 비축해 놓았다. 앉아서 닭이 울 때까지 기다렸다가 제사일을 주관했는데 30년 동안 한결같이 하였다. 여공에 부지런히 힘써 해가 밝기 전에 일어나고 집안의 대소사를 모두 스스로 살폈으며 잠시도 쉬거나 편하게 있지 않았다. 일찍이 남편에게 알리지 않는 바가 없었으며 승선군이 혹 병이나 먹지 못하면 부인도 또한 먹지 않고 주야로 옷을 벗지 않았다.

부인은 자녀가 없었는데 승선군에게 첩을 구하여 후사를 구하도록 권했다. 집안사람들을 어루만지는 데 법도가 있었으며 일찍이 꾸짖는 말을 하지 않아 집안이 엄숙하고 화목했다. 승선권에게 매우 가난한 과부 여동생이 있었는데 부인이 정성을 다해 대접해 맛있는 것 하나를 얻어도 번번이 나누어 보내주며 말하길, "차마 혼자 먹지 못하겠다."라고 하였다. 승선군이 외지로 귀양 갔을 때 고향친구가 서울에서 객사하였는데 부인이 염을 하고 의복을 마련해주니 듣는 사람들이 칭찬하지 않는 이가 없었다.

월당공이 임오년에(1642) 돌아가셨는데[21] 5년 후 집안이 거의 아무것도 없을 지경으로 망했다. 부인이 여러 번에 걸쳐 자결하려고 하였는데 번번이 옆 사람에 의해 구해졌다. 혹 수일동안 죽도 먹지 않아 이때부터 병이 쌓이고 약해지다 점점 깊은 병에 빠져 을사년(1645) 3월 26일에 진천의 별장에서 죽었다. 그해 6월 경오일에 여주읍 동쪽 죽송동 북

---

21) 송준길이 월당상공을 위해 지은 제문 <祭月塘姜公文>이 『동춘당집』 권17에 실려 있다.

서쪽을 등진 언덕에 장사지냈다. 그해 겨울 10월 승선군이 아버지와 어머니를 부인의 무덤 위에 받들어 옮기려고 하였는데 부인이 평소 그가 무덤을 옮길 계획이 있다는 것을 알고 무릇 100여 가지의 제수 용품을 준비해두고 마련해놓고 기다렸다. 큰일을 당하여 반듯반듯하게 처리해 부족한 것이 없었으니 승선군이 매우 놀랐다.

승선군의 이름은 태제이고 동망은 그의 자다. 그의 세덕은 참의공의 묘지에 자세하다. 월당공은 석기인데 자는 복이니 곧 나의 이종형이다. 내가 항상 부사로서 섬겼는데 그 깊은 덕과 어짊은 족히 당세의 모범이 되고 후대에 이름을 전하기에 충분하다. 그런데 시체가 채 식기도 전에 참혹한 재앙을 당했으니, 아마도 이는 세상의 운수 탓이지 사가의 탓은 아니다. 부인의 현숙한 덕과 아름다운 행실은 복과 성함을 받아 하늘의 녹을 누리는 것이 마땅한데, 불행히 친정집이 화를 만나 인생의 반을 원통함과 억울함으로 보냈고, 또 불행하게 자식마저 없었으니 아! 착한 것을 무엇으로 권면할 수 있겠는가? 이른바 "하늘은 믿을 수 없고 이치는 헤아리기 어렵다."는 것이 바로 이를 두고 한 말이 아니겠는가? 아, 슬프다.

명(銘)에 이른다.

하늘은 밝게 비춘다고 하는데
착한 자에게 복을 주고 악한 자에게 화를 주는 것이
어쩌면 이리도 어그러졌는지.
하늘은 아득하다 하는데
미루어 주고 빼앗는 것을
또 누가 배분하는가?
아! 부인이 덕이 있으나 운수가 기박했으니
하늘이여 사람이여 장차 누구를 탓하리오?

온갖 재앙에 걸려 온갖 참혹함 겪었으니
듣는 사람 그 누가 슬퍼하지 않겠는가?
훌륭한 남편의 지극한 정은
진실로 살고 죽음에 차이가 없네.
내가 글로 숨은 덕 드러내려 하니
말은 처참하여 더욱 격렬해지네.
먼 길 떠나는 혼백이
무덤에서 위로 받기를.

숙부인 동래 정씨의 묘지명
[淑夫人東萊鄭氏墓誌銘 并序]

숙부인 동래 정씨(1609~1671)는 정지경과 강씨 부인의 딸로 태어나 15세에 여량 송시철에게 시집가 7남을 두었다. 송준길은 부인의 아들, 송광연의 청을 받아 묘지명을 지었다. 부인이 미신을 배격했던 점이 특이하게 부각되고 있다.

평원의 목백(牧伯)[22] 송숙보(宋叔保)가 그의 죽은 아내 정부인의 행장을 그 아들 전 사헌부 지평 송광연(宋光淵)에게 주어, 수백 리 길을 걸어 궁벽한 마을의 적막한 물가로 나를 찾아와 묘지명을 부탁하였다. 나는 정신이 쇠락하고 문장이 졸렬해 적임자가 아니라고 사양하였다. 그러나 광연이 초췌하게 상복을 입고 더욱 간절히 청해, 평소의 정의를 생각하여 차마 끝내 사양할 수 없었다.

행장을 살펴보니, 부인의 본관은 동래(東萊)이며, 상서 좌복야 정목(鄭穆)의 후손이다. 복야로부터 13대가 지난 후 종부시 첨정 정구(鄭球)에 이르러 심하게 기묘사화에 징계되어, 문을 닫고 병을 핑계대며 벼슬을 사양하고 문장 짓는 것으로 스스로의 즐거움으로 삼으며 호를 괴은(乖隱)이라 하였는데, 이 분이 부인의 고조이다. 증조 정희등(鄭希登)은 장령으로 을사사화에 죽었는데, 지금까지 그것에 대해 전하는 자들이

22) 목백(牧伯) : 관찰사.

너무 참혹하여 차마 말을 하지 못한다. 할아버지 정근(鄭謹)은 7, 80세의 노인으로 중추부 경력을 거쳐 통정대부의 품계에 오르고 호조 참판에 추증되었다. 아버지 정지경(鄭之經)은 문과에 합격한 목사로 품계가 통정대부였고 예조 참판에 추증되었다. 그는 강씨와 결혼했는데 강씨는 진주의 대성으로 우참찬 강신(姜紳)의 딸이고 우의정 강사상(姜士尙)의 손녀이다. 만력 기유년(1609) 6월 10일에 부인을 낳았다,

부인은 어려서부터 남다른 자질이 있었고 비슷한 또래 가운데 뛰어나 참찬공이 매우 사랑하였다. 10세의 나이에 이미 부녀자의 도리를 능히 닦았다. 목사공이 배천 군수가 되었을 때 마침 연고가 있어 가족을 데려가지 못하고 다만 부인을 데리고 갔는데, 모든 음식과 의복을 부인이 실제로 맡았다.

15세에 배우자를 골라 송씨 집안으로 출가하였다. 송씨는 여량(礪良)의 대성으로 예산현감 송류(宋瑠), 호군 송세인(宋世仁), 사헌부 감찰 증 이조판서 송초(宋礎), 예조 참의 증 이조판서 송극인(宋克訒)이 바로 4대의 조상이다. 어머니 정부인은 청풍 김씨로 사재감 첨정 김흡(金洽)의 따님이다.

부인이 시집오자 시부모와 늙은 시첩이 모두 칭찬하며 서로 축하하였다. 김 부인은 평소 병을 잘 앓아, 모든 집안 살림을 부인에게 맡겼는데, 부인은 위로는 어른을 받들고 아래로는 가솔들을 거느리며 밤낮으로 어기는 것이 없었다. 시부모를 섬김에는 아름답고 유순한 태도를 지극히 다했으며 지물의 봉양을 극진히 갖추었다. 제사를 받듦에는 정성과 공경을 한결같이 하여 산해의 진미를 모두 마련하였다. 손님을 접대할 때는 반드시 단술을 마련했으며, 쌀, 소금, 땔감, 기름 같은 사소한 것에서부터 절구질하고 부엌에서 음식을 만드는 일에까지 질서가 있어 볼 만하지 않은 것이 없었다. 사사롭게 쓰는 재물이나 저축해 놓은 것이

전혀 없었으며, 또 감히 사사로이 남에게 빌려 주지도 않으니, 육친이 모두 공경하고 탄복하였다.

계유년(1633)에 목백공이 기이한 병에 걸려 거의 죽게 되자, 부인은 비녀와 귀걸이를 팔아 의원을 불러 약을 조제하여 간호를 하였는데, 거의 2년 동안 띠를 풀거나 머리를 풀지 않았다.

을해년(1635)에 참의공이 돌아갔는데, 병자년(1636)에 호란이 일어나자, 궤연을 받들고 김부인을 모시고 영해 사이로 피란을 가서 온갖 고난을 다 겪으면서 궤연에 상식을 올리는 것과 시어머니의 봉양에 유감이 없게 했다.

무자년(1648)에 목백공이 뜻밖의 화에 걸려 호남의 임피현으로 귀양갔는데, 경인년(1650)에 김부인이 불행히 귀양지에서 돌아갔다. 이에 부인은 스스로 마음을 다하고 정성을 다하여 김부인을 좌우에서 모셨는데, 아픈 곳을 눌러 주고 가려운 곳을 긁어 주며 부축하며 뜻에 따르지 않는 것이 없기를 1년 내내 하루같이 하였다. 김 부인이 운명할 때 말한 것이 흡사 장손부인이 당부인을 칭찬한 것과 같았다.[23] 때에 맞추어 부인은 장례에 필요한 물품들을 모두 미리 준비해 놓아 비록 피란으로 떠돌아다니는 때였지만, 시신에 입히고 채우는 복식이나 관에 넣는 물건들에 조금도 후회스러움이 없었다.

기해년(1659)에 목백공이 밀양 부사가 되었는데, 부인이 안에서 일을 다스리는 것이 매우 엄격하여 아문 안이 숙연하였다. 을사년(1665)에 목

23) 당(唐) 나라 때 산남절도사(山南節度使) 최관(崔琯)의 증조모 장손부인이 나이가 높아 치아(齒牙)가 없어 밥을 먹지 못하자, 최관의 조모 당부인이 수년 동안 시어머니인 장손부인에게 젖을 먹이는 등 효성이 지극하였다. 장손부인은 죽을 때 집안 식구들이 다 모인 자리에서 "며느리의 은혜를 갚을 수 없으니, 며느리의 자손들이 모두 며느리처럼 효도하고 공경하기를 바란다. 그렇게 된다면 최씨의 가문이 어찌 창대(昌大)하지 않겠느냐?"고 하였다. 『新唐書』 倦182 <崔琯列傳>

백공이 시종에서 승지로 발탁되어 부인도 봉작[24]을 받았다. 경술년(1670)에 아들 광순이 횡성 현감이 되니, 부인은 그 며느리에게 경계하기를, "조심하고 공경하고 삼가서 외인과 접촉하지 말고 장사치들과 교통하지 말고 무당이나 승려의 술수에 현혹되지 말아 네 남편에게 누를 끼치지 않도록 해라."라고 하였다. 이는 부인이 스스로를 다스렸던 것으로 며느리에게 가르친 것이다.

신해년(1671) 봄에 아들 광연이 헌직에서 교체되어 경성 판관에 보임되자, 부인은 이 말을 듣고 눈물을 흘리며 이르기를, "너는 이미 몸을 내어 임금을 섬기고 있으니 동서남북 어느 곳을 가지 못하겠냐? 다만 너는 몸에 오래된 병이 있어 한 번 북방[25]으로 나가면 살아서 돌아온다고 기약하기 어려우니 이 때문에 마음이 불안할 따름이다."라고 하였다. 마침내 이것을 걱정하여 병이 되었다. 이어 아들 광렴과 광순의 아내가 나란히 하루 사이에 죽으니, 부인이 크게 슬퍼한 나머지 병이 날로 악화되었다. 여러 아들들이 앞다투어 위안하는 말씀을 올리자, 부인은 대답하기를, "죽고 사는 이치를 내 어찌 알지 못하겠느냐? 내 나이 63세이니 분수에 이미 만족한다. 이처럼 시대가 화평하여 무사한 때에 너희들의 손에서 죽으니 참으로 다행이 아니겠느냐?"라고 대답하였다. 이해 5월 10일에 별세하였다. 부음이 나가자, 친척으로부터 마을의 천한 사람들까지 모두 놀라 슬퍼하며 달려와서 "어진 부인이 돌아가셨다."고 하였으며, 집안의 종들도 모두 자신의 부모를 여읜 것처럼 슬피 부르짖으며 통곡하지 않는 자가 없었다. 9월 3일에 영평 선영 곁에 위치한 금주산 서북방에서 동북방을 향한 언덕에 장사 지냈다.

---

24) 화고(華誥) : 임금이 고관(高官)의 부인에게 봉호(封號)를 내리는 것.

25) 귀문(鬼門) : 음기(陰氣)가 모인 북방(北方)을 이름.

부인은 타고난 자질이 온화하고 맑으며, 성품과 도량이 유순하고 아름다워서 상스럽고 더러운 말을 입 밖에 낸 적이 없고, 나태하고 오만한 모습을 드러낸 적이 없었다. 일찍이 글을 배운 적이 없으나 총명하고 명석하여, 마음을 먹고 행동을 절제하는 것이 저절로 『내훈』, 『열녀전』 등 여러 책에 부합했다. 새벽에 일어나서 반드시 단정하게 쪽을 지었는데, 비록 작은 병이 있어 몸이 불편할 때에도 게을리 하지 않았다. 손에는 길쌈거리를 잡고 늙도록 놓지 않았으며, 의복은 화려한 것을 좋아하지 않고 음식은 오로지 조촐한 것을 숭상하였다. 맛있는 음식이 생길 때 마다 입에 넣지 않으며 말하기를, "이것은 제사를 받들거나 손님을 접대할 만하다. 부녀자가 맛있는 것을 먹지 않는 것은 내가 물려받은 것이다." 라고 하였다.

여러 자식들을 반드시 의로운 방법으로 가르쳤고, 사랑스럽다 하여 규제와 경계를 해이하게 하지 않았다. 매번 집안에 전해 내려오는 장령공[26]의 충효와 정직한 행실을 들어 아들들을 가르쳤는데, 그때마다 탄식하며 눈물을 흘리지 않은 적이 없었다. 평생 동안 무당들의 복을 빌고 재앙을 물리치는 일을 믿지 않았으므로 병을 앓을 때에도 자손들에게 차근히 경계하기를, "상사와 재앙을 치른 후에는 좌도[27]로 미혹하게 하는 것이 지금 세상의 우환이니, 너희들은 모름지기 나의 뜻을 따라 일체를 금하고 끊거라."라고 하였다.

부인에게는 일찍 죽은 오빠 한 분이 있었는데, 그 자녀를 어루만져 기르기를 자기의 자녀와 차이 없이 하였고, 내외 친척에게도 그 친소에 따라 화목하게 지내는[28] 도리를 다하지 않음이 없어, 세상의 부인과 어

26) 친가의 증조할아버지를 말함.

27) 좌도(左道) : 올바르지 못한 도. 무고(巫蠱)・방술(方術) 등을 이름.

28) 인목(婣睦) : 인은 이성친(異姓親)과 화목하게 지내는 것이고, 목은 동성친(同姓親)과

머니들이 모두 모범으로 삼았다.

목백공과 50년을 함께 살며 백발의 나이에도 서로 공경하여, 처음부터 끝까지 덕을 어긴 적이 없었으며, 일찍이 있고 없음을 가지고 남편을 어지럽게 하지 않았다.

부인은 일곱 아들을 두었는데, 광엄(光淹)·광렴(光濂)·광순(光洵)·광준(光浚)·광연(光淵)·광택(光澤)·광속(光涑)이다. 광렴·광순·광연은 모두 갑오년(1654) 사마시에 급제하였다. 광렴은 출사하여 벼슬이 직장에 이르렀으나, 부인에 앞서 일찍 죽었고, 광순은 현감이다. 광연은 병오년(1666) 문과에 급제하였는데, 이가 바로 나에게 묘지명을 청한 사람이다. 광속은 기유년(1669) 사마시에 급제하였다. 광엄은 대사헌 이만(李만)의 딸과 처음 결혼하였고, 서윤 이대순(李大純)의 딸과 재혼하였는데, 딸만 셋 낳고 아들을 두지 못해 광순의 아들 징은(徵殷)을 후자로 삼았다. 세 사위는 윤유일(尹惟一), 유중연(柳衆衍), 유언(柳𨕖)이다. 광렴은 장령 정시성(鄭始成)의 딸과 처음 결혼하여 3남 1녀를 두었는데, 아들은 징헌(徵獻), 징원(徵遠), 징문(徵文)이고, 딸은 생원 조석주(趙錫周)에게 시집갔으며, 판관 김수장(金壽長)의 딸과 재혼하여 1남 1녀를 두었는데, 아직 모두 어리다. 광순은 찰방 이상재(李尙載)의 딸에게 장가들어 4남 3녀를 두었는데, 아들은 징은(徵殷), 징구(徵九), 징오(徵五), 징규(徵奎)이고, 딸은 한시대(韓始大)에게 시집갔으나 일찍 죽었고, 나머지는 아직 어리다. 광준은 감찰 윤원지(尹元之)의 딸과 처음 결혼하여 3녀를 두었는데, 장녀는 이세련(李世璉)에게 시집갔고, 나머지는 아직 어리며, 현감 한강(韓崗)의 딸과 재혼하였다. 광연은 판서 이정영(李正英)의 딸에게 장가들었으나, 자식이 없어 광순의 아들 징오를 후자로 삼

화목하게 지내는 것.

았다, 광택은 군수 박수형(朴隨亨)의 딸에게 장가들어 1녀를 두었다. 광속은 판서 김수흥(金壽興)의 딸에게 장가들어 1녀를 두었다. 징은은 1남을, 윤유일은 1남 1녀를 두었다. 내외 손자 손녀와 증손자 증손녀가 모두 수십여 인이니, 아! 번성하다.

나는 목백공과 관사 사이에서 교분을 맺어 말년의 벗으로 의탁하였고, 여러 자제들도 모두 부지런히 나와 종유하였다. 그들이 나를 비루하거나 졸렬하게 여기지 않고 찾아와서 명을 청하였으니 이러한 까닭에서이다. 목백공은 이름이 시철(時喆)이고, 자는 숙보(叔保)이다.

명(銘)에 이른다.

동래산에 정령이 모여 있고 동래의 물 영민한 인물을 냈네.

뛰어난 선비 이미 많고 여사도 간간이 태어났네.

아름답도다, 부인이여! 덕은 아녀자의 도리[29]에 부합되며

군자의 배필 되어 금실 좋으니

마땅한 집안에 마땅한 사람이라, 화평과 기쁨이 깊구나.

신령이 들어주어 자손도 번창하네.

원기[30] 조금 잃자 슬픈 일 일어나

규중의 모범 예와 같건만 저승길 재촉했네.

부부의 의리 극진하니 친척들 슬퍼하네.

금주산의 무덤은 산 길게 뻗고 물 돌아 흐르는 곳이라네.

내 그 무덤에 지명 써서 우매한 자들 경계하네.

---

29) 곤정(坤貞) : 부녀자의 정숙한 도리를 말함.

30) 천화(天和): 사람의 원기(元氣).

딸의 무덤에 쓰는 글

[殤女壙記]

송준길의 딸 송정일(1623~1634)은 12세에 어머니 진양 정씨를 따라 외가에 가는 도중에 죽었다. 송준길은 딸이 총명했음과 지혜로웠음을 어릴 적 일화를 들어 대화체로 서술하고 있다. 어린 딸을 묻는 아버지의 참혹한 심정이 잘 드러나 있다.

은진(恩津) 송준길(宋浚吉)에게 딸이 있으니 이름이 정일(靜一)[31]이다. 어려서 총명하여 3, 4세에 말을 하니 마치 어른 같았다. 하루는 그 아비가 천자문을 펴고 시험삼아 묻기를, "모 자는 무슨 뜻이며 모 자는 무엇이라 이르냐?"하니 바로 응하여 입으로 대답하는데 의심스러워하는 것이 없었다. 혹 딱 들어맞지는 않는다 하더라도 뜻에서 그리 멀리 벗어나지는 않았다. 그 아비는 기특하게 여겼으나 글은 여자가 해야 할 일이 아니기에 다시 가르쳐주지 않았다. 다만 귀를 끌어 자애롭게 가르쳤을 따름이다.

언젠가 고기를 먹으면서 말하길, "너는 고량진미를 먹고 자라다가 부모를 여의면 어찌하겠느냐?"하니 이에 얼굴을 찡그리며 말하길, "아버지는 아이에게 어찌 이러한 말씀을 하세요?"하였으니 그 지혜로움이 이와 같았다. 차츰 자람에 여공의 작은 일을 맡아 서로 도움이 많았다.

31) 송정일(宋靜一): 1627~1634, 송준길의 딸.

아이의 어머니는 진양 정씨(晉陽鄭氏) 우복(愚伏)[32] 선생의 막내딸이다. 우복 선생은 총재(冢宰)로 물러나서 상주(尙州)의 매호(梅湖)에서 생을 마치셨다. 친상 후 1주년 제사를 맞아 그 어미가 아이들을 데리고 갔는데 사흘이 지나자 정일이 갑자기 아프더니 상태가 매우 나빠져 병이 되었다. 작은 동생을 가슴에 올려놓게 하더니 어루만지고 보면서 그 아비의 관끈을 잡고 마치 영결을 알리는 듯하더니 얼마 후에 죽었다.

아! 애석하도다. 재앙을 면치 못하는 것은 부모의 죄다. 생각해보니 더운 길바닥에서 수레를 따라가고 의사의 치료가 어두워 비명에 요절하는 일이 일어난 것 아니냐? 정부자가 이른바 '사람의 도리가 이르지 않았다'고 한 것을 생각해보니 마땅히 하늘에 명을 책망해야 하는가?

아! 운명이여! 정일은 천계 정묘(1627) 3월 18일에 태어나 숭정 갑술(1634) 6월 초 7일에 죽었다. 다음 달 25일 사유에 회덕현의 하당산 송씨 묘에 데려와 일찍 죽은 숙부와 같은 묘역에 함께 장사지낸다.

---

32) 송준길의 장인 정경세(鄭經世)를 말함. 1563(명종18)~1633(인조11). 문신. 학자. 본관은 진주. 자는 경임(景任), 호는 우복(愚伏). 유성룡의 제자로 경전에 밝았으며 특히 예학에 조예가 깊었는데, 이황의 학통을 이었다. 대사헌 · 승정원도승지 · 이조판서 · 대제학 등을 역임하였다.

공인 이씨의 행록

[恭人李氏(宋希建妻)行錄]

공인 이씨(1571~1648)는 이천유와 최씨 부인의 딸로 태어나 19세에 송희건과 결혼하여 4남 4녀를 두었다. 부인은 음식 솜씨가 뛰어나 음식을 맛본 사람들은 누구나 부인을 제일로 꼽았던 사실이 집중적으로 부각되고 있다.

공인은 국성(國姓)으로 태종 대왕의 아들 근녕군(謹寧君) 이예(李禮)의 후손이다. 아버지는 이천유(李天裕)인데 주부를 지냈고 할아버지 이수(李壽)는 사의를 지냈으며, 증조는 오림(烏林)에서 수령을 지낸 이함(李諴)이며 고조는 검성정 이즙(李楫)이다. 외할아버지 최계훈(崔繼勳)은 사예였는데 영의정 영성부원군 최항(崔恒)의 후손이다.

공인은 융경 신미년(1571) 1월 26일 서울에 있는 집에서 태어나 만력 기축년(1589) 판관공[33]에게 시집왔다. 공인은 관대하고 여유가 있으며 맑고 명석해 크고 작은 것 할 것 없이 한결같이 오직 판관공의 뜻을 따랐다. 판관공은 후모 신씨를 모셨는데 공인은 예에 어긋남이 없이 그를 섬겼다. 판관공은 빈객들을 대접하는 것을 좋아했는데 공인은 술과 먹을 것을 마련하는 데 비록 시간이 촉박해도 이채로운 맛을 내곤 해 사람들이 모두 감탄하여 칭찬했다. 음식 솜씨 좋은 사람을 꼽을 때면 반드

33) 송희건(宋希建)을 말함.

시 공인을 제일로 들었다.

공인은 항상 여러 며느리들에게 말하길, “부인의 도는 오직 군자를 따르고 제사를 공경하게 받들며 삼가 음식을 정성스럽게 마련하는 데 있을 뿐, 이 밖에는 할 일이 없다.”고 하였다. 매번 진귀한 음식을 구하면 번번이 삼가 두었다가 제사 용품에 비축해두고 장차 제사를 지내는 날이면 반드시 정성스럽고 공경하게 하며 일찍이 편안한 마음으로 잠자리에 든 적이 없으며 말하길, “만일 이르거나 늦어서 때를 놓치면 비록 제사를 지낸다 하더라도 제사를 지내지 않는 것과 같다.”하고는 닭이 울기도 전에 반드시 다른 가족보다 먼저 일어났으니 비록 70세가 된 뒤에도 하루 같았다. 그것은 아마도 천성이 그러해서 그랬던 것 같다. 집안일을 도맡아 다스리는 데 있어 미세한 데까지 빠뜨리는 것이 없이 상세해 무릇 백가지를 반드시 미리 갖추어 쌓아두고 준비해 기다리다가 불시에 필요한 것을 대비하였다. 음식과 의복에서부터 술잔과 여러 물건에 이르기까지 찬연히 갖추지 않은 것이 없어 조금도 모자라는 것이 없었다. 이에 빌려가는 사람들도 또한 만족하여 돌아갔다.

친척을 대하는 데 도가 있었고 비복들을 다스리는 데 은혜가 있게 하였으며 굶주림과 추위를 진휼하고 수고와 편안함을 한결같이 하여 상하와 내외의 사람들에게 모두 환심을 얻었다. 공인이 돌아갈 때 모두 슬픔을 다해 곡을 했다.

판관공이 임소에 있을 때 죽었는데 매번 임종하지 못함을 지극한 애통함으로 여겨 과부로 산 17년 동안 일찍이 하루도 가슴에 잊은 적이 없었다. 자식들이 허물이 있으면 가혹하게 책망하지 않고 얼굴빛과 말소리로 은근히 보여 스스로 깨닫기를 기다렸다가 그런 다음에 경계하는 말을 했다. 자녀가 많았으나 눈앞에서 죽은 자가 한 사람도 없었으며, 임종할 때 자손이 모두 모여 마루와 방이 모두 가득 차니 보는 사람들이 어여삐 칭찬하며 모두 말하길, "세상에 이처럼 복록을 누리는 경우를 비교할 말한 사람이 거의 없다."고 하였다.

무자년(1648) 1월에 가벼운 병이 생겼는데 6월 17일 마침내 돌아가시니 향년 78세였다. 점치는 사람의 말을 따라 그 해 8월 무덤을 판관공 무덤 아래로 옮기고 다음해 4월 22일 판관공의 무덤 왼쪽에 옮겨 부장했는데 묘역은 같고 봉분은 다르다.

4남 4녀가 있는데 장남 국시(國蓍)는 생원이다. 차남 국보(國輔)도 생원이며 그 다음은 국귀(國龜)이고, 다음은 국신(國藎)이다. 큰 딸은 사인 이업(李檏)에게 시집갔고 그 다음은 정주목사 소동도(蘇東道)에게 시집갔으며, 그 다음은 생원 김손현(金巽賢)에게 그 다음은 진사 권양(權諹)에게 시집갔다. 국시는 현감 김덕민(金德民)의 딸에게 장가들어 3남 3녀를 낳았다. 큰 아들은 규정(奎禎)인데 현감 황신(黃紳)의 딸에게 장가들어 아들 하나를 낳았는데 어리다. 차남 규상(奎祥)은 사인 이정생(李珽生)의 딸에게 장가들어 1남 1녀를 두었는데 어리다. 규창(奎昌)은 아직 장가들지 않았다. 큰 딸은 사인 변휘(卞撝)에게 시집갔는데 자손이 없이 죽었다. 차녀는 시집가지 않고 죽었다. 그 다음은 어리다. 국보는 사인 이정기(李珽期)의 딸에게 장가들어 딸 하나를 두었는데 어리다. 국구는 현감 권위기(權爲己)의 딸에게 장가들어 2남 3녀를 두었는데 모두 어리다. 국신은 진사 황덕윤(黃德潤)의 딸에게 장가들어 4녀를 두었는데 모두 어리다. 이업은 3남 2녀를 두었는데 장남은 시우(時雨)이고 차남은 상우(商雨)이고, 그 다음은 어리다. 소동도는 자녀가 없다. 김손현은 6남 1녀를 두었다. 장남은 항(沆) 그 다음은 준(浚), 윤(潤)이며 나머지는 모두 어리다. 딸은 사인 이정번(李廷蕃)에게 시집갔다. 권양은 3남을 두었는데 장남은 박(博)이며 나머지는 어리다. 내외의 여러 자손들은 약 50여 명쯤 된다.

8대조 할머니 열부 유씨의 행장

[八代祖妣烈婦安人柳氏行狀]

송준길 집안의 역사적 인물인 8대조 할머니 유씨 부인의 행장이다. 송준길은 일반적인 행장의 형식을 갖추어 유씨 부인의 세계를 기록한 후 유씨 부인이 열녀로 정려 받게 되는 과정을 상당한 분량을 할애하여 기록하고 있다. 그래서 이 글은 행장이라기보다는 일종의 보고서적 성격을 갖추고 있다. 다시 말해 이 글은 유씨 부인의 정려를 받기 위해 증거물을 수집하고 공론을 형성하여 얻은 당위성을 구체적으로 서술하고 있다. 이 시기 한 집안의 열녀가 사회적으로 공인 받는 과정과 그것이 다시 집안에 미치는 영향 등을 살피는 데 중요한 역할을 하는 글이다.

우리 선조 할머니 부인 유씨의 계통은 흥양(興陽)에서 나왔다. 고려조 상서 고흥백익호안공(尙書 高興伯謚胡安公) 유준(柳濬)의 따님이시고 판관(判官) 유방(柳坊)의 손녀이시다. 도첨의정승익영밀공(都僉議政丞謚英密公) 유청신(柳淸臣)의 증손이시며, 어머니 모씨는 모관을 지낸 모의 따님이시다. 부인은 홍무년 신해년(1371)에 태어나서 비녀 꽂을 나이가 되어 신부로 발탁되어 우리 선조 할아버지 성균진사부군(成均進士府君)께 시집오셨다. 부군 극기(克己)의 성은 송씨이니 은진(恩津)의 큰 가문이다. 고려조 사헌집단(司憲執端) 송명의(宋明誼)의 아드님이시며 지군사(知郡事) 송춘경(宋春卿)의 손자이시고 지군사(知郡事) 송득주(宋得珠)의 증손이시다. 집단공(執端公)은 밝은 성품과 곧은 절조로 포은(圃

隱) 및 여러 현인들에게 추중을 받았다. 회덕 황씨에게 장가드셨는데 이 분은 판서(判書)에 추증 받은 황수(黃粹)의 따님이시다.

처음 회덕(懷德)에 가정을 꾸리실 때부터 부군은 이미 명문 집안의 자식으로서 널리 선비의 행적을 행하셨고 젊은 나이에 학교에 뽑혀 들어가 장차 큰 일을 하실 듯하였으나 불행하게도 명이 짧아 돌아가셨다. 실제 홍무 임신년(1392)의 일이었다.

부인은 이때 나이 스물두 살이셨고 다만 아버지 여읜 아이 하나가 있었는데 겨우 네 살이었다. 송경에서 부모님을 따라 함께 있었는데 상복 입는 기간을 끝내자 부모님께서 딸이 일찍 과부가 된 것을 불쌍히 여겨 뜻을 빼앗아 재가시키려 하셨다. 그 때는 조선 초기에 해당하는데 이전의 유속이 아직 고쳐지지 않았던 때였다. 부인은 죽기를 맹세하며 의를 지키는 것이 더욱 굳어 부모님이 오히려 옳지 않다고 여기셨다. 이에 따르는 계집 종 한 명과 함께 회향의 시가에 가기로 약속을 하였는데, 계집종은 처음엔 그러겠다고 했지만 마침내 곤란하게 여기고 주인 부모의 명령이 아니라고 생각해 그만두었다. 이에 부인이 밤에 홀로 아버지 여읜 아이를 업고 도망하여 걸어갔다. 무릇 삼일 밤낮을 걸어 회덕에 도착했으니 회덕과 송경의 거리는 오백여 리가 되었다. 시부모님은 처음엔 받아들이기를 달가워하지 않고 말씀하시길, "어찌 이처럼 고생을 하느냐? 딸이 부모의 말씀을 따르지 않으니 이는 삼종의 의를 알지 못해서이냐?"라고 하셨다. 부인은 울면서 대답하기를, "이른바 삼종의 의리라고 하는 것은 등 뒤의 아이에게 있는 것이 아닙니까?"라고 하였다. 시부모님은 마침내 감격해서 받아들이기를 허락하였는데 아무 것도 먹지 못한 지가 여러 날이라 먹을 것을 주자 기운이 쇠진하고 장이 말라 물을 떠주면 겨우 목구멍으로 넘길 뿐이었다. 이때부터 자상하고 효도하기를 더욱 돈독히 하며 처음부터 끝까지 다르게 하지 않았다.

업고 있던 아이는 이미 성장했으니 이름은 송유(宋愉)[34)]이다. 가르침을 받들며 기본 품성이 아름다워 실로 깊고 곧은 덕과 고고하고 고상한 절개가 있었다. 그때는 공정대왕조(恭定大王朝)였는데 은거하고 벼슬하지 않으며 회덕의 백달촌(白達村:지금은 송씨 마을이라고 하는데 송씨가 번창하기 때문이다)에 집을 짓고 동편에 나가 정사를 이끌며 편액을 쌍청당(雙淸堂:당의 누각이 망가져 다시 수리했다. 지금 종손 규연(奎淵)이 이어서 지키고 있다)이라고 하였다. 송유는 이른 새벽부터 저녁까지 온화하고 부드럽게 성심과 애정을 다 쏟아 부었다.

부인은 매우 강건하며 정신적 물질적 봉양을 두루 누리셨는데 취금 박팽년이 이를 기록하여 아름답게 여겼다. 정통 병인년(1446)에 쌍청공이 또 먼저 세상을 떠 부인이 거듭 슬프고 참담한 경우를 만나셨으니 이는 사람의 이치로 감당하기 어려운 일이나 성품이 장부와 같아 모두 천명에 맡겨버리고 죽는 일이나 사후의 일을 슬퍼하지 않으셨다. 7년 후 경태 임신년(1452) 부인의 연세 82세에 돌아가셔 회덕에 장사지내고 동관동 서남방의 언덕에 모시고 묘 앞에 작은 돌비석을 세우고 간략하게 사실을 기록했다.

부인이라고 칭한 것이 어찌 부군이 일찍이 한가한 지위에 있어서 그런 것이겠는가? 쌍청공은 아들이 둘 있었으니, 장남은 계사(繼祀)인데 실제로 그 중요한 일을 이어 벼슬이 상주판관(尙州判官)에 이르고 사헌부지평(司憲府持平)을 추증받았다. 차남은 계중(繼中)인데 군직을 맡았다. 여러 계파가 각기 10여 세대에 이르니 세월이 흐를수록 더욱 번성해 내외 자손이 거의 만 여명에 이르며 명망있는 벼슬아치와 어진 선비들이 족보에서 서로 바라보고 있다. 쌍청당의 묘는 회의 판교리에 있는데 청음 김 선생이 찬한 표갈과 더불어 부인의 행적을 저술한 것이 있고

---

7) 송유(宋愉) : 1389(고려 공양왕1)~1446(조선 세종28). 학자. 호는 쌍청당.

자손 가운데 지어 드러내고자 하는 자가 묘지 뒤에 기록하였다.

숭정 계사년(1653) 봄에 여러 문중 사람들이 모두 입을 모아 말하길, "우리 선조 할머니의 아름다운 행동과 곧은 절개는 천고에 우뚝 뛰어난데 없어져 들리는 바가 없으니 어찌 슬프고 두렵지 않습니까? 사실이 진실로 기대하는 바가 있는데 어찌 조정에 들리도록 도모하지 않습니까?" 하였다.

정려를 추진하는 자는 7대손 동지중추부사(同知中樞府事) 희명(希命)[35]이었는데 문중의 어른으로서 집안사람 수백 명을 이끌고 관아에 호소하였다. 듣는 자가 모두 "이런 일이 어찌 늦었는가?"하였고, 현감 조옥(趙沃)은 이 일을 들어 여러 관찰사에게 아뢰었다. 관찰사 조형(趙珩)은 바로 문서를 작성해 정려해주도록 청하여 일이 예관(禮官)에 하달되었다. 일이 오래되어 쉽게 의논할 수 없기에 본 도에 다시 자세히 묻고 반드시 마을의 공론과 혹 비석문자 중에서 의거할 만한 것이 있으면 증거로 삼아 상세하게 다시 아뢰도록 명령하였다. 이에 고향의 유명한 사대부 전 부제학 김경여(金慶餘)[36]와 나이 많은 유사 80여 명이 함께 말을 엮어 부인의 실제 행실을 아뢰고 아울러 부인 묘표의 작은 기록과 쌍청공 묘표의 복사본을 올렸다. 관찰사가 다시 사실을 의거해 임금께 올리자 이에 예조판서(禮曹判書) 이후원(李厚源)[37] 등이 다시 복명하였다.

유씨가 남편을 여읜 것은 홍무 임신년(1392)에 해당하니 실로 우리 성조의 운이 홍기하던 때이다. 지금 262년에 이르도록 우리나라는 여러

---

35) 송희명(宋希命) : 1656(효종7)~1740(영조16). 현종 때 문신. 자는 자순(子順), 호는 취옹(醉翁).

36) 김경여(金慶餘) : 1597(선조30)~1653(효종4). 자는 유선(由善), 호는 송애(松厓), 본관은 경주(慶州)

37) 이후원(李厚源) : 1598(선조31)~1660(현종1). 자는 사심(士深), 호는 우재(迂齋)·남항거사(南港居士). 본관은 전주(全州). 시호는 충정(忠貞)

성왕들이 서로 이어가며 무릇 절의를 칭찬하여 숭상하고 변함없는 윤리를 심으려는 방책을 들지 않음이 없었는데 오직 이 유씨의 일만 지금 매몰되어 전하지 않으니 실로 결점이 있는 일이다.

고려의 옛 풍속에 비록 대단한 집안과 거족이라도 남편이 죽으면 다시 혼례를 하는 것을 당연히 여기고 부끄럽게 여기지 않았다. 조선 초에 이르기까지 이 풍속이 아직도 남아있어 사람들이 진실로 당연시하였고, 법률이나 형세의 구속이 있지 않았으나 류씨는 겨우 나이 22세의 청상과부로 습속이 움직이는 것에 따르지 않고 마음을 곧게 하기를 더욱 힘쓰고 절의를 지키기를 더욱 견고히 하며 부모가 장차 뜻을 빼앗으려고 하는 것을 알고 죽기를 맹세하며 따르지 않았다. 아버지 여읜 아이를 업고 기고 걸어 송경에서부터 회덕 시부모집에 와 의거하며 자애와 효도를 갖추며 그 몸을 마쳤으니 그 뛰어난 행실과 높은 절개는 옛날 위나라 공강[38]과 진 효부의 윤리와 비교할 때 족히 부끄러움이 없다. 전대의 도감과 역사책 가운데에서 열부라고 칭찬하여 표창하여 기록한 것이 어찌 이보다 더한 것이 있겠는가?

우리 조정에 또 매우 비슷한 사람이 있으니 한림(翰林) 김문(金問)의 처 양천 허씨다. 이는 대사헌(大司憲) 허응(許應)[39]의 따님이고 광묘조(光廟朝) 상신(相臣) 김국광(金國光)[40]의 할머니시다. 홍무 계유년(1393) 허씨가 17세였는데 그 남편이 죽자 부모가 일찍 과부가 된 것을 불쌍히 여겨 시집보내려고 하고 약혼도 이미 정했다. 허씨가 이를 알고 송경에

38) 위(衛) 공강(共姜) : 주(周) 때 위(衛)의 세자인 공백(供伯)의 처. 남편이 일찍 죽어 수절하였는데 부모가 재혼시키려하자 백주(柏舟)의 시를 지어 개가하지 않겠다는 결심을 다져보였다.

39) 허응(許應) : ?~1411(태종11). 본관은 양천(陽川), 시호는 경혜(景惠).

40) 김국광(金國光) : 1415(태종15)~1480(성종11). 자는 觀卿(관경), 호는 서석(瑞石). 본관은 광산(光山), 시호는 정정(丁靖).

서부터 아버지 여읜 아이를 업고 걸어서 연산 땅 시가에 와서 절개를 지키다 일생을 마쳤다. 이 일은 위에 전해져 정려 받았고 여지승람(輿地勝覽)에 실려 있다. 그 정문은 지금까지 길가에 우뚝하게 세워져있고 그 아래에 또 작은 돌비석이 세워져 있어 길을 가는 이가 감탄한다. 호서 사람들은 이 두 사람의 일을 나란히 전하며 외우고 있어 시간이 오래 흘러도 쇠하지 않으니 어찌 마을이 가깝고 시세가 같으며 행적의 본말과 시종이 한결같아 서로 부응하기 때문이 아니겠는가? 다만 정표하는 곳에서 하나는 특별하게 여기고 하나는 그렇지 않다고 여기니 그 후손이 이에 한이 없을 수가 없어 추증해 표창해 줄 것을 국가에 바란 것이다.

일은 이미 오래되어 비록 쉽게 결정할 수는 없겠으나 220명의 후손들과 80 명의 마을 사람들이 모두 유명하고 유식한 사람이며 그 가운데는 또한 세상에서 믿고 존중받는 사람도 있어 그들의 말은 반드시 허탄하지 않으며 게다가 전후 금석문자가 족히 증험할 만한 것이니 세대의 오래됨과 가까움에 반드시 구속될 것은 없다. 성대한 왕조가 법을 돈독히 하고 백성을 계발하는 도리를 행하는 데 있어 정려를 허락하여 한 시대의 보고 듣는 것을 새롭게 하고 전날의 잘못된 일을 보충하는 것은 아마도 가하지 않음이 없을 것이다. 그러나 정표를 하는 것은 중요한 일이라 해당 관청에서 독단적으로 처리할 수 있는 것이 아니니 반드시 정부의 복명을 거쳐 여기에서 아뢰도록 하고 대신들과 부여하는 것이 어떠한가 의논하여 윤허에 의거하는 것이다.

영중추부사(領中樞府事) 이경여(李敬輿)[41]와 영돈녕부사(領敦寧府事) 이경석(李景奭)[42]은 정표는 국가의 중요한 일이라 일이 오래되면 감히

---

41) 이경여(李敬輿) : 1585(선조18)~1657(효종8). 자는 직부(直夫), 호는 백강(白江) 또는 봉암(鳳巖). 본관은 전주(全州). 시호는 문정(文貞).

42) 이경석(李景奭) : 1595(선조28)~1671(현종12). 자는 상보(尙輔), 호는 백헌(白軒) 또는

가볍게 처리할 수 없는 것은 그 실적이 드러나지 않고 거짓이 혹 섞여 있을까봐 그런다고 하였다. 지금 이 유씨의 절행은 예나 지금이나 뛰어난 일이라 민멸되지 않았고 일이 모두 징험할 것을 갖고 있어 털끝만큼도 의심할 만한 단서가 없다. 백세에 반드시 전해질 자취가 있으니 정려로 가문을 회복해주고 그럼으로써 의열에 수창하고 아울러 명성을 세우며 퇴락한 풍속을 권면하는 것이 실로 성조의 선을 드러내고 존숭하는 도에 부합하는 것이다.

영의정(領議政) 정태화(鄭太和)[43]와 좌의정(左議政) 김육(金堉)[44], 우의정(右議政) 이시백(李時白)[45]은 말하길, "시대가 비록 오래되었으나 일이 사실이니 아직도 정표하지 않은 것은 실로 잘못된 일이다. 한림 김문의 처 허씨의 예에 의거해서 특별히 정려하라."고 하고 성조의 풍화와 권장하는 도를 윤허받았다.

임금님이 특별히 의론에 의거해 시행하라고 명해 6월에 공문이 이르고 관청에서 정려문을 세울 문설주를 갖추어 주니 22일 병진일이었다. 쌍청당 앞에 정려문을 세우고 앞의 일을 묘에 고하고 편액을 거는 날에 여러 자손이 할머니가 사시던 곳의 유허에 모여 제사하며 그 제문에 이르길, "우리 선조 할머니의 추전은 실로 우리 가문의 막대한 경사다."라고 하였다.

명령을 이루고 처음 하달 받은 이후에 대략 할머니의 묘에 일을 고했으나 다만 부군의 묘지는 처한 곳을 찾을 수가 없이 망망하여 표시를

쌍계(雙溪). 본관은 전주(全州). 시호는 문충(文忠).

43) 정태화(鄭太和) : 1602(선조35)~1673(현종14). 문신. 자는 유춘(囿春), 호는 양파(陽坡). 본관은 동래(東萊). 시호는 익헌(翼憲), 개시(改諡)는 충익(忠翼).

44) 김육(金堉) : 1580(선조13)~1658(효종9). 문신·학자. 자는 백후(伯厚), 호는 잠곡(潛谷)·회정당(晦靜堂). 본관은 청풍(淸風). 시호는 문정(文貞).

45) 이시백(李時白) : 1581(선조14)~1660(현종1). 자는 돈시(敦詩), 호는 조암(釣巖). 본관은 연안(延安). 시호는 충익(忠翼).

할 수 없으니 한을 이길 수 있겠는가? 지금 정려문이 이미 세워지고 은혜로운 편액을 이미 걸었으니 여기는 쌍청당의 서편이다. 이곳은 실로 우리 할머니가 사시던 옛 곳으로 뽕나무와 박달나무가 아직도 남아있어 신령이 내려오시면 실로 여기에 계실 것이므로 감히 맑은 술과 맛있는 음식을 준비해 부군과 할아버지의 영령께 함께 제사를 드리고 감히 할머니의 사적과 정표의 전말을 부군께 아뢴다.

"우리 부군께서 세상을 떠나신 때는 곧 우리 할머니가 22세 되시던 해이다. 그 때에 고려의 풍속이 아직 바뀌지 않아 비록 이름 있는 집안이라 하더라도 남편이 죽으면 다시 시집가는 것을 평안히 여기고 이상하다고 생각하지 않았으나 우리 할머니께서는 부모님이 옳지 않음을 아시고 어린 아이를 업고 기어서 왔다. 송도에서 이 마을에 이르렀으니 이 마을은 실로 우리 집단부군의 거처이다. 할머니는 효도로 봉양하고 애써서 양육하시며 의로움이 삼종지도에 맞아 평생 힘들게 한결같이 절개를 지키며 순결하셨다. 비록 옛날의 위 공강과 진 효부에 무엇을 더할 것이 있겠는가? 지난번 우리 자손 및 마을 사람들이 실적을 추거하여 관아에 호소하고 방백에 아뢰어 조정에 알리니 예관에서 의논하고 주달하며 대신이 의견을 올려 정려를 맡은 관에서 마침내 예지를 받았다. 200여 년 동안 황급히 추진하지 않던 일을 지금에 이르러 해냈으니 이제 유감이 없으며 자손의 질책을 조금이나마 막을 수 있기를 바란다. 우리 부군이 자신의 몸을 닦고 집안을 다스리는 실체를 이에서 가히 징험할 수 있으며 게다가 맑은 영령을 넓히셔 후손이 이어져 효자 충신과 곧은 부인들이 쟁쟁하여 열에 여덟 아홉이 그러하니 어찌 자상하신 음덕이 지치지 않고 가르침을 남기셔 떨어지지 않음이 아니겠는가? 존귀하신 영혼이 이어 지금 오셔서 영광스러운 명을 흠향하시기를 엎드려 바란다. 후인들에게 충효를 권면하기를 더욱 힘써 우리 성상의 표창하고 숭상하는 뜻에 보답하며 큰 소원을 감당하지 못한다. 운운."

제사를 마치고 쌍청당에서 남은 음식을 먹고 문 앞에 모여 음복하며 즐겁고 경사스러움을 다하니 원근에서 서로 전하며 감탄하지 않는 이가 없었다. 부인의 묘 중간이 또한 연몰되어 알 수 없었는데 지난해 집안사람 중에 하나가 사냥을 하다 우연히 관동 동산에 올랐다가 표지가 있는 것을 알고 보니 바로 부인의 묘였다. 8대 손 목사(牧使) 석조(碩祚)가 여러 문중 사람들을 이끌고 제사를 올리고 이에 묘지를 설치하고 매년 3월 상순 일 년에 한 번 제사를 지낸다.

오호라! 우리 선조 할머니의 지극한 행실이 묻혀져 있다가 거의 300년 만에 비로소 지금 드러나게 되었고 그 묘지가 없어진 지 또 몇 년이 되었다가 마침 자손에 의해 다행히 찾게 되었으니 이는 우리 선조 할머니께서 선을 쌓아 후에 좋은 일이 생긴 것이고 천지신명이 묵묵히 도우셔 그러려고 한 것도 아닌데 그렇게 된 것이다. 구구한 자손들이 그 가운데 힘을 용납받은 것이 아니라면 그 또한 기이한 일이 아니겠는가? 이에 가만히 우리 선조 할아버지가 자신을 닦고 집안을 다스린 일을 생각해보니 후하게 쌓아서 먼 훗날 들어난 것이니 반드시 써서 전하는 바가 있어야 하겠다.

세월이 이미 오래 지나면 집안에 증거할 것이 없고 소장한 바가 없으면 또한 능히 찾아서 알 수가 없으니 후세의 병통은 오직 여기에 있다. 지금 장차 부인의 묘에 비를 세워 전말을 기록해 후사에게 무궁토록 보여주고자 한다. 이에 감히 행장을 갖추어 당세의 문장력 있는 군자에게 묘비명을 부탁하니 가긍하고 아름답게 여겨 기쁘게 받아주어 한 말씀 내려주어 황천길에 아름답게 꾸며준다면 돌아가신 분들이나 산 사람이나 감격하고 다행스럽게 여길 것이니 어찌 말을 할 수 있겠는가? 정성의 지극함을 감당하지 못한다.

증조할머니 단인 이씨의 행장

[曾祖妣端人李氏行狀]

송준길이 자신의 증조할머니 단인 이씨의 행장을 지은 글이다. 단인 이씨는 이계와 오천 정씨의 딸로 태어나 송준길의 증조할아버지 송세영과 결혼하였다. 부인의 자녀는 모두 일찍 죽어 결국 후사가 없이 죽었다. 부인의 생몰 연대와 행실은 시간이 오래되어 알 수 없다고 하며 자세히 기록하지 않고 있어 사실상 행장의 형식을 갖추지는 않았다.

단인 이씨는 왕실의 성씨로 운산군 이계(李誡)의 딸이고 밀성군 이침(李琛)의 손녀이시며 세종대왕의 증손이시다. 운산군은 귀척원로[46]로서 네 임금을 두루 섬겼다. 중조를 받들어 큰 대책을 내놓아 어지럽던 나라를 편안하게 다스린 업적을 인정받아 정국공신[47]에 책봉되고 품계가 현록대부[48]에 이르렀으며 시호는 공소(恭昭)이다. 그는 오천 정씨 군수 자숙(自淑)의 딸을 아내로 맞이해 3남 2녀를 두었다. 단인은 바로 그의 둘째 딸이다. 단인은 우리 증조할아버지 세영(世英), 자가 영지(英之)이며 성이 송씨이고 관향은 은진인 집안에 시집왔다. 증조할아버지의 아버지는 송여즙(宋汝楫)인데 선무랑을 지냈으며 할아버지는 송요년(宋遙年)으로 군자감정 겸 교서관판교를 지냈다. 증조할아버지는 송계사(宋繼祀)인데 상주 판관을 지냈고 사헌부 지평에 추증되었다. 고조할아버

46) 귀척원로(貴戚元老) : 임금의 인척(姻戚)이며 공로와 관위가 높은 신하.

47) 정국공신(靖國功臣) : 중종반정(中宗反正) 때 공을 세운 성희안(成希顏)·박원종(朴元宗) 등 1백 7인에게 내린 훈호(勳號).

48) 현록대부(顯祿大夫) : 품계의 하나. 정 1품 종친(宗親)에게 주는 벼슬.

지는 송유(宋愉)인데 덕을 숨기고 벼슬하지 않았으며 호가 쌍청당(雙淸堂)이다. 고려조에 판사를 지낸 송대원(宋大原)이 그 비조이다.

단인은 자녀가 있었는데 모두 일찍 죽어 마침내 후사가 없이 죽었다. 무덤은 광주 서쪽에 있는 기자산 서북에서 남쪽을 향한 언덕에 있다. 공소공의 묘와 거리가 서북쪽으로 몇 리 정도 된다. 우리 증조고는 곡산 연씨(谷山 延氏)를 재취로 맞이하셨는데, 자손이 수 백 명이 되고 높은 벼슬을 한 사람이 끊이지 않았다. 말년에 회덕(懷德)에 살았기 때문에 묘가 송촌(宋村) 학당산 서북방에서 동북방을 향한 언덕에 있다.

불초한 자손들은 세상에 늦게 태어나 단인의 생몰 연대와 맑은 덕과 의로운 행동을 상고할 수가 없다. 또한 무덤이 호서 밖에 있어 때에 맞춰 성묘하지 못했다가 계유년(1693) 증손 준길이 임금님께 벼슬하라는 명을 받들어 서울을 오가는 길에 마침내 묘 아래에서 살피고 절 드릴 수 있게 되었다. 그동안 무덤은 거칠어 졌고 짐승의 발자국이 남아있으며 초목이 무성하여 초동목수의 발길을 면할 수 없게 되었다. 설치해둔 묘전도 모두 다른 사람이 소유하고 있었다. 무덤을 부쳐놓은 것도 또 오환[49]에 위배되어 세월이 지날수록 더욱 멀어지고 더욱 보호할 수 없을까 두려워한다. 비록 자손이 또한 깊이 살필 수는 없지만 마침내 여러 집안사람들과 재물을 모으고 돌을 깎아 비석을 세워 영원히 전할 방법을 도모하였다. 그러니 만약 당세 대군자의 한마디 말을 얻는 은혜를 얻어 비문을 지어 묘도를 꾸미게 된다면 다만 선조의 아름다움을 널리 드러내고 후손에게 전하는 것이 큰 다행이겠다. 후세에 이 비석을 보는 자 또한 장차 공족대성의 무덤인 줄 알아서 혹 보호하는 자가 생길 것이다. 나의 지극한 바람은 실제로 여기에 있다.

---

49) 오환(五患) : 묘지를 쓸 때 꺼리는 다섯 가지. 즉 뒷날 도로가 될 곳, 성곽이 될 곳, 도랑이나 못이 될 곳, 세력가에게 빼앗기게 될 곳, 농지가 될 곳을 말함. 『근사록』 권9 <치법(治法)>.

정경부인에 추증된 어머니, 광주 김씨의 행장
[先妣贈貞夫人光州金氏行狀]

송준길의 어머니 광주 김씨(1565~1621)는 김은휘와 해주 최씨의 딸로 태어나 16세에 송준길의 아버지에게 시집왔다. 부인은 50이 가까운 나이에 송준길을 낳았는데 송준길이 성장하는 것을 보지 못하고 57세에 죽었다. 송준길은 부인이 부용과 부덕과 부공을 갖춘 여성이라고 하며 검약하고 공경한 점을 높이 평가하고 있다. 부인의 자존심이 강했음을 드러내주는 일화가 인상적이다.

정경부인을 추증 받은 어머니 김씨는 광주 대성(大姓)이다. 신라 말 왕자 김흥광(金興光)이 있었는데 나라가 장차 어지러워질 것을 알고 광으로 피해 자손이 여기에 살면서 세대를 이어 빛나고 드러났다. 우리 광묘조에 이르러 유명한 신하가 있었으니 좌의정 광산부원군 김국광(金國光)이다. 국광은 극뉴(克忸)를 낳았는데 사간원 대사간을 지냈으며 바로 어머니의 고조이다. 증조 종윤(宗胤)은 진산군수를 지냈으며 병조 참의를 추증 받았다. 할아버지 석(錫)은 한성부 서윤을 지냈으며 아버지 은휘(殷輝)는 가선대부 행 첨지중추부사 겸 오위장을 지냈는데 바로 대사헌 황강 선생[50]의 동생이다. 선생은 학문이 넓고 두루 재주가 많아 세상에 크게 이름이 났다. 첨추부군은 재주와 그릇이 위대하여 선생은 항

50) 김계휘(金繼輝)를 말함. 김계휘(金繼輝) : 1526(중종21)~1582(선조15). 자는 중회(重晦), 호는 황강(黃岡). 김장생의 아버지로 평안도 관찰사, 예조참판 등을 역임하였다

상 서로 업을 이룰 것을 기약하였으나 장수의 재주는 부군만 못하다고 양보하였다. 부군의 배우자는 숙부인 해주 최씨이다. 절도사 최수인(崔守仁)의 딸이며 고죽 최경창(崔慶昌)의 누이이다. 가법이 엄정하여 육친의 모범이 되었다.

어머니는 가정 을축년(1565) 12월 11일 모시에 태어났는데 타고난 성품이 뛰어났다. 어릴 때부터 이미 어버이에 효도하는 것과 형제를 사랑하는 것을 알았고 조금 자라매 가정의 교육에 무르젖어 한결같이 옛 어진 부인을 법칙으로 삼았다. 여러 친척이 모두 어머니가 부용(婦容)과 부덕(婦德)과 부공(婦功) 3가지를 아울러 갖추어 세상에 짝할 이가 드물다고 말하였다.

나이 16세에 아버님[51]에게 시집오셔 가문에 들어오니 종당이 서로 축하했고 마을에서 경사라고 일컬으며 모두 칭찬하며 탄복하여 말하길, "어진 부인이로다. 어진 부인이로다."하고 하였다.

시부모를 섬기는 데 지극히 효성스러웠으며 부드러운 얼굴빛과 얌전한 자태로 그 마음을 온화하게 했으며 의복을 마련하는 것과 음식을 봉양하는 데 그 뜻에 맞게 따르지 않는 것이 없었다. 참판공이 항상 말씀하시길, "다행이로다! 이와 같은 며느리가 있으니. 우리 자손이 모두 만일 우리 며느리처럼 효성스럽다면 우리 가문이 어찌 창대해지지 않겠는가?"라고 하시며 만일 며느리가 귀녕을 가는 날이 되면, "우리 며느리가 가까이에 없으니 밥을 먹어도 맛있지가 않구나."라고 하셨다. 어머니의 지극한 정성과 받들어 봉양하는 것이 심히 노인의 마음에 인정을 받은 것이 이와 같았다.

군자의 배우자가 되어 산 지 40여 년 동안 처음부터 끝까지 덕을 어긴

51) 송준길의 아버지 송이창(宋爾昌)을 말함.

적이 없었고 제사를 받드는 데 그 정성과 공경함을 다 하였다. 노년에 이르러 병이 들었어도 여전히 스스로 친히 하며 감히 게으른 내색을 보이지 않았다. 돌아가신 아버님이 친구를 좋아하셔 손님 자리가 빈 날이 없었으나 어머니가 음식 만드는 것을 주관하여 잠깐 사이[52]라도 넉넉하게 하여 모자라는 바가 없었다. 아버님이 여러 마을을 두루 부임하셨는데 이르는 곳마다 외부사람의 왕래를 허락하지 않았고 장사꾼의 재화와 시장에서 파는 물건들을 들이지 않으시니 아문의 안이 숙연하였다.

평생 오만한 말이나 게으른 용모를 보이신 적이 없으며 또 화려하고 사치한 습성을 좋아하지 않았다. 옷을 입는 데 오직 검약함에 힘쓰시고 하루종일 바르게 앉아 손수 여공의 일을 맡으셨다. 집 문과 문지방 사이를 아무 이유 없이 나가지 않으셨으며 노비들을 다스리는 데 엄격하면서도 은혜로우셨다. 비록 죄와 허물이 있어도 항상 용서하였으며 먹고 입는 것을 균등하게 하셔 조금도 박하거나 후하게 하지 않으셨다. 궁핍하여 빌리러 오는 자들이 있으면 뜻에 맞게 주어 보내지 않는 이가 없었다. 그 인자하고 자애로우심을 사람들에게 베푸신 것이 깊어 어머니가 돌아가실 때 여러 종들이 마치 그 부모를 잃은 것처럼 슬퍼하였다. 여러 친척들은 그 은혜로움을 기억하여 죽을 때까지 잊지 못했다.

어머니는 처음에 아들과 딸을 두셨으나 모두 키우지 못했다. 나이 50이 가까워 불초인 나를 낳으셔 어머니가 매우 사랑하셨으나 엄하게 교육하셨다. 어릴 때부터 의복과 음식과 걸음걸이, 출입하는 절도에 있어 한마디 말과 한 가지 일이라도 그른 것이 있으면 바로바로 경계하시고 매번 황강 선생과 첨추부군의 덕업과 행의를 들어 순순히 인도하고 신칙하시며 사법을 갖추게 하셨다. 또 사계 선생[53]에게 가서 따르며[54] 아

52) 돌차(咄嗟) : 순식간.

버지로 섬기게 하셨다. 내가 훈사를 받들어 대략이나마 수립한 바가 있게 된 것은 아버님의 가르침을 받은 이외에 어머님께 받은 교육에서 얻은 것이 많다.

아직 내가 결혼하지 않았을 때 신분이 낮지만 권세와 부귀가 있는 자가 혼인할 것을 구하자 어머님이 말씀하시길, "화와 복은 정해진 운수가 있다. 차마 이러한 사람과 혼인을 논하는 것은 차라리 죽으면 죽었지 할 수 없다."고 하셨다. 그 대의를 널리 보시고 명에 맡기고 이치를 따르는 것이 이와 같았으니 아마도 어머니의 지극한 성품과 순수한 행동은 하늘에서 받은 것 같다. 부모님을 섬기고 시부모를 받들며 집안을 다스리고 자식을 가르치는 데 각각 그 도리를 다하지 않은 것이 없어 친인척이 어머니의 덕에 감복하고 가까이 있는 사람이나 멀리 있는 사람이나 어머니의 어짊을 알아 어머니를 어머니로 여기고 모두 법칙으로 취하였다.

천계 신유년(1621) 2월 14일 병으로 돌아가시니 57세였다. 윤 2월 그믐에 공주 유성 사한리 오도산 서북에서 남쪽을 향한 언덕에 장사지내니 시부모 무덤의 왼쪽이다. 7년 후 아버님이 돌아가셔 어머니의 무덤 앞에 장사지내니 서북방에서 동북방을 향한 곳이다. 처음에 어머니를 무덤 왼쪽으로 옮기려고 했으나 점술인이 반드시 그럴 필요는 없다고 하였고 또 옮기는 것은 중요하고 어려운 일이라 하지 못하였다. 38년 후에 내가

---

53) 사계(沙溪) 김장생(金長生) : 1548(명종3)~1631(인조9). 자는 희원(希元), 호는 사계(沙溪), 시호는 문원(文元). 김집의 아버지. 송익필, 이이의 문하에서 공부, 서인의 영수격으로 영향력이 매우 컸다. 정묘호란 때는 의병을 모집하고 흩어진 민심을 수습하는 데 앞장섰으며, 말년에는 향리에 머물면서 많은 제자들을 양성하였다. 예학(禮學)을 깊이 연구하여, 예학파의 한 주류를 형성시켰다. 그는 자신의 아들이자 학문의 정통을 이은 김집(金集)과 함께 문묘에 배향되었다. 송시열(宋時烈), 송준길(宋浚吉), 이유태(李惟泰), 강석기(姜碩期), 장유(張維) 등 후일 서인(西人)과 노론(老論)의 대표적 인물이 그의 제자들이다. 문집으로 ≪사계선생전서(沙溪先生全書)≫를 남겼다.

54) 송준길은 18세부터 사계 선생에게 수학하였다.

외람되게 대부의 반열에 올라 성상의 은혜를 입어 부모님을 추증하게 되고 위로 조고비와 증조고비에까지 정해진 법식대로 증직이 내렸다.

아! 내가 여기에 절통한 것이 남아있다. 어머님은 나를 아주 늦게 낳으셔 힘들고 어렵게 기르시며 장성함을 볼 것이라고 말씀하셨다. 그러나 나무와 바람은 멈추지 않고 지는 서쪽 해는 쉽게 지니 내가 아내를 맞이하고 성균관에 다니는 것도 어머니는 모두 보지 못하셨다. 모두 나의 불효가 막대하지 않은 것이 없어 이 참혹한 벌을 당한 것이니 망망하고 애통한 원망함이 망극하다. 대저 내가 용렬한 재주와 박덕함을 가지고 조정의 특별한 대우를 입어 누차 벼슬자리에 서게 되고 여러 해 동안 영화로움을 따르게 되어 누세토록 영광을 추증 받았으니 이는 비록 우리 조상님들이 선을 쌓고 어짊을 포개어 아름다움을 드리운 것이나 또한 우리 어머니의 깊은 생각과 성실한 덕과 의로운 가르침과 하늘의 도움으로 이러한 경사와 행운이 있게 된 것이다. 어찌 구양수가 말한 "착함은 보답하지 않음이 없으나 느리고 빠름에 때가 있는 것이 일반적인 이치이다."라는 것이 아니겠는가? 원컨대 집사[55]가 대략 몇 줄의 말을 새기어 작은 표석 뒤에 새기어 어리고 몽매한 자손들에게 보이도록 해주기를 간절히 기원한다.

준길은 태학사 문숙공 정경세의 딸을 아내로 맞이하여 1남 2녀를 두었다. 아들은 광식인데 공조정랑이고 큰딸은 나명좌에게 시집갔으나 둘 다 일찍 죽었다. 둘째 딸은 민유중에게 시집갔다. 광식은 아들 넷을 두었으니 병문・병하・병원이고 한 명은 어리다. 딸은 원몽익에게 시집갔다. 민유중은 아들 둘과 딸 하나를 두었는데 모두 어리다.

---

55) 집사(執事) : 높은 이에게 보내는 편지 겉봉의 택호 밑에 '侍下人' 의 뜻으로 붙여 쓰는 말. 지휘자나 주인의 지시를 받아 일을 맡아 보는 사람. 여기서는 묘지명을 부탁하는 상대방을 일컫는 말로 이 글을 읽는 사람을 가리킨다.

김수증

김수증(金壽增) : 1624(인조2)~1701(숙종27). 본관은 안동. 자는 연지(延之), 호는 곡운(谷雲). 청음 김상헌의 손자이며, 김광찬의 아들. 성천부사로 있던 1675년 동생 수항(壽恒)이 송시열과 함께 유배되자 벼슬을 그만두고 자신이 마련해둔 농수정사(籠水精舍)로 돌아갔다. 이때 주자의 행적을 모방하여 그곳을 곡운이라 하고 곡운구곡을 경영하면서 화가인 조세걸에게 <곡운구곡도>를 그리게 하기도 했다. 1689년 기사환국으로 송시열과 동생 수항 등이 죽자 벼슬을 사직하고 화음동에 들어갔다가 1694년 갑술옥사 후 다시 관직에 임명되었으나 모두 사퇴하고 화악산 골짜기로 들어가 은둔하였다. 졸기에 의하면, 사람됨이 청수하여 한 점의 진태(塵態)가 없었다고 한다. 전서(篆書)·주서(籒書)·팔분(八分)을 잘하여 공사간(公私間)의 금석문을 많이 썼다. *『현종실록』, 『숙종실록』 참조.

아내의 기일에 아뢰는 글

[亡室忌日告文]

김수증이 부인 창녕 조씨의 기일에 쓴 글이다. 정치적으로 부침이 많았던 세월을 함께 했던 부인을 잃은 남편은 여전히 끊이지 않는 화로 점점 삶을 지탱하기 어려움을 아내에게 호소하듯 전한다. 동생 김수항과 딸과 손자의 죽음을 당한 김수증은 차라리 저승에서 듣지도 보지도 못하는 아내를 부러워하며 자신의 마음을 알아줄 사람이 없음을 가슴 아파한다. 이 글은 주로 자신의 감정을 풀어내고 해소하는 목적에서 지어진 것으로 읽힌다. 창녕 조씨에 대한 생애적 기록은 역시 김수증이 지은 〈망실조씨부인행장〉에 자세히 보인다. 창녕 조씨의 조카 김창협의 〈백모제문(祭伯母文)〉(농암집 권29)도 조씨 부인을 대상으로 한 글이다.

유세차 무인년(1698) 2월 병오 삭 13일 무오일에 지아비 곡운거사는 아들 섭(欇)으로 하여금 죽은 아내 정부인 창녕 조씨에게 대신 고하게 합니다. 아! 당신이 죽은 지 벌써 일 년이 지났습니다. 돌아보니 나는 갈피를 잡지 못하며[1] 외로이 인간 세상에 살고 있습니다. 세상이 변하고 집안에 화가 닥쳐 모든 일이 불우합니다. 재앙이 형제[2]에까지 미쳐[3] 하

---

1) 지리(支離) : 일의 갈피를 잡을 수 없음. 산산 조각이 남.

2) 영원(鴒原) : 형제의 우애를 이름. 杜甫의 詩 중 "鴒原荒宿草 鳳沼接亨衢"와 같은 구절이 있다.

3) 동생 김수항이 기사환국 때 사사된 것 일을 말함.

늘에 호소[4]하려 해도 할 길이 없습니다.

가슴이 두근거려[5] 안정이 되지 않아 산과 들에 편히 있을 수가 없습니다. 신 서방이 운협의 농막집에서 죽고 난 후 불쌍한 과부 딸이 다행히 자식 둘을 키우고 있었는데 두 아들마저 연달아 죽었으니 하늘이 어찌 이리도 잔인합니까? 가련한 큰 딸은 외아들을 잃고 영원히 죽어 내 손의 구슬을[6]을 빼앗아 갔습니다. 아직 죽지 않은 사람은 두 집안에 각기 딸 하나만 남겨 두고 늘그막에 서로 마주하고 있으니 어찌 이러한 신산스러움을 견딜 수 있겠습니까? 저승에서 듣지도 보지도 못하는 당신이 부러울 따름입니다.

큰 아이가 대를 이어 종사를 맡게 되었고 둘째는 후사를 세웠으니 저승에서도 의뢰할 수가 있게 되었습니다. 신 서방의 딸은 지금 이미 결혼을 했고[7] 막내딸의 딸 또한 성장하여 바야흐로 결혼을 논의하고 있으니 한편으로 위로가 되면서도 한편으로 슬픕니다. 그대가 보지 못할 것을 생각하면 길이 한이 맺힙니다. 나이는 날로 들어 70을 넘어 80을 바라봅니다. 다른 사람들은 건강하다고 하지만 쇠하고 지쳐감[8]을 스스로 느낄 뿐입니다. 고개를 돌려 옛날 살던 마을을 바라보니 어렴풋이 멀리 학이 보입니다. 이 몸을 기탁할 곳도 없는데 누구에게 마음을 맡겨볼 수 있겠습니까? 오직 여기 곡운과 녹문의 옛날 살던 곳에서 단란하게 모여 있던 때를 생각하며 옛 자취를 더듬으며 서글픔을 머금습니다. 화음에 새로 집을 지었는데 땅이 외지고 산이 깊습니다. 오래된 초복[9]을 입고

4) 유천(籲天) : 하늘에 원통함을 호소함.

5) 늠계(懍悸) : 가슴이 두근거리고 두려움.

6) 장주(掌珠) : 사랑하는 자녀나 사랑하는 사람의 비유.

7) 결세(結帨) : 딸을 시집보낼 때 어머니가 딸의 띠에 수건을 채워주던 일. 곧 결혼함을 말함. 결리(結縭).

8) 쇠날(衰苶) : 쇠약하여 지침.

왕래하며 오래도록 머무니[10] 친척과 친구[11]들이 그만 두라 충고하니 누가 내 마음을 알겠습니까? 지난봄에는 입성하여 자식들이 모두 모였고[12] 뜻밖에 나라의 녹을 받았으나 늙은 내가 어찌 감당할 수 있었겠습니까? 거친 성품은 훈련되기 어렵고 산에 살고 싶은 마음 금하기 어려울 뿐입니다. 언덕의 무덤을 다니며 길이 말을 하니 마음에 느끼는 바가 있어 그립습니다. 마을은 쓸쓸하고 재실[13]엔 아무 일이 없습니다. 경물에 닿는 것마다 마음이 일어나 슬퍼하며 길이 탄식하다가 텅 빈 계곡에 돌아와 무덤에 그림자를 비추어보니 이것이 바로 나의 분수에 마땅한 것 같습니다.

외로운 몸 어찌 병이 많은지 파리하고 어리석은 종들과 서로 의지하며 살고 있습니다. 자질구레한 일에 마음을 두고 지팡이 잡고 몸을 의지합니다. 고개의 달이 집으로 들어오고 시냇물은 문을 돌아 감깁니다. 이불과 베개에 잠깐 의지했다가 깊은 밤 깨어나 전전반칙하며 새벽을 맞으면 누구와 더불어 이야기 하겠습니까? 바야흐로 봄이 되어 경물은 초목이 무성한데[14] 나 홀로 무엇을 하겠습니까? 시절에 감격해 정신이 상하면 억지로 종을 책망해 농사짓는 것을 게을리 하지 않게 할 뿐입니다. 지난 번 농사지을 때를 생각하니 고생도 함께 달게 여기며 변변치 않은 곡식[15]이라도 조금 얻으면 만족했는데 당신이 간 뒤로 모든 일이 어그

9) 초복(初服) : 벼슬하기 전에 입던 의복. 초의(初衣).

10) 체음(滯淫) : 오래도록 머무름.

11) 친고(親故) : 친척과 고구(故舊).

12) 합잠(盍簪) : 벗들이 발걸음을 재촉하여 모여듦. 여기서는 자식들이 회합함을 말함.

13) 병사(丙舍) : 무덤의 齋室. 재실(齋室)은 제사 지낼 때 쓰기 위하여 무덤이나 사당 옆에 지은 집을 말함.

14) 흔흔(欣欣) : 초목이 무성한 모양.

15) 숙수(菽水) : 변변치 않은 음식. 청백하고 가난한 살림을 형용하는 말.

러졌고 여기에 거듭 흉년이 들어[16] 집안 살림이 삭막해졌습니다. 가장 사랑하는 딸 아이는 굶주리고 추위에 군색하니 만일 그대가 있었다면 어찌 이러한 지경에 이르도록 했겠습니까?

남은 생 곤궁하게 아침저녁 끼니를 마련하는 데 보내니 일신이 피곤하고 초췌하지만 내 어찌 탄식할 수 있겠습니까? 당신이 만약 이를 안다면 무어라 하시겠습니까? 세월은 차츰 차츰 흘러[17] 돌아가신 날은 또 다가오는데 신주[18]가 멀리 떨어져 친히 가서 제사를 거행하지 못합니다. 평생의 일을 돌이켜 생각하면 눈물만 흐를 뿐입니다. 아들을 시켜 대신 제전을 올리게 하며 글을 짓지만 마음을 다 풀지 못합니다.

---

16) 천기(荐饑) : 거듭 굶주림, 흉년이 계속됨의 비유.
17) 임염(荏苒) : 시간이 차츰 차츰 흘러감.
18) 사판(祠版) : 위패, 신주.

아내 숙인 조씨의 행장
[亡室淑人曺氏行狀]

김수증이 아내 창녕 조씨의 생애를 기록한 글이다. 창녕 조씨(1627~1687)는 조한영과 이씨 부인의 딸로 태어나 16세에 김수증과 결혼하여 3남 4녀를 두었다. 조씨 부인의 친정과 시집은 모두 당시의 명문거족이었다. 부인은 사대부 집안의 여성으로서 해야 할 규범을 충실히 수행한 여성으로 기록되어 있다. 특히 조씨 부인이 당시의 유행을 좇지 않고 검소하였음을 김수증은 많은 분량을 할애하며 강조하고 있는데, 이는 왕실과 관련이 있는 집안 여성의 행실을 부각하기 위한 글쓰기의 전략으로 보인다.
한편 정치적 부침이 많았던 집안의 여성으로서 위기를 어떻게 받아들이고 모면했는지에 대한 서술도 적지 않은 부분을 차지한다. 이 밖에 부인의 학식과 평소에 했던 말들이 비교적 자세하다.

죽은 아내 숙인 조씨의 본관은 창녕이다. 창녕 조씨는 신라와 고려 때부터 유명했는데 우리 조정에 들어와 조계상(曺繼商)이라는 사람이 있었다. 그는 어지럽던 나라를 편안하게 다스린 공[19]이 포상되어 창녕부원군에 봉해졌고 벼슬이 찬성[20]이었으며 시호는 충정이다. 충정의 4대손으로서 공조 참판에 이른 문수(文秀)는 하영군에 봉작을 이어 받았는데[21] 이가 숙인의 할아버지이다. 아버지는 예조참판 하흥군으로 조한

19) 정국(靖國) : 어지럽던 나라를 편안하게 다스림.
20) 찬성(贊成) : 의정부 3대신의 차위(次位)인 종 1품 좌찬성과 우찬성.

영[22](曺漢英)이다. 어머니 이씨는 참의 이지선(李祗先)의 딸이다.

숙인은 천계년 정묘(1627) 11월 10일에 태어났다. 태어나면서 숙성하고 총명하였으며 여공 또한 하지 못하는 것이 없었다. 하홍공이 특별히 사랑해 옆에 두고 직접 반씨의 『여훈』을 적어서 가르쳤다. 자람에 하홍공이 항상 말하길, "우리 집안의 자녀가 많지만 이 딸이 도리를 아니 함께 이야기할 만하다."라고 하였다.

16세에 수증에게 시집왔다. 수증의 아버지는 광찬(光燦)으로 동지중추부사를 지냈다. 할아버지는 상헌(尙憲)으로 문정공이다. 문정공은 대의를 맡아 숭정 경진년(1640) 심양의 북관에 잡혀갔다. 하홍공 또한 강개하여 서사를 논하다가 같은 시기에 옥에 갇혔다. 마침내 주진의 합의[23]을 이루어 얼마 안 있어 문정공과 하홍공이 앞뒤로 귀국했다.

수증이 석실에서 할아버지를 모셨는데 숙인이 삼가 공경하여 받들며 한 마음도 게을리 하지 않았다. 항상 수증에게 말하기를, "내가 당신 집안에 들어 온 다음부터 보고 느낀 것이 많습니다."라고 하였다.

인선왕후[24]가 빈궁에 있을 때 문정공[25]에게 명하여 『열녀전』을 한글

---

21) 습봉(襲封) : 자손이 선대(先代)의 봉작을 이어 받음.

22) 조한영(趙漢英) : 1608(선조41)~1670(현종11). 본관은 창녕, 자는 수이(守而), 호는 회곡(晦谷). 공조 참판 문수(文秀)의 아들이다. 이식, 김장생의 문인이다. 1627년(인조5) 생원시에 합격하여 성균관 유생이 되고, 1637년 정시문과에 장원으로 급제하였다. 1639년 지평이 되고, 그 이듬해에 청나라가 명나라를 공격하기 위하여 수륙군의 원병을 청하는 동시에 원손을 볼모로 심양에 보내라고 요청하자 이를 극력 반대하는 만언소(萬言疏)를 올렸다. 이 사실이 청나라에 알려져 척화파인 김상헌(金尙憲)·채이항(蔡以恒) 등과 함께 1641년 심양으로 잡혀가 심한 고문을 받고 투옥되었으나 굽히지 않았으며 옥중에서도 김상헌의 시문집인 『설교집(雪窖集)』의 편찬을 도왔다. 1642년 심양에서 의주 감옥으로 옮겨졌다가 풀려났다. 1645년 지제교·헌납을 역임하고 지평이 되었을 때 강빈사건(姜嬪事件)에 반대하다가 왕의 뜻에 거슬려 빛을 보지 못하였다. 문장이 뛰어나 문집으로 『회곡집(晦谷集)』이 있다. 시호는 문충(文忠)이다.

23) 주진(朱陳) : 주씨와 진씨 두 성이 한 마을을 이루고 세의(世誼)를 유지하여 대대로 혼인하였던 일에서 비롯하여 두 집안이 통혼(通婚)하는 것을 주로 뜻하는데 여기서는 청나라와 조선의 갈등이 해결되었음을 의미하는 것으로 보아야 함.

로 번역해 올리라고 명하였다. 문정공이 숙인으로 하여금 그 초본을 쓰게 해서 이것으로 올렸는데 숙인은 마음속으로 보며 사모하는 바가 있었다. 수증의 어머니가 일찍 세상을 떠나 숙인은 봉양하지 못함을 매우 한스러워 했다. 돌아가신 아버님을 모심에 정성과 공경을 두루 갖추며 일찍이 그 뜻을 조금도 꺾지 않아 아버님이 매번 기뻐하면서 칭찬하였다. 아버님께는 측실이 있었는데 숙인이 도에 맞게 섬기며 조화롭게 해 사이가 없었고, 그러한 것이 서자매에게까지 미쳤다.

수증의 큰누나를 섬기는데 마치 시어머니를 섬기는 것 같이 했다. 수증에게 고모가 있었는데 성품이 엄격하고 곧아서 다른 사람의 작은 허물도 용납하지 않았다. 한 집안의 자식들이 혹 그 뜻을 얻지 못했지만 숙인은 그 정성과 예를 다해 끝내 거스르지 않았다. 친척과 이웃을 대하는 것을 살펴보면 멀고 가까움에 따라 마땅하게 해서 내외에 불만이 없었다. 아버님의 장례가 끝나자 숙인의 어머니가 돌아갔고 3년 뒤 하홍공이 죽어 거듭 재앙을 만났다. 부인은 지나치게 슬퍼하여 병이 났으나 상례를 치르는 데 허물이 없었다. 수증은 사대의 제사를 받들었는데 사당과 무덤에 드리는 크고 작은 제사가 매달 많고 빈번했다[26]. 집이 가난해 제수 용품이 풍성[27]하지는 않았지만 사용할 수 있는 물자[28]는 여기에 거의 갖추어졌다. 숙인은 마음을 다해 장만해 곡식이 많고 술이 달았으며 반드시 시기에 앞서 갖추어 저장해 두어 부족한 바가 없었다. 항

24) 인선왕후(仁宣王后): 1618(광해군10)~1674(현종15). 조선 제 17대 효종의 정비. 본관은 덕수(德水), 성은 장씨(張氏). 아버지는 우의정 유(維)이며, 어머니는 우의정 김상용(金尙容)의 딸이다.

25) 김상헌을 말함.

26) 조첩(稠疊) : 많고 빈번함.

27) 풍전(豐腆) : 풍성함.

28) 물력(物力) : 사용 가능한 물자(物資).

상 "저승과 이승이 비록 다르나 그 도리는 한가지이다."라고 생각하여 제사를 받드는 즈음에는 마치 장차 조상을 보는 것처럼 하였고 제사를 치르는 날에는 제계하고 공경을 다해 앉은 채로 새벽을 맞았다. 음식을 씻고 끓이는 것을 몸소 감시하며 모두 정결함에 힘썼으며 고기와 생선을 자르는 데 이르기까지 또한 반드시 직접 하였다. 며느리가 대신 하기를 청하였지만 끝내 다른 사람에게 맡기지 않았는데 늙도록 바꾸지 않았다. 언젠가 선대의 기제에 신비한 길몽을 꾸었는데, 제사를 지성으로 받듦이 이와 같았기 때문이었다.

집안을 다스리는 데 법도가 있었고 일을 처리하는 것이 정밀하고 민첩하며 모두 조리가 있었다. 아랫사람을 간략하고 엄격하게 부려 종들이 제멋대로 하지 않았다. 비록 제멋대로인 사람도 가르침을 따르지 않는 자가 없었다. 수증은 집안일에 대해 어두워 집안 살림이 기울었으나 숙인이 새벽부터 밤까지 마음을 다해 생계를 꾸렸다. 비록 군색하여도 여유롭게 대처하며 항상 넉넉한 바가 있었다. 집의 부엌에서부터 그릇의 세세한 데 이르기까지 질서 있게 정리되지 않은 것이 없었다. 옷은 비록 화려하지는 않았지만 반드시 깨끗하게 갖추었다. 제사를 지내고 손님을 맡을 때 비록 급한 상황이어도 갖추지 않은 것이 없어 사람들이 모두 기이하게 여기고 그 가난함을 알지 못했다. 사양하고 받는 것에 엄격해 채소나 과실같이 사소한 것도 의에 맞지 않으면 받지 않았다. 다른 사람의 급한 사정을 구원해 주는 데 아까워하지 않았지만 함부로 주는 일도 또한 없었다.

신해년(1671) 서울 밖에 크게 흉년이 들었는데 영남의 장원에 지은 집[29]에 조금 쌓아둔 곡식이 있었다. 숙인은 집안에서 필요한 것은 헤아

29) 장사(莊舍) : 장원에 지은 집.

리지 않고 마침내 모두 덜어 내어 마을 사람들을 구하는 데 썼다. 수증보다 생각이 앞서고 그 뜻을 이루게 함이 많은 것이 이와 같았다.

간혹 부인이 이치에 맞지 않은 것으로 가장을 속인다는 말을 들으면 마치 자기가 더러워질 것처럼 부끄러워하였다. 수증을 좌우에서 도와 그 미치지 못한 것을 돕고 일찍이 한 가지 일이라도 누가 되게 하지 않았다. 여섯 고을을 역임하여 관사에 이르렀는데 엄격하게 비복을 다스려 바깥사람이 서로 왕래하여 연루되는 것[30]을 용납하지 않아 관아의 대문이 숙연하였다.

숙인의 부모님이 돌아가시자 형제들이 재산을 나눌 때[31] 양보하여 자신의 몫을 받지 않았다. 가난하고 아픈 과부 여동생이 있었는데 간호하며 음식을 나누어 주었다. 성품이 부지런하여 아프지 않으면 일찍이 기대거나 자리에 눕지 않았다. 하루 종일 바르게 앉아 손에 여공을 잡고 부지런히 옷감을 짰다. 다른 사람이 게으른 것을 매우 싫어하여 항상 자식들에게 경계하여 말하길, "내 평생 일찍이 게으름을 피지 않았다."라고 하였다.

뜰 밖에 이유 없이 나가지 않았고 친척 집안에 잔치가 있어도 숙인은 좋아하지 않아 비록 초청하여도 또한 기꺼이 가지 않았다. 검소한 것을 편안히 여기고 사치한 것을 좋아하지 않았다. 혹 집안에 성대한 모임이 있어도 숙인의 옷은 푸른빛이거나 검푸른 빛깔의 옷만을 입었다. 근래 여염집에서 사치한 것이 점점 심해졌고 또한 당시의 풍속이 이른 바 궁궐의 모양을 따르고 기이한 옷을 입는 유행이 있어 다투어 따라 하고자 했다. 손녀가 후궁으로 뽑혀 들어가게 되자 궁인들이 와서 명을 받들어

30) 교관(交關) : 서로 왕래함. 연루됨.

31) 석저(析著) : 재산을 분배함.

일을 처리[32]하려고 하여 내외의 부녀들이 모두 모여 구슬과 비취가 집에 가득했지만 숙인의 옷은 항상 평소 같았다. 궁인이 그 질박하고 누추한 것을 꺼려 여러 사람을 따를 것을 권했지만 끝내 바꾸지 않았다. 세 아들을 결혼시키는데 모두 토산품을 썼고 당시의 풍속을 따르지 않았다. 만년에 염하고 습하는 옷을 직접 만들어 비단을 몸에 가까이 하지 않도록 했다. 그래서 죽은 다음에 집안사람들이 남긴 명대로 했다.

타고난 성품이 장중해 예의와 공경함으로 스스로를 지켰고 다른 사람을 알아보는 능력이 있었다. 대략 『소학』과 『내훈』 등의 글을 통달했고 항상 이르길, "불행하게 부인이 되어 자기가 할 바를 놓고 문장과 역사를 공부하지 못하니 이것이 한이 된다."라고 하였다. 그래서 수증이 책을 볼 때 옆에서 글 하나 둘을 깨달아[33] 격언과 선행에 이르면 감동하는 바가 있었다. 고궁의 치란과 시비, 사람의 사정을 능히 분별하여 이를 논하고 경계하는 데 또한 맞지 않는 것이 없었다. 그러나 다른 사람에게 어짊과 지혜로운 태도를 보이지 않았고 말하는 것과 글씨를 절대 지나치게 하지 않았다.

평생 문장과 학문을 귀하게 여길만하다는 것을 알아 자식들이 과거의 명예를 제일의 일로 삼도록 하지 않았다. 다른 사람이 문행이 있다는 것을 들으면 번번이 칭찬하였다. 집안의 조카 창흡[34]이 과거에 응시[35]하지 않고 조용히 독서를 하였는데 항상 이를 아름답게 여겼다. 여러 아들을 불러 말하길, "집안의 자제가 이와 같으니 그 또한 걱정할 것이 없

32) 장사(將事) : 명(命)을 받고 일을 처리함.

33) 영회(領會) : 이해하고 깨달음.

34) 김수증의 동생인 김수항의 아들 김창흡을 말함. 조씨 부인에게는 친조카가 됨. 김창흡(金昌翕) : 1653(효종4)~1722(경종2).

35) 공거(公車) : 과거에 응시함, 또는 그 사람. 한대(漢代)에 공가(公家)의 수레로 거인(擧人)을 운송한 데서 유래함.

구나. 만약 너희의 뜻이 탁연하여 수립하는 바가 있으면 비록 등과하여 저명한 벼슬을 하지 않더라도 또한 유감이 없겠다."라고 하였다. 평상시의 가르침과 경계함이 여기에서 벗어나지 않았기 때문에 자식들의 과거시험의 당락에 마음을 쓰지 않았다.

큰아들이 처음으로 벼슬을 하여 고을을 다스리자 바로 경계하여 말하길, "가문이 세상의 명망을 입고 있으니 너희는 모름지기 공을 받들어 공경하고 삼가 가풍을 욕되게 하는 것이 없어야 한다."고 하였다. 막내가 과거에 합격하자 또 경계하여 말하길, "너는 재주가 없는데 요행히 고맙게 과거에 합격하게 되었다. 다른 사람이 책망할 것이니 반드시 전보다 신중해야 한다. 그리고 너의 학문은 본디 다른 사람을 넘지 않으니 더욱 부지런히 힘써서 집안의 명성을 떨어뜨려서는 안 된다. 내가 바라는 바는 다만 그 몸을 영화롭고 이롭게 하는 데 있는 것이 아니다."라고 하였다.

손녀[36]가 궁에 들어갈 때 보내면서 삼전을 공경하게 섬길 것과 궁의 일을 어김이 없도록 권면하고 경계하는 것이 매우 간절했다. 고금의 여훈을 외우고 마황후[37]와 반첩여[38]의 일을 특별히 들어 권면하면서 말하길, "이것이 궁빈이 마땅히 알아야 할 것이다."라고 하였다.

---

36) 숙종의 후궁 영빈을 말함.

37) 명제(明帝)의 명덕마황후(明德馬皇后)를 말함. 마황후는 대련(大練)에 염색을 하지 않은 대로 옷을 입었는데, 그 이유는 흰색은 다시 다른 용도로 재활용할 수 있었기 때문이었다고 한다. 황후의 검소한 자세가 궁중의 여성들에게 모범이 되어 근검 절약하는 풍습을 진작시켰다고 한다. 『후한서(後漢書)』 「황후기(皇后記)」에 보인다.

38) 한 성제(漢成帝)의 후궁이었던 반첩여(班婕妤)를 말함. 여기서는 반첩여의 겸손과 지혜를 보여주는 『한서』 제 97권 「外戚傳」에 수록되어 있는 일화를 말하는 것으로 보인다. 성제가 정원에서 놀다가 반첩여와 함께 수레를 타자고 청하자 반첩여가 사양하면서 "제가 옛날의 그림을 보니 성군은 명신과 함께 수레를 타는 일은 있었어도 첩과 타는 일은 없었습니다."라고 하여 이를 들은 황태후가 반첩여를 매우 기특하게 여겼다고 한다. 반첩여는 조비연(趙飛燕)의 참소로 쫓겨나 원가행(怨歌行)을 짓기도 하였다.

또 집이 궁궐과 연달아 있어 심히 마음으로 걱정하고 두려워하며 매번 집안사람을 대해 근신의 도리를 신칙하기를 권하고 이어서 탄식하였으니 이 또한 세속 부인의 견식이 아니다. 젊었을 때 석실에서 나와 귀녕을 갔을 때 여러 형제가 각각 숭상하는 바를 논하였는데 사대부 집안에 마차와 말이 집 문을 가득 채우고 빈객이 마루에 가득한 것에 대해 말하며 이것이 가장 성대한 일이라고 말하는 사람이 있었다. 숙인은 이에 말하길, "나는 이와 생각이 다릅니다. 소나무로 된 울타리와 띠집에 살면서 수풀과 계곡을 끼고 사는 것이 가장 좋은 경계이며 세상입니다."라고 하였다. 하홍공(친정아버지)이 이를 듣고 기특하게 여겼다.

항상 노래자와 진중자의 아내에 관한 풍모를 듣고 그윽이 사모하였고 세상의 부귀영화를 흠모하는 것이 없었다. 일찍이 농촌에 돌아가 사는 것이 즐겁다고 생각했는데 돌아보니 수증이 골몰히 생각을 하고 있을 뿐 따를 것을 결정하지 못했다. 언젠가 관청에 가는 날 배를 타고 강을 건넜는데 숙인은 마침내 도연명의 '風飄飄'의 구를 들어 개연히 길이 탄식하였다. 세도가 크게 변해 온 가족이 춘천에 있는 곡운으로 갔다. 산과 골짜기가 험하고 인가와도 멀리 떨어져 있었다. 걸어서 고개를 넘어 매우 깊은 곳에 가 나무로 집을 짓고 살았다. 숙인이 말하길, "지금에야 내가 원하던 바를 얻었습니다."라고 하였다.

매일 농사짓고 밭에 물대며 거친 나물밥 먹는 것을 다른 사람들은 모두 그 고생스러움을 걱정하여 좋아하지 않았으나 숙인은 바야흐로 편안하게 여기고 즐거워하면서 6, 7년을 지내는 동안 끝내 원망하거나 후회하는 마음이 없었다. 수증이 한가하게 지내는 정취를 알도록 도와주면서 장차 이 곳에서 삶을 마칠 계획을 하는 것 같았다. 뒤에 참척의 화가 끊임없이 이어져서 다시는 돌아가지 못해 부인은 항상 이것을 죽을 때까지 한으로 여겼다. 자나 깨나 옛날 살던 곳을 생각하며 서울을 좋아하지 않으며 장차 녹거를 함께 끌고 교외로 나가 살며 평소의 뜻을 이루기를 바랐다. 그러나 불행하게도 숙인의 병이 위급해져 정묘년(1687) 2월 13일 장의동의 새 집에서 죽었다. 그해 4월 26일 계유에 석실에 있는 조상의 무덤 가운데 남서를 등지고 북동을 향한 언덕에 장사 지냈다.

숙인은 3남 4녀를 두었다. 큰 아들은 창국(昌國)으로 주부이며 창숙(昌肅)은 제주가 뛰어 났으나 일찍 죽었다. 창직(昌直)은 승문 정자를 임시로 지냈다. 큰 딸은 홍문도(洪文度)에게 시집갔고 다음은 이병천(李秉天)에게 시집갔는데 일찍 죽었다. 다음은 신진화(申鎭華)에게 시집갔고, 다음은 유명건(兪命健)에게 시집갔는데 일찍 죽었다. 창국은 딸 둘을 낳았는데 큰 딸은 진사 이하조(李賀朝)에게 시집갔고 둘째는 궁궐[39]의 귀인[40]이 되었다. 홍문도는 1남 2녀를 두었다. 아들은 유인이고 딸은 아직 시집가지 않았다. 신진화는 1남 1녀를 두었다. 유명건은 1녀를 두었는데 어리다.

아아! 수증은 세상 물정에 어둡고[41] 비열해 숙인을 궁약하게 하였고 술 지게미 먹는 것을 면치 못하게 하였다. 그 정취가 담박하여 한탄하는 바가 없었으나 일생을 고생한 것이 또한 심하다. 중년 이후 연달아 자식을 잃은 슬픔을 당했다가 늦게 손자 하나를 얻어 특별히 사랑했는데 또 잃어 슬프고 상함이 끝이 없었다. 녹문의 뜻도 중간에서 어그러져 해로하지 못하고 죽어 그 혼백을 위로할 것이 없어 수증은 슬픔으로 가슴이 막힌다. 만일 대군자의 귀중한 한 마디 말을 얻어 불후함을 드러낼 수 있다면 완릉이 구공의 문장을 얻는 것과 같을 것이니 또한 이에 족할

39) 당저(當宁): 문과 병풍 사이에 있음. '宁'는 궁실 문과 병푸의 사이로, 임금이 제후의 알현을 받던 곳.

40) 숙종의 후궁 영빈(寧嬪)을 말함.

41) 오소(迂疎) : 세상 물정에 어둡고 소홀함.

것이다. 삼가 평일의 언행의 대개를 갖추어 집사에게 청하여 판단하여 선택하기[42]를 청한다.

42) 재택(財擇) : 판단하여 선택함. 재는 '裁'

손녀가 대궐에 들어갈 때 써 준 글

[孫女入闕時書贈]

김수증의 손녀가 후궁이 되어 입궐하게 되자 궁인으로서 지켜야 할 규범과 행실을 경계하기 위해 지어준 글이다. 항목별로 자세하게 서술하고 있는데 순종과 검소 등을 권하는 것은 일반 사가의 여성과 다를 것이 없지만 안과 밖의 구별을 강조하여 정치적으로 발생할 수 있는 화근을 예방하도록 하고 있는 것이 특이하다. 김수증의 손녀는 큰아들 김창국(金昌國)의 딸로서 숙종의 후궁이 된 영빈(寧嬪)을 말한다.

삼전[43]을 받들어 공경과 삼감을 다하고 비록 사실(私室)에 물러나 있어도 임금님 앞에 있는 것처럼 해야 한다. 한 가지 마음으로 하기를 게을리 하지 말아야 하며 만일 물어 보시는 것[44]이 있으면 일에 따라 공경하게 대답해야 한다. 물으시는 것과 관계되지 않은 것은 한 마디 말과 반 마디 말이라도 다른 것과 연루시켜서는[45] 안된다.

삼전의 궁인을 접대할 때는 방법이 있다. 환심을 사기 위해 말은 부드럽게 하고 기운은 화평하게 해야 한다. 그러나 즐거워하고 웃으며[46] 친압해서는 안 된다. 수하의 심부름하는 사람[47]이 만약 삼전궁인에게

---

43) 삼전(三殿) : 왕대비전(王大妃殿)·대전(大殿)·중궁전(中宮殿)을 이르는 말.

44) 하문(下問) : 아랫사람에게 물음.

45) 만인(蔓引) : 연루시킴. 서로 엉켜 관련됨.

46) 희소(嬉笑) : 장난하며 웃음. 또는 즐거워하며 웃음.

47) 사령(使令) : 심부름꾼.

조금이라도 건방진 태도가 있으면 따끔히 금하여 눈을 부릅뜨고[48] 똑바로 쳐다보며 성질을 내어 맞서게 해서는 안 된다.

매일 새벽에 일어나고 밤늦게 자며 앉아서 명을 기다려야 한다. 나아가고 물러나는 행동거지에 조금도 어김이 없어야 한다. 몸가짐은 검약해야 하고 옷을 입는데 화려한 것을 숭상하지 말아야 한다. 무늬 있는 비단을 입지 말고 다만 정결한 것을 입으면 족하다. 옛날에 후비의 자리에 있던 사람 또한 흰 비단을 입었는데 하물며 아랫사람에 있어서랴? 우리나라에는 여러 성인이 모두 검소한 덕망이 있었다. 우리 집은 선조때부터 청빈하여 항상 사치한 것을 경계하였다. 이 또한 기억하지 않아서는 안 된다.

궁궐은 매우 엄격해 내외의 구별이 확연하다. 안의 말을 밖으로 내지 말고 밖의 말을 안에 들여서는 안 된다. 부모의 안부 외에 사소하고 자잘한 것을 안에 관통해서는 안 된다. 옛날 사람은 관아에 거하면서도 뜰에 나무가 있는지 없는지를 말하지 않았다. 하물며 빈어[49]의 대열에 있는 사람이랴 오죽하겠느냐?

하루 종일 공경하고 두려워하며 겸손하게 자신을 낮추어라. 거처하고 사용하는 데 있어서 한 터럭이라도 내전[50]과 비슷한 것이 있으면 반드시 즉시 물리쳐 제거해라.

궁중의 명분은 엄격하게 구분되어 있고 예의와 체모[51]는 정해진 바가 있다. 한 마디 말과 침묵, 한 번의 동정도 허물이 있게 해서는 안 된

48) 징목(瞪目) : 눈을 부릅뜸.

49) 빈어(嬪御) : 임금의 시첩(侍妾). 또는 궁녀. 『晉書』31권 「文明王皇后傳」 <嬪御有序>.

50) 내전(內殿) : 임금이 대신들을 만나거나 국사를 처리하는 곳. 왕비의 존칭. 대궐 안 깊숙한 곳에 있는 궁전.

51) 예모(禮貌) : 예의범절을 지키는 태도와 행동. 『孟子』 「告者・下」 "禮貌衰 則去之"

다. 설혹 관대하게 베풀어 주시는 은혜가 있다고 하더라도 또한 이를 믿고 스스로 편하게 여겨서는 안 된다.

지난 해 인선왕후가 빈궁으로 있을 때 『열녀전』을 우리 돌아가신 아버님께 주어 언문으로 번역하게 하여 선군께서 명에 의거해 언문으로 번역해서 올렸다. 이것은 실로 규방의 곤범이고 아름다운 규범이라 집안에 초본이 있었는데 지금은 존재하지 않는다. 다만 『내훈』과 『여계』를 보내니 물러나 사실에 있을 때 늘 읽어 아름다운 말과 선한 행실을 반드시 따라 행하라.

이 밖의 여러 가지는 비록 하나하나 말할 수 없으나 미루어 알 수 있을 것이다. 지금 그 가장 중요하고 간절한 것을 취해 말을 하니 행하고 행하지 않는 것에 따라 화와 복이 달려 있다. 가히 경계하지 않을 수 있겠는가? 힘쓰지 않을 수 있겠는가?

이단하

이단하(李端夏) : 1625(인조3)~1689(숙종15). 본관은 덕수(德水), 자는 계주(季周). 호는 외재(畏齋), 송간(松間). 판서 식(植)의 아들이다. 음보로 벼슬에 나가 공조좌랑으로 재직 중 1662년(현종 3) 증광문과에 을과로 급제하였다. 그 뒤 정언 부교리 용안현감 헌납 등을 역임하였다. 1669년 이조정랑이 되어 각사(各司) 노비의 공안(貢案)을 정리할 것을 청하여 신공(身貢)을 반 필씩 감하게 하였다. 이어 교리로 경서교정청(經書校正廳)의 교정관이 되고, 훈련별대(訓鍊別隊)의 창설을 주청하여 시행하게 하였다. 그 뒤 응교 사간 사인 등을 역임하고, 1671년 동부승지가 되고 다음해 이조참의가 되어 중종의 폐비 신씨(愼氏)의 신주를 신씨 본손의 집으로 옮기게 하였고, 1674년 대사성으로 대제학을 역임하였다. 이어 숙종이 즉위한 뒤 서인으로서 제 2차 복상문제로 숙청당한 의례제신(議禮諸臣) 처벌의 부당성을 상소하다가 파직, 이듬해 삭직당하였다. 1680년 경신대출척으로 풀려나와 이듬해 홍문관제학이 되어 『현종개수실록』 편찬에 참여하였다. 1682년 대사헌, 1684년 예조판서, 1686년 우의정을 지내었고 1687년 좌의정에 올랐으나 병으로 사직하고, 행판돈녕부사로 있다가 죽었다. 송시열의 문하에서 자랐는데 송시열은 "계주는 조금도 거짓이 없는 참된 사람이다."라고 평가하였다. 조선 후기 경학에 있어서 대표할 만한 학자이다. 저서로 문집인 『畏齋集』과 『北關誌』가 있다. *『현종실록』, 『숙종실록』 참조.

인경왕후의 시책문

[仁敬王后[1]諡册文]

이 글은 인경왕후의 시책문이다. 시책문은 제왕이나 후비의 시호를 상주할 때 그 평소의 덕행을 칭송하며 지은 글이다. 인경왕후는 숙종의 정비이다. 20세의 나이였던 1680년에 천연두에 걸려 발병 8일 만에 경덕궁에서 죽었다. 숙종은 왕후의 착한 성품과 몸가짐의 기틀을 이룬 측면을 부각하여 '인경(仁敬)'이라는 시호를 내렸다.

왕비의 자리[2]가 비었음을 고한다. 갑자기 부인의 상(喪)[3]을 당하였으니, 애책(哀册)[4]으로 아름다운 덕행[5]을 나타내고, 시호를 내리는 은전[6]

1) 인경왕후(仁敬王后) : 1661(현종2)~1680(숙종6). 조선 숙종의 정비. 광주 김씨로, 장생의 4세손인 광성부원군 만기(萬基)의 딸이다. 1670년(현종11) 10세 때 세자빈으로 간택되어 의동(義洞) 별궁에 들어갔고, 다음해 3월에 왕세자빈으로 책봉되었다. 1674년 현종이 죽고 숙종이 즉위하면서 왕비가 되었고, 1676년 정식으로 왕비의 책명을 받았다. 1680년 10월에 천연두의 증세가 보였는데, 이때 숙종도 천연두를 겪지 않아서 약방도제조 영의정 김수항의 건의에 의하여 왕은 창덕궁으로 이어하였다. 왕비는 발병 8일 만에 경덕궁에서 죽었다. 경덕궁 영소전에 위패가 모셔졌고, 능은 고양에 있는 익릉(翼陵)이다. 소생으로 명선공주·명혜공주·명안공주가 있었으나 명선·명혜 공주는 일찍 죽었다. 1713년 존호 광렬(光烈)이 올려졌고, 1722년 위호 효장명현(孝莊明顯)이, 1753년 존호 선목(宣穆)이, 1776년 존호 혜성(惠聖)이 각각 올려졌다. *『현종실록』, 『숙종실록』, 『영조실록』, 『연려실기술』 참조.

2) 음의(陰儀) : 왕비의 자리.

3) 제체(齊體) : 등위와 품격을 같게 하여 동등하게 대우하는 등급의 몸이라는 의미. 주로 부부(夫婦)를 뜻함.

4) 애책(哀册) : 임금이나 왕비의 죽음을 애도하여 지어 올리는 글.

5) 휘음(徽音) : 아름다운 덕행와 언어에 따른 좋은 평판.

6) 역명(易名) : 임금이 시호를 내리는 은전.

의 격식을 갖춤이 마땅하므로, 이에 공의(公議)에 따라 법식(法式)대로 알려지지 않은 덕[7]을 드러낸다.

대행왕비(大行王妃)는 타고난 성품이 엄숙하고 마음가짐이 단정하였는데, 어진 학자[8]의 후예로서 이름난 벼슬아치의 문벌(門閥)에서 탄생하여 양육(養育)받으며 뛰어난 자태로 의방(義方)의 교훈을 익혔다.

일찍이 영고(寧考)[9]께서 친히 간택(揀擇)하시어 왕세자[10]의 좋은 배필이 되었고, 아침부터 늦게까지 게으르지 않게 한 분만을 섬기니 아버지의 뜻에 꼭 맞았으며, 진실로 양전(兩殿)에 무간(無間)[11]하여 자전을 공손히 받들었다. 왕비의 존위(尊位)에 나아가서도 항상 겸손한 뜻을 가지고 닭 울음소리 듣기를 경계하였으니, 진실로 보조한 공이 많았다.

궁궐에 있으면서 외가(外家)의 사사로움을 물리쳤고, 관저(關雎)로 남국(南國)의 교화(敎化)를 열었으며, 복식과 사용하는 물건에 있어서 사치하고 화려함을 없앨 것을 생각하였다. 그리고 변이(變異)·재화(災禍)·흉년(凶年)이 생기면 몇 배나 생각하여 경계하고 두려워하였다. 자손(子孫)이 번성한 경사를 바랐으나 매번 위험한 지경에 빠져 시기가 어긋남을 애석해 하였는데, 상서롭지 못한 혜성[12]이 나타나 갑자기 높이 빛나다가 빛을 잃는 경계함이 있더니, 병에 걸린 지 열흘도 안 되어[13] 한밤중에 어찌하여 갑자기 승하한단 말인가? 거의 목숨이 다할 때를 당해서도 더욱 부인의 예(禮)[14]를 엄격히 하여, 정신없는 소리를 내

7) 유광(幽光) : 남에게 알려지지 않은 덕.

8) 김장생을 말함.

9) 현종을 말함.

10) 저궁(儲宮) : 왕세자

11) 무간(無間) : 서로 막힘이 없이 사이가 좋음.

12) 혜패(彗孛) : 난조(亂兆)를 알리는 혜성(彗星).

13) 병을 앓은 지 8일 만에 죽었다.

면서도 오히려 나의 몸을 절실하게 염려해 황급히 피한[15] 후 유명을 달리하였다. 생사(生死)가 갈리는 즈음에 비통함을 어떻게 금할 수 있겠는가? 이러한 덕성이 있었는데도 후사도 없고[16] 연수(年壽)도 없으니, 저 하늘을 우러러 믿기 어렵고 묻기도 어렵도다. 입관하자 규범이 단절되어 천추에 보좌를 잃은 탄식을 같이 하고, 온 땅이 슬픔에 잠겼으니 백성들이 어머니를 잃은 듯 함께 슬퍼하는도다.

이에 사실을 기록하여 영구히 전하노니, 중요한 것은 칭호를 널리 알리고 가는 길을 성대하게 하는 데 있다. 곤괘[17]를 품었으니, '인(仁)'은 선(善)의 으뜸이고, 왕비의 자리를[18] 바로 잡아 다스림을 도왔으니, '경(敬)'은 몸가짐의 기틀이다. 삼가 신(臣) 의정부 영의정 김수항(金壽恒)을 보내어 존시(尊諡)를 증정하여 '인경(仁敬)'이라 한다. 왕의 책명[19]이 시호에 부끄러운 바 없고 아름다운 명칭은 훌륭한 규범에 진실로 알맞으니, 영령은 밝게 임하시어 정성껏 살피시되 영구차[20]를 머물게 하지 말 것을 바라노니, 비록 목소리와 모습은 이미 멀어졌다 하더라도 동관(彤管)[21]의 기록이 있으니 거의 행적을 징험할 수 있을 것이다."

---

14) 가인(家人)의 예(禮) : 주역의 가인괘에 나오는 말. 여기서는 부인의 예를 다하였음을 말함.

15) 인경왕후는 천연두를 앓다가 죽었다. 이때 숙종도 아직 천연두를 겪지 않았기 때문에 왕후가 앓고 있는 궁전을 피해 창덕궁으로 옮겼던 사실을 말한다.

16) 인경왕후의 소생으로 명선공주 · 명혜공주 · 명안공주가 있었으나 명선 · 명혜 공주는 일찍 죽었다. 여기서는 아들을 낳지 못했음을 말한다.

17) 곤원(坤元) : 곤괘(坤卦).

18) 내위(內位) : 왕비의 위(位).

19) 전책(典策) : 제왕의 책명(冊命).

20) 운병(雲軿) : 천녀가 타는 우마차. 곧 모후(母后)의 영구차(靈柩車)를 말함.

21) 동관(彤管) : 붉은 빛의 붓대, 또는 그 붓. 후궁에서 기록을 맡은 여사(女史)가 궁중의 정령(政令)과 후비(后妃)의 일을 기록할 때 쓰던 붓.

명성왕후의 시책문

[明聖王后[22)]諡册文]

현종의 비이자, 숙종의 어머니였던 명성왕후의 시책문이다. 명성왕후는 13세에 세자빈에 책봉되어 28세에 왕비에 책립되었다. 그러나 창경궁의 저승전에서 42세의 나이에 생을 마감했다. 명성왕후는 숙종 즉위 초에 조정의 일에 간여하는 말이 많아 비판을 받기도 하였으나 이 글에서 숙종은 수렴청정한 일에 대해 감사하는 마음을 담고 있다. 숙종은 당시의 의정부 영의정 김수항(金壽恒)을 보내어 존호(尊號)를 '정헌 문덕(貞獻文德)'이라 올리고 존시(尊謚)를 '명성(明聖)'이라 올리게 하였다. 김창협이 명성왕후를 종묘에 합사하고 제사지낼 때 지은 〈明聖王后祔大廟親祭文〉이 있다.

이 몸[23)]이 죄가 많아 갑자기 어버이를 잃는 슬픔을 당하여 은혜에 맞추어 시(謚)를 만들어 상(喪)을 두텁게 하는 예(禮)를 갖추어야 마땅하기에, 일상의 법에 따라 지극하신 행적을 나타냅니다. 삼가 생각하건대,

---

22) 명성왕후(明聖王后) : 1642(인조20)~1683(숙종9) : 조선 중기 현종의 왕비. 본관은 청풍(淸風). 영돈녕부사 청풍부원군(淸風府院君) 김우명(金佑明)의 딸이다. 1642년 서울 중부 장통방(長通坊)에서 태어나서, 1683년 12월 5일 창경궁 저승전(儲承殿)에서 죽었다. 1651년 세자빈에 책봉되고, 1659년 왕비에 책립되었다. 숙종과 명선(明善)·명혜(明惠)·명안(明安) 공주를 낳았다. 명선·명혜공주는 일찍 죽고, 명안공주는 해창위 오태주(吳泰周)에게 출가하였다. 송시열(宋時烈)에게 보낸 전유(傳諭) 1편을 비롯하여, 명성왕후의 언간 3편이 남아 있다. 지능이 비상하고 성격이 과격하여 궁중의 일을 다스림에 거친 처사가 많았고, 숙종 즉위 초에는 조정의 정무에 간여하여 비판을 받기도 하였다.

23) 명성왕후의 아들 숙종을 이름.

현열왕대비(顯烈王大妃)께서는 정숙하고 장엄하심[24]을 타고나시고 효도와 순종함이 마음에서 나오시고, 정승의 집안에 태어나셔 할아버지가 특별히 상서로운 조짐을 점치어 세자빈(世子嬪)으로 뽑혀 들어와서 황조(皇祖)[25]께서 아름다운 며느리라 칭찬하셨습니다.

중궁(中宮)에 자리를 바로 하시게 되어서는 후궁들을 매우 부지런히 경계하시어, 궁궐이 편안하고 화목하여 조화로운 기운이 서로 융통하는 것만이 보이고, 교화로 감응하게 하는 숨은 공으로 잘 돕고 뒷받침하셨습니다. 생각하건대, 소자(小子)가 어린 나이에 어렵고 큰 기업을 이어받았을 때, 태모(太母)를 모시고 대비의 거처[26]에 있으면서, 모든 것을 감싸 도와주시기를 바라고 늘 간절한 가르침을 받아, 다행히 종묘와 사직을 위태로운 데에서 보전하였습니다. 원우(元祐)[27]의 맑고 밝음을 이루되 수렴청정(垂簾聽政)을 번거롭게 여기시지 않고 외워서 깨닫기까지 하셨으니, 어찌 금등(金縢)[28]을 열어서야 알겠습니까?

지식은 고금에 통달하여 이단의 부적 따위를 물리치시고, 마음은 공정을 간직하여 외가(外家)의 사사로운 길을 끊으시며, 백성이 굶주릴 때에 사사로운 재물[29]을 여시고 구리로 장식하는 검소를 공주에게 보이시며, 이 몸이 지난번 위급한 병을 앓을 때에는 여러 날 근심을 거듭하셨습니다.

---

24) 정장(貞莊) : 정숙하고 장엄하며 공경함.

25) 효종을 이름.

26) 동조(東朝) : 대비(大妃)의 거처.

27) 원우(元祐) : 송나라 철종 때의 연호. 1086~1094년.

28) 금등(金縢) : 『서경(書經)』 주서(周書)의 편명. 무왕(武王)이 아플 때 주공(周公)이 그 조상인 삼당(太王・王季・文王)에게 기도하여 자신이 武王의 목숨을 대신 할 것을 청하였다. 사관(史官)이 이 일을 기록한 축책(祝冊)을 금등의 궤속에 넣어두었다.

29) 내탕(內帑) : 임금의 사사로운 재물.

올봄에는 음식을 장만하여 바치며[30] 양전(兩殿)의 복을 빌려 하였는데, 어찌 몇 개월 동안 편찮으시다가 문득 신민을 버리고 승하하실 줄 알았겠습니까? 인자한 생각은 조금 나은 데서 더할까 염려하여 밤에도 관과 띠를 벗을 겨를 없이 병구완을 하였으나, 신명의 도리는 큰 덕이 있는 이가 장수하는 것을 어겼으니, 모두가 이 몸의 죄가 뻗어 미친 것입니다. 남기신 명령은 간절[31]하여 몸에 붙이고 관(棺)에 붙일 여러 가지 도구를 스스로 만드시고, 인자하신 말씀은 슬퍼서 모두가 백성을 근심하고 나라를 근심하는 마음에서 나오셨으니, 의례는 옛것을 그대로 쓰고 제전에 격식을 줄였습니다.

은혜가 지극히 깊고 혜택이 지극히 두터워서 뭇 백성을 감동시켜 울게 하신 것은 뒤에도 다시 없고 전에도 듣지 못한 것이어서 천년에 뛰어나십니다. 사방 먼데의 모든 것까지 밝게 아시니 정상을 숨기지 못하고 만 가지 기미 가운데 한 가지 착한 것까지 거룩히 통달하시니, 어찌 의논을 용납하시겠습니까? 그러므로 옛 법칙에 따라 공경히 존명(尊名)을 올립니다. 운운.

바라옵기는 영령(英靈)께서는 정성을 살피소서. 음성과 용모는 아득히 떨어져 하늘에 계시어 미칠 수 없으나, 꽃다운 열은 오래 남아서 오히려 동관에 밝혀져 있습니다.

30) 풍정(豊呈) :『세종실록』에 의하면 “국속(國俗)에 임금에게 음식을 차려 바치는 것을 풍정(豊呈)이라 한다.”고 하였다. 여기서는 왕후에게 음식을 올리는 것을 말함.

31) 정녕(丁寧) : 재삼 간절히 당부함, 또는 충고함.

장렬왕후의 휘릉지
[莊烈王侯徽陵誌]

이 글은 장렬왕후의 능인 휘릉에 기록한 시문(誌文)이다. 장렬왕후가 죽은 해인 1688년에 지어졌다. 이단하는 숙종이 지은 행록에 의거하여 지문을 작성하였는데, 주관적인 견해를 견지하는 태도를 보이고 있다. 일반적인 지문의 형식과 마찬가지로, 대상인물의 가계, 행적 등이 기록되어 있지만 왕가의 여성으로서의 모범적인 측면이 부각되어 있다. 대제학 남용익(南龍翼)은 장렬왕후의 애책문(哀册文)을 지었다.

삼가 생각하건대 우리 장렬왕후[32]는 인조 대왕의 계비이다. 왕후의 자리[33]에 계신 지가 12년이고, 대비의 거처[34]에 계신 지가 39년이었는데, 일찍이 내전의 말이 밖에 나갔다는 것을 듣지 못하였고, 또한 일찍이 한가지의 정사에 간여했다는 것을 듣지 못하였다. 그러나 지극한 덕은 깊고 엄숙하여 자연스러운 부인의 덕이[35] 생령(生靈)에 두루 흡족하였

32) 장렬왕후(莊烈王侯) : 1624(인조2)~1688(숙종14). 조선 제 16대 인조의 계비(繼妃). 본관은 양주(楊州). 아버지는 한원부원군(漢原府院君) 조창원(趙昌遠)이며, 어머니는 전주 최씨로 대사간 철견(鐵堅)의 딸인 완산부부인(完山府夫人)이다. 1638년(인조16)왕비로 책봉되어 효종의 잠저인 의동본궁(義洞本宮)에서 가례를 올렸다. 1649년 인조가 죽자 대비가 되고, 1651년(효종2) 자의(慈懿)의 존호를 받았다. 1659년 효종이 죽자 대왕대비가 되었으나 그가 입어야할 복상문제(服喪問題)가 정치문제화되어 서인과 남인의 갈등이 일어났다. 1661년 공신(恭愼), 1676년 휘헌(徽獻), 1668년 강인(康仁)의 존호가 가상되었다. 65세를 일기로 창경궁 내반원(內班院)에서 죽었으며, 자녀를 두지 못하였다. 능은 휘릉(徽陵)이다. *『인조실록』, 『효종실록』, 『숙종실록』 참조.

33) 중곤(中壼) : 왕후(王后)를 높이어 이르는 말.

34) 동조(東朝) : 대비(大妃)의 거처.

다. 또 우리 성상[36]께서도 받들어 섬기는 데 정성을 다하고 예를 다하여, 위로는 사랑하는 은혜를 받고 아래로는 효도하는 도리를 미루게 되니, 온 나라 신민이 모두가 왕후의 산과 언덕[37] 같은 장수를 빌었다.

그러나 금상 14년인 무진년(1688) 3월부터 병환이 심하여졌다. 성상께서 이른 아침부터 밤늦게까지 마음을 졸이시면서 시약청(施藥廳)[38]을 설치할 것을 명하셨는데, 후께서 각사의 업무가 폐지될까 염려하여 중지시켰다. 임금이 약방에 명령을 내려 중앙과 지방의 이름나고 훌륭한 의술을 가진 자를 불러 모으고 시종하는 신하로서 약리를 잘 아는 자도 참석시켜 약을 의논하고 백방으로 기술을 다하게 하였으나, 능히 효력을 보지 못하였다. 임금이 재차 종묘・사직・산천에 기도하고 제사할 것을 명하고, 또 옥문(獄門)을 열어 사형 죄수[39] 이하는 모두 석방할 것을 명하였으니 무릇 기도하는 방법이 지극하지 않은 바가 없었는데도 황천이 불쌍히 여기지 않았으므로 마침내 8월 26일 병인에 창경궁에서 승하하시었으니, 춘추가 65세셨다.

부음이 내리자 궁벽한 시골과 여염집에 사는 서민도 슬퍼서 통곡하지 않는 이가 없었고, 시전(市廛)의 늙은이들은 더욱 왕후가 조금도 재물을 손상하거나 백성을 해치는 일이 없었다고 칭송하였으며, 사대부는 서로 말하기를, "선조로부터 오면서 왕후의 사친(私親)에 대하여 사람들

35) 음화(陰化) : 부인의 덕.

36) 숙종을 이름.

37) 강릉(岡陵) : 산과 언덕.

38) 시약청(施藥廳) : 조선 시대 임금 등의 병이 위중할 때 두었던 임시 의료기관. 조선 시대에는 왕실의 진료를 맡은 전의감(典醫監), 왕실의 의약을 전담한 내의원(內醫院) 등이 있었으나 임금・왕비 등의 병이 중환이거나 병세가 오래 계속될 경우 내의원에 임시로 의약청(醫藥廳) 또는 시약청(施藥廳)을 특설하여 내의원 소속 이외의 의관이나 의방(醫方)에 능통한 중신들을 함께 참여시켜 증세와 치료 방법 등을 상의하였다.

39) 사수(死囚) : 사형 선고를 받은 죄수.

이 항상 친척이[40]되는 줄을 몰랐다."고 하니, 이에서 대개 왕후의 성스러움을 볼 수 있다.

여러 신하들이 시법(諡法)[41]을 의논하였는데, 정도를 이행하고 화합해 뜻을 두는 것이 '장(莊)'이고 덕을 지키고 업을 따르는 것이 '열(烈)'이다. 그리고 마침내 존시를 올리기를 '장렬'이라 하고, 휘호(徽號)[42]는 '정숙 온혜(貞淑溫惠)'라 하고, 전호(殿號)는 '효사전(孝思殿)'이라 하고 능호(陵號)는 '휘릉(徽陵)'이라 하였다. 12월 16일 양주군 건원릉 옆 서쪽의 언덕에 장사하였다.

임금이 또 행록을 뽑아 기록하시고, 신 이단하의 현궁에 지문을 짓도록 명하시니, 신이 글을 못한다고 사양하였으나 허락받지 못하였다. 그러나 신이 거룩하신 붓으로 형용한 것을 보건대 화공(化工)[43]에 짝이 될 만하니, 신이 그 사이에서 모사하여 그려낼 수가 없다. 삼가 행록(行錄)을 상고하니, 다음과 같다.

"후(后)의 성은 조씨(趙氏)인데 가계(家系)는 양주(楊州)의 한양현(漢陽縣)에서 나왔다. 시조(始祖) 조잠(趙岑)은 고려조에 벼슬하여 판원사에 증직되었고, 우리 왕조에 들어와서는 조말생(趙末生)이 있는데 문학과 재기로써 헌릉(獻陵)[44]의 지우를 얻어 대사마[45]와 대제학을 지냈고 영중추의 관직으로 죽으니 시호는 문강(文剛)이었다. 5대조 조방좌(趙邦佐)는 병조 판서에 증직되었고, 고조 조준수(趙俊秀)는 용인 현령(龍仁縣令)이었으며, 증조 조남(趙擥)은 좌찬성에 증직되었는데, 좌찬성이 갑

---

40) 척리(戚里) : 임금의 내척(內戚)과 외척(外戚).

41) 시법(諡法) : 죽은 사람에게 시호(諡號)를 붙이는 법. 시호를 의정하던 규정.

42) 휘호(徽號) : 후비(后妃)가 세상을 떠난 뒤에 시호(諡號)와 함께 올리는 존호(尊號).

43) 화공(化工) : 조화(造化)의 묘.

44) 태종을 이름.

45) 병조판서.

은 집안으로 출계하여 판서에 증직된 조연손(趙連孫)을 아버지로, 한천위(漢川尉) 조무강(趙無彊)을 할아버지로 삼았으니, 한천위는 곧 문강공(文剛公)의 4세 지손(支孫)이다. 할아버지 조존성(趙存性)은 문과에 올라 내외의 관직을 두루 거쳐 벼슬이 지돈녕에 이르렀고 영의정에 증직되었으며, 시호는 소민(昭敏)이다. 아버지 조창원(趙昌遠)은 여러 번 군읍을 맡아 법을 지켜 백성을 잘 다스리는 것으로 치적이 드러났으며, 군자감정으로 발탁 제수되었는데, 사람들이 덕이 많은 어른이라고 일컬었다. 국구[46]가 되어 한원부원군·영돈녕부사에 봉해져 혜목(惠穆)이란 시호를 받았다. 배위(俳位) 완산부부인(完山府夫人) 최씨(崔氏)[47]는 대사간 최철견(崔鐵堅)의 따님으로, 딸 셋을 낳았는데 왕후가 순서로는 막내였다.

천계(天啓) 갑자년(1624) 11월 정사(丁巳)에 부부인이 왕후를 직산현(稷山縣)의 관사에서 탄생하였는데, 바야흐로 임신할 때에 달이 품안으로 들어오는 꿈을 꾸었고, 막 탄생하려는 저녁에는 또 상서로운 무지개가 방안에 가득 찼으며, 하늘에서 신선의 음악이 울리더니, 몇 무리의 옥녀(玉女)들이 채색 옷에 향을 태우면서 와서 말하기를, "귀인이 이미 내려갔으니 옥책(玉冊)[48]을 장차 열 것이다."라고 하는 꿈을 꾸고서 조금 있다가 분만(分娩)하였다. 옆에 있던 사람도 무지개의 빛과 달의 정기가 방 안을 비추는 꿈을 꾸고 놀라 일어나 기다리니 왕후가 이미 탄생하였다.

겨우 서너 살 때에 성질이 보통 사람과 다르고 말이 적었으며, 친구

---

46) 국구(國舅) : 임금의 장인.

47) 송시열이 완산부부인의 행장을 썼다. * 송시열, <完山府夫人行狀>, 『宋子大全』 권211 참조.

48) 옥책(玉冊) : 제왕이나 후비의 존호를 올릴 때에 송덕문(頌德文)을 옥에 새긴 간책(簡冊).

들과 희롱하며 놀 때는 반드시 높은 곳에 앉았는데 친구들이 떠받들었다. 차분하고 조용하여 욕심이 없었으므로 어른이 주는 것이 아니면 비록 하찮은 먹을 것이라도 일찍이 스스로 청하는 일이 없었다. 부부인이 일찍이 예쁜 옷을 지어 입혔는데, 그의 하는 짓을 보려고 옆에 있던 아이를 가리키며, “벗어 줄 수 있느냐?” 하자, 후는 곧 벗어주면서 아까와 하는 빛이 없었다. 또 도로 입히려 하니, “이미 주었던 것을 어찌 차마 다시 가지겠습니까?” 하였다.

부부인이 또 구슬 몇 개를 얻어 유독 왕후에게만 주니, 왕후가 받아서는 그 언니에게 주면서 말하기를, “부모가 주신 것을 어찌 혼자서 독차지 하겠어?”라고 하였다. 다른 물건도 모두 이와 같이 하였다.

점점 자라서는 효도와 공경하는 것이 더욱 지극하여 부모님이 병환이 나면 마음으로 근심하고 안색은 풀이 죽어서 잠깐도 곁을 떠나지 않았고, 만약 좋아하는 물건을 보면 반드시 조심스럽게 간직하였다가 드렸으며, 동기간에 우애가 돈독하여 여러 종자매에게까지 미치니, 종족들 간에서도 칭찬하고 감탄하지 않은 이가 없었다. 어려서부터 남을 해치려는 생각을 끊고 어질고 사랑하는 마음을 간직하여 만약 추위에 떨고 굶주리는 사람을 보면 안타깝게 여기는 것이 얼굴에 나타나서 반드시 구휼하려고 생각했다. 은혜로 비복을 거느리니, 조화로운 기운이 가득 차 사람들이 모두 감복하고 떠받들었다. 이 때문에 혜목공[49]이 항상 기특하게 여기고 사랑하였다.

무인년 (1638) 여름 상서로운 무지개가 타락동 본집에 뜨더니, 이해 겨울에 간선(揀選)을 받아 가례(嘉禮)를 행하였다. 왕후가 이미 곤극(坤極)[50]의 자리에 앉게 되자 예로써 몸을 단속하고 정성으로 윗분을 섬겼

49) 장렬왕후의 친정아버지 조창원을 말함.

으며, 평상시의 복식은 화려하고 사치한 것을 버리고 검소하고 절약하며 공경하고 조심함이 시종 한결같았다. 왕후는 매양 겸손하고 삼가는 것으로써 본가(本家)를 경계하여, "예로부터 궁실이[51]가 엄정하지 못한 것은 대개 외척[52]이 근신하지 않은 데서 말미암았으니, 경계하지 않을 수 있겠는가?"라고 하였다. 부부인이 때때로 혹시 궐내에 들어와 궁(宮) 안의 일을 조금이라도 청하면 후가 이르기를, "어머니는 나에게 비록 지극한 어버이가 되시지만 나라에서는 외인(外人)이니, 내전의 일을 알 필요가 없습니다."라고 하니, 부부인이 돌아가 집안사람에게 말하기를, "왕후의 분부가 이에 이르니 진실로 왕실과 나라의 복이 된다."라고 하였다.

기축년(1649) 여름에 인조(仁祖)가 세상을 떠나자 왕후가 비록 땅을 치며 통곡하는 중에 있으면서도 효금(絞衾)[53]과 습의(襲衣)[54] 등을 반드시 친히 점검해 보고 힘껏 정성을 다하셨다.

효종(孝宗)이 즉위(卽位)하자, 왕후를 높여 왕대비(王大妃)로 삼고, 신묘년(1651)에 존호(尊號)를 올려 '자의(慈懿)'라 하였다. 현종(顯宗) 신축년(1661)에 존호를 더 올려 '공신(恭愼)'이라 하였다. 그리고 소자(小子)[55]는 병진년(1676)에 또 존호를 올려 '휘헌(徽獻)'이라 하였다. 후가 연달아 대척(大戚)을 만나 항상 슬픔을 품고 스스로 번민하였으므로, 전후 존호를 올리는 예식에는 일찍이 친히 참석하는 일이 없었다. 매양 춥거나 더울 때나 천재지변을 당하면 소자를 위하여 보호하고 경계하시기

50) 곤극(坤極) : 왕후를 높여 부르는 말, 혹은 왕후가 거처하는 궁전. 곤궁.(坤宮).
51) 궁위(宮闈) : 궁궐. 임금이 거처하는 곳.
52) 척완(戚腕) : 임금의 외척.
53) 효금(絞衾) : 속대(束帶)의 일종으로 시체를 장식하는 데 쓰는 것.
54) 습의(襲衣) : 장례 때에 시체에 입히는 옷.
55) 숙종이 본인을 지칭하는 말.

를 이미 부지런하고 간절하게 하셨다.

경술년(1670), 8도에 기근(饑饉)이 들었을 때 왕후가 명하여 궁중에 쌓아둔 곡식을 털어내어 진휼하는 자본에 보태게 하셨다. 친척에게 돈독하며 화목하며 여러 궁(宮)을 돌보고 대우하심에 은혜와 의로움이 비록 갖추어지고 지극하였으나, 절대로 부정으로 혜택을 구하는 것을 허락하지 않았다. 양조(兩朝)[56]와 내가 세 번이나 잔치를 베풀어 장수를 축하하였으나, 왕후는 매양 때가 좋지 않다고 하시며 받기를 즐겨하지 않으셔 반복해서 힘써 청한 뒤에야 비로소 억지로 따르셨다. 갑자년(1684)에 회갑의 경사로 나라에 널리 베풀어 주고 은혜로 미루어 사대부와 서민에게까지 미치어 벼슬의 품계[57]를 올려주고 물품을 하사하였으나, 그때 명성왕후(明聖王后)[58]의 상제(喪制)가 끝나지 않았으므로 잔치를 베풀지 못하였다.

병인년(1686) 여름에 추후로 음식을 바치고[59]과 성대한 의식[60]을 거행하려 하였으나, 또한 왕후의 분부에 따라 그 절목(節目)을 생략하고 또 존호를 더 높여 '강인(康仁)'이라 하였다. 효종(孝宗)께서 일찍이 왕

---

56) 효종과 현종을 이름.

57) 자급(資級) : 벼슬아치의 직품(職品)과 관계(官階). 조선 시대는 정(正)·종(從)의 각 품마다 상하(上下) 두 자급이 있었으므로 총 36자급이 있었다.

58) 명성왕후(明聖王后) : 1642(인조20)~1683(숙종9): 조선 중기 현종의 왕비. 본관은 청풍(淸風). 영돈녕부사 청풍부원군(淸風府院君) 김우명(金佑明)의 딸이다. 1642년 서울 중부 장통방(長通坊)에서 태어나서, 1683년 12월 5일 창경궁 저승전(儲承殿)에서 죽었다. 1651년 세자빈에 책봉되고, 1659년 왕비에 책립되었다. 숙종과 명선(明善)·명혜(明惠)·명안(明安) 공주를 낳았다. 명선·명혜공주는 일찍 죽고, 명안공주는 해창위 오태주(吳泰周)에게 출가하였다. 송시열(宋時烈)에게 보낸 전유(傳諭) 1편을 비롯하여, 명성왕후의 언간 3편이 남아 있다. 지능이 비상하고 성격이 과격하여 궁중의 일을 다스림에 거친 처사가 많았고, 숙종 즉위 초에는 조정의 정무에 간여하여 비판을 받기도 하였다.

59) 풍정(豊呈) : 『세종실록』에 의하면 "국속(國俗)에 임금에게 음식을 차려 바치는 것을 풍정(豊呈)이라 한다."고 하였다. 여기서는 왕후에게 음식을 올리는 것을 말함.

60) 욕의(縟儀) : 성대한 의식.

후의 거소가 불편하다고 만수전(萬壽殿)을 지어서 모셨는데, 정묘년(1687)에 이르러 갑자기 화재의 재앙을 입으니, 왕후가 위로 하늘의 경계함을 두려워하여 편안히 거처하지 못하시다가 올 여름에 이르러 편안하지 못한 기후가 문득 심해졌다. 소자가 황급히 하늘에 부르짖으며 기도하였으나 끝내는 망극한 슬픔을 만났으니, 망망한 천지에 부르짖어도 미치지 못하였다. 병이 위독한 날을 당하여 정신이 이미 흐리면서도, 소자를 근심하고 염려하는 것이 평상시나 다름이 없어 돌아보고 이르시기를, "날이 저물었으니 물러가 쉬고 몸을 상하게 하지 말라."하시었다.

또 인심이 투박하고 세도가 위험한 것을 슬퍼하면서 내 손을 잡고 흐느끼며 이르시기를, "한두 궁녀로서 나라에서 금한 법을 지키지 않는 자가 허위를 가리켜서 진실이라고 하고, 없는 것을 가리켜서 있다고 하면서 은연히 시험해 보고 조금도 돌아보고 꺼리지 않으니, 작년에 한 상신(相臣)이 무고를 당한 것도 괴이하게 여길 것이 없다. 이런데도 징계하지 않는다면 어떻게 뜬소문을 가라앉히겠는가?" 하시니, 그 때에 두 궁인을 쫓아낸 것도 실은 왕후가 궁궐[61]을 엄중히 지키신 뜻을 본받은 것이다.'

성상(聖上)께서 쓰신 행록(行錄)이 이에 그치니 신이 모사하여 그려낼 필요가 없으므로 가만히 두서너 마디 말로써 간혹 빠진 것만 보충했을 뿐이다.

아! 후의 덕행(德行)은 태임(太任)과 태사(太姒)[62]와 더불어 그 거룩한 덕을 같이 하셨는데, 유독 인지(麟趾)[63]의 경사가 없었으니, 천도(天

61) 궁금(宮禁) : 궁궐.

62) 태사(太姒) : 문왕의 비(妃)이자 무왕의 어머니. 재주와 덕을 겸비하여 시할머니가 되는 태강(太姜)과 시어머니가 되는 태임(太任)을 잘 섬겼다고 한다. 태강, 태임, 태사를 일컬어 주실삼모(周室三母)라 하는데, 주나라 왕실을 일으킨 성모(聖母)로 일컬어진다. 유향, 『열녀전』, <母儀, 朱室三母>에 나온다. 현부(賢婦), 현모(賢母)의 대명사.

道)는 알 수가 없다. 그러나 삼조(三朝)[64]에 모의(母儀)를 보이시어 사랑과 효도에 차이가 없었고, 지금 임금[65]에 이르러 보살피고 도우신 공이 더욱 나타나시니, 하늘이 후를 내시고, 성덕(聖德)을 주신 것을 이에서 징험하겠다. 신이 또 가만히 생각건대 후께서 큰 덕으로 명문(名門)에 태어나서 성조(聖祖)의 배필이 되시니, 그 자리를 얻은 것이며, 장락궁(長樂宮)[66]의 받듦으로 온 나라의 봉양을 극진히 하고 휘호의 칭호를 올려 모든 착한 것의 아름다움을 모았으니, 그 녹을 얻고 그 명성을 얻은 것이다. 만년을 축원하던 일이 비록 신민의 소원과 어긋났으나 오래 사신 것은 전대의 후비에 비해 실로 견줄 이가 적었으니, 또한 그 장수하였다고 하겠다. 성상의 말씀을 반드시 네 가지에 취하여 보면 이것이 또한 모두 증험할 만하다. 아! 융성하도다.

---

63) 인지(麟趾) : 『시경(詩經)』 편명. 문왕(文王)의 후비(后妃)가 어질고 후덕하여 자손이 많은 것을 읊은 시.

64) 현종, 효종, 숙종.

65) 당저(當宁) : 현재 재위 중인 임금. 여기서는 숙종을 이름.

66) 장락궁(長樂宮) : 고려 시대 평양성 안에 있던 궁전.

큰 누이 숙인의 묘지

[伯姉淑人墓誌]

이단하가 자신의 큰 누나 숙인 이씨를 위해 쓴 묘지이다. 숙인 이씨는 이식과 청송 심씨의 장녀로 태어나 17세에 정진과 결혼하여 3남 4녀를 두었다. 이단하는 누나가 남편을 규제하고 간하여 마침내 좋은 그릇을 이루게 했다고 서술하고 있다. 남편이 처남들에게 "자네의 누이는 나의 스승이다."라고 했다는 것이 인상적이다.

숙인의 성은 이씨로 계통이 덕수에서 나왔다. 이조판서 이식(李植)[67]의 장녀이며 좌찬성을 추증 받은 이안성(李安性)의 손녀이시며 어머니는 청송 심씨이다. 영의정을 추증 받은 심엄(沈惓)이 그 분의 외할아버지이다. 만력 을사년(1605) 7월 모갑에 태어나 17세에 초계 정씨 진(鎭)에게 시집을 갔다. 아들 셋을 낳았으니 장남은 생원인 수석(洙碩)이고 다음은 수만(守晩)·수성(守性)이다. 딸 넷을 낳았는데 큰 딸은 이만징(李萬徵)에게 둘째는 윤시경(尹始慶)에게 시집갔고 나머지는 아직 출가하지 않았다. 갑오년(1654) 11월 12일 문화 관아에서 돌아갔으니 나이 50이었다. 셋째 딸이 이어 일찍 죽어 모녀를 함께 운구하며 지평의 옛날

67) 이식(李植) : 1584(선조17)~1647(인조25). 호는 택당(澤堂). 1642년(인조20) 김상헌(金尙憲) 등과 함께 척화(斥和)를 주장하여 잡혀갔다가 돌아올 때 다시 의주(義州)에서 구치(拘置)되었으나 탈주하여 돌아왔다. 벼슬은 대사헌·형조판서·이조판서에 이르렀으며, 장유(張維)와 더불어 당대의 이름난 학자로서 한문4대가(漢文四大家)의 한 사람으로 꼽힌다.

에 살던 북쪽산에 임시로 묻었다가[68] 다음 해 모월 모일 원주 선영의 옆 모 방향에 장사지냈다.

숙인의 타고난 성품은 빼어났고 또 돌아가신 아버님의 예의와 법칙의 가르침을 받아 결혼하기 전 집에 거할 때 효와 우애가 돈독했다. 정씨는 대성(大姓)이고 숙인은 종부였다. 그 가문에 들어간 후 시부모를 모신 지 30여 년간 가정에 이간질하는 말이 없었다. 을병호란을 당했을 때 시집이 서울에 있어 숙인으로 하여금 먼저 대부인을 모시고 시골로 내려가게 하였다. 숙인은 스스로 가난하고 곤궁한 데서 힘을 써 봉양하는 데 정성을 다하였다. 대부인이 말하길, "내 평생 뜻이 맞았을 때는 이 때만한 적이 없었다."라고 하셨으니 이에서 숙인의 효성을 볼 수 있다.

정공은 젊었을 때 성품이 자못 매이지 않아 숙인이 매번 규제하고 간하여 마침내 좋은 그릇을 이루게 되었다. 장성과 문화 두 고을을 다스리게 되어 모두 다스림으로 이름을 얻었으니 그 내조가 많았기 때문이다. 그래서 정공이 항상 처남들에게 일러 말하길, "자네의 누이는 나의 스승이지 배필이 아닐세."라고 하였다.

숙인은 가난한 집에서 태어나 스스로 농사짓고 누에 쳐서 재산을 불렸으며 위로 어른을 섬기며 아래로 자녀를 양육하고 밖으로는 빈객에게 음식을 대접하는데 빠뜨리거나 잃는 것 없이 부지런히 애쓰는 것이 지극하였다. 만년에 비로소 녹을 먹는 10여 년 동안 훌륭한 자식들이 앞에 가득하고 혼사를 이루어 사람들이 모두 복이 있다 칭하며 효도와 공경함의 보답을 받는 것이라 여겼다. 그러나 누린 수명이 오래지 않고 일찍 죽게[69] 되었으니 어째서인가? 그러나 숙인의 자식과 사위는 모두 문행

68) 권폄(權窆) : 임시로 하는 매장(埋葬).

69) 상찰(殤札) : 비명에 죽음.

이 있어 다른 날 곧[70] 드러날 것이며 가문을 빛나고 크게 할 것이니 황천에서 끝내 받지 못한 보답이 장차 여기에게 있지 않겠는가? 아!

70) 차제(次第) : 잠깐 사이, 순식간.

막내 누이 숙인의 묘지

[季姊淑人墓誌]

이단하가 막내 누나 숙인 이씨를 위해 지은 묘지이다. 숙인 이씨(1616~1673)는 이식과 청송 심씨의 셋째 딸로 태어나 16세에 조비와 결혼하였다. 남편이 죽은 후 15년간 과부로 살다가 58세에 죽었고 4자녀를 두었다. 숙인 이씨는 종부는 아니었지만 시부모의 장례를 주관하고 제사를 성실히 받들었으며 몸소 옷감을 짜서 자식들이 결혼하는 데 예를 갖추도록 했다.

아! 나는 전기를 통해 어진 부녀자의 행실이 많은 것을 고찰했다. 그러나 자식으로서, 아내로서, 어머니로서의 도리를 모두 다하며 부족함이 없는 것을 나는 죽은 누이 숙인에게서 보았다. 숙인의 성은 이씨고 덕수가 본관이며 돌아가신 아버님의 셋째 따님이시다. 아버님은 이식이신데 세상에서 택당이라고 부른다. 벼슬이 이조판서 겸 대제학에 이르렀다. 할아버지는 이안성이신데 안기도 찰방을 지내시고 좌찬성에 추증되셨다. 증조할아버지 이섭은 성균 생원이셨고 좌승지에 추증되셨다. 돌아가신 어머니 정부인은 청송 심씨이다. 옥과 현감을 지내고 영의정을 추증 받으신 심엄의 따님이시다. 만력 병진년(1616) 11월 15일에 숙인을 낳으셨다.

16세에 조공에게 시집갔는데 공의 이름은 조비(趙備)[71]이다. 문사로

---

71) 조비(趙備) : 1616(광해8)~1659(효종10). 본관은 한양. 자는 사구(士求), 호는 총계와(叢

이름이 났으며 미원옥당을 거쳐 벼슬이 제용감정에 이르렀다. 공이 죽은 15년 후 계축년(1673) 10월 15일 숙인이 돌아갔으니 향년 58세였다. 그 해 12월 7일 공의 묘에 합장하니 고양의 동쪽 향적산 동북쪽 언덕이다. 자녀와 내외 손자는 공의 묘지에 기록되어 있는 까닭으로 생략한다.

숙인의 타고난 성품은 부드럽고 아름답고 곧고 밝았으며 사군자의 식견과 도량이 있었다. 어려서부터 부모님의 사랑을 받았으며 항상 어질고 효성스럽다고 칭해졌다. 출가한 후 얼마 안 있어 시아버지의 상을 당해 예에 맞춰 장례를 치렀다. 남편을 섬기는 데는 순종하면서도 능히 경계하였다. 남편이 중년에 곤궁하게 되어 많은 자녀들이 매우 가난했다. 숙인은 가정을 다스리는 데 근면하고 영민하여 살림이 빈 근심을 남편에게 끼치지 않았다. 또 일찍이 있고 없음을 가지고 부모님께 번거롭게 하소연하지 않았다. 남편이 이미 벼슬에 나아갔을 때 우리 집이 상사와 화로 영락하였는데 숙인은 맛있는 것을 얻으면 번번이 나누어 돌아가신 어머니에게 드리고 때에 맞춰 집에 봉양을 하며 은혜를 갚는 정성을 다하여 돌아가신 어머님께서 매우 편안하게 여기셨다.

아버님의 기일을 맞아 혹 멀리 있어 제사에 참석하지 못하면 반드시 제전을 설치하고 슬피 곡을 하였고 시어머니를 섬기는 데도 그 효성과 공경을 다하였다. 남편의 형이 먼저 죽자 남편은 담을 사이에 두고 종가를 경영하고 설치해 함께 살며 부모님을 봉양했다. 숙인은 새벽부터 밤까지 손수 음식을 장만해 올리고 식사가 끝나신 후에 물러났다. 공은 매번 좋은 때를 만나면 번번이 술과 음악을 베풀어 친척을 모아 부모님의 마음을 기쁘게 해드렸다. 숙인은 힘을 다해 함께 갖추니 마루에 가득 찬

桂窩). 좌승지 찬한(讚漢)의 아들이며, 이식(李植)의 문인이자 사위이다. 1635년 진사시에 합격, 헌릉참봉·사서·정언 겸 지제교·교리·병조정랑·성균관사예·제용감정 겸 서학교수를 지냈다.

사람들이 매우 기뻐하며 그 집의 살림이 빈 것을 알지 못했다.

사돈 부인은 항상 말씀하시길, “아무개 며느리가 곁에 있으면 나는 음식이 더 많아지는 것도 깨닫지 못한다.” 하고 또 “이 며느리의 정성과 효는 『내칙』을 헤아려 볼 때 합당하지 않은 것이 없다.”고 하였다.

공은 끝까지 봉양하지 못하고 죽었고 사돈 부인의 연세 80이 넘었는데 숙인은 받들고 간호하는 것을 더욱 부지런히 하였다. 앉고 눕고 출입할 때 반드시 몸소 부축하였는데 부인이 만년에 기력이 더욱 위태로워지자 숙인은 밤낮으로 무릎을 꿇고 베개 맡을 지키며 옷의 섶을 풀지 않았으며 조금도 해이하지 않았다. 시어머니 상을 당하게 되었을 때는 공의 상도 아직 끝나지 않았을 때였다. 숙인은 말하길, “종가가 불행하여 다만 과부 질부만 있구나. 가난하고 외톨이라 의지할 데 없고 종사를 받들 손자도 아직 어리다. 나는 비록 개부[72]이지만 어찌 제사의 책임을 맡지 않을 수 있겠는가?”하고 아침저녁으로 몸소 장례 물품을 갖추고 양쪽 궤연을 나누어 설치했다.

상이 끝난 후 기일과 제사, 초하루, 명절에 음식을 바쳐야 하는 때를 당하면 또한 늘 번갈아 했다. 정미년(1667) 온 집안이 호남에 내려가 거처하게 되어 비로소 종가와 헤어지게 되었다. 숙인은 조상의 제사를 혹 거를까 걱정을 하며 종족과 의논하여 시부모님의 신주를 받들어 모시고 떠나 마침내 제사 음식[73]을 받들었다. 그러나 제사 지내기 위한 밭의 유산이 한결같이 종가에 돌아가도 조금도 사사롭게 생각하는 마음이 없었다.

공에게는 두 누이가 있었는데 숙인은 마치 어머니처럼 공경하며 모

72) 개부(介婦) : 적장자(嫡長子)가 아닌 아들의 처. 중부(衆婦).

73) 자성(粢盛) : 제기에 담긴 곡식.

셨다. 두 누이는 매번 숙인의 효와 덕을 칭찬하면서 말하길, "하늘이 모씨를 내신 것은 조씨 집안을 위해서다."라고 하였다.

숙인은 과부로 산 15여 년 동안 몸소 옷감을 짜며 밤을 이었다. 4자녀를 결혼시키는 데 있어 예의에 벗어나지 않게 하였으며 항상 두 아들에게 경계하여 말하기를, "너희들은 학문에 힘쓰고 행실을 닦아야 한다. 만일 선인의 덕과 영화에 더하는 바가 없으면 내가 바라는 것이 아니다."라고 하였다.

종당의 질녀를 은혜와 의로움으로 두루 살피고 홀로 사는 질부를 돌아보며 며느리를 차이 없이 대우했다. 그 딸들을 시집보낼 때도 자신의 딸처럼 했다. 그들이 호남에서 살 때 공의 형의 홀로 사는 첩을 거느리고 가서 봉양하였으며 여러 부모 없는 아이들을 어루만지고 길러주는 것을 오래도록 그만두지 않아 마을에서 감탄하였다.

신해년(1671) 여강으로 옮겨가 살 때는 지산에 있는 부모님의 묘를 살피고 제사가 끝나자 남은 음식을 갖고 옛날 종들 중에서 자식이 없는 사람들을 제사지내니 그 은혜와 사랑을 곡진하게 베푸는 것이 많음이 이와 같았다. 이미 막내딸의 혼인을 끝내자 나에게 편지를 써서 말하길, "나는 인간 세상에 더 이상 남은 생각이 없다. 만약 지금 죽는다면 어찌 행운이 아니겠는가?"라고 하였다.

얼마 지나지 않아 숙인이 병이 들어 서울로 가 의사의 치료를 받았으나 7, 8개월 동안 병이 오래도록 낫지 않아[74] 돌아눕지 못하였다. 시부모의 기일이 되자 오히려 스스로 제사 음식을 준비하며 머리를 들어 살펴보고 죽은 다음의 일을 처리하는 데 있어 조금도 남겨둔 바가 없었다. 자녀들을 두루 보면서 세심하게[75] 가르침을 남기고 옷을 벗어 늙은 종

74) 침면(沈綿): 병이 오래도록 낫지 않음.

에게 주면서 전날의 노고를 칭찬하고 이후의 일을 권면하였다. 이미 모든 것이 끝나자 눈을 감고 약을 물리치었다. 내가 울면서 말하길, "아버님의 평소의 자세한 행동은 내가 어려서 두루 알지 못합니다. 누이에게 물어서 다 기록하기를 원합니다. 원컨대 이 일을 위하여 조금이라도 애써 보전하십시오."라고 하였다. 숙인은 눈을 뜨고 고개를 끄덕여 다시 약물을 올렸으나 끝내 구하지 못하였으니 애통하고 애통하다.

숙인의 아름다운 규범과 명석한 행동은 평범한 아녀자 가운데에서 뛰어났다. 평생의 언어는 스스로 도리에 합당했으며 골육 간에 참소하는 말을 철저하게 끊었고 규중이 엄숙하고 화목했으며 일마다 바르게 다스렸다. 비복들은 두려워하면서 사랑해 그 충성을 다했으며 안으로는 온 집안에서 그 은택을 우러르고 밖으로는 친척집에서 그 덕을 칭송했다. 두 아들은 어려서 아버지를 잃었으나 커서 품행과 도의[76]로 일컬어지고 여러 딸은 시집에서 모두 아름다운 평판이 있으니 이는 모두 숙인의 교화와 가르침 덕분이다.

숙인의 덕행의 순수함은 비록 타고난 성품이 뛰어난 데서 나왔으나 또한 아버님의 의로운 방법의 가르침을 입어 거기에 무르젖어 그렇게 된 것이다. 숙인의 어짊으로 장수를 누리지 못했으니 하늘의 보답이 어디에 있는가? 그러나 숙인은 아이를 많이 낳았지만 일찍이 자식이 일찍 죽는 경우를 보지 못했고 8자녀의 부부가 모두 돌아가며 모시며 끝까지 효도하고 끝까지 상을 치루었으니 일가가 재앙이 없는 것도 또 세상에서 드물게 있는 일이다. 그 이루지 못한 복은 하늘의 도에서 징후할 수 있으니 돌아보건대 내가 글을 쓰지 않으면 덕과 아름다움을 드러낼 수

---

75) 정녕(丁寧) : 재삼 간절히 당부함, 또는 충고함.

76) 행의(行誼) : 품행과 도의.

가 없을 것이다. 당시는 가난했고 글을 짓는 선비에게 묘지명을 구할 겨를도 없어 숙인을 위해 썩지 않도록 도모하지 못했으니 이것이 심히 한스럽다. 다만 이를 써서 유명에 고할 따름이다. 아우 단하가 울면서 쓴다.

장모 정부인 이씨의 묘지
[外姑貞夫人李氏墓誌]

이단하의 장모 정부인 이씨의 묘지이다. 완산 이씨 부인(1594~1671)은 이신록과 전의 이씨의 딸로 태어나 17세에 한필원의 계실이 되어 1남 1녀를 두었다. 이씨부인은 시어머니의 연세가 90이 넘을 때까지 정성껏 모셨으며 시집 가족들에게 환심을 사는 행동을 하였다. 사위인 이단하에게 이씨부인은 시속 부녀자들의 편벽하고 사치한 풍습이 없었던 여성으로 인식되고 있다.

예조참판 한필원(韓必遠)[77]의 계비인 정부인은 완산 이씨이다. 시조는 밀성군 이침(李琛)으로 우리 세종대왕의 서자[78]이시다. 운산군 이계(李誡)와 광성정전 과원수 이구수(李耈壽)와 문과첨정 이극강(李克綱)을 거쳐 사헌부 감찰 이신록(李申祿)에 이른다. 이신록은 병절교위 이원윤(李元胤)의 따님 전의 이씨에게 장가들어 만력 갑오(1594) 10월 초2일에

77) 한필원(韓必遠) : 1578(선조11)~1660(현종1). 본관은 청주(淸州) 자는 원이(遠而) 호는 도천(道川). 아버지는 동지중추부사 효중(孝仲)이며, 어머니는 감찰 이언형(李彦亨)의 딸이다. 1605년 사마시에 합격하고 1616년에 증광문과에 병과로 급제하였다. 승문원저작·봉상시직장을 역임하였으나 폐모론이 일어나자 사직하고 고향에 내려갔으며, 뒤에 주서에 제수되었으나 사직하였다. 병조조랑·정랑과 성균관직장을 역임하고, 정언·집의 등 대간으로 봉직한 뒤 통정으로 승계하여 동부승지·우부승지·병조참지·여주목사를 지냈다. 1636년 병자호란 때는 남한산성을 잘 지켰기 때문에 가선(嘉善)으로 승계되고, 예조·병조·형조의 참판과 한성부서윤 등을 역임하였으며, 효종 때에는 역시 예조참판·도승지·특진관·부호군 등을 역임하였다. 그 뒤 가의(嘉義)에 승계하여 1660년에 죽었다.

78) 별자(別子) : 적장자 이외의 아들, 서자(庶子).

부인을 낳으셨다.

부인은 17세에 공(韓必遠)에게 시집 가셨다. 공은 일찍 전 부인을 잃었고 부인이 가문에 들어간 지 7년 만에 비로소 갈옷을 벗었다[79]. 공은 대각[80]에 당당하게 들어갔다가 외지로 나가 고을과 부[81]에서 벼슬하고 지위는 아경[82]에 올랐는데 나이가 80[83]을 넘었다. 부인은 함께 늙으며 복을 받아 다시 봉전[84]을 받았고 두 아들이 이어서 벼슬을 하며 영화롭게 봉양하였다.

부인은 신해년(1671) 3월 초 하루에 돌아갔으니 나이 78세였다. 부인은 처음에 자식이 없어 공이 둘째 형의 아들 여두(如斗)를 데려다 후사로 삼았다. 부인은 늦게 1녀 1남을 낳으셨다. 아들은 여우(如愚)이고 딸은 이단하에게 시집갔다. 여두가 바로 주후이며 전 교하현감이다. 여우는 진사이며 금산군수를 지냈다. 현감의 아들은 백기(伯箕)인데 생원이며 증산현령이고, 백기의 아들은 상조(相朝)이다. 두 딸은 윤춘교(尹春敎)와 이의상(李宜相)에게 시집갔다. 군수의 네 아들은 세기(世箕), 영기(永箕), 익기(翊箕)이며 막내는 어리다. 딸 하나는 진사 조하기(曹夏奇)에게 시집갔다. 단하는 두 명의 아들이 있다. 번(蕃)은 생원 찰방이고 둘째 아들은 축(蓄)이다. 두 딸은 신숙(申潚)과 송회석(宋晦錫)에게 시집갔다. 증현손 남녀와 어린 아이들은 모두 기록하지 않는다.

---

79) 석갈(釋褐) : 베옷을 풀다. 벼슬을 처음 시작하게 됨을 말한다.

80) 대각(臺閣) : ①조정(朝廷) ②사헌부(司憲府), 사간원(司諫院)의 합칭.

81) 부(府) : 대도호부사(大都護府使) 또는 도호부사(都護府使)가 있는 지방관청의 하나.

82) 아경(亞卿) : 경(卿)의 다음 벼슬. 곧 참판(參判). 좌우윤(左右尹) 따위.

83) 대질(大耋) : 80세의 나이를 일컫는 말. 사람의 나이에 대해서 10세를 유(幼), 20세를 약(弱), 30세를 장(壯), 40세를 강(强), 50세를 애(艾), 60세를 기(耆), 70세를 노(老), 8,90세를 모(耄), 100세를 기(期)로 분류한다. 『禮記』「曲禮」.

84) 봉전(封典) : 중국 황제가 공신 및 그 조상에게 작위명호(爵位名號)를 사급(賜給)하는 일. 여기서는 부인이 남편의 직위에 따라 정부인의 작위를 받게 됨을 말한다.

부인의 자태와 용모는 단정하고 빼어났으며 성품과 행동은 화순하였고 전혀 시속 부녀자들의 편벽하고 사치한 풍습이 없었다. 장모의 시어머니가 누린 수명은 90이 넘었는데 부인은 삼가 받들며 그 정성을 다하였다. 부인의 남편에게는 3형제와 2자매가 있었는데 여러 조카들이 날마다 와서 대부인을 즐겁게 모셨는데 부인은 먹을 것을 대접하여 모두 그 환심을 얻었다. 비록 부족하여 빌려야 할 지경에 이르러도 남편과 친척들로 하여금 알게 하지 않았다. 비복들을 어루만지고 불쌍히 여겨 비록 과실이 있다고 하더라도 오직 경계하고 신칙할 따름이었지 일찍이 꾸짖는 말을 더하지 않아 이것 때문에 비복들이 모두 사랑하고 받들며 부인의 어질고 은혜로움을 칭송하였다. 공이 죽자 여주 서쪽 홍곡 선영의 오른편 언덕에 장사지내고 우암 송시열 선생이 그 묘지명을 썼다. 부인이 돌아가셨을 때 처음에 산가에서 꺼려 임시로 무덤을 썼다가 갑인년(1674) 모월일에 공의 묘를 선영의 왼편 언덕 모 방향을 등진 언덕으로 옮기고 부인과 합장하였다. 병인 모월일 또 오른편 언덕 모를 등진 곳에 함께 옮겼다. 현감[85]이 나에게 부인의 행적을 쓸 것을 부탁해 공의 묘지와 더불어 함께 묻으며 이른다.

85) 부인의 아들 한여두(韓如斗)를 말함. 이단하의 처남.

딸 신씨 부인의 묘지

[亡女申氏婦墓誌]

이단하가 자신의 딸을 위해 쓴 묘지이다. 이씨(1656~1679) 부인은 이단하와 청주 한씨의 딸로 태어나 18세에 신숙과 결혼하여 1남 1녀를 낳고 25세에 죽었다. 이단하는 항상 병중에 있어 자식들의 세세한 일들에 대해 알지 못하며 더욱 결혼 한 후에 대한 일은 알지 못해 딸이 죽은 후 비로소 아내를 통해 딸의 이야기를 듣게 되었음을 고백하며 미안해한다. 딸의 죽음을 자신의 탓으로 돌리며 자책하는 모습도 보인다.

죽은 딸 유인 덕수 이씨는 전 참판 단하의 큰 딸이다. 이조판서 이식의 손녀이며 어머니는 청주 한씨로 예조참판 한필원이 그의 외할아버지이다. 숭정 건원 후 병신년(1656) 10월 초1일에 태어나 18세에 신씨에게 시집갔다. 신군의 이름은 숙(璛)[86]으로 의주부윤 신익상(申翼相)의 아들이다. 그 다음해 내가 죄로 축출당해 지협에 갔을 때 딸의 시아버지 또

86) 신숙(申璛) : 1658(효종9)~1713(숙종39). 본관은 고령(高靈), 자는 호여(浩如), 호는 삼외당(三畏堂). 우의정 익상(翼相)의 아들이다. 어려서부터 총명하여 학문과 존양(存養) 공부에 힘썼다. 1689년(숙종15) 기사환국으로 민비가 폐출되자, 당시 대사헌으로 있던 아버지가 그 부당함을 극간하고 즉시 양주의 사가로 돌아갔는데 이때에 그도 아버지를 따라 갔으며 과거공부까지 단념하였다. 1694년 갑술옥사로 민비가 복위하자, 공조판서로 중임된 아버지를 따라 관계에 복귀하여 1700년 동몽교관(童蒙教官)에 임명된 뒤 여러 관직을 거쳐 1705년 순안현령·배천군수·황주목사로 초배(超拜)되었다. 황주는 다스리기 어려운 고장으로 알려졌는데, 공평한 정치를 하고 가난을 구휼하여 치적이 현저하였으나 재직 중 중풍으로 죽었다. 청백리(淸白吏)에 녹선(錄選)되었다.

한 물러나 호향에 살며 오랫동안 벼슬하지 않았다. 발탁되어 북방의 임무를 받아 딸이 그 집안을 따라 서울로 갔는데 5, 6년 동안 겨우 한 두 번 귀녕을 와 몇 개월 머물다 곧 돌아갔다.

을미년(1679) 10월 딸이 감기에 걸렸는데 사위 신군은 마침 용만에 나가 있어 딸의 언니의 남편 한세기(韓世箕), 곧 딸의 형부가 병이 위급하다는 편지를 보내왔다. 나는 급히 아들 번을 보내 가서 보게 하였는데 병이 이미 위독했다. 그 달 25일 죽었으니 나이 겨우 24세였다. 12월 12일 양주군 장리 남동 방향을 등진 언덕에 장사지냈으니 신씨 집안의 선영이다.

딸은 타고난 용모가 단정하고 빼어났으며 기질과 도량이 맑고 아름다웠다. 내외의 친척들이 모두 문중에 가히 짝할 만한 사람이 없다고 하였다. 어려서부터 성장할 때까지 일찍이 한마디도 꾸짖는 말을 들은 적이 없으나 나는 항상 병중에 있어 자식들의 세세한 일들에 대해 알지를 못한다. 시집 간 후엔 더욱 소원해져 딸의 행동이 어떠했는지를 상세하게 알지 못한다. 딸이 죽음에 그 어미에게 물어보니 말하기를,

"딸은 10세가 지나 여공을 이미 정결하게 하였습니다. 내가 아프면 대신 일을 맡았는데 마치 어른 같았습니다. 성품 또한 곧고 깨끗하였으며 의롭지 않은 것을 보면 마치 더럽힘을 받는 것처럼 여겼습니다. 시집가서는 더욱 효와 공경을 다하여 밤낮으로 조금도 게을리 하지 않아 시부모님도 매우 마땅하게 여겨 우리 딸에 대한 사랑이 넘쳤으니 이는 내 말이 아닙니다. 그런즉 시어머니와 내가 애도하고 슬퍼하는 글을 썼습니다."라고 하였다.

나는 이에 더욱 딸이 몸을 수양하고 언행을 삼갔음을 알았다. 나는 오직 돌아가신 아버님의 성대한 책임[87]을 이어받아 감당하지 못하고 병이 났다가 늦게야 천지의 괘를 얻어 과거를 보아 조정에 올라갔다가

마침내 또 죄로 폐해졌다.[88] 막히고 융성하는 것은 돌고 도는 것이 천운의 일상인데 아버지가 아직 죽지 않았는데 딸이 홀로 먼저 죽었으니 이것이 무슨 이치인가? 나는 이미 불효하고 불충한데 또 그 자식에게도 친하지 못해 죽은 후 비로소 딸의 행실을 알게 되었다. 완악하기가 이에 이르러 하늘이 벌을 내리시고 재앙이 자식에게 미쳤으니 이치가 족히 이상할 것도 없다.

아아! 슬프다. 딸은 1남 1녀를 두었다. 딸은 도온(道溫)인데 겨우 다섯 살이고 아들 도성(道成)은 태어난 지 겨우 18개월 되었다. 아이들이 영리하고 지혜로우며[89] 남다른 자질이 있으니 하늘이 너에게 보답하여 베풀어주는 것이 혹 이 아이들에게 있지 않겠느냐? 금년 경신년(1680) 봄에 그 아버지가 쓴다.

---

87) 대과(大過) : 주역(周易) 육십사괘의 하나인 손하태상(巽下兌上). 지나치게 성대함을 상징함.

88) 숙종이 즉위한 뒤 서인으로서 제 2차 복상문제로 숙청당한 신하에 대한 처벌의 부당성을 상소하다가 파직되고 삭직당한 일을 말함.

89) 기억(岐嶷) : 어린아이가 영리하고 지혜로움.

숙부인을 추증 받은 유씨의 묘표

[贈淑夫人柳氏墓表]

유씨 부인은 유은과 송씨 부인의 딸로 태어났는데 어릴 때 부모를 잃었다. 조찬한에게 시집가 살다가 정유재란 때 피난갔는데, 남편은 도망쳐 피하도록 하고 자신은 칼로 목을 찔러 자결했다. 이 일로 부인을 위한 정려비가 세워졌다. 조찬한이 재혼하여 얻은 아들의 아들이 부인의 묘에 묘표를 세우고자 이단하에게 부탁하여 이 묘표가 만들어졌다. 전란에 희생된 여성의 역사적 사실을 알 수 있는 자료이다.

부인 유씨의 아버지는 지평이며 도승지를 추증 받은 유은(柳溵)이고 할아버지는 장흥부사를 지낸 유충정(柳忠貞)이며 증조할아버지는 부사직을 지낸 유해(柳瀣)이다. 어머니는 군부인 송씨로 공조좌랑 송우(宋遇)의 딸이다. 부인은 어려서 부모를 잃었는데 상을 치르며 슬픔을 다하였다. 계사년(1593)에 조찬한(趙纘韓)[90]에게 시집갔는데 받들어 바르게 충고하며[91] 아녀자의 도리를 잘 갖추었다.

---

90) 조찬한(趙纘漢) : 1572(선조5)~1631(인조9). 본관은 한양(漢陽). 자는 선술(善述), 호는 현주(玄洲). 양정(揚庭)의 아들이며, 위한(緯漢)의 아우이다. 1601년(선조34) 생원시에 합격, 1606년 증광문과에 병과로 급제하였다. 성균관학유에 제수되고 이어서 전적・형조・호조의 좌랑・사간원 정언・영암과 영천의 군수 등을 역임하고, 삼도토포사(三道討捕使)에 임명되어 호남・영남 지방에 들끓는 도적의 무리를 토평, 그 공으로 통정대부(通政大夫)에 오르고 예조참의에 제수되었다가 동부승지로 전임되었다. 이 무렵 광해군의 정사가 극도로 문란하여지자 외직을 청하여 상주목사가 되었다. 문무의 재능을 겸비하였으며, 특히 시부에 뛰어나 초한육조(楚漢六朝)의 유법을 터득하였다고 한다.

91) 잠규(箴規) : 바르게 충고함.

정유년(1596)에 왜적을 피해 나주 삼향에 있었는데 어느 날 저녁에 적의 배가 갑자기 가까이 이르자 급히 도망을 가다가 조공을 잃어버리게 되었다. 부인은 세 차례나 물에 빠져 죽으려 하였는데 번번이 계집종이 구해주었다. 조공이 몰래 다니다 사람을 만나 마침 부인이 있는 곳을 가르쳐주어 바로 가서 구하였다. 얼마 안 있다가 또 적의 칼이 이르렀는데 부인이 힘을 다해 조공이 도망쳐 피할 수 있도록 권했다. 공은 적이 물러나기를 기다려 돌아와 찾아보니 부인은 이미 죽어 피가 길가 풀에 흘러내리고 있었고 칼은 부인의 목에 있었다. 그 칼은 조공이 평소에 차고 다니던 칼인데 부인이 난리를 만난 후부터 스스로 허리 사이에 차고 있던 것이다.

조공은 또 문장이 있어 벼슬이 승지에 이르렀다. 조공은 일찍이 제문과 묘지문을 지어 정열을 갖추어 서술하였다. 지금 유집에 실려 간행되었는데 73년 후인 기유년(1669) 나주의 선비 장복기 등 서른세 명이 본 고향에 글을 올리고 조정에 알려 그 집안에 정려비를 세우기를 청하였다.

조공의 새로운 부인[92]에게 아들이 있었으니 휴(休)는 용궁현감을 지냈고 비(備)는 문과에 급제해 제용정을 지냈는데 모두 일찍 죽었다. 비에게는 아들이 있으니 인상(麟祥), 구상(龜祥)인데 부인의 묘에 묘표를 세워 조상의 뜻을 이루었다.

부인은 만력 모년 모월 모일에 태어나 모년 모월 모일에 죽었다. 묘는 나주 모 땅 모 방향을 등진 언덕에 있다. 목사 소두산이 이에 진상을 알게 하고 홍문관 응교 이단하가 기록한다.

---

92) 기대승(奇大升)의 손녀인 행주 기씨(幸州 奇氏)를 말함.

어머니 정부인의 행장
[先妣貞夫人行狀]

이단하가 자신의 어머니의 가계와 생애 등 행적을 엮어 만든 행장이다. 청송 심씨(1645~1718)는 심엄과 능성 구씨의 딸로 태어나 17세에 이식과 결혼하여 3남 3녀를 두었다. 이단하는 어머니가 당시에 학식과 인품으로 명망을 받던 이식의 부인으로서 행했던 내조와 자식들을 교육했던 일을 서술하고 있다. 특히 아버지가 조정에서 40 여 년간 훌륭한 일을 담당했던 것이 어머니의 내조 덕분임을 인정하고 있다.

돌아가신 어머님의 성은 심씨이며 본관은 청송이다. 좌시중 청성백 심덕부(沈德符)93)의 후손이시다. 증조할아버지는 심강(沈鋼)94)이란 분으로 강릉원구이시며 청릉부원군에 봉해지셨다. 할아버지는 심의겸(沈

93) 심덕부(沈德符) : 1328(충숙왕15)~1401(태종1). 자는 득지(得之), 호는 노당(蘆堂), 허강(虛江). 아버지는 전리정랑(典理正郎) 용(龍)이다. 고려 충숙왕 복위년 말에 음직으로 사온직장동정(司醞直長同正)에 출사한 이후 여러 요직을 거쳤다. 1392년 판문하부사(判門下府事)로 조선의 개국을 맞아 1393년 회군공신 1등에 추록되며 청성백(靑誠伯)에 봉하여졌다. 일곱 명의 아들이 있었는데 다섯째아들인 온(溫)은 세종의 국구가 되었으며 여섯째아들 종(淙)은 태조의 부마가 되어 왕실과의 혼인을 통하여 거족(巨族)으로 성장하는 기틀이 그에게서 이루어졌다.

94) 심강(沈鋼) : 1514(중종9)~1567(명종22). 자는 백유(伯柔). 아버지는 영의정 연원(連源)이며 어머니는 좌찬성 김당(金瑭)의 딸이다. 명종의 장인이다. 1543년(중종38) 진사시에 합격하고 음보로 활인서별제(活人署別提)가 되었다. 명종이 대군으로 있을 때에 그의 큰딸과 혼인하여 1546년(명종1)영돈녕부사에 임명되고, 청릉부원군(靑陵府院君)이 되었다. 1548년 오위도총부도총관이 되고, 1563년 기대항(奇大恒)과 함께 권신 이량(李樑)의 세력을 제거하고 신진사류인 박순(朴淳) 등을 구하였다. 국구(國舅)로서 田宅을 많이 가져 부유하였으나 시기심이나 기해심은 없었다. 시호는 익효(翼孝)이다.

義謙)[95]이란 분이신데 사헌부대사헌 청양군이시다. 아버지는 심엄(沈엄)이란 분인데 옥과현감을 지내셨고 의정부영의정 청천부원군을 추증받으셨다. 어머니는 능성 구씨이시니 바로 장릉원구 의정부 좌찬성이며 영의정을 추증 받은 능안부원군 구사맹(具思孟)[96]의 따님이시다. 청양군의 형 온양군수는 승정원 좌승지에 추증된 심인겸(沈仁謙)인데 아들이 없어 청천공이 양자로 가셨다.

어머님은 만력 을유년(1645) 8월 초 6일 술시에 태어나셨고 17세 신축일에 우리 아버님께 시집오셨다. 아버님의 성은 이씨이고 이름은 식이시다. 벼슬이 이조판서에 이르렀고 세상에서 택당이라고 불렀다. 부인은 봉전을 받아 정부인이 되었다. 정해년(1706) 아버님이 돌아가신 지 12년 후 무술년(1718) 3월 초 5일에 어머님이 돌아가셨다. 이후 5월 초1일에 지평 동백아곡 선영의 곁에 무덤을 옮기고 이듬해 정월 15일에 동

---

95) 심의겸(沈義謙) : 1535(중종30~1587(선조20). 자는 방숙(方叔), 호는 손암(巽菴), 간암(艮菴), 황재(黃齋). 할아버지는 영의정 연원(連源)이고, 아버지는 강(綱)이며, 홍(泓)에게 입양되었다. 명종의 비인 인순왕후(仁順王后)의 동생이다. 이황의 문인이다. 1555년(명종10) 진사시에 합격하고, 1562년 별시문과에 을과로 급제하여 청요직에 임명되었다. 1564년 지평 검상 사인을 거쳐 이듬해 사간 부응교 등을 역임하고, 1566년 집의 군기시정 직제학 동부승지 등을 지냈다. 1569년 좌부승지 대사간을 지내고 1572년 이조참의 등을 지내는 동안 척신출신이지만 사림들간에 명망이 높아 선배사류들에게 촉망을 받았다. 1580년 예조참판으로 함경감사를 역임하던 중 정인홍의 탄핵을 받았으나 이이의 상소로 무사하여 전주부윤이 되었다. 1584년 이이가 죽자 이발(李渤) 백유양(白惟讓) 등이 일을 꾸며 동인과 합세하여 공박함으로써 파직당하였다. 그러나 벼슬이 대사헌에 이르렀고 세습으로 청양군(青陽君)에 피봉되었다. 인물됨은 효성이 지극하고 검소하였으며 외척으로 있으면서도 권세를 함부로 부리지 않았다. 나주의 월정서원(月井書院)에 제향되었다.

96) 구사맹(具思孟) : 1531(중종26~1604(선조37). 본관은 능성(綾城), 자는 경시(景時), 호는 팔곡(八谷), 아버지는 의신군(義信君) 징원(澄源)의 사위로 영의정에 추증된 순(淳)이며, 인헌왕후의 아버지이다. 유희춘, 이황의 문인이다. 왕실과 인척이면서도 청렴결백하고 더욱 근신하여 자제나 노복들이 함부로 행동하지 못하게 하였다. 죽은 뒤 호성(扈聖) 선무(宣武) 정난(靖難) 등의 원종공신에 책록되었고, 1632년 정원군(定遠君)이 원종(元宗)으로, 그의 다섯째 딸이 인헌왕후로 추숭되어 능안부원군(綾安府院君)에 추봉되었다.

곡에 있는 아버님의 묘 북동 방향의 언덕에 합장하였다.

어머님은 3남 3녀를 두셨다. 큰아들 면하(冕夏)는 사마시에 장원하여 벼슬이 홍문관수찬에 올랐는데 아버님 상을 치르던 중 지나치게 몸을 상해 죽었다. 둘째 아들 신하(紳夏)는 전에 돈녕부봉사를 지냈으며, 그 다음은 단하(端夏)인데 횡성현감을 지냈다. 큰딸은 군수 정진(鄭鎭)에게 시집갔고 둘째딸은 익위사위솔 안광욱(安光郁)에게 시집갔으며 두 딸은 어머님보다 먼저 죽었다. 다음은 성균관 사예 조비(趙備)에게 시집갔다. 손자는 5명인데 유(留)는 면하의 아들이고 번(蕃)과 여(畬)는 신하의 아들이며 번(蕃)과 축(蓄)은 단하의 아들이다. 손녀 5명은 모두 어리다. 외손자는 9명인데 생원 수석(洙碩), 수만(洙晩), 수성(洙性)은 정씨[97]의 아들이다. 돈(墩)과 방(埅)과 규(圭)와 후(垕)는 안씨[98]의 아들이다. 인상(麟祥)과 구상(龜祥)은 조씨[99]의 아들이다. 외손녀는 8명인데 정의 사위는 이만징(李萬徵)과 윤시경(尹始慶)이며 조의 사위는 이형직(李亨稷) 박겸(朴鎌), 한제유(韓濟愈)이다. 나머지는 어리다.

어머님의 타고난 성품은 영민하고 아름답고 곧고 정확하였다. 일을 처리함에 결단이 있었고 민첩하면서도 주도면밀하여 집안을 다스리는데 법도가 있어 청천공의 자녀가 많았으나 부인에게 사랑을 쏟음이 더욱 깊었다. 공이 종기가 나고 아플 때면 매일 아침 어머님이 약을 바르도록 시키셨고 양치질하고 세수하며 머리 빗는 것이나 혹 옷을 입히고 진지를 내는 일 또한 부인이 대신 하도록 명하셨다. 어머님이 부모님을 잘 이어 받드는 것을 가지고 우리 아버님께 시집오셨다. 집안이 향촌에 있어 매우 가난하였고 청천공의 집안 또한 화를 만나 의지할 곳이 없었

97) 맏사위 정진(鄭鎭)을 말함.

98) 둘째 사위 안광욱(安光郁)을 말함.

99) 셋째 사위 조비(趙備)를 말함.

다. 부인은 풍족한 집안에서 나고 자라 평소 가난하고 고생하며 끼니 걱정하는 것에 익숙하지 않았으나 스스로 옷감 짜는 일과 농사짓는 일에 힘을 쏟아 세월이 지남에 차츰 집안 살림이 일어났다.

계축년(1673) 아버님이 상을 당해 저평의 거친 계곡에 장례를 치르고 이어 할아버지 할머니의 두 무덤을 옮겼는데 어머님이 자신의 재산을 덜어 청천가에 내려오는 서울의 기와집을 팔아 그 비용을 충당하였다. 아버님이 벼슬을 하신 지 14년 만에 벼슬을 그만두시고 함께 산 속에 숨어 사셨다. 어머님은 몸소 물 길고 절구질 하시며 아침저녁 끼니를 제공하셨다. 매년 새해 첫날에 한 해의 예산을 생각하셔 일찍이 부족하다고 말씀하신 적이 없으셨다. 아버님은 집안을 돌보는 데 마음을 쓰지 않으시며 능히 문예에 전심하시며 벼슬을 탐하는 뜻을 끊으셨으니 모두 어머님의 도움에 힘입은 것이다. 아버님이 조정에 서신 지 40여 년 동안 깨끗하게 닦으신 것이 한결 같으셨으니 어머님이 그 뜻을 잘 이어 일찍이 한 터럭 옳지 않은 뇌물을 사사로이 받으신 적이 없었기 때문이다. 어머님은 오직 여공을 익혀 본업에 힘쓰시며 늙어서도 게을리 하지 않으셨다. 항상 해가 밝기 전에 일어나셔 몸소 집안 종들을 거느리시고 그 공에 따라 하시니 모든 일을 분별하는 것이 마치 신이 돕는 것 같았다.

시어머님 윤부인의 연세 80이 넘어 어머님이 봉양한 지 40여 년이 되었는데 돌아가실 때까지 그 정성과 효성을 다하셨다. 집안이 여러 대에 걸쳐 종사를 받들었는데 매번 제사 때가 되면 어머님이 친히 제수용품을 갖추고 밤까지 주무시지 않으셨다. 자녀를 의로운 방법으로 가르치시며 그르거나 어기는 것이 있음을 보시면 바로 엄하게 꾸짖으셨다. 종들을 대하실 때 엄하면서도 은혜롭게 하셨다. 어린 종들에게는 항상 경계하고 신칙할 것을 일러주셔 게으른 행동이 없게 하셨으며 나이 든 종들은 베풀어주고 감싸주어 의지하는 바가 있게 하셔 종들이 이것 때문에 그 힘을 다하였다. 어머님은 몸에 덕을 쌓으셔 하늘에서 녹을 받으셨는데 중년에 복을 입은 것이 성대해 세족의 칭함을 받으셨다.

불행히 정해년(1647) 이후 상과 화가 서로 이어졌고[100] 아들 단하가 또 질병에 걸려 이것이 어머님의 근심거리가 되었다. 그러나 어머님은 능히 스스로 집안의 살림을 담당하셔 온 가족이 끝내 어루만지고 길러주는 은택을 받았다. 일찍이 돌아가신 후의 일을 처리하셔 함하고 습하는 모든 도구와 영결하며 제사지내는 물품을 다 스스로 미리 준비하셔 적은 것이든 큰 것이든 남겨놓은 바가 없었다. 정유년(1657) 여름 단하의 병이 조금 나아져 비로소 어머님을 모시고 횡성의 임소로 부임하였다. 그런데 봉양을 채 1년도 드리기 전에 갑자기 죄에 연루되어 화를 불러들였다. 어머님은 돌아가시는 날 아침까지 아무런 일이 없으셔 손수 일까지 하셨는데 별안간 위태로운 증세가 일어나더니 갑자기 돌아가셨다. 부인의 타고난 기운이 평소 온전하여 대수를 누릴 것이 마땅하나 돌아보건대 불초한 아들이 걱정을 끼쳐 삶을 상하게 하였고 그 치료하는 것을 어둡게 하였기 때문에 그런 것 같다. 하늘이 다하고 땅이 끝날 때까지 불효한 아픔을 영원히 품고 살 것이나 다시 무슨 말을 할 수 있겠는가? 어머님의 아름다운 행실을 불초의 말로 능히 하나하나 드러낼 수 없으나 지금 말을 남기는 군자가 이것에 의거해 묘지명을 내려주어 저승길을 꾸며주어 돌아가신 영혼을 조금이나마 위로해주기를 바란다.

---

100) 1647년에 부친인 택당이 죽고, 1648년에 맏형이 죽은 것을 말한다.

딸 신씨 부인에게 주는 제문
[祭亡女申氏婦文]

이단하는 25세에 죽은 딸을 위해 제문을 지어 자신의 심정을 피력하고 있다. 이단하는 죽은 딸에게 직접 가보지 못하는 안타까움과 평소 나누지 못했던 부녀지간의 정들을 매우 아쉬워하며, 결국 딸의 죽음이 자신의 탓인 것으로 돌리고 있다. 딸이 귀녕을 자주 오지 못해 죽기 오래 전부터 보지 못했던 것과 또 죽은 다음에 꿈에서도 보지 못함을 슬퍼하는 아버지의 마음이 글 속에 담겨 있다.

유세차 경신년(1680) 3월 모갑 아버지는 아들 아무개를 보내 죽은 딸 신씨부인의 영좌[101]에 제전을 바치며 고한다. 아아! 슬프다. 네가 죽은 참혹함을 어찌 차마 말할 수 있으리오? 차마 어찌 말할 수 있으리오? 말도 오히려 하기 어려운데 차마 글을 지어 고할 수 있으리오? 그러나 내가 이에 또한 스스로 그만 둘 수 없는 것이 있으니 어째서인가? 나는 부모에게 불효했고 임금에게 불충해 하는 일은 어그러지고 죄는 쌓여 마침내 쫓겨나는 것을 당했다. 그러나 시골에서 편안함을 훔치며 여기에 6년 동안 있었는데 벌 받는 것이 끝나지 않아 하늘은 또 자식에게 재앙을 입혔다.

만약 내가 산이나 바다에 던져졌다면 산과 바다가 편안했을 것이고 만일 내가 저승에 돌아갔으면 저승도 편안했을 것이다. 반드시 자식에

101) 영연(靈筵) : 영위(靈位)를 모셔 놓은 자리, 영좌(靈座).

게 재앙을 미치게 하였으니 끝없는 애통함과 괴로움은 벌을 받은 후에야 그칠 것이다. 그런즉 너의 삶이 일찍 마친 것은 아버지의 죄이지 어찌 너의 죄이겠는가?

너의 타고난 자질은 매우 빼어났고 용모와 거동은 단정했으며 성품과 행실은 얌전하고 아름다웠다. 친척들이 모두 칭찬하기를 내외 문중에 더불어 논할 사람이 없다고 하였다. 너는 나의 슬하에 태어나 어려서부터 클 때까지 한번도 나에게 한 마디 꾸짖는 말을 들은 적이 없다.

18세에 신씨 집안에 시집가니 시부모님이 매우 마땅하게 여기며 또한 한 가지도 잘못하는 일이 있다는 것과 집안사람에게 비난을 받았다고 들은 적이 없다. 그런즉 너는 무슨 이유로 삶을 일찍 잃은 것이냐? 어떤 이는 말하길 세상이 쇠하고 기운이 탁해져 맑고 빼어난 자가 그 수명을 얻지 못한다고 하고 성현은 혹 그 자식을 잃는다고 하는데 정말 그래서이냐? 하지만 나의 불효하고 불충한 죄는 족히 자식에게 재앙을 입힐 만하여 신의 이치가 크고 밝았으니 어찌 운수에 맡겨버리겠느냐?

또 나는 선군의 업을 이어받아 감당하지 못하고 병을 앓느라 항상 집안의 자녀의 즐거움에 대해 알지 못했다. 집안에 처했던 적은 실로 적고 집 밖에 처했던 때가 항상 많았는데 혹 집안에 들어가서도 아이들을 가까이 불러 머리를 쓰다듬고 무릎에 앉히는 적이 없었다. 또 일찍이 배고프고 추운 것을 물어보거나 그 마음이 어떠한지 물어본 적도 없었다. 하물며 네가 시집간 후에 나는 바로 쫓겨나 시골 집으로 돌아갔으니 호협과 서울의 거리는 멀고 막혀 간혹 귀녕을 오기는 했지만 오래 머물지는 못했다. 지난해 이별한 것이 벌써 1년이 넘었다. 여자가 매년 귀녕을 와 부모를 보는 것은 예의를 차리는 집안에서 허락하는 바이나 나는 또 섬기는 힘이 미치지 못해 능히 데리고 올 수 없었다. 너의 병이 위중하다는 소식을 듣고 큰 아이를 보냈는데 대략 5일 이내에 소식이 없어 조금 나아졌다고 생각을 하였다. 그러나 기일이 지나도 사람이 오지 않길래 나는 자못 걱정을 했는데 급보가 이르더니 부고가 이어졌구나.

나는 너를 낳아놓기만 하고 능히 돌아보고 보살피지 못했고 병이 들어서도 능히 가서 구해주지 못했으며 염을 할 때도 보지 못했으니 아버지의 도를 어긴 것이 여기에 하나같이 다 이르는구나. 불효하고 불충한데다 또 자애롭지 못한 죄를 더했다. 너는 나의 딸이 되어 타고난 성품이 또한 매우 맑고 약했으니 비록 그 삶을 온전히 하고 그 재앙에서 벗어나려 한들 어찌 그럴 수 있었겠느냐? 네가 죽은 다음부터 너의 모습이 일찍이 나의 마음에 있지 않은 적이 없지만 그러나 또한 꿈자리에서 한번도 만난 적이 없으니 평소에 나를 어려워하고 두려워해서 그런 것이냐? 넋의 기운 또한 능히 친할 수 없어서 그런 것이냐? 아! 부모와 자식이 서로 친한 것은 천성이고 인륜이다. 나는 비록 병이 들었으나 마음은 어찌 홀로 자녀를 친애하는 마음이 없었겠느냐? 돌아보니 심력이 이르지 못한 바가 있어서 그런 것뿐이다.

너에게는 살아있는 어린 자녀들이 있으니 오직 너의 혈속이 자라서 성취하는 바가 있을 것이다. 네 영혼의 기운은 반드시 먼저 나를 가까이 한 다음에 또한 너의 자녀를 가까이 해야 하니 만일 기운이 합쳐진다면 너는 이 뜻을 기억하지 않아서는 안 된다. 나는 가서 고할 수가 없다. 나는 네 장례를 치르는 곳에 달려가 곡을 하려고 이 글을 써 너에게 고하고 싶지만 그럴 경황이 되지 않는다. 또한 궤연을 우리 집으로 옮길 것을 청하여 제전을 올리고 고하고 싶으나 지금 너의 시가는 나의 청을 따라주지 않는구나. 나는 다시 서울에 들어가지 않으니 너의 영전에 고하는 날 아이를 시켜 대신 고하게 할 것이다. 아아! 슬프다. 상향.

이유장

이유장(李惟樟) : 1625(인조3)~1701(숙종27). 자는 하경(夏卿). 호는 고산(孤山), 마애(磨崖), 나암(懶庵), 우원(芋園), 우포(芋圃), 사익당(四益堂). 본관은 전의(全義). 실록에 기록된 평가에 의하면, 사물(事物)을 널리 들어 견식이 많아서, 한 시대의 노성(老成)한 숙덕(宿德)이 되었다고 한다. 익찬 벼슬을 지냈다. 이휘일(李徽逸), 이현일(李玄逸), 정시한(丁時翰) 등과 교유하며 영남에서 지냈다. *『숙종실록』 참조.

이욱의 처 권씨의 묘지

[李彧妻權氏墓誌]

이유장이 집안사람인 이욱의 처 안동 권씨를 위해 지은 묘지이다. 안동 권씨(1644~1691)는 권극재와 이씨 부인의 딸로 태어났는데 어려서부터 효성이 남달랐다. 22세에 이씨 집안에 시집을 와 가난한 살림을 잘 꾸렸던 여성으로 기술되어 있다.

나의 집안사람 욱(彧)에게 어진 아내가 있으니 안동 권씨이다. 선무랑 권극재(權克載)의 딸이고 예조정랑 권휘(權暐)의 손녀이다. 숭정 갑신(1644) 1월 모일에 태어났다. 성품이 효성스럽고 순종하여 나이 겨우 10세에 어머니 이씨가 독한 전염병에 걸려 위급하자 온 집안의 친척이 모두 나가 피하였는데 권씨 혼자 나가지 않고 밤낮으로 붙들고 간호하고 봉양하여 병이 나았다. 선무공이 기특하게 여기고 사랑해서 상으로 토지와 밭을 주자 권씨는 번번이 그 문서를 찢어 망가뜨리면서 말하길, "어찌 자식이 병든 어머니를 모셨다고 상을 받을 수 있겠습니까?"라고 하니 듣는 사람이 더욱 기특하게 여겼다.

22세에 우리 집안에 시집왔다. 시어머니 이씨 부인은 심히 부도가 있었으나 남편 욱이 자주 아프고 병이 많아 삶과 죽음의 문턱을 드나들었다. 권씨 부인은 거의 10여 년간 약물을 달이고 음식을 공양하기를 몸소 하며 종들이 대신 하도록 시키지 않았다.

제사를 지내는 절차에 있어서는 그 정성을 힘써 다하여 비록 집안이 매우 가난하고 궁핍했지만 항상 제사 음식을 비축해두어 빈 지경에 이르게 하지 않았다.

신미년(1691) 윤 7월 27일에 죽으니 그해 11월 10일이었다. 확가산 관음동 남서쪽을 향한 언덕에 장사지냈으니 선조의 묘 옆이다. 아들 하나를 낳았는데 일찍 죽었다. 딸이 4명 있는데 큰 딸은 선비 이문시(李文蓍)에게 시집갔고 나머지는 계례를 치를 나이도 되지 않았다.

숙부인 능성 구씨의 묘지
[淑夫人綾城具氏墓誌]

이유장의 외증조할머니인 숙부인 능성 구씨를 위해 지은 묘지이다. 능성 구씨는 구언령과 영양 남씨의 딸로 태어났으나 아버지를 잃고 큰아버지에게서 자랐다. 구씨 부인은 이유장의 외증조에게 시집와 2남 1녀를 두었다.

부인은 능성 구씨인데 아버지 구언령(具鷗齡)은 모 벼슬을 지냈고 할아버지 모는 모관에 추증되었다. 어머니는 영양(英陽) 남씨(南氏)로 모관을 지낸 모의 딸이다.

부인은 모년 월일에 태어났다. 어려서 아버지를 잃고 큰아버지 백담 선생에게 자랐는데 선생이 자신의 자식보다 더 사랑하셨다. 그러나 가르치실 때는 반드시 예법으로 하셨다. 부인의 성품 또한 곧고 얌전하였으며 행동거지가 규범에 들어맞았다.

나의 증조 외할아버지 대구부사 평양 김모에게 시집왔는데 그 부도를 심히 행해 다른 사람들이 부인에게 거만한 기운이 있음을 보지 못했다. 공이 빈객처럼 대하였으나 조상의 사당에 알현하지 못하고 죽었으니 모년 6월 9일이었다.

아들 둘을 두었는데 장남은 근후(根厚)로 유학을 공부하고 있다. 다음은 기후(基厚)인데 생원이다. 근후는 안동 권모의 딸을 아내로 맞아 4남 1녀를 두었다. 큰 아들은 여양(如亮)이고 다음은 여한(如翰), 그 다음은 여익(如翼), 그 다음은 여두(如斗)이다. 딸은 윤희(尹禧)에게 시집갔다. 생원은 안동 권모의 딸을 아내로 맞아 1남 6녀를 두었다. 아들은 여만(如萬)이다. 큰 딸은 김언(金漹), 둘째는 이주원(李周遠), 그 다음은 이운익(李雲翼), 그 다음은 황정(黃綎), 그 다음은 이재완(李在完), 그 다음은 이한표(李漢標)에게 시집갔다. 내외 증현손 몇몇 가운데 유명한 사람은 여만(如萬)의 아들 하진(夏鎭)으로 그는 생원으로 이름이 났다. 하윤(夏銃)은 학문이 있고 이운익(李雲翼)의 아들 동표(東標)는 문과에 급제해 옥당에 뽑혀 들어갔는데 당시에 이름이 났다. 부인의 묘는 안동 북쪽 가구 언덕에 있는데 공 광연의 묘와 40리 떨어져 있다. 아아! 슬프다.

숙부인 영양 남씨의 묘지
[淑夫人英陽南氏墓誌]

영양 남씨 부인(1626~1663)은 이유장의 외증조할머니로 이 글은 그의 묘지이다. 남씨 부인은 남용과 이씨 부인의 딸로 태어나 22세에 이유장의 외증조의 계실이 되었다. 담박한 마음으로 가난한 살림을 꾸렸고 임진란을 어렵게 겪으면서도 물건의 유무 때문에 마음을 상한 적이 없던 여성으로 서술되어 있다.

부인 영양 남씨의 아버지는 남용(南瑢)이고 할아버지는 남순효(南舜孝)이며 증조할아버지는 남홍(南鴻)이다. 외할아버지는 이해(李荄)인데 경주의 대족이다. 부인은 가정 병인년(1626)에 태어났다. 나이 22세에 우리 외할아버지 통정대부 행 대구부사 평양 김모에게 시집왔다. 외할아버지는 능주 구씨와 처음 결혼했으나 일찍 죽어 계실로 부인을 맞았다. 공은 집안일에 담담하여[1] 신경을 쓰지 않아 부인은 가난하게 지낸 것이 여러 해였고 여러 번 식량이 떨어지는 경우를 당했다. 또 임진란을 맞아 떠돌아다니며 곤란함을 겪으면서 항상 가난과 고생을 대비하였으나 한번도 있고 없고를 가지고 얼굴에 드러내지 않았다. 성품이 본래 깨끗하고 맑아 구차하게 남에게 빌리지 않았다.

부인은 항상 말하길, "우리 집에는 모든 물건이 다 없다. 만약 하나하나 빌려달라고 원한다면 비록 절친한 집안이라도 어찌 싫어하는 마음이

1) 담연(澹然): 욕심이 없이 담담한 모양.

없겠는가? 차라리 주리는 것을 달게 여길 따름이지 다른 사람을 번거롭게 하는 것은 원치 않는다."라고 하였다.

이웃 사람과 집안의 며느리를 대할 때는 반드시 온화함을 다해 모두에게 환심을 얻었다. 전 부인에게 두 아들이 있었는데 사랑으로 기르는 것이 자신의 자식보다 더 했다. 허물을 보면 남편에게 알리지 않고 스스로 가르쳤으나 자신의 자식이 잘못을 하면 반드시 남편에게 고해 엄격하게 가르치도록 했으니 그 유순하고 아름다운 덕을 이에서 또한 볼 수 있다.

계묘년(1663) 1월 3일 병이 걸려 죽었으니 겨우 38해를 살았다. 처음에 부인을 용궁현 구담 언덕에 장사 지냈으나 그 무덤이 불리하여 경술년(1670) 본부 일직현 광연현 동쪽을 향한 곳에 이장하였는데 공과 같은 무덤이다. 자손은 공의 지에 기록하였다. 부인이 세상을 떠난 지 지금 90년이 되어 모습과 소리가 아득하여 찾을 수 없으니 감히 공이 지은 제문 가운데의 말을 간추려 대략 무덤의 표로 삼는다. 아아! 슬프다.

어머니 공인 순천 김씨의 묘지

[先妣恭人順天金氏墓誌]

이유장의 어머니 순천 김씨의 묘지이다. 순천 김씨(1600~1659)는 김윤안과 영양 남씨의 딸로 태어났다. 4세에 어머니가 돌아가자 여종 애죽이라는 사람에게 자랐다. 순천 김씨는 17세에 이건발과 결혼하여 4남 1녀를 두었다. 순천 김씨는 자신을 길러 준 여종 애죽을 사랑하고 공경하며 그의 제사를 정성껏 드렸다. 남편이 죽자 이미 성장한 아들들에게 회초리를 들어 과실을 경계하겠다고 할 만큼 자녀 교육에 엄격했음이 특징적으로 드러난다.

어머님 공인의 성은 김씨로 본적은 순천이다. 우리 태종공신 좌의정 평양부원군 김승주(金承霔)의 8대손이며 창현감 김자순(金自順)의 증손이다. 건공장군 김박(金博)의 손녀이고 대구부사 김윤안(金允安)[2]의 딸이다. 그리고 부장 영양 남용(南瑢)의 외손이다. 어머님은 만력 경자년(1600) 2월 3일에 태어났는데 4세에 어머니가 돌아가시자 부사공이 늙은 여종 애죽이라는 사람에게 기르도록 하였다. 공인의 할머니 이씨는

---

2) 김윤안(金允安) : 1562(명종17)~1620(광해군12). 본관은 순천, 자는 이정(而靜), 호는 동리(東籬). 아버지는 현감 박(博)이다. 유성룡(柳成龍)의 문인이다. 1588년(선조21)에 생원시에 합격하였고 임진왜란 때 김해(金澥) 휘하에서 형 윤명(允明)과 함께 의병을 일으켰다. 1604년 생원으로 상소를 올려 오현(五賢)을 문묘에 종사(從祀)할 것을 청하였으나, 선조가 이언적(李彦迪)의 사적에 미심쩍음이 많다고 하여 부당하다는 전교를 내렸다. 1612년 증광문과에 갑과로 급제하여 대구부사・대사간을 역임하였다. 특히 대구부사로 있을 때, 백성을 관대하게 다스리고 권세 앞에서도 뜻을 굽히지 않았다. 정온(鄭蘊)이 영창대군 피살의 부당함을 주장하다가 제주로 유배될 때에는 시를 지어 그를 위문하였다.

퇴계 선생의 형제이다. 가법이 심히 바르기 때문에 애죽이 비록 천인이었으나 집안에 전하는 옛 일을 갖추어 알아 공인을 가르치기를 한결같이 선대의 곤범으로 했다. 부사공은 또 앞선 옛 부인의 행동 가운데 모범으로 삼을 만한 것을 한글로 번역해서 책으로 만들어 주면서 『여범』이라고 하여 가르쳐 부인은 책 속에 있는 말로 평생의 언행과 동정의 기준을 삼았다.

부인은 17세에 우리 아버님 통덕랑 이정발(李廷發)에게 시집왔다. 아버님의 자는 시화이고 성은 이씨로 예안이 본관이다. 아버님은 자신을 규율하기를 매우 엄격하게 하고 집안을 다스리는 데 법도가 있었는데 어머님이 도운 바가 있었다. 어머님의 연세 50세에 우리 아버님께서 돌아가시자 어머님은 여러 고아들을 좋은 가르침으로 인도하지 못할까 두려워하셔 밤낮으로 경계하고 신칙하기를 게을리 하지 않으며 항상 말씀하길, "너희는 비록 이미 성장하였으나 과실이 있으면 마땅히 회초리를 칠 것이다. 너희는 잊지 말라."고 하셨다.

의리를 분별하기 곤란한 경우가 있어 가서 물으면 한 마디 말로 분석하셨는데, 정확하게 들어맞지 않는 것이 없어 듣는 자가 감복하지 않는 자가 없었다. 다른 사람들이 부족한 것이 있다는 말을 들으면 집안의 있고 없음을 헤아리지 않고 나누어 주었고 친척들 중에 가난하여 제사를 지내지 못하는 사람이 있으면 바로 주어 제사를 행하게 하였는데 곤란한 빛이 없었다. 애죽을 매우 예의가 있게 대하고 사랑하고 공경하였다. 애죽이 죽은 후에는 사계절과 망일에 반드시 그를 위해 제사를 지냈다.

기유년(1669) 3월 14일 돌아가시니 향년 70세였다. 어머님은 아들 넷과 딸 하나를 두었다. 장남은 유량(惟樑)이고 다음은 유강(惟橿), 다음은 유장(惟樟)인데 모두 사마시에 합격했다. 유장(惟樟)은 외람되이 대신으로 뽑혔고 세자익위사익찬 직책을 맡았다. 막내 유방(惟枋)은 유학을 공부한다. 딸은 김여중(金呂重)에게 시집갔다. 유양(惟樑)은 고성 이극배(李克培)의 딸을 아내로 맞아 3남 2녀를 두었다. 큰 아들은 봉주(鳳周) 다음은 봉조(鳳朝), 막내는 봉의(鳳儀)이다. 큰딸은 김남주(金南柱)에게 시집갔고 다음은 생원 유후렴(柳後康)에게 시집갔다. 유강(惟橿)은 안동 권제가의 딸을 아내로 맞아 1남 4녀를 두었다. 아들은 봉거(鳳擧)이고 딸은 김유기(金有基)에게 시집갔다. 둘째 딸은 김한기(金漢箕), 다음은 안몽상(安夢祥)에게 시집갔고 막내는 황도익(黃道翊)에게 시집갔다. 측실에게서 낳은 아들은 봉기(鳳岐)이다. 유장(惟樟)은 전주 유학의 딸을 아내로 맞았는데 아들이 없어 봉조(鳳朝)를 후사로 맞았다. 천첩에게서 본 아들이 있으니 인아(人兒)이다. 유방(惟枋)은 처음에 안동 권손(權孫)의 딸에게 장가들어 2남 2녀를 낳았다. 큰 아들은 봉천(鳳天)이고 다음은 봉길(鳳吉)이다. 큰 딸은 이석보(李碩輔), 둘째 딸은 임한국(任翰國)에게 시집갔다. 후취는 의성 김세영(金世英)의 딸이다. 3남을 낳았는데 봉상(鳳祥) 봉창(鳳昌) 봉서(鳳瑞)이다. 김여중(金呂重)은 1남을 낳았는데 지석이다. 내외 증손 약간인이 있다. 공인의 장사는 처음에 임내가동 선영에 지냈는데 무덤 자리가 좋지 않아서 신해년(1671) 가을 고을의 남마애의 남쪽을 향한 언덕에 이장하였다. 선부군 마당의 무덤과 30리 정도 멀리 있다. 아아! 애통하도다.

아내 전주 유씨의 묘지

[亡室全州柳氏墓誌]

이유장의 아내 전주 유씨의 묘지이다. 전주 유씨(1628~1678)는 유학과 안동 권씨의 딸로 태어났는데 몇 년 안 되어 어머니가 돌아가 외할머니에게 자랐다. 19세에 이유장과 결혼하였는데 아들이 없어 이유장의 큰형의 둘째 아들을 후사로 삼았다. 이유장은 자신이 죽은 다음에 숙인의 무덤을 옮겨 합장해달라고 자손들에게 부탁하며 과연 그렇게 될 수 있을지 걱정하는 마음을 보이고 있다.

숙인의 성은 유씨이며 그의 본적은 전주이다. 고조할아버지 유성기(柳城其)가 김씨를 아내로 맞았는데 절행이 있어 그 마을에 정려를 받았다. 증조할아버지 유부기(柳復起)는 예빈시정을 지냈다. 할아버지 유우잠(柳友潛)은 모 벼슬을 지냈고 아버지 유학(柳樳)은 효성스런 행실로 일컬어졌다. 안동 권씨 참봉 제가의 딸을 아내로 맞아 숙인을 천계년(1628) 술신일에 낳았다. 태어난 지 몇 년 안 되어 어머니가 돌아가셔서 외할머니에게 길러졌다.

숙인은 나이 19세에 예안 이씨 유장에게 시집왔다. 숙인은 총명하고 지혜로워서 시부모님을 섬기는데 그 환심을 샀다. 나의 돌아가신 어머님이 여러 해 병으로 누워 계셨는데 전전반칙하며 따랐다. 숙인은 밤낮으로 옆에서 모시며 보호하고 봉양하였으며 더러운 옷을 몸소 빨았으며 종들의 손에 맡기지 않았다. 제사를 매우 공경스럽게 지냈으며 유장이 평소 치산을 하지 못해 저녁 끼니를 제공하지 못했으나 한번도 원망한 적이 없다. 손님이 오면 집안의 있고 없고를 따지지 않고 반드시 손님을 위해 음식을 갖추어 내었다.

숙인은 아들이 없어 큰형 생원 유양(惟樑)의 둘째 아들 봉조(鳳朝)를 후사로 삼았다. 봉조(鳳朝) 또한 아들이 없어 그의 형 봉주(鳳周)의 둘째 아들 재기(載基)를 후사로 삼았다.

아아! 숙인은 남들보다 뛰어난 행실이 있었으며 어려서 외롭게 자라고 커서는 가난하게 자랐다. 누린 수명도 짧았고 또 후사도 거듭 끊겼으니 또한 어째서인가? 숙인은 술오년(1678) 11월 23일에 죽어 내가동 증고조 할아버지 무덤 옆에 장사지냈다. 장사 지낸 후 묘 아래에 구덩이가 생겼는데 형평상 오래 가지 못할 것 같아 유장이 여러 질손들에게 "내가 죽은 다음에 반드시 숙인의 무덤을 옮겨서 합장해 달라"고 말하였다. 그런데 과연 그렇게 될 수 있을까? 아아! 슬프다.

민정중

민정중(閔鼎重) : 1628(인조6)~1692(숙종18). 본관은 여흥(驪興), 자는 대수(大受), 호는 노봉(老峯). 송시열의 문인으로 1649년에 정시문과에 장원하여 성균관전적으로 벼슬에 나아가, 예조좌랑. 세자시강원사서가 되었다. 직언(直言)으로 뛰어나 사간원정언 · 사간에 제수되고 홍문관수찬 교리 · 응교 · 사헌부집의 등을 지냈다. 외직으로는 동래부사를 지냈으며 전라도 · 충청도 · 경상도에 암행어사로 나가기도 하였다. 이어 승정원동부승지 · 성균관대사성 · 이조참의 · 이조참판 · 함경도관찰사 · 홍문관부제학 · 사헌부대사헌을 거쳐, 1670년 이조 · 호조 · 공조의 판서, 한성부윤 의정부참찬 등을 역임하였다. 1675년 다시 이조판서가 되었으나 허적, 윤휴 등 남인이 집권하자 서인으로 배척을 받아 관직이 삭탈되고, 1679년 장흥으로 귀양갔다. 이듬해 경신환국으로 송시열 등과 함께 귀양에서 풀려 우의정이 되고 다시 좌의정에 올라 4년을 지냈다. 1685년부터는 중추부지사, 판사로 물러앉아 국왕을 보필하였다. 그러던 중 1689년 기사환국으로 다시 남인이 집권하게 되자 노론의 중진들과 함께 관직을 삭탈당하고 벽동에 유배되어 그곳에서 죽었다. 1694년 갑술환국으로 남인이 다시 실각하자 관작이 회복되어, 양주로 옮겨 장례를 치렀으며 그뒤에 여주로 옮겨졌다. 운전서원(雲田書院) · 망덕서원(望德書院) · 석실서원(石室書院) 등에 배향되었다. *『숙종실록』, 『도암집(陶菴集)』(李縡) 참조.

정부인에 추증된 아내 신씨의 행장
[亡室贈貞夫人申氏行狀]

민정중의 아내 평산 신씨의 행장이다. 평산 신씨(1687~1705)는 신승과 완산 이씨의 딸로 태어나 15세에 민정중과 결혼하여 딸과 아들을 한 명씩 낳았는데 아들은 태어난 지 열흘 만에 죽고 그 3일 뒤 부인도 죽었다. 이 글은 부인의 친정아버지의 권유로 지어졌는데, 장인인 신승은 사위보다 자신이 딸에 대해 아는 것이 더 많다고 하며 딸의 어릴 적 행실을 이야기해주고 그러한 내용을 행장에 남기게 했다. 신씨 부인은 남편에게 거침없이 충고하고 과거보다는 학문을 수행하기를 권했다. 그래서 남편과 함께 시골로 돌아가 농사짓는 계획을 세웠는데 그런 계획을 이루지 못하고 죽음을 맞게 되었다. 아내가 죽은 후 민정중은 과거 시험을 보고 벼슬 생활을 하면서 늘 아내와 함께 다짐했던 초심(初心)을 잃은 것에 대해 미안해하고 아쉬워한다.

부인의 성은 신씨로 본적은 평산(平山)이다. 고려 태사 신숭겸(申崇謙)의 후손이며 증조할아버지 신흠(申欽)은 의정부 영의정을 지냈다. 돌아간 후 문정의 시호를 받았으며 세상에서 상촌 선생이라 일컫는다. 할아버지 신익성(申翊聖)[1]은 동양위를 지냈으며 아버지 신승(申昇)은 익

1) 신익성(申翊聖) : 1588(선조21)~1644(인조22). 본관은 평산(平山), 자는 군석(君奭), 호는 낙전당(樂全堂)·동회거사(東淮居士). 병자호란 때 척화 5신의 한 사람. 영의정 흠의 아들이며, 선조의 부마이다. 정숙옹주와 혼인하여 동양위(東陽尉)에 봉해졌고, 임진왜란 때에는 선무원종공신 1등에 올랐으며 1606년(선조39) 오위도총부 부총관이 되었다. 광해군 때 폐모론이 일어나자 이를 반대하다가 방축되었다. 병자호란 때에는 인조를 호종하여 끝까지 성을 지켜 청군과 싸울 것을 주장하였다. 문장·시·서에 뛰어났으며, 특히

위사세마가 되었다. 어머니 완산이씨는 이조판서 이수광(李睟光)의 손녀이고 사헌부 대사헌을 지낸 이민구(李敏求)[2]의 딸이다.

부인은 천계 정묘년(1627) 11월 26일에 태어났는데 태어날 때부터 지혜로움이 다른 사람보다 뛰어났다. 5, 6세에 할아버지가 지은 시를 듣고 읊으며 능히 몇 구를 써서 전하니 사람들이 모두 신기하게 생각했다. 계례를 치를 나이가 되어 민씨 집안에 시집와 정중의 아내가 되었다. 집안에 들어와 마루에 오르니 예의가 부드럽고 아름다워 온 가족이 찬탄하고 축하하였다.

을유년(1645)에 딸 하나를 낳았고 병술년(1646)에 아들 하나를 낳았는데 10일도 되지 않아 아들이 태종으로 죽었다. 또 3일 뒤에 부인 역시 병으로 죽었다. 실로 그 해 11월 3일이었다. 시부모님이 곡을 애통하게 하였고 양쪽 집안의 친척들 또한 모두 눈물을 흘리며 안타까워하였다. 염을 마치고 나자 부인의 부모님이 곡을 하면서 정중에게 말하길,

---

김상용(金尙容)과 더불어 전서의 대가였다. 저서로 『낙전당집』·『낙전당귀전록』·『청백당일기』 등이 있다.

2) 이민구(李敏求) : 1589(선조22)~1670(현종11). 본관은 전주(全州), 자는 자시(子時), 호는 동주 (東洲)·관해(觀海). 이조판서 수광(睟光)의 아들이다. 1609년(광해군1) 사마시에 수석으로 합격하여 진사가 되고, 1612년 증광문과에 장원으로 급제하여 수찬으로 등용되었다. 이어서 예조·병조 좌랑이 되었고, 1622년 지평이 되고, 이듬해 선위사(宣慰使)로 일본사신을 접대하였다. 교리·응교 등을 거쳐 1623년 사가독서를 하였고, 1624년 이괄의 난이 일어나자 도원수 장만의 종사관이 되어 난을 평정하는 데 공을 세웠다. 1626년 대사간이 되고, 이듬해 정묘호란이 일어나자 병조참의가 되어 세자를 모시고 남쪽으로 난을 피하였다. 그해 승지가 되었다가 외직인 임천구수로 나갔다. 병자호란이 일어나자 강호검찰부사가 되어 왕을 강화에 모시기 위하여 배편을 준비하였으나 적군의 진격이 빨라 어가의 길을 막았으므로 왕이 부득이 남한산성으로 들어가 소임을 완수할 수 없었다. 난이 끝난 뒤 책임을 다하지 못하였다는 죄로 아산에 유배되었다가 영변으로 옮겨졌다. 풀려난 후 부제학·대사성·도승지·예조참판 등을 지냈다. 문장에 뛰어나고 사부에 능하였을 뿐 아니라 저술을 좋아해서 평생에 쓴 책이 4000권이 되었으나 병화에 거의 다 타버렸다. 저서로 『동주집』·『독사수필』·『간언귀감(諫言龜鑑)』·『당률광선(唐律廣選)』 등이 있다.

“우리 딸은 덕행을 갖고 있는데 불행히도 단명하였다. 나는 그 삶이 길지 못한 채 죽어 마침내 민멸하고 마는 것을 거듭 슬퍼한다. 지금 딸의 평생을 기록하여 돌을 쪼개 글을 써서 세우고 그 무덤 앞에 표식을 해 나중에 보는 사람으로 하여금 상고할 바가 있어 감히 상하지 않게 하고 싶으니 자네는 도모하라. 내 딸은 자네의 아내로 몇 년 살지 못했으니 자네가 어찌 다 알겠는가? 내 딸의 총명함과 효도하고 우애함은 천성에서 나온 것이고 부도(婦道)와 부직(婦職)은 배우지 않고 이룬 것이다. 옷을 마름질하고 바느질 할 때는 자를 쓰지 않고도 능히 했으며 사리는 번거롭게 알려주지 않아도 통했다. 우리 선군께서 가장 사랑하셨으며 우리 형제들이 또한 말하길, ‘딸을 낳으면 마땅히 이 아이 같아야 한다. 마땅히 이 아이 같아야 한다.’라고 하였다.

정축년(1637)[3] 난리에 어머니의 집이 재앙을 매우 잔혹하게 만나 어머니가 몸을 상해 일을 전폐하자 딸아이가 능히 음식을 만들어 아버지를 섬겼고 좌우에서 어머니를 간호하였다. 아래로 집안의 여러 사람들에게까지 모두 능히 어루만지며 부리는 것이 마치 어른 같았다. 그러나 어머니가 이것 때문에 병이나 기운 없이[4] 지낸 것이 수년이었다. 딸이 또한 몸소 친히 약을 끓이며 의복을 벗지 않았다. 어느 날 밤 아버지가 자다 일어나 딸을 찾으니 보이지 않아 문밖에 나가 보니 딸이 마침 뜰에 자리를 펴고 허리를 구부리고 절을 하며 기도하고 있었다. 그 유모에게 물어보니 유모가 말하길, ‘아가씨가 북두칠성에게 예를 올리면 수명을 연장한다는 말을 듣고 매일 밤 목욕하고 몸소 기도를 드린 것이 이미 백여 일 됩니다.’라고 하였다. 꿈에 노인이 나타나서 말하길, ‘어머니

3) 병자호란을 말한다. 병자호란은 병자년 1636년 12월 15일에 시작하여 정축년 1637년 1월 30일에 끝났다.

4) 엄엄(奄奄) : 숨이 장차 끊어지려고 하는 모양.

의 병은 나을 것이다. 어머니는 기도를 받았다.'라고 하였는데 병이 과연 나아졌으니 어찌 이른바 지성이면 감천이라는 것이 아니겠는가? 아버님이 재상이 되어 지방에 가신 며칠 동안 안부를 얻지 못할 때 딸의 얼굴을 살피면 벌써 걱정하는 빛이 있었다. 그 이유를 물으면 말하길, '할머니, 할아버지가 멀리 떨어져 계셔서 그렇습니다. 또 항상 병이 많으시니 이 때문에 걱정이 됩니다.'라고 하였다."라고 하셨다.

딸의 오빠 신계명이 울면서 말하길,

"우리 형제가 태어나 부귀하게 자랐으나 누이의 성품이 담박하고 소박하여 어려서부터 화려한 것을 좋아하지 않았네. 이에 내가 벼슬을 하게 되었을 때 누이가 나에게 말하길, '비단 옷 입는 것은 남자가 마땅히 좋아할 바가 아닙니다. 비록 자신은 기쁘다 해도 다른 사람들이 이를 무어라 하겠습니까?'라고 하였네. 내가 그 말을 듣고 민망히 여겨 이때부터 감히 곱고 화려한 옷을 다시는 가까이 하지 않았네."라고 하였고, 친척들도 탄식하면서 말하길, "집에 거할 때는 친압하기 쉽고 공경하기 어려운데 아 아가씨는 내가 그 얼굴을 보면 온화하면서도 정돈되어 한번도 나태하고 거만한 것을 본 적이 없다."라고 하였다.

아아! 다만 이 몇 가지도 모두 써서 전할 만한 것이다. 정중이 장가들던 날을 기억해보니 거의 16세였고 부인은 17세였는데 부인이 몸을 간직하고 일을 처리하는 것을 보니 이미 법도가 있었다. 그 타고난 바탕은 바르고 아름다웠으며 그 기질은 맑고도 뛰어났다. 순수하면서도 덕이 있었고 엄격하면서 지키는 바가 있었다. 말하고 웃는 것을 간략하게 했으며 옷감 짜는 일을 잘했고 재물을 사사로이 경영하는 것이 없었으며 밤에 다닐 때는 반드시 촛불을 들고 다녔다. 항상 말하길, "부인이 남편을 섬길 때는 스스로 바름을 갖고 있으면 됩니다. 눈썹을 꾸미고 얼굴빛을 좋게 하는 것은 내가 실로 부끄럽게 여기는 것입니다."라고 하였다.

정중에게 허물이 있으면 반드시 정색하고 경계하여 말하길, “스스로 가볍게 행동하지 마십시오.”라고 하였다. 부모님을 뵈러 시골에 갔다가 우연히 말에서 떨어졌는데 부인이 편지를 써서 경계하며 말하길, “행동을 삼가지 않아서 스스로 떨어져 다치게 되었으니 과연 누구의 허물입니까?”라고 하였다. 일찍이 시험을 치르고 나와 말하길, “지금 또 소문이 난 바가 없으니 떨어진 것을 면치 못한 것 같소.”하고 하니, 부인이 바로 말하길, “어린 나이에 과거를 구하는 것은 이미 원대한 뜻이 아닙니다. 하물며 득실 사이에 마음을 움직여서 되겠습니까?”라고 하였다.

부인의 성품이 검소함을 좋아하고 또 내가 화려한 것을 좋아하지 않는다는 것을 알아 항상 입고 착용하는 것 중에서 비단 등의 물건은 모두 떼어 내었다. 병이 들었을 때도 베치마를 지어 이불 위에 올려놓았는데 천한 사람들의 옷보다 검소함이 있었다. 그 이유를 묻자 말하길, “제 스스로 입고 싶을 따름입니다.”라고 하여 내가 얼굴을 보며 감탄하여 말하길, “부인은 과연 어질구려.”라고 하였다. 실로 죽기 며칠 전이었다.

아아! 슬프도다. 정중이 어릴 적 부모님을 모실 때 집안이 여러 차례 비어 죽도 잇지 못했었다. 아버님은 조정에서 벼슬하시느라 집안일은 물어 보시지도 않았다. 우리 어머님은 음식 장만하는 것을 맡아 하시고는 항상 저녁은 드시지 못했다. 나는 마음으로 슬프게 생각하고 장성하여 봉양을 맡겠다고 생각했다. 내가 이미 성장하여 부모님이 오래 사시기를 바라는 나이가 되자 이 마음이 깊어 펴지지 않고 서쪽의 해가 일찍 지는 것을 걱정하게 되었다. 마침내 부인과 상의하여 경기 동쪽지역에 밭 몇 이랑을 사서 장차 시골로 돌아가 농사짓는 데 힘써 조금이나마 자식의 임무를 흉내내고자 하였다. 또 일찍이 진무경의 숙흥야매[5]하

5) 숙흥야매(夙興夜寐): 아침 일찍 일어나고 밤에 늦게 잠. 근면함의 형용.

는 잠을 얻어 읽고 감격하여 비로소 고인의 학문이 있음을 알았다.

그리고 또한 어버이를 섬기는 도는 반드시 과거에 합격하여 벼슬을 구한 뒤에 이루어지는 것이 아님을 알았다. 다시 과거공부를 포기하고 여러 서적에 기록된, 고인이 집안을 다스리고 함께 의로운 곳에 사는 종류를 구하여 입으로 외우고 손으로 기록했다. 이러한 것은 모두 부인이 어짊으로써 반드시 나를 도와 내 뜻을 이룰 수 있었던 것이다. 일이 미처 성취되기도 전에 부인이 홀연히 가버렸으니 어찌 운명이 아니겠는가? 방에 들어가도 말을 고할 데가 없어 항상 홀로 거하면서 즐겁지 않다. 무릇 내가 평소에 하고자했던 것을 모두 얻지 못했다. 부모님은 늙고 집은 가난하여 벼슬을 구하고자 시험에 응하는 것을 면하지 못했으니 한번 세상길에 9번 넘어지고 10번 엎어지는 지경에 이르렀다. 지금과 옛날을 생각해보니 실로 처음 먹었던 마음에 부끄러울 뿐이니 어찌 나의 어진 짝을 잃어서 그렇게 된 것이 아니지 않겠는가? 슬프도다! 슬프도다!

부인이 죽은 지 2년 후에 정중은 진사에 합격했고 또 1년 후 문과에 합격했다. 또 일년 뒤 3품이 올라 부인에게 숙인의 호가 추가로 내려졌다. 또 7년 뒤 정중이 통정의 품계에 올라 이조참판이 되었고 5년 후 자헌의 품계에 올라 호조판서가 되어 부인은 정부인이 더해졌으니 이른바 슬픔과 영화가 아울러 이르렀다고 할 만하다. 다만 하늘이 조금 부인의 삶을 연장해주어 몸소 명을 받들도록 하지 않는 것이 슬프다. 지금 20년이 지나지 않았는데 부모님 또한 나를 버리셨으니 남은 인생 홀로 외롭게 살아가며 매번 범문정[6]의 훈자서를 외우고 있다. 이제 넉넉한 녹을 받아 부모님을 봉양하려 하나 부모님은 계시지 않고 당신의 어머니 또

6) 범문정(范文正) : 송(宋)의 범중엄(范仲淹)을 말함. 자는 희문(希文)이고 문정은 시호이다. 그는 자식을 교육시키는 방법을 서술한 훈자서(訓子書)를 지었다.

한 일찍 세상을 떠나셨다. 나의 가장 한스러운 말은 일찍이 마음이 아파 눈물이 흐르지 않은 적이 없다.

부인은 예전에 양주 명우리 선영에 장사지내니 또한 그 해 12월 19일이었다. 정중은 장인의 말을 받들어 행록을 초하고 악정 조공에게 명을 청하여 돌에 새겼다. 지금 그 땅 아래를 보니 실로 고인의 5가지 걱정[7]이 있다. 심히 영원한 세상에서 편안히 고착하려는 의도가 있으니 장차 그 높은 곳에 가서 무덤을 옮기고 다시 그 왼쪽을 비워두고 다른 날 함께 묻힐 계획을 갖고 있다. 간 사람이 어찌 알겠는가? 아! 슬플 따름이다 이에 상황의 시종을 오른편과 같이 추가로 기록해 당세의 글을 쓰는 군자에게 고하고 그 대략을 지로 써서 무덤에 넣는다.

---

7) 오환(五患) : 묘지를 쓸 때 꺼리는 다섯 가지. 즉 뒷날 도로가 될 곳, 성곽이 될 곳, 도랑이나 못이 될 곳, 세력가에게 빼앗기게 될 곳, 농지가 될 곳을 말함. 『근사록(近思錄)』 권9, <치법(治法)>.

정부인에 추증된 9대조 할머니 여산 송씨의 묘표

[九代祖妣 贈貞夫人礪山宋氏墓表]

세월이 오래 흐르면 선조의 세계와 행적은 점점 잊혀지기 마련이다. 그래서 조상에게 제사를 지내고 무덤과 묘지명, 묘표, 비갈 등을 세워 먼 훗날 까지 기억하는 장치로 삼고자 한다. 민정중은 먼 조상 9대조 할머니 여산 송씨의 묘표를 작성하여 선후의 세계를 기록하고 있다. 자손이 높은 벼슬에 오르고 번창한 것이 모두 조상들의 쌓은 적선의 결과임을 빠뜨리지 않고 서술하고 있다.

공주 유성현 동쪽에 호동이라는 마을이 있다. 마을 왼편 동북쪽을 등진 언덕에 봉약당이 있으니 정부인을 추증 받은 여산 송씨의 무덤이다. 그 아래는 사헌부 집의를 지낸 민충원[8]과 그의 아내 숙인 오씨의 무덤이 있다. 집의공은 송씨 부인의 자식으로 자손이 대대로 묘 아래에 거하면서 지금까지 살고 있다.

숭정 무신년(1668) 후손 유중이 원래 대사헌을 맡아 호서 지방을 안찰할 때 유성이 그 지경 안에 있어 집안사람을 데리고 무덤 지역을 물 뿌리고 청소하고 음식을 갖추어 제사를 지냈다. 돌아와 상의하여 말하길,

---

8) 민충원(閔忠元) : 1541(중종36)~?. 본관은 여흥(驪興),자는 노초(怒初), 사성(思誠)의 아들이다. 1562년(명종17) 별시문과에 갑과로 급제하였다. 1566년 형조정랑이 되었고, 1571년(선조4) 성균관사예를 거쳐, 이듬해 정언이 되었다가 남양부사에 임명되었다. 1573년 다시 소환되어 장령이 되었다가 곧 사성(司成)이 되었다. 같은 해에 김효원·김우옹·허봉·최경창·홍적 등과 같이 독서당에 간택되었다. 이듬해 헌납을 거쳐 집의가 되었다.

"묘가 오래되고 비석도 없어 세월이 더욱 멀어지면 민멸되어 전하는 것이 없을까 걱정이다. 마땅히 돌을 새겨 그 뒤에 나타내도록 하자."고 하였다. 돌은 이미 준비되었고 집안사람이 마침내 정중에게 명해 기록하게 하였다.

아아! 지금 부인이 살던 때와 2백여 년의 거리가 있다. 집안의 기록은 산실되어 비록 그 본말을 상세히 기록할 수 없다. 또한 족보가 있어 족보를 살펴보니 민씨는 상의봉어부터 12세대가 된다. 민심언(閔審言)이 3성을 배우자로 맞았는데 초취한 사람이 부인이고 정중 등의 9대조 할머니이다. 할아버지의 무덤은 동성 위곡리에 있는데 짧은 비석이 있어 그 바닥에 쓰길, "가정 대부 개성부 부유수 민모의 묘이다."라고 기록되어 있다. 아마도 공이 노산조에 있을 때 이 직책에 임명되었다가 광해조에 이르러 세상에 명현으로 여겨져 형조참판으로 불려졌으나 나가지 않고 돌아와 동성에서 늙어 90여 세에 돌아갔는데 거기에 장사를 지낸 것 같다.

부인은 첫 배우자로서 예에 따라 합장하였다가 따로 이곳에 장사를 지냈는데 무슨 이유인지는 알지 못하겠다. 언젠가 족보를 상고해 보니 부인의 아버지는 나주목사를 지낸 송전(宋琠)이며 그 배우자 김씨의 묘는 연산에 있다. 그 할아버지는 병조참판을 지낸 송구번(宋久蕃)으로 묘는 진잠(鎭岑)에 있다. 연산과 진잠은 유성에 땅이 접해있으니 어찌 부인이 일찍 죽어 장사지낼 곳을 고를 때 집안의 무덤에 가까이 취하지 않았겠는가? 그 선조 중에 유상(惟翊)·숙문(淑文)·희식(希植)·송례(松禮)·분(玢)·서(瑞)는 모두 큰 벼슬에 올랐는데 부인의 증고 이상이다.

부인은 2남 1녀를 낳았다. 장남은 증원(澄源)으로 참군을 지냈고 그 다음은 집의공으로 현량에 뽑혀 대헌에 올랐다. 딸은 경력 김치(金恥)에게 시집갔다. 그 내외손은 매우 많다. 세상에 들리는 자를 보면 판결사 정참의 효손(孝孫)·좌윤 상안(祥安)·지평 호(箎)·우의정 기(箕)·여

향군 인백(仁伯)이 있으니 참군의 후손이다. 이조 정랑 수(粹)·전적 구손(龜孫)·좌찬성 제인(齊仁)·군수 사용(思容)·현령 여건(汝健)·정랑을 추증 받은 여준(汝俊)·참판 여임(汝任)·부사 여검(汝儉)·참판 여경(汝慶)·부윤 기(機)·절도사 영(栐)·관찰사 광훈(光勳)·장령 광수(光燏)는 집의의 후손이다. 현령 김맹규(金孟規)·군수 김중규(金仲矩)·생원 김숙준(金叔準)·별제 김계승(金季繩)·생원 안겸(安謙)·대제학 권맹손(權孟孫)·한림 이제림(李悌林)·생원 유승함(柳承涵)은 경력 김치의 자식과 사위다. 지금은 자손이 더욱 많아 다 헤아릴 수가 없다. 그 묘 아래에 사는 사람 또한 63명이다. 모두 집의공에서 나왔는데 처사 평(枰)은 효도로 이름이 났다. 참봉 길(木絜)은 장자의 풍모가 있어 마을 사람들에게 명망을 받고 있다. 매년 한식이 되면 나이든 어른과 자제들이 모여 곡식과 어육 등을 갖추어 제사를 지낸다.

아아! 사람이 그 조상을 장사지내는 것은 누군들 세상에서 지키고자 해서가 아니겠는가? 수십 년이 지나지 않아 자손들이 쇠하여 그 무덤을 능히 보호하지 못하니 능히 7, 80년 혹은 100여 년을 지키는 자는 모두 또한 드물다. 지금 호동은 자손이 대대로 지키면서 제사를 지내고 있다. 8대손[9]과 7대손[10] 가운데 어떤 이는 벼슬하고 어떤 이는 벼슬하지 않고 살지만 모두 이름을 날리고 있으니 아! 성하도다. 이에 여경이 없어지지 않음을 징험할 수 있다. 우리 선군은 관찰공으로 이러한 일에 뜻이 있었으나 이루지 못하고 돌아갔다. 내 동생이 능히 뜻을 이어 이루었다.

큰형님 기중은 영남에 안찰사로 나갔는데 돌을 새기는 것을 돕고 글로 기록하였다. 또 정중에게 감동하여 느낀 것을 추원하도록 하였다. 마

9) 운손(雲孫) : 8대손.

10) 잉손(仍孫) : 7대손.

음에 느낀 것이 있어 대략 개괄하여 내세에 드리워 상고하기를 바란다.
숭정 기유년(1669) 4월일 9대 손 호조판서 겸 동지경연 성균관사 세자좌부빈객 정중이 삼가 서술한다.

유인 여흥 민씨의 묘표
[孺人驪興閔氏墓表]

민정중의 누나 여흥 민씨(1618~1631)는 민광훈과 연안 이씨의 딸로 태어나 14에 홍씨 집안의 청혼을 받았으나 결혼하기 전 갑자기 병이 들어 죽었다. 민정중 집안에서는 자손 없이 죽은 여흥 민씨의 무덤이 민멸될 것을 걱정해 돌을 세워 묘도를 세우고 글을 기록했다.

여흥 민씨는 돌아가신 관찰사 이조판서를 추증 받은 아버님의 딸이고 강화부유수 기중과 대사헌 정중, 호조판서 유중의 큰 누나이다. 만력 무오년(1618) 3월 15일에 태어났다. 타고난 품성이 특별했고 맑고 순수하고 온화하고 순종하였으며 여자가 할 일을 배워 하지 못하는 것이 없었다. 부모님을 지극한 효로 섬겨 부모님이 병이 나면 번번이 걱정하여 먹지 않으며 부모님이 드시는 것을 본 다음에야 비로소 먹었다. 항상 말하길, "어린 아이가 따로 간직하는 바가 있는 것은 마땅하지 않습니다." 라고 하고 비록 실이나 면 같이 사소한 것도 사사로이 취하지 않았다.

14세에 홍씨의 청혼을 받았으나 결혼하기 전에 갑자기 병으로 죽었다. 그때가 숭정 신미년(1631) 10월 25일이었다. 선군에게는 5남 4녀가 있었는데 불행히 큰 형님이 10세에 일찍 죽어 양주 명우리 선조 찬성공의 묘 왼쪽 삼척의 거리에 장사지냈다. 우리 숙부의 일찍 죽은 아들의 묘와 더불어 앞뒤로 있다. 그 다음은 3세에 죽어서 따로 파산의 외가집 선영에 장사지냈다. 누이의 상을 당해 또한 선조의 묘 왼쪽 백거무에 장사지내니 그 사이에 언덕 하나가 있어 서로 바라보지 못한다.

돌아가신 아버님은 민광훈(閔光勳)[11]이며 돌아가신 어머님은 연안 이씨이다. 기중 등은 우리 누이가 하늘의 부름을 받은 것을 매우 슬퍼한다. 이처럼 빼어난데 그 삶이 길지 못한 것은 어째서인가? 뒤에 태어난 여러 아우들은 부모님의 여경을 받아 성취한 바가 있고 모두 세상 사람들의 즐거움을 누리고 있다. 매번 동기의 정을 생각할 때마다 유명이 다른 아픔이 있어 일찍이 마음이 꺾이어 눈물이 흐르지 않은 적이 없다. 다만 나중에 한 잔 술을 거친 땅에 올리려고 하는데 상고할 바가 없는 것과 오래도록 초목이 밟힐 것이 걱정이 된다. 이에 짧은 돌을 세워 묘도를 세우고 아울러 일찍 죽은 자의 무덤을 표시한다.

아아! 슬프도다. 숭정 계축년(1673) 아우 정헌대부 사헌부대사헌 겸 지경연사 세자좌빈객 정중이 삼가 쓴다.

---

11) 민광훈(閔光勳) : 1595(선조28)~1659(효종10). 본관은 여흥(驪興), 부윤 기(機)의 아들이며, 어머니는 남양홍씨(南陽洪氏)이다. 1616년(광해군8) 진사에 합격하고 인조 초 음보(蔭補)로 별검(別檢)이 되어 출사하였다. 1628년(인조6) 알성문과에 장원한 뒤, 정언과 지평 등을 거쳐 1635년 홍문관에 등용되고, 1644년 교리, 이듬해 사간, 1649년 (효종 즉위년) 통정(通政)으로 승진하여 사복시정(司僕寺正)과 안변부사를 거쳐 사간원 정언이 되었다. 안변부사로 있을 때, 가난한 부민을 돕기 위하여 의창(義倉)을 설치하여 부민의 생활을 도와준 사실이 있다. 병자호란 때에는 청군이 몽고병과 함께 강화도에 침입하자 그는 강화도의 수비가 허술하여 승산이 없음을 깨닫고, 종묘서영(宗廟署令)으로 송국택(宋國澤)과 함께 그 곳에 피신 중이던 원손(元孫)을 데리고 죽음을 각오하고 바다를 건너 교동(喬桐)을 거쳐 인근 섬으로 피신하여 무사하였다. 난이 그친 뒤 원손을 호위한 공으로 통정으로 승진하여 호조참의가 되었다.

조카딸의 묘표

[亡姪女墓表]

민정중이 형의 딸, 즉 자신의 질녀의 묘표를 작성한 글이다. 여흥 민씨(1656~1672)는 민기중과 홍씨 부인의 딸로 태어나 14세에 이항과 결혼하였다. 결혼 한 후 1여 년 만에 죽어 후사가 없다. 여흥 민씨는 타고난 기질이 유약해 부모님의 걱정을 받으며 자랐다. 아버지 민기중은 나중에 사위가 입신하여 자신의 딸의 묘지명과 묘표 등을 갖추어 줄 것이라고 믿으면서도 그때까지 기다리지 못하고 딸의 행적이 민멸될까봐 미리 자신의 동생을 시켜 묘표를 만들게 하였다.

질녀 민씨는 한산 이씨 항(沆)의 처다. 유순하고 단정하며 말하고 웃는 것이 드물었다. 뜰에서 놀지 않았으며 장난감을 좋아하지 않았고 패물 상자를 사사로이 두지 않았다. 부모님이 그의 기가 맑은 것을 사랑하였으나 또 타고난 기질이 유약한 것을 걱정하였다. 기유년(1669) 그녀의 아버지 기중이 영남의 안찰사가 되어 식구들이 따라갔다.

경술년(1670) 그 배우자를 택해 이군에게 시집보냈다. 신해년(1671) 여름 아버지의 임소에서부터 서울로 시아버지 상을 치르러 달려갔다. 며칠 지나 이군이 병이 들었는데 당시 내가 조정에서 벼슬을 하고 있어 이군을 불러 집에서 간호하였다. 조카딸이 아침저녁으로 방 밖에 거하면서 약을 달였다. 이 해 겨울 11월 26일 내가 아침에 관아로 갔는데 갑자기 질녀가 아프다는 소식을 들었다. 이에 돌아가 보려고 했지만 이미 미칠 수가 없었다.

아아! 나의 허물이 커서인가? 이군이 불행해서인가? 아니면 시아버지 장례를 걱정하다 몸이 상해 병이 나 수명을 덜은 것인가? 어찌 하늘에서 타고난 성품이 맑고 약한 자가 수명이 제한된 것인가? 함께 살면서 구하지 못해 아침에 나가 다시 보지 못했으니, 어쩌면 그리도 죽음이 사나운가? 애통하도다. 애통하도다.

임자년(1672) 안사공이 대간으로 소환되어 이씨의 선영에 장사지내는 것을 보러오니 바로 광주 동쪽 번천의 북서쪽을 등진 언덕이다. 2월 28일이었다. 서남과 그 시아버지 참판공 정기의 묘의 거리는 언덕 하나를 두고 200보 정도로 가깝다.

민씨의 조상은 여흥에서 나와 평장사 민영모(閔令謨) · 찬성사 민종유(閔宗儒) · 대제학 민유(閔愉)가 모두 명신으로 고려사에 기록되어 있다. 부유수 민심언(閔審言)과 좌찬성 민제인(閔齊仁), 경주부윤 민기(閔機) 또한 학문과 의로운 행실로 본조에 유명하다. 그리고 부윤공이 증조이고 관찰사 이조판서를 추증 받은 민광훈(閔光勳)이 할아버지이다. 안사공은 부사 홍적(洪靌)의 딸에게 장가들었다.

질녀는 숭정 병신년(1656) 9월27일에 태어났다. 이군은 목은 이색 선생의 후손이다. 계축년(1673) 안사공이 강화에 유수를 지냈는데 나에게 명하길, "내가 보니 이군은 반드시 입신하여 우리 딸의 무덤을 꾸며 줄 것이다. 내가 슬퍼하는 것은 그 삶이 오래지 않아 죽어서 후사가 없으니 묘표를 세우지 않으면 나중에 상고할 것이 없을까 하는 것이다. 나는 기다릴 수가 없어 작은 돌을 마련했으니 너는 기록해라."라고 하였다.

나는 삼가 그 대략을 옆과 같이 서술한다.

아아! 슬프다. 숭정 계축년(1673) 월 일 작은 아버지 모관 모가 쓴다.

이훤 처의 묘표

[李烜妻墓表]

민정중이 자신의 딸을 위해 만든 묘표이다. 여흥 민씨(1663~1700)는 민정중과 이씨 부인의 딸로 태어나 17세에 이훤과 결혼하여 아들 하나를 낳았으나 해산으로 인해 죽었고 그 아들도 민씨가 죽은 후 잇달아 죽었다. 이 딸의 죽음을 슬퍼하여 민정중의 아내도 4년 후에 죽었다. 민정중은 이에 매우 애통하고 슬픈 마음으로 딸의 묘표를 적고 있다.

유인 민씨는 의정부 좌의정 정중의 딸이며 그의 어머니는 이씨다. 딸은 숭정 계묘년(1663) 8월 11일에 태어났다. 말을 할 수 있을 때부터 웃어른이 딸을 보면 번번이 명숙함을 칭찬했다. 차츰 자라매 막내 작은 아버지 영돈녕부사공 유중이 딸에게 지식이 있음을 기쁘게 여겨 사랑함이 더욱 많았다.

17세에 경주 이훤(李烜)에게 시집갔다. 시부모님이 매우 사랑해서 매번 말하길, "이 아이는 나를 잘 섬기고 습관과 예의가 정도에 맞는다."라고 하였고, 시어머니의 상을 당해 또 슬픔과 공경함을 다 한 것을 감탄했다.

경신년(1700) 여름, 그 아버지가 유배에서 풀려 재상으로 임명받아 근친하러 서울에 오자 해산으로 인해 병에 걸렸는데 9월 17일 마침내 죽었다.

아아! 슬프다. 신유년(1701) 정월 초 7일 이씨의 선영의 왼쪽 남쪽 방향을 등진 언덕에 합장하니 홍원강 북쪽 영오산 아래 행제동이다. 그의 적형 진장이 가서 그 일을 맡았다.

우리 민씨는 여흥(驪興)이 본적이다. 고려 평장사 민영모(閔令謨)와 대제학 민유(閔愉)가 먼 조상이다. 증조할아버지는 경주부윤으로 영의정을 추증 받은 민기(閔機)이다. 할아버지는 강원도 관찰사로 영의정을 추증 받은 민광훈(閔光勳)이다. 그 어머니의 본관은 준파로 전평군 이경정(李慶禎)이 아버지이다. 이훤(烜)의 선조는 신라 좌명대신 이알평(李謁平)이다. 아버지는 이인보(李仁寶)로 사옹원 참봉을 지냈다. 할아버지는 이직(李溭)으로 동지중추부사이며 모관을 추증 받았다. 증조는 이유일(李惟一)로 모관을 추증 받았다.

아아! 내가 이 딸을 곡한 지 수십 일이 지나지 않아 딸이 낳은 아들 또한 기르지 못했다. 묘의 옆에 묻었으니 어린 아이 6명이 앞뒤로 모두 일찍 죽었다. 4년이 지나지 않아 그 어머니 또한 지나치게 슬퍼해 연달아 죽었다. 이 한 잔을 바치게 될 줄 누가 알았겠는가? 옛날의 예를 따라 하나의 작은 돌을 세워 대략 세계를 이와 같이 기록한다.

아아! 애통하도다. 그 아버지가 울면서 쓴다.

어머니 정부인 이씨의 묘에 지를 묻고 고하는 글
[先妣貞夫人李氏墓埋誌告文]

민정중이 어머니 이씨 부인의 지를 무덤에 묻으면서 그것을 고하는 글이다. 지를 만들어 무덤에 묻는 과정을 구체적으로 알 수 있다. 민정중의 어머니는 연안 이씨(延安 李氏) 이광정(李光庭)의 딸이다.

돌아가신 어머니의 지와 명은 이미 행 판중추부사 우재 송시열에게 청해 만들어 놓았습니다. 글씨를 써서 여덟 조각을 구워 만들어서 석함에 담아 좋은 날을 택해 광남의 동쪽에 받들어 묻습니다. 옛날을 생각하니 감동에 그리워지며 목이 메어 참기 힘듭니다.

원문

南九萬

■〈昌嬪墓誌銘〉, 南九萬, 『藥泉集』권14, 『韓國文集叢刊』132, 135~165쪽

昌嬪墓道鑱石之役將訖, 管事臣全坪君瀞啓曰:

"顯刻旣成 而幽堂無誌 則亦非所以爲無窮慮 宜令詞臣作爲銘詩 及玆有事 竅而瘞之 尤足以彰 聖上追遠之盛意 敢昧死以聞"

惟時臣九萬以職在秉筆, 爰承叙述之命 恐懼不敢辭.

謹稽嬪姓安氏, 系安山. 考坦大 錄, 中廟朝靖國原從勳, 階廸順副尉, 贈議政府右議政. 妣黃氏贈貞敬夫人. 嬪以弘治己未七月乙酉生. 歲丁卯選入內庭. 戊寅備職後宮, 庚辰拜尙宮. 己丑陞淑媛, 庚子進淑容. 甲辰 中廟上賓, 制畢請循故事, 出居仁壽寺. 文定王后特命留侍禁中. 己酉冬十月甲寅, 適出私第, 無疾而終.

明廟震悼輟朝, 賵贈特優. 命中官庀喪事, 三宮恤典, 亦倍常數. 明年三月壬申, 葬于楊州治西長興里. 後以宅兆不安, 移窆于果川縣洞雀里負坤之原.

宣祖大王入承大統之十一年丁丑, 追封昌嬪, 命享祀于大院君廟. 孝宗大王之九年戊戌, 用儒臣宋浚吉議, 定爲不遷之主. 今上之五年己未, 置守墓五戶. 今又樹碑載文, 以視悠久, 崇終之禮, 於是乎無以加焉.

嗚呼! 休哉. 竊嘗求其所以致此之由. 其幼在室也, 婉嫕天成, 動無違則. 其選入宮也, 柔嘉之度, 出於輩流. 特被, 貞顯大妃眷愛, 授之書史. 其相事藟舘也, 陪侍, 內殿, 獻功辨物, 咸式古禮, 諸侍御莫不儀之.

其承事, 至尊也, 抑畏巽默, 不敢毫髮有恃恩寵意, 遇同列得歡心. 教子女有義方, 知禍福之有命也, 未嘗一及於巫祝禱祀之事. 知死生之必至而宜順也. 嘗製衣若衾, 疊而藏之, 識其外曰襲具斂具, 不以預凶事爲忌惡, 槩其始終雅操達識, 有如此者. 此雖, 先王正家之化, 先后體下之惠有以成之, 而若嬪德性之美, 亦實有不可揜者.

其篤生, 聖孫, 慶延家邦, 不亦宜乎. 假樂之詩, 以令德之受祿, 歸之於子孫之宜君宜王, 斯可徵矣.

嬪有二男一女. 男長岠永陽君, 次德興大院君諱岧, 女靜愼翁主. 永陽無嗣, 以興寧君秀荃爲後. 大院君三男一女, 男, 宣祖大王, 序居第三長. 鋥河原君, 次鏻河陵君. 女適安滉.

靜愼下嫁淸州尉韓景祜, 生一男三女. 男璡. 女南宮湜・元虎俊・李仁好. 本支內外, 今將千有餘人, 璿譜具存, 玆不悉錄.

銘曰:

有羨其源, 寔生碩媛.

躬備四德, 以選入御.

儀于君所, 祉哉光奕.

溫恭淑愼, 眷加位進.

芳問益敦, 逢天開佑.

克有嗣後, 遂誕聖孫.

纂統承基, 國以重熙.

式至今休, 受玆遐福.

俾爾戩穀, 寧曰無由.

嫄御帝嚳, 以育后稷.

以新周邦, 聿觀今昔.

匹美齊德, 厥報攸同.

生享高明, 沒而後昌.

宜讚遺塵, 旣刻牲繫.

又識幽窆, 質諸後人.

大匡輔國崇祿大夫議政府右議政 兼領 經筵事監春秋館事 弘文館大提學藝文館大提學知成均館事臣南九萬奉 教撰進.

■ 〈贈貞夫人金氏墓表戊子〉, 南九萬, 『藥泉集』第21, 『韓國文集叢刊』 132, 322쪽

贈貞夫人金氏, 兵曹佐郎贈吏曹參判國姓李氏諱廷麟之妻. 黃海道觀察使彦經·和順縣監彦緯之母. 其先新羅王族, 籍光州. 六代祖左參贊光城君諱謙光, 五代祖左贊成諱克愊, 考郡守諱自南, 妣國姓李氏將仕郎幼濂之女. 夫人以崇禎己巳歲生.

幼有至性, 長而襲訓, 容止辭令, 悉合儀法. 旣歸未及廟見, 先參判府君捐世, 夫人奔哭殯次, 去笄而髽, 哀敬兩盡, 族大而觀者衆, 咸服其無違禮. 時大姑母趙夫人姑母鄭夫人俱在堂, 夫人執婦道甚修, 二夫人亟稱之. 與姊妹妯娌同居一室, 畢喪三年, 庭無間言. 旣而二夫人繼終, 家事益旁落, 而夫人主內政. 黽勉有亡. 庀喪葬供饋奠 皆能稱情文.

及郡守公卒而李夫人且有羸老之疾 沈淹累年. 夫人奉將于家, 於喪也致其毁. 於養也竭其誠 不自以已病與家窶少懈. 庚申八月, 李夫人不諱, 夫人煎燗之餘, 孺慕又甚, 以其年十月卒. 此其爲出天之孝, 豈但古所謂已嫁不衰而已也.

夫人未卒前一月, 參判公登第, 其喜可知. 而夫人自知不起, 諄諄然有囑於諸子, 其悲可知. 及參判公列星郎宰百里, 夫人已寢於巨室. 回思疇昔, 窮約而終身, 其痛可知.

今觀察君籍文譜登顯位, 出入中外, 爲時名臣. 追榮有典, 封贈及先, 和順君亦成進士, 有民社. 自外人觀之, 夫人之能教於平日, 受祉於身後, 其孰不歆慕咨嗟. 而從觀察君兄弟言之 千鍾不洎, 不若三釜, 其哀又可知也.

夫人之葬, 在廣州細村先參判府君之兆左. 及參判公之葬也 用形家言, 卜食於相望之異岡, 故不克祔. 子女諸孫, 具參判公墓碣.

■〈十代祖妣卞韓國大夫人坡平尹氏墓表〉, 南九萬, 『藥泉集』 第24, 『韓國文集叢刊』132, 375쪽

有明朝鮮領議政宜寧府院君贈謚忠景龜亭南公諱在之元配,卞韓國大夫人坡平尹氏之墓, 迺長湍府治北四十里而遠, 田齋宮里, 卽松都之東大門外十里而近, 天壽院後洞負子之原也.

成化間, 曾孫俌, 以松都判官樹表石, 字今刓. 崇禎再戊辰歲, 俌之八代孫益熏, 以承旨出爲府使, 前設牀後築牆左新碣而刻之文, 曰:

“夫人十代祖瓘, 侍中. 高祖寶, 鈴平府院君, 曾祖諳, 少府尹, 祖佽, 大匡典書, 考虎, 判三司事靖厚公, 妣知善州事李元厚女也. 南氏故第蓋在松都太平館東云.” 未及移漢師, 夫人下世, 故窆于玆地, 旣而龜亭公陪葬于, 健元陵外注洞之原, 故不克祔焉.

夫人育二男, 長景文兵曹議郞, 次景武, 孫左議政智, 直提學簡, 宜山君暉, 曾孫宜寧君倫, 參判儀. 玄孫判書怡, 正郞悌, 大司諫慄, 承旨忻, 其顯者也. 後以名位著聞於世者, 有宜城尉致元, 宜川尉燮元, 參判世雄・世準・世健 節度使孝元, 秋江居士孝溫. 判尹孝義・致勤, 參判應雲, 參議應龍, 承旨彦純, 府尹彦經, 左議政春城府院君以雄, 參判以信, 宜春君以興, 判書以恭・銑 參知斗瞻, 參判斗柄・老星, 判書二星 觀察使翻. 方以文籍連倫於朝者, 有正言有星, 掌令弼星, 大提學龍翼, 校理致熏, 佐郞至熏・彦昌.

龜亭公以開國元功, 爲不遷之廟, 夫人配焉. 十一代孫磐實主其祀, 夫人之遺範餘訓, 遠而無徵, 無從而書焉. 今錄其世系子姓及餘慶之無窮, 以明其源羨于前而流豐于後也. 十代孫領議政九萬謹記幷書. 歲戊辰, 府使益熏具石將刻, 適遞歸未果. 歲甲戌九代孫弼星, 以前承旨出爲府使, 乙亥七月, 始礱石鐫字, 竪之墓左.

■ 〈曾祖妣贈貞夫人星州玄氏墓表〉, 南九萬, 『藥泉集』第25, 『韓國文集叢刊』132, 391쪽

夫人姓玄氏, 籍星州. 考將仕郎諱德亨, 妣觀察使愼喜男女也. 將仕所生父諱琛, 而爲從叔父泰仁縣監諱球後也.

夫人生于嘉靖乙丑, 年十六歸于宜寧南氏左承旨諱彦純之男諱柁也. 登武科,官折衝將軍行龍驤衛副護軍, 贈資憲大夫兵曹判書兼知義禁府事知訓鍊院事, 夫人亦從贈也.

擧一男一女, 贈左贊成行平康縣監烒, 安山郡守崔振海也.

贊成二男, 贈領議政行金城縣令一星, 禮曹判書二星也. 議政一男不肖九萬也.

崇禎壬申夫人往視崔女于利川, 癸酉卒. 葬于雪峰山左麓負坤之原也.

夫人不逮事尊章, 而敬夫子無違, 教子女嚴而有度. 此猶婦德之恒也.

當壬癸兵荒, 家獨全 有積穀, 持金珠到門日百數. 不問悉所有濟飢, 所賴活幾千人. 雖夫子之教使然, 助成其美, 寔在於內, 斯乃女而有士行也. 判書府君後夫人七年卒, 葬于洪州, 故不克祔也. 葬後五十六年戊辰, 刻石而表之者, 曾孫領議政九萬也.

■ 〈曾祖妣墓誌銘〉, 『藥泉集』第25, 『韓國文集叢刊』132, 391쪽

夫人姓玄, 系星鄕. 考諱德亨將仕郎. 自出觀察愼喜男. 年囷十六, 歸于南, 南氏宜寧, 世盛族.

夫子諱柁字濟叔. 官以武進, 壽八褒品居貂玉, 贈卿秩.

奧在崇禎歲癸酉, 夫人年及六十九. 卒于利川, 葬其原雪峰山左坐負坤. 夫子後卒, 葬洪州, 未克遷祔. 仍異丘.

男烒縣監贈贊成, 女崔振海守郡城. 烒男其長曰一星, 生官顯令歿上公. 次曰二星, 掌邦禮. 女適校理吳達濟.

一星一男卽不肖. 二星之後受萬紹. 崔有四碩丈夫子, 徵·佑·儒·英·名則是, 夫人德行在表刻, 玆不復迷, 非敢略. 書年及卒及子姓, 厝諸幽房, 俟永永.

崇禎後周甲戊辰. 曾孫男議政府領議政九萬謹誌.

■〈祖妣贈貞敬夫人連山徐氏墓誌銘〉, 南九萬, 『藥泉集』第25, 『韓國文集叢刊』132, 397쪽

夫人姓徐氏, 籍連山. 贈兵曹參判諱澍之女, 燕岐縣監諱千齡之孫, 濟州判官諱憐之曾孫. 妣廣州李氏, 贈左承旨應麟之女. 贊成蓀之玄孫. 李夫人有賢德而生四女, 長而歸, 皆有淑聞, 自出之 蕃衍榮貴, 亦世所罕有焉.

夫人於次爲第二, 以萬曆丁亥歲九月二十日生, 自幼資性視諸姊妹, 尤婉嫕肅敬. 李夫人嘗曰吾不幸不生男, 晩年若與女同居, 必依第二女云. 年久歲參判公有疾, 醫云

"服人齒可已"

夫人卽自拔其齒以獻. 流血滿衣, 觀者驚愕, 參判公益奇愛之.

李夫人於古今傳記卜筮命數, 無不通解, 夫人幼而口受. 習於女訓三綱行實等書, 占事亦多中. 年十八歸于我祖考諱烒字子彬, 龍驤衛副護軍贈兵曹判書諱柁之男也. 祖考從蔭仕, 歷茂朱·龍安·平康三縣宰, 夫人皆從焉.

歲康寅祖考卒, 越二年壬辰六月二十二日夫人繼卒, 合葬于龍仁縣花谷負艮之原.

夫人之初歸也, 我家淸貧, 裘葛饔飱之具多闕, 殆不能自存. 夫人夜積晝織, 黽勉有無, 未嘗頃刻自暇. 上以奉尊章, 下以御家衆, 克有成立焉.

尊章性嚴, 稍有不如意, 呵責頗峻, 夫人益承以敬畏 ,能得其和悅慈孝之道. 無間於終始. 其於事君子則中饋之外, 凡接賓友莅官職, 語默進退之

節, 未嘗不隨事箴規, 不得可則不止. 且於子姓婢僕之誨責, 宗黨姻親之答應, 無不先之以懇惻, 繼之以諷諭. 德性根於中, 誠意藹於外. 長幼尊卑內外疎戚, 無不歆和而心醉, 懷仁而自歸. 是以終身未嘗不怡怡其顔色愉愉其辭氣, 而人無有不服, 事無有不成.

嗚呼! 此豈作爲勉强所可得而致之者哉?

男長金城縣令贈領議政一星, 次禮曹判書二星, 女適弘文館校理贈吏曹判書忠烈公吳達濟, 以斥和死瀋中.

議政一男卽不肖九萬, 孫曾男女以下並具於議政判書墓誌. 祖考之初贈吏曹判書加贈吏曹判書. 以判書之貴, 後贈議政府左贊成, 以九萬忝拜相職, 夫人亦從贈至貞敬.

銘曰:

至矣哉, 夫人之德之厚.
孝於爲女, 移之爲婦.
賢於爲妻, 推之爲母.
安於勤儉, 織組井臼.
明於吉凶, 圖史卜繇.
仁心入人, 宗黨咸囿.
誠意動物, 神明亦祐.
鳳凰和鳴, 芝蘭茁秀.
福綏于身, 慶流于後.
有始有終, 宜左宜右.
凡我裔孫, 其敢忘舊.
著之銘章, 期諸悠久.

■〈先妣贈貞敬夫人安東權氏墓誌〉, 南九萬, 『藥泉集』第25, 『韓國文集叢刊』132, 404쪽

夫人姓權氏, 籍安東. 始祖高麗太師諱幸, 左贊成文忠公陽村諱近入我朝. 陽村之後七世, 有安東府判官諱深, 生漢城府參軍諱悟, 生文科狀元嘉善大夫江陵大都護府使諱暎 娶羅州丁氏, 贈左承旨好敬之女. 以庚戌八月初四日生夫人

自幼端莊敏悟, 女紅之外, 旁通於文史. 江陵公奇愛之,曰: "女必爲賢人之輔" 年十六歸于先公, 時舅姑䆗大舅姑皆在堂. 一門欣慶, 咸以得佳婦爲賀.

先公文藝蚤成, 發解屢居前列. 年二十餘, 遭丙丁之難, 陪判書府君贊成府君歸于結城之鄕莊. 夫人請于先公曰吳校理達濟, 夫子之妹壻, 鄭弼善雷卿, 夫子之姨兄. 皆與夫子齒差先後, 決巍科登淸塗, 爲人所羨慕. 遭時不淑, 並被慘禍. 此豈自貴其身者, 應擧覓官之世哉. 今夫子苟有梁鴻之志 ,妾願從德耀之役, 先公曰: "善" 以此雖迫於親命, 間或赴擧, 未嘗著意肆業, 尤絶意於門庇之仕. 族黨有尤夫人曰: "女處士"

九萬有兩弟皆夭, 獨九萬在, 夫人非不憐甚, 課學極嚴, 手執筭並讀, 窮日夜不已. 九萬昏惰, 或倍文不熟則撻之流血而不貸. 或問夫人曰:

"於夫子則旣不願科第, 而於子則何勸學若是之篤也?"

曰: "所貴乎學者, 豈但在科第? 使此兒稍識文字, 可繼父業, 豈復有分外之望, 過加督責耶?" 九萬一姊二妹, 亦奉夫人敎訓. 歸夫家爲諸族式.

先公宰二縣, 九萬牧一州按一道. 夫人軒駟往來,, 備享榮尊. 而先公之政聲無缺, 九萬之得免邦憲, 亦夫人之助與敎然也.

歲乙卯九萬言事得罪, 奉夫人還鄕, 九萬計拙於作業, 誠薄於備物, 不能供朝夕之需. 時夫人已年近七旬, 猶手不廢賦事, 整飭家衆, 各有獻功. 嚴祭祀慈幼卑, 用以無闕.

歲己未九萬坐事竄海島, 奉辭堂上, 不覺淚落于懷. 夫人唯戒以眠食之

節, 未嘗有怨尤之言. 歲庚申九萬蒙恩得釋, 夫人猶萬福視九萬之還, 如朝出而暮來者, 亦未嘗有動色之喜也. 九萬旋承召入朝, 聞夫人遘疾, 蒼黃辭歸. 上下備忘記曰: "待母疾少間 將還京師" 九萬罪大惡極, 路承凶問, 以五月二十三日棄世. 未及告恩諭致祿養, 而又蒙異數, 有地部賵賻, 沿途擔舁之賜.

七月祔葬于先公墓左. 龍仁縣花谷負子之原.

夫人未行時, 習聞諸兄弟讀書, 達於經傳大義. 及先公曁九萬列位於朝, 時聞政令得失, 人物進退, 私敎九萬曰: "某事如此 ,其人如彼. 其可其否, 其從其違, 汝不可不愼也" 此九萬所嘗兢兢承奉, 日夕周旋者.

自夫人捐背, 九萬官位愈隆, 世變愈多, 凡所以處已處物, 果能不倍於夫人平日之意乎否乎? 號慕莫逮, 終天而止矣.

九萬拜咸鏡鑑司, 贈先公吏曹判書, 夫人亦受恩封. 九萬忝相職 ,加贈先公議政府領議政, 追加夫人貞敬.

一男卽九萬. 女長適議政府右贊成朴世堂, 次適堤川縣監李觀成, 次適進士李漢翼.

九萬一男內侍敎官鶴鳴, 女適禮賓寺正趙泰相.

參贊男長司憲府持平泰維, 次弘文館應敎贈吏曹判書兩館大提學泰輔. 死於已巳坤位之遷, 贈於甲戌, 坤位之復, 且旌門閭, 以奬其直. 縣監一男眞遇, 女長適四山監役朴弼震. 次適吏曹正郎趙泰耉, 次適金世衍. 進士一男藝文館待敎肇, 女長適尹游. 次適沈宅賢. 鶴鳴二男二女皆幼.

九萬聞情極者無文, 聲痛者不偯, 是以有子欲去喪之踊, 子春悔不得其情於母. 今九萬永違慈顔, 不卽死滅. 乃以不孝之辭, 飮泣成書, 誌于幽堂. 唯恐一言一字或有毫髮之近文. 又惡敢以銘詩爲哉? 嗚呼! 慟哉, 崇禎周甲後戊寅六月日, 男大匡輔國崇祿大夫領中樞府事九萬泣血謹誌.

■ 〈殤女墓誌銘〉, **南九萬**, 『**藥泉集**』第26, 『**韓國文集叢刊**』132, 415~416쪽

余爲余第二女. 生於戊戌歿於戊申.

噫! 何豈短也? 汝之始學語能移步, 已知其質厚重而資敏悟. 宜若得年多而綏福履者.

噫! 何其舛也? 汝病紅疫而死, 醫書所謂疹也. 方其熱盛時, 醫云: "以冷治熱, 熱入裏則不可救. 切忌月經野人乾等物, 只用芩連等藥以解之" 熱不退病益增, 以至於死. 汝死後十餘年, 子婦又患此疾. 醫云: "痘臟病疹腑病, 治疹與治痘異. 急治熱則生, 稍緩則死." 穢藥中極冷, 毋過於猪屎, 日用數三椀, 十餘日後洒瘳. 其後凡病疹者, 試此方無不愈. 噫! 以後推前汝病因失醫治死明矣. 子生而不免於水火, 傳以爲父母之罪. 臥病於牀, 委之庸醫, 先儒謂之不慈.

噫! 汝之橫夭, 寔余不慈之罪. 已摩已摩. 復何言哉? 今書此以識余痛, 且爲後誡.

汝之病劇也, 肌鑠而露骨, 席弊而無薦. 臥不得安, 口味變而不能呑粥. 欲嘗生魚炙不得, 余尤以此爲恨也. 汝死後二年, 余除淸州牧使, 過汝瘞而哭之曰: "酒肉淋漓, 寧有喜色? 宮居敞麗, 但增悲心" 噫. 汝其知也歟? 其不知也歟? 葬在龍仁縣花谷先壟之側, 今誌其墟, 且系以銘曰:

憶汝琅琅之言語, 昭明之氣已遠.

想汝婉婉之儀形, 幽翳之質已泯.

遠者浮揚, 雖欲求而莫追.

泯者沈滯, 猶有所而不移.

玆述銘章, 埋于其旁. 庶幾後人, 或不忍其毁傷.

■ 〈令人李氏墓誌銘〉, 南九萬, 『藥泉集』第26, 『韓國文集叢刊』132, 415~416쪽

余有一姊二妹. 而仲妹歸堤川縣監李君諱觀成 堤川有一子三女, 而其長女卽令人也, 歸扶餘縣監朴君弼震.

李系出我, 而祖戶曹判書諱景稷, 考尙州牧使諱長英. 朴系出新羅王族, 而祖禮曹參判諱世模, 考敦寧府都正諱泰長. 二族之奕葉名德, 世所稱甲乙者也.

妹有婦容婦德, 先考金城府君憐之甚, 諸子女莫敢望. 妹覲府君之宰鎭川, 以庚子二月二十七日, 生令人于縣衙. 明秀異凡兒, 吾姑氏吳忠烈公夫人收以養之. 庚戌秋, 余出牧淸州, 翌年移按北路. 先妣權夫人輒率與之俱, 以娛目前.

令人柔嘉敏慧, 善承尊老意. 年十六擇對適朴氏, 時余獲罪于朝. 奉先妣退居于結城, 妹與令人爲寧先妣, 五六年之間, 來侍者過半. 以此扶餘君亦時時問字於余. 自先妣下世, 不得同堂並爨, 日夕湛樂如前日, 已不勝不洎之痛. 而戊寅四月初七日, 令人遘疾奄歿.

悲夫! 令人在室有婉嫕之稱. 旣嬪有尊章之協. 事夫子能黽勉有無, 遵禮不違. 宜其享福履悠長. 而哭夭善病, 苦少安日. 見夫子筮仕而亦不及雙旌之榮. 天之所報, 抑何舛也.

有一男曰師淹. 而扶餘君之兄錦平尉弼成取以爲後, 兩父同一子. 而扶餘君年尙未衰, 然不樂繼娶, 自甘虛內政而終身. 師淹之有室及女長次之適李秉泰·李馥 皆在令人寢於巨室之後, 季尙未行. 其不勝悲於幽冥 與居此世者又何如也?

令人之葬, 在楊州郡場里金谷鳳頭山負某之原, 卽朴氏先兆之次. 扶餘君請余作誌, 將瘞之壙側, 以期不朽, 余於是乎雪涕而爲之銘曰:

婦亡而不繼, 不恤其無媲.

子一而出後, 不念其無嗣.

此是齊眉之良, 不忍忘其故常.
豈但結髮之義, 不欲改其素意而已也.

■ 〈外姑淑人李氏墓表〉, **南九萬**, 『**藥泉集**』第26, 『**韓國文集叢刊**』132, 433쪽

淑人全義李氏, 同知敦寧府事贈戶曹判書諱茂林之女. 司憲府監察贈吏曹參判諱寶命之孫, 殷山縣監贈承政院左承旨諱念之曾孫. 學生申公得中之外孫, 司憲府持平鄭公諱脩之配也. 以萬曆辛亥十二月四日生, 以丁卯正月歸于公. 旋避兵江華府, 是年二月十四日以痘疾卒于旅舍. 葬于坡州分水院李氏先塋之側負某之原.

嗚呼. 淑人生託榮身之顯族, 歸逢擇對之良夫, 而踰月而歿未及有育. 此實生人之至慘, 而幽泉之永痛也. 及淑人歿後三十六歲, 公下世, 卜兆于鐵原府寬仁里. 而淑人之葬已久矣. 嗣子司諫來祥懼致震驚, 不敢移祔. 又懼歲月益遠, 稗昧無徵. 樹石于墓道, 女壻原任議政府領議政南九萬謹書以表.

李端相

■ 〈夫人祭文〉, **李端相**, 『**靜觀齋集**』**續集** 권10, 『**韓國文集叢刊**』130, 486~487쪽

自在叔母初喪, 宜有奠酹之禮, 以伸微誠. 而荏苒久未克擧, 觖恨耿耿, 何日而忘? 日月易邁, 祥期奄近. 俛仰疇昔, 心有愴咽於中者. 而病未得窮詣祀事. 薄奠又不稱於情, 伏哭几前, 有涙浪浪.

嗚呼! 哀哉! 小子平日, 竊嘗有欽歎叔母至誠篤行者, 昔我舅氏靜觀先生, 謝事退處林野, 饘粥時或不繼. 而叔母事舅氏忘其貧. 盖舅氏一生淸嚴之節道義之樂, 叔母內治之爲多也.

及舅氏下世, 叔母哭不絶聲, 勺糜罕入. 制終而毁如此, 決不欲自全矣. 而幸而得全者, 神理相之也.

及二子, 得郡適奉以養, 俱用謹潔而善於職, 又絶意榮進, 不墜家學者. 皆叔母義方之敎有以繼而成之也.

頃在仲子之喪, 叔母七十高年. 至衰刺骨, 日月愈久而涕血無乾, 內而傷損者多. 甫經年, 而仍微疾遽至不淑. 叔母通於理, 豈不能以脩短委命? 然其篤至之性, 出於天高於人, 而自不能已也.

小子與兩郞從兄弟, 而如兄弟. 頃歲, 奉慈氏移家住楊山, 居與之隣. 朝夕出入, 頻奉德範, 蒙被款厚, 藏之於心. 又叔母與吾母齊年, 小子含恤以來, 每喜叔母之康寧. 而中心感怵, 有不忍瞻拜也.

嗚呼! 哀哉! 樣岡新兆, 密邇舊宅. 齊眉梱徽, 百世同芬. 庶幾往來於此, 時得拜省墓下而已也.

嗚呼! 哀哉!

徐宗泰

■ 〈故相姜碩期妻伸冤議〉, 徐宗泰, 『晩靜堂集』 제10, 『韓國文集叢刊』 162, 201쪽

故相臣姜碩期妻, 當初獄事, 賊臣之鍛鍊誣成之狀. 到今人皆傷愍稱寃. 近日聖上特發睿旨, 於其家被禍之事, 屢有惻怛之敎. 日昨庭議之批, 亦可伏想聖意之所在. 本事姑俟處分之外, 不必別爲獻議. 伏惟, 上裁.

■〈崔・洪兩女復讐議〉, 徐宗泰, 『晩靜堂集』제10, 『韓國文集叢刊』162, 201쪽

命長之殺洪邦弼, 只由私怨. 則其妻與子之復讐, 此周官之所許. 本當在於貰死之科, 特不能先言於有司爲可罪. 然惸然老寡女弱女, 伺便急發而手刃之, 何可責以不先告乎?

崔洪兩女, 能以戴天爲大耻, 辦此男子未易能之事. 義烈昭卓, 有足以扶植風教, 聳動衰俗. 其事絶特, 在古罕聞. 雖加旌典, 無所可惜. 而倚法專殺, 無以禁止其端者, 誠如該曹所引之言. 此則有難輕施, 或特令給復, 以示優嘉. 恐有得於酌宜,伏有上裁.

■〈親喪不勝喪婦女喪夫從死者旌閭當否義〉, 徐宗泰, 『晩靜堂集』제10, 『韓國文集叢刊』162, 203쪽

(因禮曹參判, 閔鎭遠所啓, '親喪不勝喪 婦女喪夫從死者 不可爲法於人 勿許旌閭' 施以他賞事當否收議. 癸巳五月)

夫忠孝與節婦之卓絶者, 施以旌閭之典者, 雖風勵之意存乎其中, 而實所以褒崇其賢也. 孝固美行. 而若過中制, 至於不勝喪而滅性, 則聖人有不孝之戒, 是不可爲訓於世. 然曾子之水漿不入口者七日, 此近於傷生, 聖賢之俯就也, 尙有若是過高處矣.

世衰以來, 喪紀寖壞, 篤行不勝喪者, 絶罕聞於世. 聖上之扶植世教, 宜緩於抑過, 而莫先於勸. 不及高世之行, 雖稍過常節, 苟其出於至性. 而用其情而無所爲焉, 則安得不爲之表異而嘉美之? 况過毁傷生, 本非如鄠人刲股傷義之比哉?

至若婦人之喪夫, 或不待後事, 而以死下從, 其節烈雖可貴, 尤非義理之中, 不可爲法於人. 而末世牉合之義, 或失其重. 民庶之家, 背死而不知極大事之爲可耻者. 往往而有旌表卓行. 得以感發興聳. 豈不有助於風化也耶? 筵臣之論, 出於慮弊, 欲使, 欲趨於中. 雖不無意見, 而領相獻義中, '卽千百之一, 雖勸之, 未必人皆效法, 反生其弊'云者, 臣之愚見與之同焉.

節行之特美特著之類, 賜以棹楔, 以之褒善敦彛, 樹之風聲. 此從古中朝及東之所已行. 已爲成典. 恐不必更議. 伏惟上裁.

■〈姜嬪伸冤議〉, 徐宗泰, 『晩靜堂集』제10, 『韓國文集叢刊』162, 203쪽

臣之微衷, 竊於今日, 以姜嬪事詢議之命, 深不勝感惕之至. 伏惟先朝處分至嚴而至重. 有不敢容議. 而今至六七十年之間. 公理不泯. 幽冤莫伸. 人心皆懷傷愍.

幸今聖明發自睿衷. 深念懿親. 思欲追加伸理. 此誠盛德事也. 在下固宜將順矣. 第事體甚大. 擧措罕有. 唯願聖明審量而裁處, 伏惟上裁.

■〈定順王后謚册文〉, 徐宗泰, 『晩靜堂集』제10, 『韓國文集叢刊』162, 213쪽

顯號揚烈, 追修躋祔之縟儀. 今德儷尊, 仍擧節惠之曠典, 始克稱於名實, 寔庶慰乎神人.

恭惟篤生華宗, 光媲冲辟, 懿姿夙慧. 佐始初之淸明, 陰化潛孚, 叶內外之雝穆. 逮至達權而禪讓, 盖亦裨猷而資成, 受太妃之崇名, 且膺徽美, 享一國之隆養, 共怡優閒.

不幸時變屢興, 遂致廷議多謬. 日淪月晦, 失黃道並明之暉, 浦思山哀, 結蒼梧未從之痛. 處約而玉度無玷, 委順而寶筭彌遐. 神理久鬱於在天, 芳塵寢翳, 廟饗尙闕於永世, 庶品同嗟.

念丕稱豈間於顯幽? 而缺禮或待於久遠. 參諸古制, 斷自微衷. 揆彼天道之必伸, 敢緩表揭, 冀我宗事之無歉. 宜備情文, 爰復王章, 升祧室而序代, 並隆壼位, 薦寶冊而易名, 怳若褕翟之重輝. 宛然乾坤之齊體. 想聖祖崇奉之雅意, 豈不爲光? 抑列朝陟降之明靈, 默有所啓. 眞游斯集, 漢陵之簾帷始新, 耿光復昭. 周廟之琬琰載煥. 緬故實而增感, 陳物采而致虔.

謹遣云云, 冀諒深誠, 俯賜昭鑑. 垂徽彤史, 雖歷二百年而可徵, 衍慶瑤圖, 庶汔千萬祀而靡替.

■ 〈仁顯王后哀冊文〉, 徐宗泰, 『晩靜堂集』 제10, 『韓國文集叢刊』 162, 213쪽

維歲次辛巳八月十四日己巳, 大行王妃薨于昌慶宮之景春殿. 是年冬十二月初八日庚申, 遷座于祖, 初九日辛酉, 永遷于明陵, 禮也. 龍攢撤帷, 翟輅臨逹. 三光闇以悽惻. 百靈護而奔馳. 簫輓疑於淸蹕. 吉仗宛其常儀. 惟我主上殿下臨椒掖而撫疏, 緬組旒而疚心, 悲永潛於厚隧, 痛莫聆乎良箴. 式稽彝典, 俾頌徽音, 其詞曰:

仰觀古治, 必資賢壼, 修齊以成, 福祚以遠, 於爀熙朝, 閨闈最正. 任姒代繼, 儷德凝命, 天眷休運, 聿昇內贊.

驪興毓祉, 聖女載誕, 夢月祥著, 崩沙慶驗. 內外法家, 動有擩染, 懿質夙睿, 循蹈典訓, 柔嘉婉順, 允矣淑聞. 文定厥祥, 配我宸極, 樂洽鍾鼓, 禮虔晨夕. 祗事兩殿, 愉色承歡, 深荷眷愛, 孝敬彌殫. 隨事密裨, 邁古良佐, 益光乾德, 旁達美化. 陳詩顧史, 博觀女則, 含和履正, 珩珮靚穆. 紘綖教成. 樛木恩覃, 頌騰六宮, 詠播二南. 躬秉儉素, 志在冲抑, 屛斥華飾, 杜絶私澤. 中遘艱屯, 玉度無缺, 謹畏貶損, 六年一日, 至德愈彰. 寶命遂申, 六褘重尊, 慶洽神人. 撫育元良, 恩踰明德 宮庭慈孝, 藹然沈篤, 中闈肅雍, 統序咸整. 廟見始行, 禮斯爲盛.

芳齡政茂, 美疢遽纏, 兪扁技窮, 閟苷沈緜. 馮相告祲, 軒曜淪精, 地維震奪, 飈馭渺冥, 慟遍窮谷, 哀徹高穹. 緜區失於慈覆, 大化缺其陰功.

嗚呼! 哀哉! 仁壽無徵, 神祐罔終. 胡不少延, 叶相王道? 蘭宮虛以曉月, 繭館閟其秋草. 褘褕輟而靈衣, 寶座改而繐幄. 苑樹摵摵而霜冷, 殿簾曖曖而風肅. 躡銀渚兮路超忽, 訪瑤墀兮雲杳邈.

嗚呼! 哀哉! 吉岡旣卜, 厥儀式陳, 鸞旐旖旎. 蜃衛殷轔, 違丹禁之邃嚴, 指玄堂之幽昧, 百僚攀慕而雨泣, 千乘哀臨乎宵載.

嗚呼! 哀哉! 鶩峰之麓, 鳳騫龍騰. 神護萬年. 地聯三陵, 瞻象設兮若臨, 儼靈閣兮斯煌. 仰眞遊兮日以遠, 耿至澤兮不可忘.

嗚呼! 哀哉! 化機推歛, 脩短孰尸? 衆生同盡, 令名無涯. 塗莘喆軌, 彤史流聲, 齊雞周珥, 庶紹其馨. 極崇美於仁顯, 超往則而輝炳. 紀貞珉而載烈, 際高厚而垂永.

嗚呼! 哀哉!

任埅

■ 〈淑嬪崔氏喪遣內侍致祭文〉, 任埅, 『水村集』권6, 『韓國文集叢刊』 149, 133쪽

惟靈柔嘉淑質, 塞淵雅性, 蚤歲入宮, 藹然懿行, 自詠參昴, 載頌樛葛. 命安衾裯, 禮恭巾櫛. 翼翼小心, 夙夜敬止. 吉協熊夢, 慶毓麟趾. 鸞誥加封, 象服增榮. 彌自謹飭, 戒在滿盈. 逮予愆豫, 至誠侍疾, 焦熬不懈. 八載如一, 積憂致傷, 無乃成痾. 云胡一病, 功蔑扁華? 退就外第, 竟未復起, 仁而不壽, 福善難恃. 椒掖舊班, 環佩永閟, 九原莫回. 六宮咸惻. 身後有托, 逝者何憾. 撫念平昔, 予深傷感. 玆遣內侍, 陳此泂酌, 不昧者存, 庶幾來格.

■ 〈祭亡室文〉, 任埅, 『水村集』권10, 『韓國文集叢刊』149, 218~219쪽

維我聖上十有二年歲在辛亥暮秋之初吉, 夫豐川任埅, 薄具果肴餠酒之奠, 永訣于亡室恭人黃州邊氏之靈. 哭而告之曰:

"嗚呼! 哀哉! 嗚呼! 哀哉! 子忽棄我, 遽托冥冥, 我旣失子, 誰與爲生? 與子平生, 有約丁寧, 生當偕老, 死必同歸. 子今如何? 朝露先晞, 人間萬事, 從此皆非. 追思疇昔, 淚在言前.

我惟乙未, 委禽相門, 子之歸我, 今十七年. 燕爾之初, 知子已深. 芝蘭其質, 氷玉其心, 相得之樂, 如鼓瑟琴. 嗟子受禀, 何潔而端. 溫和婉順, 貞靜幽閒. 實有士行. 四德俱完. 自其在室, 孝友出倫, 旣賦桃夭, 能宜家人. 終溫且惠, 淑愼其身, 以事舅姑, 舅姑悅喜. 以處兄弟, 兄弟歎美.

情敦親戚, 恩感奴婢. 內外上下, 見莫不愛, 親疎遠近, 聞莫不譽. 世稱嘉耦, 吾曰賢配. 相敬如賓, 擧案齊眉, 目不忤視, 口無擇舌. 和樂且湛, 終始如一. 死生契闊, 與子成說, 嗟吾夫婦, 何辜于天? 戊戌以來, 慘禍綿綿, 奪我天只, 不其少延. 晩侍尊君, 擬奉百齡, 逮至丁未, 酷罰又丁, 此身何依? 涕血徒零, 子時守制, 哀毁過禮, 積憂薰心, 悲苦危厲, 花憔玉削, 損榮傷衛, 病纏膏肓, 死在朝夕. 幸賴天祐, 得離床席, 三載沉綿, 但餘形殼. 及到今春, 歲運俱凶, 餓莩蔽野, 癘氣漫空. 我本食貧, 尙飢於豐. 況値大無, 糲羹不糝. 嗟我婦子, 腫噲顣頷, 飢腸已枯, 毒疾復染.

病發之初, 淑兒先臥, 子親救扶, 不捨晝夜, 寢食俱廢, 涕淚交下, 趣其小瘳. 我携子移, 旣移又遷, 于巷南陲. 東湖凶問, 是夕相隨, 子卽却餐, 悲呼宛轉. 余於翌日, 出弔未返, 子書告病, 命危如線. 走馬歸來, 見子心驚. 寒熱交戰, 言不成聲. 誰知一夜, 死疾遽嬰? 扶挈還家, 日就危綴, 熱才退瀉, 奄奄將絶. 顧我歔泣, 執手相訣. 遺音嗚咽, 慘不忍聞, 遑遑灌藥, 坐而待晨. 旣絶復甦, 有若還魂. 喜子漸蘇, 謂子永瘳, 何期數日? 遽返眞遊, 心如刀割. 淚若泉流.

青春未暮, 花落何忙! 豈其天哉? 人事不臧.

飯含之夕, 爲一臨床, 玉貌如生, 燦然其開. 想子前身, 定非凡胎, 無乃厭世, 蟬蛻紅埃, 芙蓉煙霧, 歸者淸華, 蟪蛄風塵. 悲者妄耶?

嗟嗟雅卿, 傷如之何? 今世斯人. 永難再覩. 性何明達. 才何淸淑. 徽猷懿範. 動合女則. 求諸古今. 罕有其比.

大抵婦人, 見利昧義, 嗟我內子, 臨得若浼. 大抵婦人, 處窮斯濫, 嗟我內子, 如水益淡. 婦人之性, 信讒喜諂, 惟我內子, 片言無私. 婦人之性, 妬嫉猜疑, 惟我內子, 一段春猗. 貧寒已極, 素位不變, 橫逆雖來, 順受無悶, 外斷愆瑕, 內絶悔吝. 未嘗皺眉, 匪我所及. 以子行誼, 歷質往牒, 福善之天, 宜厚其荅, 竊怪否極, 泰終不到.

窮餓半世, 三十而夭, 天之報施, 一何草草? 梁鴻中途, 遽失孟光, 二毛潘郎, 空賦悼亡. 哀哀! 此痛! 使我何忘? 我有至恨, 蘊結于中. 飢寒困厄, 叢子之躬, 其生可憐, 其死可恫. 病未善救, 殯未親斂. 衣裳草草, 嫁時衾枕. 傷哉貧也, 事多遺憾, 才就一木, 棄去如遺, 寂寞空齋, 人不敢窺, 孤魂何托? 不其餒而?

自我哭子, 失性如狂. 予挈稚弱, 東西奔遑, 拘牽俗忌, 終未臨床. 七月將晦, 始入門屛, 塵埃滿室, 草萊盈庭. 觸物愴懷, 撫境悽情. 隔簾靑山, 宛對修眉, 縈窓素月, 如接淸姿. 我心非石, 烏得不悲? 爰自中秋, 始享苾芬, 蔬菜糲飯, 豈是祭云? 一瓣燒香, 寸心如焚.

嗚呼! 哀哉! 嗚呼! 哀哉! 臨絶之言, 耿耿在耳.

“嗟我三兒, 俱在童稚, 呼寒誰衣? 索飯誰食? 女長未笄, 男幼未冠. 呱呱末女, 哺育尤難. 長成嫁取, 皆托於君. 勿謂我死, 勤加撫恤.”

懇懇遺辭, 刻銘在骨. 未死之前, 寧忍少忽. 弱息殘孩, 俱經重疾, 抱負相對, 自然凄切. 喚母之泣, 使人腸裂.

嗚呼! 哀哉! 嗚呼! 哀哉! 憶在甲辰. 我疾邁癘, 子惟救我 赤心靡懈. 藥必親煮, 夜以繼日, 衣不解帶, 禱祝星辰 求以身代. 天感其誠, 得免爲鬼. 微子之誠, 我安及此? 子能活我, 我未救子, 九原他日, 寧不有愧?

嗚呼! 哀哉! 嗚呼! 哀哉! 我性疏脫, 不事生産, 何有何亡, 賴子營辦. 食得免飢, 衣必取煖, 自失子後, 資身無策. 賣舍糊口, 生事荒落. 天地無家, 我將安適?

嗚呼! 哀哉! 嗚呼! 哀哉! 子之病也, 庶母來救, 及其喪也, 解衣以覆. 憐惻之誠, 子其知否. 士常景略, 終始存撫, 救病治喪, 無間已女. 匍匐之恩, 感泣何報?

嗚呼! 哀哉! 嗚呼! 哀哉! 子死已久, 佳城未卜. 令將藁葬, 桂陽之麓, 一葉孤舟, 載柩來托. 秋風蕭瑟, 曉月蒼茫. 數聲薤露. 丹旐飛揚. 窮村落葉, 滿目悲凉. 淺土之窆, 當在七日, 略敍悲懷, 辭蹙情溢. 子如有靈, 想亦悽咽. 伉儷至情, 無間幽明. 一憑魂夢, 願得逢迎. 哭不盡情, 言不盡臆. 彼蒼者天, 曷有其極?

嗚呼! 哀哉! 嗚呼! 哀哉!"

■ 〈亡室禫祭祭文〉, 任埅, 『水村集』권10, 『韓國文集叢刊』149, 219쪽

嗚呼! 哀哉! 前歲永訣之日, 宛其如昨. 而祥事已過, 禫事又及. 心之怛矣. 此痛何堪? 婉嫕窈窕之質, 奄然而冥漠, 淸淑貞靜之行, 忽焉而沈沒. 向之皎皎者, 今不可復見矣, 昔之琅琅者, 今不可復聞矣. 入內而觸處生酸, 出外而萬事無興. 踽踽如孤飛失侶之鴻, 棲止無托, 倀倀如萬里羈旅之客, 漂泊無歸. 生涯到此, 雖欲不悲得乎?

甁無儲粟, 幼稚滿室. 飢而念其食, 寒而憂其衣. 昔君在日, 此等事豈嘗一到吾心頭? 而一朝失君, 盡爲吾早夜憂. 宜乎鰥爲四窮民首, 而想今天下之鰥, 如吾之窮者, 亦復幾人耶?

嗚呼! 哀哉! 嗚呼! 哀哉! 朝夕饋食, 祥後卽止. 禮也而情有不忍. 祭宜從厚, 到今禫日而止者, 盖憐君初喪, 三月闕奠而義起者也.

嗚呼! 哀哉! 衰麻之服旣除矣. 菲薄之饋又停矣. 我懷之悲, 將安所寓? 禫者祀禮之大, 而傷哉貧也. 享儀草草. 我之於君, 無事不悲, 無物不悲.

擧觴酹君, 有淚如瀉.

■〈祭亡女第四娘洪氏婦文〉, 任埅, 『水村集』권10, 『韓國文集叢刊』 149, 224~226쪽

維歲在戊戌, 亡女洪甥婦令人之柩, 將以十月之初吉乙巳, 靷向豐德, 以四日戊申永窆. 其啓殯前一日, 九月之晦甲辰, 父水村翁薄具肴醑, 哭而告訣曰:

嗚呼! 哀哉! 汝何以棄我而先逝耶? 汝何以棄我而先逝耶? 我今齒迫八耋, 去死無幾. 汝留在世, 哭我之死, 此理之當而事之宜也. 乃反使臨年之老父, 先哭盛歲之少女. 白首號咷, 日夕傷割, 此豈非天理之甚乖而人事之大舛者耶? 我曾以此語, 哭告于兩女之柩矣, 豈意今復以此語, 哭告于汝耶?

嗚呼! 痛哉! 余年三十九而得汝. 汝生而仁淑敬謹得於天性. 處家而待父母, 出嫁而事舅姑, 俱極誠孝. 閨中範則, 實多過於人者. 而父母兄弟, 猶有所未盡知也. 以汝志行之純至觀之, 則與善之天, 宜付壽福, 而奈之何身嬰痼疾? 十載沈淹, 多臥少起. 終未蘇安, 遂至於蘭摧玉折, 奄然夭物. 夫壻筮仕數年, 而未及見陞遷. 一子稚齡奇俊, 而未及見長成. 曰壽曰福, 於汝則皆否. 天之報施之道, 果安在哉? 痛矣! 痛矣!

昨年以來, 我因衰病不出, 訪汝未數. 汝又長抱苦疾, 歸寧亦罕. 伻問日至, 每道懸慕. 雖在一世, 時或間闊, 則思戀猶切. 汝今永辭我矣, 我安得復見汝耶? 我安得復見汝耶? 從此爾我之重逢, 唯指九原之期而已.

嗚呼! 痛哉! 我有三子六女, 皆得長育嫁娶. 內外諸孫, 詵詵成列. 世謂我有子女之福矣. 豈謂衰暮之境, 命途奇釁, 喪禍荐酷? 先哭第五女, 復哭第三女, 今又哭第四女. 六年之內, 三女之喪, 次第相仍, 雖使我鐵石爲肝腸, 安得不摧裂而分崩也? 我本性坦而心緩, 雖遇喪慽, 不曾過哀傷生. 而一自哭汝以來, 語及必涕出. 思到輒哽咽, 雖自排抑欲忘而自不能禁. 此縱由於老衰心弱之致, 而苟非汝平日誠孝之篤, 我之撫愛之深, 豈至是耶?

嗚呼! 哀哉! 汝之長女, 才已成婚, 其下子與女皆幼. 末女一孩猶在襁褓. 嗟我洪甥, 對此滿前之稚弱, 安仁悼亡之情, 其何以忍耐耶?

嗚呼! 哀哉! 汝於生前, 雖未得享受多祉, 而及其死也, 內外親屬, 咸曰: "賢婦人亡矣."

莫不嗟惜而悲傷. 豈不有愈於不肖無德而幸叨齒福者? 況汝夫婿賢而有文, 擢第非遠. 而汝之子千里駒也. 汝之婿謝家寶也. 汝家必將蔚然大興, 爲世艷稱. 身後榮慶, 亦足爲貴. 此無乃天之所以追報其善者耶.

汝今將永歸地中, 而嗟吾老病, 莫能出郊送柩, 又無由赴遠臨壙. 玆酹一杯, 慟哭長訣. 滿腔之懷, 哀不能文. 汝雖在冥冥中, 想知老父之此情.

嗚呼! 哀哉! 嗚呼! 痛哉!

■ 〈先妣貞夫人商山金氏行狀〉, 任埅, 『水村集』 권12, 『韓國文集叢刊』 149, 263~264쪽

先妣金氏, 系出商山. 麗朝贊成事上洛君諱鎰之後. 忠淸道觀察使仕隱公諱尙之女. 同知中樞府事贈禮曹判書靑陸公諱德謙之孫, 贈吏曹參判諱洪之曾孫. 妣羅州朴氏, 兵曹佐郎諱垣之女. 溫陽郡守諱東燾之孫, 大司憲諱應男之曾孫也.

先妣生于萬曆乙巳三月二十七日. 仕隱公有四女, 先妣爲長. 資性端莊靜一, 有仁淑之德孝順之行. 自在弄甎, 已異凡兒, 靑陸公甚愛之, 恒置膝下而敎誨之. 生長法家 服習禮訓. 言語擧止, 動遵儀則. 仕隱公擇婿甚高, 年十九, 歸于我先君. 姑鄭夫人嚴正有法度. 先妣之奉事也, 一於恭順, 得婦道甚. 夫人嘉悅而愛重之, 亟稱曰: "賢婦賢婦."

其爲壼政也. 唯先君之命是遵, 不敢毫髮違. 亦未嘗干預於外言外事.

家素不足於食, 每以儉約撙節爲務, 能得繼匱而毋至乏絶焉. 鞠養諸子, 雖甚愛, 自幼稚時, 衣服飮食行步出入之節, 皆敎以禮法. 如或有誤, 隨卽警責, 俾不得貳. 先君以從子鼇早失母而憐之, 率養于家. 先妣撫育衣食, 與已出所無間. 自監司奎以下及具益昌等內外諸姪, 皆視之如子, 而諸姪依仰, 亦如母焉.

從先君于通川郡. 六年居內, 不許外人交關, 不通商市賣貨, 衙門之內肅如也.

先妣自孩提, 不離靑陸公左右, 以至長成. 靑陸公以文章名, 日與載籍爲伴. 先妣雖不曾受讀文字, 而目濡耳染, 自然有曉解. 經言史蹟, 多所記識而一不談論, 平居. 手執女紅惟勤, 未嘗取看外儲書籍. 唯巾箱中, 適有史略數卷, 時或展閱. 不肖幼時, 間問其文義未曉處, 則解釋而敎之, 洞然也. 對不肖等, 常擧古人孝友美蹟及親族言行之可法者, 諄諄然詔告, 不肖等相與敬聽焉.

仕隱公家極淸貧. 先妣每以父母年俱高, 而甘旨不繼爲恨. 每得新産及佳味, 雖少必分送以供母. 朴夫人常稱以孝女.

性不喜紛華奢侈之習. 或傳某家內集, 婦女衣裳簪珥之盛, 誇爲美譚, 先妣笑曰:

"吾貧也, 力不及此. 縱使能辦, 錦繡珠璣, 性所不樂, 亦不欲效時俗而强爲也."

長男登第, 而先君因不安於朝, 求補外拜榮川. 時仕隱公方位淸風. 先妣率簪桂之子而歷拜焉. 仕殷公大悅, 設宴以慶之. 先妣每以此爲平生第一歡幸焉. 以先君職秩,從封淑夫人及貞夫人.親愛兩度恩誥.

自丁酉得疾, 經歲沈綿. 而先君出按嶺南, 至戊戌冬初, 納節還家. 始相會數日, 以先妣之疾, 已莫可救矣. 長男斫手指進血, 罔效. 以十月初九日, 棄世于駝駱洞新舍. 春秋五十四.

嗚呼! 痛哉! 嗚呼! 痛哉! 宋光栻稚少時, 同春先生爲避痘, 送托于先君. 先妣撫愛若子, 至是來哭甚哀. 與姨姪李光稷同治喪, 手執斂殯, 盡其誠愼之禮焉.

嗚呼! 先妣之至仁至德, 於子道婦道處道母道, 克備克盡, 無所欠闕. 則天之報施, 宜有以厚福遐壽賜之者. 而先妣之受祿不遠, 享年甚短. 獨何故耶? 此莫非不肖等不孝, 罪積殃禍上延之致. 只自呼天而莫逮. 痛矣痛矣!

以十二月二十二日, 權窆于金浦地, 翌年己亥二月二十九日, 改葬于衿川博達里,先舅參判公墓左麓負任之原. 堪輿家多言宅兆不佳, 及先君之喪. 奉葬于德山伽倻洞, 將擬奉遷先妣合祔. 而子孫喪禍連仍, 堪輿者又皆言德山宅兆尤不吉, 不敢行遷祔之禮. 乃於己卯歲, 卜地於報恩俗離山南麓萬世洞負癸之原. 不肖堥進德山, 奉遷先君柩行, 使子鼎元進衿川. 以二月初九日, 奉遷先妣柩行. 及啓壙, 水患孔慘. 痛哭罔極. 遂以同月二十二日壬戌, 行合葬之禮而先妣祔左.

先妣誕育四男二女. 子姓與內外諸孫, 詳記于先君狀中, 玆不疊錄. 己亥十月日, 不肖子堥血泣謹狀.

鄭太和

■〈祭姑氏申承旨夫人文丁丑〉, 鄭太和, 『陽坡遺稿』권9, 『韓國文集叢刊』102, 400쪽

(一字缺) 氣淸秀, (一字缺) 度端莊. 天質至美, 惟德自將. 閨範以正, 法言是式. 王父鍾情, 憐愛之極. 于歸名閥, 君子好逑. 載播徽聲, 婦道孔修. (八字缺) 誠深愛日, 恨未在側. 貴膺貞封, 年亦衰遲. 五十而慕, 女中有之. 每當藥憂, 顚倒來侍, 專心奉護, 拋擲家事. (八字缺) 不怠夙夜, 以竢平復, 凡厥聞見, 孰不歎服?

去歲是月, 敵逼都城, 鼎沸波湯, 各自避兵. 于時我叔, 適會作宰. (八字缺) 姑氏從之. 路指忠邑, 訣別老親, 唯有涕泣. 姪於此際, 已赴帥幕, 家庭何處, 隔絶消息. 干戈塞道, 亂我五內. (八字缺) 軍中聞訃, 抱哀未洩, 豈敢請歸? 死國義決, 主將有令, 招集散亡, 跋涉傍郡, 行色蒼黃. 歷入山中, 拜我姑氏. (八字缺) 寔在今年, 正月之晦, 悤悤辭別, 庶幾後會. 曾未數旬, 忽報疾劇, 催鞶就道, 冀試救藥. 來价纔回, 惡耗何遽. (八字缺) 天道難諶. 旣嫁而夭, 玉郎 黃甲榮耀. 忍言時變, 遠投豺虎. 傷悼關念, 益至沉痼, 況復奔竄, 又罹大故, 一病彌危, 終不能起.

嗚呼! 哀哉! 摧慟曷已. (八字缺) 佳城永安, 旣卜其日, 不肖如侄, 忝按一路. 時遭板蕩, 事不如古. 恐係私情, 致擾官府, 襄奉諸需 竟無所補. (一字缺) 壙而哭. (一字缺) 裡有怍. 亂後他鄕, 親戚散落, 今來會葬, 事則幸焉. 聊將酒果, 敬薦靈前, 祭未稱情, 文豈盡哀? 不昧者存, 歆此一杯.

姜栢年

■ 〈亡女南郞益熏妻祭文〉, 姜栢年, 『雪峯遺稿』 권24, 『韓國文集叢刊』 103, 260~262쪽

天乎! 天乎! 於汝則那? 生始何意? 殀亦云何? 嗟汝天年, 故及此乎? 厄會之重, 其偶死乎. 鬼或肆惡, 人莫覺耶? 藥或乖方, 醫未察耶? 以汝之賢, 未獲其報, 細推以理, 莫知其故. 率爾移棲, 疑或爲咎, 萬一其然, 責在老父. 然人脩短, 莫不在天, 屋雖有災, 豈如是遄? 始疑還不, 歸咎無處, 仰叫蒼蒼, 天亦無語. 嗚呼哀哉. 自從弄瓦, 最所鍾愛, 撫汝育汝, 若培蘭蕙. 溫順之性, 淸淑之質, 求古哲婦, 亦罕其匹. 組紃紡績, 固其餘事, 內訓女憲, 亦解其義. 相汝之容, 金玉堅貞. 視汝之心, 永雪潔淸. 姻睦之行, 六親皆言, 壽福之遐, 卜人亦云. 方汝有娠, 屈指計期, 謂抱石麟. 永擬螽斯. 纔看坐草, 遽先殞璧, 竟無血胤, 孤魂靡托.

嗚呼! 哀哉. 念汝平生, 誠孝出常. 我或有疾, 藥必先嘗, 我身所著, 皆汝手縫. 朝夕之饌, 亦汝所供. 寸縷尺布, 汝不自私, 藏諸母篋, 有無同之. 弟兄之間, 友愛亦至, 共一衣篝, 罔有彼此. 在於我側, 動止恒愼, 叱不及狗. 唉不見矧. 暨往夫家, 移孝于姑. 貧無甘毳, 誠則區區 隨節獻禶, 常愧後人. 孝養至願, 竟莫能伸. 嗚呼哀哉. 汝常愼疾, 恐貽親憂, 病不言病, 勿藥自瘳, 及罹死病. 顔色尙溫, 食厭强喫, 藥苦猶呑, 欲寬我心. 自同微痾, 漸入膏肓, 終無奈何. 想汝垂盡, 而思告訣, 唯其哽咽, 欲說未說. 宜一入夢, 吐盡悲辭, 夢猶未見. 伸恨何時? 生何聰慧, 隨事委曲, 死何冥漠, 恩情太簿, 呼而不聞, 語亦不答. 素帷空垂, 虛堂闃家.

嗚呼! 哀哉. 我嘗謂汝, 汝身可惜. 汝苟男兒, 興我家業, 爲女子身, 已汝不幸. 生我貧家, 亦是汝命. 自襁及笄, 苦況常多. 食纔脫粟, 衣止絲痲. 一裳一襦, 皆自汝手. 心常憐愍, 奈吾貧窶. 反配賢郞, 得所依歸, 初艱晩享, 於理亦宜, 乘龍之慶, 命爵之榮, 所願惟此, 乃父母情. 遽爾短折, 曾是不意, 汝所自料, 亦豈及此? 嗚呼哀哉! 死生之理, 衰宜先謝, 我尙爲人, 汝反先我. 天固難諶, 理不可推. 非汝命簿, 是我數奇. 草草人間, 二十五年, 倏來倏去, 一夢依然. 閭巷皆悲, 道路亦嗟. 土中私恨, 亦應無涯. 反而思之, 彭殤一塵, 吾衰且病, 卽朝暮人. 芒芴之間, 歸有早晩, 泉下相逢, 亦知不遠. 强欲自寬, 猶未能抑. 悲恨塡膺, 心膽欲裂, 嗚呼哀哉! 汝形雖化, 不昧者存, 想戀爺孃, 晨夕源源, 來無影響, 去亦無迹. 汝雖頻到, 我莫能識. 安得靈龜, 上訴司命, 復汝肌膚, 還汝視聽, 琅琅之音, 婉婉之容, 宛如平昔, 對說情悰? 然無此理, 虛願不至. 已矣今生. 更無所冀, 只願來世,重爲骨肉, 續吾舊緣, 紓此悁結. 天道微茫, 此亦難卜, 但有悲號.,穹壤靡極.

嗚呼! 哀哉. 嗟汝生時, 不曾暫離, 菟裘晩計, 亦仍汝遲. 省覲有行, 猶且眷戀. 擬余生前, 永對顔面, 一隔幽明, 事與情左. 適仍癘患, 蒼黃移舍, 殯在虛室, 留一婢子, 朝夕撫柩, 旣不如意. 朔望簿奠, 亦未隨時. 有若相忘. 我懷之悲, 事勢固然, 非我情淺. 汝若有知, 亦不憾恨. 生而艱苦, 死亦涼簿, 汝獨何罪? 降罰斯酷. 嗚呼哀哉! 禮漸卽遠, 欲留不得. 靈輿旣具, 祖奠斯設. 父母兄弟, 皆在于是, 獨向空山, 奈汝心事? 擬將汝骸, 葬我先兆, 大義所在, 私情難顧. 瞻彼佳城, 廣陵南陌, 是汝郎家. 累世塋域, 況其昆仲 友于情深. 自斂及葬, 經紀盡心, 歲時香火, 想亦無缺. 汝其歸處, 安汝眞宅. 和淚寫懷, 字字皆濕. 酹汝一杯, 庶幾來格. 嗚呼! 哀哉!

申翊全

■ 〈祭從姊貞敬夫人申氏文〉, 申翊全, 『東江遺集』권12, 『韓國文集叢刊』105, 60쪽

嗚呼! 某之訣姊氏. 蓋在去秋出守松都日矣, 姊時已寢瘵. 尙能倚枕, 延某坐. 倦于出言, 猶慰某出外, 自歎美疢難逆前期. 仍感念親黨靡靡日索. 言下幾乎蔌蔌, 竊瞷顔色, 固憂其瘁甚. 抑恃神精不爽, 聊寬譬數語退矣. 去秋距今, 幾何日月, 而升姊之堂, 秪覩所以象設? 而所云前期, 只可替以一哭奠耶?

嗚呼哀哉! 姊之潛行, 雖不出閫閾, 其爲婦爲母之則, 實有古哲媛風. 而其居榮處戚, 一禮無愆, 卽多髥婦所媿遜焉.

嗚呼! 哀哉! 計姊之齡, 踰艾未耆. 而其寢瘵, 寔自丁丑遘鉅創矣. 其必欲捐生下從, 稀糜之節, 崩城之慟, 三更穀燧如一日. 而其彌久彌自矢, 値榮慶芬華而不少渝, 又十三霜如一日. 則某知姊之所嬰積至願, 唯竝穴始克售矣.

嗚呼! 哀哉! 某於姊屬云堂從耳. 吾先君吾叔父, 胥視姊與某, 儘如己出不翅. 而某也不天, 自齒未及壯, 而上奄失所怙如所怙, 而旁漸亡同胞如同胞矣. 踽踽斯世, 生趣行盡. 卽姊之別日所感念欲蔌蔌者. 乃于某奠兹舉而不可制矣. 嗚呼哀哉! 姊其知耶? 其不知耶? 尙饗.

■〈祭第二姊趙參判夫人文〉, 申翊全, 『東江遺集』권12, 『韓國文集叢刊』105, 61~62쪽

維歲次乙未六月戊辰, 娚某謹以淸酌庶羞之奠, 敬祭于亡姊貞夫人靈筵, 文以侑之曰:

嗚呼! 姊今已矣. 姊逝奚之? 哭以當奉誄以替辭.

欒棘纍纍, 素帷披披. 音徽之邈, 日月奔邁. 念我天顯, 五十一歲, 芒芴去來, 孰主張是? 嗟某生晩, 大戚洊摯, 三姊夙殞, 伯氏繼喪. 孤露餘生, 靠姊無恙. 姊又奄忽, 其將焉仰.

惟姊福履, 士行與稱, 和鳴之協, 寶樹之挺. 柔則慈儀, 克相克訓, 宜家飭躬. 艾耆彌謹, 從封貞誥. 衍慶登龍, 爲世之艶. 百祥其逢. 云何美疢, 重以摧傷, 神精潛鑠 榮衛隨戕, 彌年枕席? 藥非不良.

嗚呼! 哀哉! 某少于姊, 十三星霜, 當某在乳, 姊已設帨. 逮某勝冠, 姊範可諦. 溯歲癸丑, 家難臻疊. 姊于寧覲. 西澨東峽, 愉惋之侍, 森目如昨. 及某委禽, 于昭敏門, 仍瞯婦道. 壹虔以溫, 悲歡屯泰, 姊秉不忒. 推而睦姻, 以至賓客. 主中無遂, 兄謂靡愆.

嗚呼! 哀哉! 方姊疾革, 某候近前, 曰:

"月已三, 我祖妣忌. 祀次在汝, 我病難起. 追惟疇昔, 懷曷能已?"

琅琅之音, 尙盈我耳. 今某嘷咷, 姊豈有聞? 堂室之舊, 瓣香之焚, 冥冥罔覿. 薦斝將事.

嗚呼哀哉! 骨肉同氣, 生死一理, 不昧者存, 寧假只.

嗚呼! 尙饗.

■ 〈祭朴姊淑人遷兆文〉, 申翊全, 『東江遺集』권12, 『韓國文集叢刊』 105, 62쪽

維歲次乙未九月初四日乙酉, 亡姊淑人宅兆, 改卜于坡山之原, 而娚禮曹參判某, 縻於官守, 不獲進哭柩前, 遣兒暹替奠一酌, 文以侑之曰:

吁! 姊掩坎, 年邁再乙. 宅舊匪寧, 兆新食吉. 藐玆服緦. 曾五歲兒, 孝不, 死親, 誠寓于追. 靈之有知, 姊亦奚悲. 竝穴之願, 從今, 可諧. 僂指同胞, 明尠幽皆. 影隻形單, 其曷爲懷? 替奠, 未躬, 台痾彌劇, 榼餠觴醑. 靈其無格. 嗚呼哀哉! 尙饗.

■ 〈祭冢婦沈氏文〉, 申翊全, 『東江遺集』권12, 『韓國文集叢刊』105, 62쪽

嗚呼! 婦之入吾門, 今十有五年. 心之塞淵, 儀之淑愼, 無擇言於口, 無選行於身. 卽自盥饋之初, 以至疾革, 如一日也.

擧三男二女. 長者甫過歲行, 小者尙未離乳, 婦遽棄之如遺, 冥然長逝. 而計婦之齡, 未滿一世. 是何生質之嫩而賦命之嗇也耶?

婦之嚴君, 寔余石友, 而爰溯契分, 實自吾先君與南坡相國. 世好之篤, 申之姻好, 毋論嘉耦, 有裕宜家. 主鬯之相, 所靠如何? 而迺造物之忌成美如許. 斂用嫁時之衣, 兆營新卜之穴. 有若汲汲期會然者, 豈亶賦命之云嗇? 抑余積殃之未殄? 否則夫豈奪余主鬯之相, 而反俾余奠此酌乎?

嗚呼! 已矣. 十五年而如一日者, 今不可復覩, 而所覩而不亡. 唯此二三稚弱者存焉.

嗚呼! 哀哉! 靈舍此奚之? 靈如不昧, 想有格於斯言斯酌.

■ 〈次女永豊郡夫人〉, 申翊全, 『東江遺集』권14, 『韓國文集叢刊』105, 79쪽

女子之道, 從人者也. 有順無違而已. 今爾奉承君子, 出入禁掖, 惟當夙夜祗懼. 一言不可輕發於口, 一步不可率意而行. 日復一日, 惟孝惟忠惟恭惟儉, 惟爾之懋. 倘或恃其光榮, 愆其喜怒, 以羞乎所生, 所生之心, 爲如何哉? 須體至意, 罔或少懈. 是余之願, 爾可不念哉, 爾可不勖哉?

李昭漢

■〈亡室生辰祭文〉, 李昭漢, 『玄洲集』권7, 『韓國文集叢刊』101, 282쪽

唯靈君子之行, 婦人之德, 無一不備. 展也女則, 謂享遐齡, 以訖乃福, 云胡不然, 而止於斯? 豈天無知, 昧其所施 , 失之人事. 天亦奚爲? 欲說摧心, 寧欲蕪辭.

嗚呼! 人之有生, 莫難者死, 視如旅歸, 以生爲恥, 女而辦此. 我胡不尒, 所未經情, 爲親故耳. 銜哀茹痛, 忍而取此. 仁無不報, 子女俱保, 豈我能濟? 靈必有護.

平生所嬌, 遠落南陬. 我頃躬往, 率來同留, 靈應有依, 我亦弛憂. 老婢殢後, 昨又隨來, 生者畢會, 死者曷廻?

嗚呼! 先妣臨終, 執余手言: "汝妻之賢, 死善何寃?" 又聞長兒, 回自嶺云: "嶺中多士, 嘖嘖吾門." 靈應自知, 含笑九原.

嗚呼! 烈烈英靈, 尙在淺土, 匪緣未遑. 意在營墓, 或圻或湖, 近將新卜. 從古善人, 必得吉宅. 表烈棹楔, 妥靈窀穸, 經紀享祀. 拮据撫育, 少長長立, 男娶女適, 須臾毋死, 期塞吾責.

嗚呼! 事固難諶, 莫頑者命, 積痛在身. 尙保心性, 踽踽焉如, 無復世念. 長簟闃闃, 素帷襜襜. 當悲而悲, 固理之常. 遇喜亦悲, 何處可忘? 此生此心, 無日不傷. 縱使他年, 家綿榮慶, 獨享何樂? 但有淚迸.

嗚呼! 夜必入夢, 音容宛首. 使夢無覺, 我又何感? 覺輒若失, 撫兒而哭.

向誰吐懷? 有哀塡臆. 今當誕辰, 略薦菲薄. 維我兩降, 同在一朔, 每常詑說, 世所罕覯. 靈其記否? 言若在耳. 余方在憂, 久廢文字, 戒非不知. 情豈可已? 御辭侑酌, 咽不盡意.

■〈小朞前一日 先告祭文〉, 李昭漢, 『玄洲集』권7, 『韓國文集叢刊』101, 282쪽

嗚呼! 去年今日之事, 尙忍爲說? 偸生餘喘, 尙今未絶, 只覺精魂之十喪九八耳. 人固有一死. 死全其節, 斯爲烈烈. 泰山鴻毛, 判於一擲. 不亶使我人咨嗟歎服. 至使敵衆, 吐舌嘖嘖. 靈旣含笑而辦此, 我何獨咽咽而掩泣? 唯是歲月不居, 朞日奄及, 當時之魂驚魄奪, 體粟骨痛之慘, 紛然入念, 爲不能任耳.

嗚呼! 子女俱安. 經疫卽差, 仲婦抱兒, 昨又來會. 靈常以未卽見, 耿結心曲. 豈謂今日, 死受其拜, 而新見以哭? 初觴卽祭也哉. 痛矣痛矣. 已而已而.

賢仲若姪, 俱來在玆. 內集宛然, 靈獨何之? 痛矣痛矣. 已而已而. 新房告就, 廳事苟完. 孤情易感, 觸事皆酸. 明將行事, 奉移靈次, 玆將數行文字, 洩哀情而告厥意.

■〈生辰祭文戊寅〉, 李昭漢, 『玄洲集』권7, 『韓國文集叢刊』101, 283쪽

嗚呼, 自余喪耦, 再見今日. 餘生若寓, 寸腸如割. 身而去體, 心若失魄. 忽忽誰與, 踽踽焉適? 人或有言, 日遠日忘, 而我之懷, 彌久彌傷. 稚兒滿前, 淺土在念, 百感損和, 微蟯成痁. 當玆誕辰, 薦此時觴, 病未盡哭, 有淚盈眶.

■〈遷葬時臨壙祭文〉, 李昭漢, 『玄洲集』권7, 『韓國文集叢刊』101, 283쪽

嗚呼! 一閉泉臺, 三易寒暑. 魂夢雖憑, 音容永阻. 新阡旣卜, 舊墓重開, 宛尒平生, 喜到忘哀. 心驚水嚙, 幾經霜露. 孤島之夢, 是實先諭. 琅琅一言, 尙在耳邊. 追思至今, 五內如煎.

於乎! 昔我南邁, 忙未君辭. 耿耿此心, 增我之悲. 專城獨享, 列鼎無樂. 强携稚小, 忍淚爲謔. 嫁女得壻, 其人如玉. 君知不知? 愴念今昔, 蔚茲佳城.

山明水美. 高上坎中, 君將入矣. 旣出而入, 胡寧忍斯? 念今之入, 無復出期. 我雖留君, 君不顧我. 父母孔邇, 神其永妥.

鄭瀁

■〈祭外姑貞夫人陽城李氏文〉, 鄭瀁, 『抱翁集』권4, 『韓國文集叢刊』101, 423쪽

嗚呼! 而有何疾, 遽至於斯耶? 謂以宿疾而至斯歟? 則每歲尋常之患, 必無可慮者也, 謂其春秋紀高歟, 則老期尙遠, 必非可惧之年也. 其亦命至於斯而年不足恃歟? 疾雖尋常而衰不能支歟? 八月之晦, 纔承手書, 辭意懇到, 康寧如昔, 豈料兩月之間, 傳訃遽忍耶?

訃至之日, 遠作乞客於高城八日之程, 路逢凶問, 口傳無書, 還問疾祟, 亦云不知. 只惟短紙草草訃告, 及於加緦之翌日夕, 始見姪金婦之書, 則云以宿疾彌月而不能支矣, 山運趣吉而襄事又過矣. 嗚呼! 嶺海遐遠, 消息斷絶, 彌月之疾, 而始聞於告訃之後, 襄事之期, 而未聞於掩壙之前. 疾不得奔問, 葬不得臨哭, 辜負平生, 痛恨無窮也. 則向之有恃於老期之遠而不知懼也. 謂其尋常之疾而不爲慮者, 皆不知其命者耶? 何其奄忽如此也?

嗚呼! 滃於諸倩, 受恩偏重, 早來贅托, 愚悖作狂 .而不余爲尤, 益軫憐恤, 竟使愚悖之狂, 亦知其感化, 至今仰戴如天只之恩者, 皆我婦德之賢也. 嗚呼! 不特此也, 曾在癸亥更化之日, 聘君起廢爲德源府, 內政媲美, 獷俗亦知其嘆服. 及於瓜遞之後, 其府中老吏竊相謂曰: "吾等齒已長矣, 未嘗見室內門無私謁, 如某夫人云," 故滃友李時數得於耳目而每嘖嘖不已焉. 雖然, 此豈足以形容我淑德之萬一也哉?

滃自作壻二十年來, 纖芥過誤, 未曾覩記而其御上下家衆及待遠近親屬, 皆得其歡, 一無咨咎君者, 則嗚呼! 天稟卓卓已高, 而亦可見家庭之訓所由來遠矣. 故其皇考洗馬公當士論橫潰之日, 隻手障瀾, 大有功於斯文, 又與鰲城李相相善爲死友, 則宜其貽則之懿美者乎!

嗚呼! 一子賢明, 孝行特出, 諸孫振振, 和氣盈堂, 孰不曰: "福德之家." 而所可恨者, 聘君立朝三十年, 淸白苦節, 凜凜如一日, 故飢寒之苦, 靈獨偏傷, 寒而衣不得厚也, 飢而食不能飽也, 則畢竟今日之變, 安知不由於飢寒來也?

嗚呼! 去歲東歸之後, 每以舐犢之情, 而勑歸於妻累, 惟有傷虎之心, 而欲觀於時變, 趑趄未決. 姑待後日者, 實恃我康寧氣力, 必享岡陵之壽, 可保百年無虞也. 故今九月初, 欲去而還止者, 亦爲此也. 到今使妻孥負其終天之悔恨, 疾勢遽危, 朝夕難保, 可勝痛哉?

嗚呼! 受恩若子, 而怵懍纒身, 終無報效之道, 飮此無涯之恨也, 則惟有一慟而長號而已. 靈其知歟? 其序冥冥而不知者歟? 嗚呼已矣! 倀倀此身, 今尙何歸焉? 天地雖大, 無所歸依, 每恃於靈如母之慈, 今也巳矣, 命之奇矣, 遙拜望哭. 淚有盡而言不窮, 靈其不昧者存, 庶幾鑑我之衷哉.

■〈又, 乙卯八月二十七日〉, 鄭瀁, 『抱翁集』권4, 『韓國文集叢刊』101, 424쪽

嗚呼! 聞喪隔年, 今始來而哭墓. 受恩若子, 負何異於行途? 雖曰有拘攣於病故, 詎可勝沒身之罪? 嘆墓草荒凉, 想音容之如昨. 萍踪漂泊, 念恩慈而難忘. 由余一生之命窮, 慟矣中途之殂落. 飢寒燠飽, 何所望而籲號?

嬰兒保憐, 竟誰歸而倚靠? 無窮孑孑, 仰天茫茫. 陟降精靈, 應有知而不昧. 幽明永負, 識我恨之何終? 薦此潢潦之誠, 獻以綿酒之奠, 長號一慟, 永訣終天. 嗚呼哀哉!

■〈又, 庚子十月改時〉, 鄭瀁, 『抱翁集』권4, 『韓國文集叢刊』101, 424쪽

嗚呼! 泉臺一隔, 十年如昨. 其間禍荐, 漣漣泣啜. 泰山其頹, 哀我胖割, 痛若之何? 餘生孑孑, 附葬伊今, 開壙有日, 來哭最後. 一倍愴昔, 亹亹音容, 宛然接目.

顧我受恩, 諸倩有別. 早贅未歸, 托以衣食, 照濡之仁, 永言浹骨. 到今窮鰥, 誰與依靠? 稚啼滿前, 飢寒孔逼. 一官碌碌, 宿病危惙, 我懷伊何? 朝不謀夕, 若聞琅琅, 慰我勤恤.

嗚呼! 亡人至孝, 孺慕致疾, 遽捨我去. 倘與聚舍, 左提右携, 一味和樂, 其或昧昧, 靖寐罔覺, 罥罥艱楚. 家道蕩析, 奠此一杯, 深誠薄物. 一慟而訣, 庶幾歆格.

■〈祭亡室李氏文〉, 鄭瀁, 『抱翁集』권4, 『韓國文集叢刊』101, 425쪽

嗚呼! 室人之亡, 實我家道之亡而趣余死者乎. 家業傳世清寒, 亂後窮餓, 已有萬萬難保之狀. 而室人竭心力扶持家道, 使上下安佚, 如富家豐亨之爲. 而亦安知非焦爍於內者多, 而天年不得盡者乎?

嗚呼! 家道亡矣! 外祖妣鞠我之恩, 恃室人而爲潔誠致祭之地矣, 今則誰與爲祭乎? 稚弱子女, 恃室入而爲敎育婚娶之地矣, 今則誰與爲敎育乎?

嗚呼! 余病危惙三十年, 無一日支持於氣力, 而室人保余如嬰兒. 時其飮食, 適我寒煖, 家無粒米, 而念我酒病, 雖在亂離奔波之中, 未嘗乏酒焉. 甚至於三陟山中絶食餠松, 室人飢色蒲面, 而我獨醉飽如常, 則到今誰賴長把如繩之酒乎? 自知死亡無日, 幾何不隨室人而澌盡乎?

嗚呼! 受氣淸者, 多不得壽, 室人天分最高, 淸粹出人, 則命之止於斯而淸粹有以使之者乎? 抑婦人以血爲主, 失血於亂中自刎者甚, 而竟至於斯者耶? 何遽捨我先逝, 使我倀倀隻影, 無與依歸, 長抱無窮之慟乎?

嗚呼! 白首蔭補, 專爲祿仕, 情願有在於糟糠. 庶緊報效於一邑, 而經年奔走, 力盡告休, 則斗廩自今年正月而絶, 三月以後, 不能擧火者居多. 室人半生沈痾, 口苦不食, 糲飯菜食, 强而不飽. 思嘗於烹內魚膾而終不得焉. 則今幸復霑寸祿, 爲之精鑿於米, 陳薦於果肉, 冀幸一歆而何可得乎? 慟割於心, 此恨無涯厚味胾肉, 忍得下咽乎?

嗚呼! 室人十餘年前, 蓮哭三子女而病甚, 自此不復爲完人矣. 畢境喪其父母, 而恨不獲於更覿, 慟已結於終天, 而孺慕之誠, 無一日不泫然者. 則所謂五十而慕者, 余於室人見之矣.

形容黧枯阽危, 無復舊日容華, 而余則愚不省憂. 一向心恙, 每加忿詈, 有若仇怨嶱害, 猶恐其不死者然, 狂悖之辜, 自贖無地. 討欲斷不改娶卜妾, 喫苦終身, 是余定志爾.

嗚呼! 萬事盡矣. 半百人間, 所樂何事? 孤危終鮮, 所自慰者, 室家之好, 而今竟割胖, 慟其若何? 生寄死歸, 歸則同穴, 胖合之歡. 知在不遠, 今不必爲無益之悲, 而第以未死餘年, 艱楚何堪? 稚弱子女, 敎養責大, 拳拳一念, 都在於此, 室人亦豈瞑目於斯乎?

卽遠在明, 具此薄奠. 醴酒鯔魚, 生梨西果, 素嗜不能飫者. 長號隕絶, 天意茫茫.

■ 〈節婦金天命妻傳〉, 鄭瀁, 『抱翁集』권5, 『韓國文集叢刊』101, 432쪽

交河村氓金天命妻者, 不知其姓何, 而姿色出人云. 丙子胡亂, 賊充斥於遠近, 則遂出沒隱匿於林奔之間. 數日之後, 自度不能免, 一日投諸村媪之家, 堅臥不去焉. 時避賊人之, 皆以烟煤洓其面, 冀或見賊而鄙卑之, 爭相慕效焉, 而此女不以屑意也.

俄而賊五騎突至, 剽掠其家, 見其女臥於室中而色可取也, 遂捽而出諸門, 迫而驅之前. 則女抗義不去, 相詰移時, 賊知其不可屈, 而狺然厲聲怒曰: "爾何敢拒於我者乎? 以吾之衆而能制於爾, 則爾將奈何也?" 女曰: "不然汝五衆而已, 雖有汝千百人, 亦豈能制吾也哉?"

賊益怒, 竝力脅迫, 必欲汚辱之, 而終不可得. 然後其中賊數騎先馳而去. 呼聲謂之曰: "胡不擊去之乎?" 賊遂刃之, 亂斮而死.

余之亂後權厝我仲氏仲嫂之喪於上谷山所之時上谷交河地名, 其隣人爭相稱道如此之詳, 而其他未聞焉. 以宣城交河別號士大夫之多, 而節義之死, 獨出於一村婦者何故歟?

嗚呼! 余於是女之死, 尤有所慼焉者. 今江都節義之死, 朝廷方廣採以錄云. 而諸處節義 ,亦皆竝命而採錄之否乎? 若使宣城採錄如江都, 則以此女之表表其死者, 何患不編八乎? 如其不然, 則徒然稱道於宣城人之口者, 恐終久而泯無傳者. 故玆書錄, 以爲他日問諸宣城, 以採錄與否之地, 且以表予嘉尙此女之意云爾. 紀元之崇禎已卯冬至月下瀚, 孚翼子志.

黃㦿

■ 〈貞夫人李氏墓誌銘 幷序〉, 黃㦿, 『漫浪集』권9, 『韓國文集叢刊』103, 518~519쪽

眞寶李氏厥有退陶先生, 爲吾東道學之宗. 胤子縣監寯, 適孫直長安道. 其配安東權氏, 燕山朝直臣校理達手之孫, 府使紹之女. 寔擧夫人, 歸于唐城洪氏. 其君子曰唐昌君汝栗, 舅曰唐興府院君進, 王舅曰恥齋先生.從退陶相師友.

夫人之家世赫奕, 故莫與京, 而其懿行懿範, 有足以永于傳者. 蓋爲女子則事親克孝, 及嫁, 移所以事親於舅姑而致其禮, 愛有加焉, 相其夫以正而順, 誨其子以義而慈, 世之知言者, 謂兩先生之後有女士云. 試就家狀, 撮其一二, 夫人平生, 言語有中, 動止無遽, 其貞靜婉愨, 出於天植.

年三十八, 稱未亡人, 至耄如初, 忌辰齋素, 以終其月. 聞權妣疾病, 將奔走歸寧而不得, 至爲沒身慟. 遭繼姑喪, 哭祭盡其哀敬. 凡祠祀, 手具羞, 竟夜不寐. 遇時物必薦, 而以父母廟在嶺南, 度其未薦, 未敢嘗. 每歲値諱日, 輒專人助祭, 其開八表.

正郎君奉赴安東任所, 則夫人路禮安, 躬奠于廟, 歸又展墓, 鄕里見者爲之感動. 其待族黨, 繇尊及卑, 亡論親疏, 皆視骨肉. 雖在遠外, 贈遺必周, 而以誠意將之, 故人多歸德. 訓飭子孫, 嚴守家法. 尤以愼言語節杯杓, 常諄諄焉. 噫! 夫人之行治, 大較如此, 其所謂女士者非耶? 雖列之詩以風于世, 豈歉也哉?

夫人以癸亥九月十六日生, 實與唐昌公同年. 終于丁亥六月晦日, 享壽八十五. 用是年十月二十七日, 祔于唐昌公之墓, 墓在驪州治北桂林場乙坐之原.

有五男一女, 女夭. 長有煥僉正, 次某夭. 次有烔正郎, 次有燁, 有燦早歿. 僉正生二男二女, 正郎生三男四女. 曾孫男女若而人, 具載墓表.

始夫人從唐昌公生時, 爵爲淑人, 正郎君當今上初, 白公勳烈于朝, 追封唐昌君贈吏曹參判, 而夫人受貞夫人命, 可謂能子矣. 於法宜附書, 正郎君屬不佞某幽竁之詞. 辭非其任不獲. 銘曰: 名門大家, 曰有女士. 從三望九, 一德終始. 斯其爲退陶之賢孫, 斯其爲恥齋之宗婦, 斯其爲君子之相, 亦足爲內則之首. 而又有子有孫, 其貽于後者, 將悠且久也歟!

■〈贈貞夫人吳氏墓碣銘幷序〉, 黃床, 『漫浪集』권9, 『韓國文集叢刊』 103, 522~523쪽

故咸鏡道觀察使沈公演, 有賢配曰贈貞夫人海州吳氏. 檢校軍器監仁裕之後. 王考希文, 監役贈領議政, 考允諧, 都正贈參判. 妣貞夫人水原崔氏. 參奉贈左承旨亨祿, 卽外祖父也.

夫人生于萬曆戊子三月二日, 卒于壬戌二月十七日, 得年僅三十有五. 葬于沈之先兆龍仁山義谷坐艮向坤之原. 其後二十五年, 公卒而葬于別阡, 相距如干步.

夫人有丈夫子一, 曰瑞肩. 中進士, 今官司宰監直長. 謁余泣下, 繼之以血曰:

"不肖不天, 生四日而慈母見背, 旣不得彷彿儀容. 稍長騃昧, 又不能備聞言行. 外叔父母凋零已盡, 孰從而問之? 天乎天乎! 吾何以稱人子哉? 吾先君之葬也, 將遷而合焉, 謀諸宗人, 咸曰: '歲深矣, 地中事未可知, 不可以動我寧魄.' 不肖痛哭而止. 今欲樹阡表之石, 以寓永慕, 宜有刻辭. 顧泯泯無徵, 惟有先君之祭吾母文藏之巾衍, 請以是爲狀." 余受而讀之, 而摭其行治.

其詞略曰:

"惟君性行, 天賦淑均, 學禮閨房, 父母諄諄. 顧余弱冠, 連歲泣血, 零丁孤苦, 未有家室, 得君爲配, 實天春姻. 君年幾何? 少余一春, 旣笄而歸, 德音徽令, 自君入門, 宗族相慶.

吾家素貧, 世業單寒, 十口顑頷, 糠粃常艱. 君來御窮, 夙夜勤瘁, 盡君之誠. 奉我先祀, 殷斯勤斯, 躬不自恤. 何冬服暖, 何夏衣葛? 懸鶉在躬, 蔬菜充飢, 澼纑傭針, 何所不爲? 人皆謂苦, 君則如榮, 眉無怨顰, 口絶嗟聲.

君每謂我: '貧者士常. 我心之憂, 不在無裳, 君昔戒我. 今世孔艱, 科名可羞, 富貴非關. 盍歸乎田, 稼穡孔甘? 嘉言善說, 向余諵諵.

曁乎前秋, 卷君歸鄕, 僮僕歡迎, 禾穀盈箱, 君樂鄕居, 急先農務. 耕牛在廄, 鎡器亦具, 儲穀爲種, 于斗于石, 待此春歸. 銳意東作, 誰料人生, 溘先朝露? 昔君經營, 增我悲苦. 溫溫其德, 皎皎其質, 十五年間, 秉心如一. 情深偕老, 志切同塋, 誰謂今朝, 君死我生?"

余不覺涕之無從曰: "噫!, 其備矣戚矣, 此可以見夫婦矣."服勤好禮, 有敬姜之美, 安貧樂道, 有孟光之風, 此古所謂女士者非耶? 公生平不輕許可, 論人必儗其倫, 夫豈以伉儷之私而爲溢言過譽? 是足以銘矣.

且也夫人之世父故相公允謙, 稱以閨壼之秀, 沈之宗老學士大孚氏, 謂其賢有婦德. 記尿少時, 與公隣比, 夫人之懿範, 竊嘗耳之矣, 是亦可以徵矣. 直長娶吾先考牧使公之女, 生三男四女, 皆幼. 男曰得元胤元三元, 觀察使世系官莅, 在碑誌中, 不具載. 遂爲銘, 銘曰: 生不與夫子共榮兮贈視貴, 歿不同穴兮地則邇. 厥有哀詞兮載徽懿, 而余銘之兮庶不朽. 又有子若孫兮, 其將食報兮永世以久.

金得臣

■ 〈淑夫人文化柳氏墓誌銘 幷序〉, 金得臣, 『柏谷集』권6, 『韓國文集叢刊』104, 172쪽

金震賢氏以某年某月某日, 葬其母淑夫人文化柳氏于其先君之塋左, 求銘於余, 義不敢辭. 按其狀, 高麗大丞諱車達, 其遠祖也, 仇寧島萬戶諱之亨, 其高祖也, 宣傳官諱潤宗, 其曾祖也, 諱景蘭, 其祖也. 所非浦權管諱仁瑞, 其考也, 娶江原監司成世平之女, 生夫人於隆慶庚午九月二十八日.

夫人生而天質粹溫, 賦性貞靜. 起居動止, 不出法度, 其外王父王母皆眷愛. 外王父作宰星州, 亦率育之. 値其外王父王母之喪, 不啗肉者朞年, 不御麗都衣服者三年, 蓋感其養育之恩而然也.

十七歲, 適判校公, 事舅姑不乖婦道, 戊子辛卯, 連遭內外之喪, 哀毁太過, 仍以成疾. 素持身重遲, 言語不輕發, 雖處其多言際, 不干是非之荒, 親黨稱之.

判校公奉大夫人竭其至孝之誠, 夫人亦順其意, 必盡滫瀡之供. 大夫人之所欲與不欲, 必從必否. 大夫人嘗曰: "吾孝婦! 吾孝婦!,"

判校公累視篆於州縣, 其持官也, 內外斬斬. 夫人知其然也, 無營爲之事, 判校公嘗嘉之.

丁亥, 長督震賢爲牛峯縣令, 夫人往從之, 其縣僻在峽內, 家鄕道里遼落, 夫人戀嫪其在家血屬. 戊子秋還歸, 壬辰夏, 震賢爲慶山縣令, 其秋, 奉往夫人于其縣榮養. 其時年紀已踰八袠, 頭髮不盡白, 素患疾喘亦減.

甲午春, 宿症又彸, 以四月十九日, 卒于衙舍, 得年八十五. 以五月初七日, 奉柩而歸, 以七月初七日, 從窆于判校公兆封雙墓, 卯來乙坐辛向之原.

夫人生二男四女. 長震賢縣令, 次巽賢生員. 女長適金得臣, 次適盧景命, 次適參奉具鳳羽, 次適宋之承. 子女內外孫多而不載. 銘曰: 作媲夫子, 執德蹈則. 柔婉中正, 其儀不忒. 誠事舅姑, 婦道以備, 宜室宜人. 令譽隨至, 有子若孫, 蘭茁玉立, 蕃衍百代, 慶福恒集, 崇岡鬱鬱, 葬于其中, 我銘以藏, 永保無窮.

權諰

■〈祭庶從妹文〉, 權諰, 『炭翁集』권12, 『韓國文集叢刊』104, 460쪽

維年月朔干支, 從兄淳谷居士, 以數脡脯一杯酒, 奠于從父庶妹李家娘子之靈. 人誰不死, 死孰不哀? 人間可慟, 寧復如爾者乎?

惟妹早孤, 旣長而嫁, 幸適賢夫, 爲婚數月, 夫婦俱歿. 古人謂'人世如夢幻', 吾嘗曰: "苟得吉夢, 猶且心悅氣豫. 矧是人生百年, 好事稱意快樂, 夫豈淺淺? 謂人世夢幻, 未爲通論也." 苟如妹之身世, 殆未若一吉夢.

嗚呼! 有生如此, 不如無也. 妹年方十九, 妹壻秀夫年二十有七, 妹有兄年二十有六. 秀夫之亡, 在七月朔庚申, 後九日戊辰, 妹之兄死, 妹以二十七日丙戌逝. 同宮之人, 一月三死, 而皆少弱而皆無子以夭也.

嗚呼! 使人有此, 猶且不堪其悲, 況爾骨肉之親! 嗚呼! 其何以爲懷耶? 亡兄謙受氏, 年十九, 娶而卽亡, 當時寡嫂年十六, 今玆九年, 而春初, 寡嫂亦亡. 人悼其不祿, 豈謂吾家復見如爾之薄命者乎? 吾家兄弟子孫多夭殤, 將子孫薄福, 不得蒙祖先餘慶乎? 抑子孫不肖, 不得承守先烈, 以致凶咎乎? 奈何以吾祖先之積善, 而子孫之遺殃有如是耶?

嗚呼! 秀夫賢於妹, 而妹實不及秀夫. 吾謂秀夫之死, 妹之薄命, 宜其不能保此賢郎君也. 豈謂未閱月而爾亦夭折也?

嗚呼! 秀夫家將葬秀夫, 竝葬爾同穴. 嗚呼! 百年之約, 其止此而已耶? 聞妹之臨絶, 要見吾輩, 而吾不能見爾死. 今吾奠妹一酌, 而爾漠然不吾酬酢也. 嗚呼! 其有知耶? 其未知耶? 嗚呼哀哉!

■ 〈祭沈家姊文〉, 權諰, 『炭翁集』권12, 『韓國文集叢刊』104, 461쪽

維崇禎六年歲次癸酉正月癸巳朔二十日壬子, 弟某病不能赴哭, 使人具甘醪一酌, 奠于沈家姊安東權氏之靈, 而敍其悲.

嗚呼姊逝, 吾不悲也. 吾賦命薄, 稚年喪母, 十八而孤, 獨能保兄姊弟妹, 共享百年, 無短折耶. 先妣之逝, 吾才踰四朞, 祖妣育我, 明年祖妣又捐世, 零丁無賴. 視姊猶母也, 吾之奇命, 宜今日遭此無涯之痛, 命也何悲?

嗚呼! 姊溫懿慈諒, 宜酒食工組紃, 婦德女事, 無所不備. 孝順睦姻, 著於內外宗族. 甚聰明有過人才識, 吾嘗謂: "使姊男子也, 必能大門戶." 凡物淸秀者易敗, 姊以異稟秀氣, 當衰世生衰門, 欲其壽得乎?

嗚呼! 姊天稟差剛, 不似我弱. 然而姊年三十有八, 況吾之孱弱, 安能久於世而爲姊悲乎? 嗚呼! 姊病中待我, 臨絶猶恨不相見. 吾聞姊之疾革, 而怯寒畏疾, 不能馳與之訣, 遂成幽明無窮之憾. 姊友愛情篤, 謂骨肉情薄, 姊則思我, 我則忘姊也耶?

平日姊有大疾病大憂患, 必見於夢. 故吾夢見姊, 而夢事不吉, 吾必曰: "姊必有何疾病何憂患也," 後日驗之信然. 是同氣魂夢亦相通也. 姊逝六日, 而吾乃聞訃, 又姊之逝, 於今已十數日矣, 不一見於夢, 是知姊以吾不就見爲憾也耶? 吾惟是之悲, 然亦何足悲?

吾亦病矣, 死當見姊於地下. 一左一右於父母之膝下, 斯可樂也, 吾胡爲而悲? 嗚呼! 吾平生多疾病, 危死者數矣. 姊常以吾病爲憂, 吾常恐一朝溘然, 而貽兄姊之憂. 豈謂吾反見姊之夭而悲也耶? 嗚呼痛哉!

■ 〈酹婢桂貞文〉, 權諰, 『炭翁集』 권12, 『韓國文集叢刊』 104, 467~468쪽

己丑五月朔, 主人旅穴權居士, 使伊班婢壬香, 具飯蔬, 酹汝桂貞之靈. 汝死已浹旬有一日, 汝之魂無所歸, 爰汝主人及主母及汝主娘子, 依汝爲家長, 爲汝一祭, 以慰汝魂. 惟爾有神, 尙其來格, 是歆是妥, 永有依歸.

噫! 汝生雖下賤, 乃性行實愈於人. 始將汝使汝, 年纔十三, 今玆十六也, 而非長大童僕所幾及也. 自汝之來, 飢未嘗言飢, 寒不籲寒, 勞不告勞, 視主猶父母. 能知盡忠, 又能知遠慮, 是豈下賤凡輩所易能, 亦豈幼少稚年所易能乎?

乃主人翁姑恃汝惜汝, 若眼若牙齒, 豈謂臥病信宿, 一朝奄然也耶? 以大丈夫, 爲汝一小婢之死, 乃不禁洒淚, 得無過度也否? 嗚呼惜哉!

宋浚吉

■〈先祖妣柳氏墓所定行歲祭通文〉, 宋浚吉, 『同春堂集』 권16, 『韓國文集叢刊』107, 99쪽

惟我先祖妣柳氏墓, 託在周岸縣寬洞, 香火之絶, 今百年餘矣. 墳瑩不治, 樵牧不詞, 凡在行道, 莫不傷嗟. 矧我子孫, 當作如何懷耶?

吾宗黨雖甚衰替, 見在尙百有餘人, 而居是邦者居半焉. 墓之相去不甚遠, 而展掃之禮, 闕焉不修, 使未免於崩廢, 則玆非我子孫之責耶?

嗚呼! 歲一祭之百世不改者, 旣是朱夫子家禮本意. 則雖無墓田, 豈非我宗人之所共勖者乎? 玆於今月初九日, 願與諸宗賢, 會于墓下, 展掃禮畢, 回講族好, 從今以往 歲爲恒式. 須於是日, 一齊早會, 千萬幸甚.

■〈曾祖妣端人完山李氏墓告文〉 宋浚吉, 『同春堂集』 권16, 『韓國文集叢刊』107, 111쪽

維崇禎六年歲次癸酉六月辛酉朔二十日庚辰, 曾孫宣務郎童蒙教官浚吉, 敢昭告于顯曾祖妣端人完山李氏之墓. 惟我曾祖妣, 託葬於此, 今已百年餘矣. 時移事遷, 尙未歸窆, 道路旣遠, 子姓又替, 以致香火不擧, 樵牧不禁. 諸孫不孝之罪, 至此而益無所逃, 言念幽明, 實切愴咽.

浚吉獲荷餘休, 行霑祿位, 來掃封塋, 薦其時羞, 伏惟恩靈如在, 尙賜歆格.

■〈先祖妣柳氏旌閭後墓所告由文〉 宋浚吉, 『同春堂集』 권16, 『韓國文集叢刊』107, 113쪽

惟我祖妣懿行貞節, 卓絶今古, 揆之令甲, 合有旌褒. 因循埋沒, 盖三百年, 幾歲孱孫, 羞上遺阡. 頃嘗合謀, 以告縣庭, 申諸方伯, 遂聞朝廷.

宗伯論奏, 大臣獻議, 聖上嘉賞, 追典亟賜, 稽令諏例, 田租又減. 恩崇禮隆, 允矣無憾.

厥初始議, 事在久遠, 咸懼無徵, 未遂情願. 訴之遺耇, 考之碑碣, 亦有後孫, 昭蹟留實. 事有暫晦, 理無終塞, 聲扶世教, 光覆後昆.

白達之村, 舊址猶存, 作門其前, 以章恩命. 始事之初, 告由哀省. 伏惟尊靈, 正直聰明, 彌久不昧, 庶幾歆聽.

■ 〈殤姊墓告文 丙午〉 宋浚吉, 『同春堂集』 권16, 『韓國文集叢刊』107, 115쪽

惟我姊氏生稟異質, 不幸早夭, 托葬外塋, 未隨於父母兆域, 尤可愴痛.

吾生斯世, 奇釁已甚, 早失怙恃, 且鮮兄弟, 又喪獨男. 家世零丁, 茫茫穹壤, 痛寃靡窮.

疾病少暇, 來省墳塋, 歲久崩圮, 駭目驚心. 添土改莎, 且奠酒果. 惟爾有靈, 尙克歆止.

■ 〈曾祖妣贈淑夫人完山李氏墓竪碣告文 戊申〉 宋浚吉, 『同春堂集』 권16, 『韓國文集叢刊』107, 116쪽

浚吉病蟄遠鄕, 人事推遷, 未得展省, 忽忽十年餘矣. 今幸承召赴朝, 得蒙恩暇, 來掃封塋. 兼以故太學士鄭公弘溟所撰文字浚吉手寫者, 刻諸小碣, 竪之墓道之東南. 又蒙聖上優禮, 特命備給澆奠床, 榮動幽明, 感泣亡涯. 玆敢備告端由, 伏惟恩靈尙賜歆格.

■〈亡室贈貞夫人晉州鄭氏墓告文 己酉〉宋浚吉,『同春堂集』권16, 『韓國文集叢刊』107, 116쪽

今以第三孫炳遠, 幸忝生員試三等第二十二人. 余亦前秋赴朝, 今幸蒙恩許歸, 無忝新恩, 來榮墓所. 念及存沒, 悲喜惝怳. 靈如有知, 想同此懷. 謹將官奠, 備告事由.

■〈殤姊墓竪表告文〉宋浚吉,『同春堂集』권16,『韓國文集叢刊』107, 116쪽

維崇禎歲次庚戌八月乙酉朔某日干支, 弟某官浚吉, 謹遣孫炳文, 昭告于亡姊處子恩津宋氏之墓.

惟我姊氏托葬於外氏先塋, 日月旣久, 勢難遷近於父母兆側, 人事悲切. 異時年代益遠, 丘壠將平, 又誰有辨認者? 爲是之懼, 敢具一小石以表之, 略記世系事實於其陰, 今日將樹於墓前. 惟爾英靈倘垂鑑諒, 千秋萬歲, 維其永寧. 敢以酒果用伸虔告. 謹告.

■〈祭孀女羅氏婦文〉宋浚吉,『同春堂集』권17,『韓國文集叢刊』107, 133~134쪽

維崇禎歲次壬寅八月辛丑朔二十七日丁卯, 卽孀女羅氏婦發引之期. 其老父病未往訣, 使孫炳文炳夏等操文. 告于柩前而哭之曰:

嗚呼哀哉! 傳曰: "人生不免水火, 父母之罪也." 使汝至此, 皆我之罪也. 尙復何言? 尙復何言?

以汝純明爽哲之資, 懿淑端裕之行, 理宜蒙佑於神天, 而其薄命乃如許, 是則不能無憾於天地之大. 古人所謂理者不可推, 神者不可恃, 殆爲是設耶?

自汝爲孀, 其欲養汝于家, 相依爲命, 父子之情, 庸有極乎, 而勢有不能得者. 汝嘗謂我曰: “生而無益, 不如死之爲安.”

吾每語之曰: “吾在, 汝何敢死也? 且汝欲爲所天立後, 則必汝在可爲也,”

蓋汝自爲孀之初, 已有自決之計, 累爲家人所救. 吾常慮汝此心常在, 故爲此語以解之. 至今十餘年間, 忍而爲生, 吾謂汝以吾言爲信, 而今遽至此, 何其只自計, 而不計老父與老舅姑耶?

汝之心, 必以娣婦生男, 則將取爲後, 夙宵一念, 耿耿於此, 而累產皆不得男. 則以爲‘吾生已久, 尙復何待?’ 遂決自靖之計, 餘不暇顧.

吾常以汝爲孝友和裕, 通達事理, 一心倚仗, 不下於汝兄, 以今觀之, 其偏而不通, 抑何甚歟? 自汝之從海衙歸, 卽欲搬來相見, 日夕何可忘也? 只緣家貧無馬, 有計未成.

汝書亦以七月汝慈之忌爲期, 適汝兄爲邑宰上去, 吾令來時搬汝以歸, 屈指以待. 而汝兄朝到汝家, 汝已夜死矣, 汝之不思老父, 又不待兄行, 厥故何其?

汝弟孱貧, 自失汝慈, 視汝猶慈, 汝亦視弟猶子, 吾常喜之, 而今皆無復顧戀.

自昔忠臣烈婦, 志旣有定, 則勇往必遂, 無所顧前後. 雖不合於中道, 而亦自成就得一箇義字, 從古則然.

吾於汝, 獨何恨焉? 惟其使汝至此, 默算終始, 皆余之罪. 古語云: “雖云天數, 人事有以致之,” 念及於此, 哀腸自然寸斷, 奈何乎哉? 奈何乎哉?

噫! 以汝之志槩風烈, 生爲男子, 則所以繼吾家聲, 豈不益遠而且大? 雖不幸而爲命薄婦人, 若少遲其死, 來養吾餘年, 則吾之暮境身心, 豈不少安? 而今皆不能得, 則無非我福過罪積.

見怒神天之致, 尙復何說? 聞汝入地有期, 而吾老且病, 且拘形勢, 不得往訣, 汝兄亦以公故不得往, 獨令汝姪輩往, 此又人理之所不忍處.

汝慈之棄我而先, 殆將十載于玆, 吾常悲之. 自今觀之, 冥然漠然, 無所識知, 吾所甚羡, 汝於泉下, 倘拜汝慈, 須致我此情. 雖然, 吾衰甚矣, 餘日無幾, 不知泉裏團圓, 果如此生也否? 是不可幾也. 言有盡而情不可窮. 汝之英靈, 尙可鑑諒.

■〈先祖妣柳氏旌門碑記〉 宋浚吉, 『同春堂集』 권17, 『韓國文集叢刊』 107, 135쪽

嗚呼! 此我先祖妣柳氏舊居, 而朝家命旌之閭也. 盖柳氏, 系出高興. 勝國之末, 有諱濬, 尙書封高興伯, 卽我先祖妣之考也. 先祖妣降于洪武辛亥. 擇對歸于我先祖考進士府君諱克已. 府君不幸早世, 先祖妣年方二十二. 父母哀其早寡, 將奪志, 先祖妣矢死靡他, 負四歲遺孤, 徒步行數百里, 自松京歸懷德舅姑家, 以終其身.

後二百餘載崇禎癸巳春, 浚吉適在沙山之墳庵. 一夕, 忽若有天誘者, 慨然心語曰, '我先祖妣貞操烈行, 無媿古人, 而尙此湮滅, 凡我子孫, 將何以贖其罪?' 卽謀諸宗人, 聞之於朝, 得蒙旌褒之典.

後五年丁酉冬, 臣浚吉猥侍講莚, 先大王適語及貞婦事, 臣敢擧先祖妣遺蹟以對, 先大王遽教曰: "頃歲已命旌之矣."

臣於是竊歎聖上於萬幾之中, 久遠微細之事, 照管不遺如此. 此雖出於大聖人睿智聰明, 超越千古, 而亦我先祖妣至行純節, 有以感動宸衷, 能使識有而不忘也, 嗚呼亦奇矣!

惟我後昆幸相與勉之, 以無負我先祖妣之遺烈, 而對揚先后寵異之休命則幾矣.

諸宗人懼棹楔不足以傳久, 樹石以記其槩. 若其事實之詳, 有九世孫贊成時烈所述墓表記在焉. 墓在懷德治之東十許里寬洞之山坤向之原云.

■〈淑夫人衿川姜氏墓誌銘幷書〉 宋浚吉, 『同春堂集』권18, 『韓國文集叢刊』107, 160~161쪽

余旣爲鄭承宣東望, 誌其先大夫叅議公之幽堂. 承宣又記其前夫人之行實, 屬余銘之. 噫! 夫人實我姨姪顧念誼情, 有不忍辭者. 而亦有不忍言者.

丙戌, 公私之禍, 古未嘗有也. 每思之, 不覺寢驚而夢愕. 今欲把筆銘夫人之墓, 又何堪一字而千涕?

嗚呼悲矣! 夫人姓姜氏, 系出衿川, 卽我月塘相公之長女. 祖曰燦, 吏曹叅議, 其女弟, 卽昭顯嬪, 廢爲庶人. 男兄弟曰文星·文明·文斗·文璧·文井. 其外祖曰大司憲申湜.

夫人以萬曆己酉六月十三日生, 年十九, 歸于承宣君. 天資淑哲, 敏達事理. 當丙寅姜王兩詔使之來, 諸婦女傾城往觀, 軿車塞路, 夫人獨不往. 月塘公奇之曰: "女士也, 婦人之行當如是,"

旣歸鄭氏, 以事父母者, 事其舅姑, 所以承順奉養. 慰悅其心者, 靡不再其極. 丙子之亂, 蒼黃奔竄, 夫人步從舅姑騎後, 足爲之趼而不示勞悴色. 流離顚沛之際, 扶養老人, 尤盡其誠, 舅姑每稱之曰: "吾賢婦也,"

承宣君早擢大科, 歷侍從加緋玉, 中遭无妄, 遠謫西陲, 不及賜環, 而叅議公捐館. 夫人獨在喪次, 易戚備至, 凡附身附棺之具, 無絲毫憾. 叅議公始葬廣陵, 距京城四十里有餘. 及初期, 夫人躬往展哀, 時當盛寒, 終日一粒不入口. 渾身傷凍, 幾絶而甦. 奉祭祀極其誠敬, 常手自具膳, 臠割之餘, 亦皆謹藏. 坐待鷄鳴以行事, 三十年如一日. 勤於女紅, 未明而起, 家事大小, 皆自撿察, 無頃刻暇逸. 不曾以有無聞於君子, 承宣君或有病不食, 夫人亦不食, 晝夜不解衣.

夫人無子女, 勸承宣君卜妾以求嗣. 撫家衆有法, 未嘗呵譴, 而閨門之內肅穆也. 承宣君有孀姊窮甚, 夫人待之盡誠, 得一味輒分送曰: "不忍獨飽也." 承宣君適出外, 而有鄕友客死於京. 夫人爲致斂用衣服, 聞者撫無不嘖嘖也.

月塘公以壬午歲易簀, 後五年而家覆, 殆無噍類. 夫人屢欲自決, 而輒爲傍人所救止. 或數日糜粥亦廢, 自是積毁成疾, 輾轉沈痼, 至乙巳三月廿六日, 歿于鎭川之庄舍. 用其年六月庚午, 葬于驪州治東竹松洞負亥之原, 其冬十月, 承宣君奉遷考妣墓於夫人兆上. 夫人平日知其有遷厝計, 預備凡百需用, 藏而待之. 及當大事, 井井亡缺, 承宣君甚恔焉.

承宣君名泰齊, 東望其字也. 其世德, 詳於叅議公誌中. 月塘公諱碩期, 字復而, 卽余之姨兄, 余常事以父師, 其厚德深仁, 足以表範當世, 垂裕後昆. 而其肉未冷, 其禍慘焉, 豈世運所關, 非與於私門耶? 夫人之淑德懿行, 亦宜承休錫衍, 享有天祿, 而不幸遭家禍, 半生慘毒, 又不幸無嗣. 噫! 善者何勸焉, 所謂天不可恃, 理不可推者非耶? 嗚呼悲矣! 銘曰: 謂天昭昭兮, 福福善淫, 胡若是其盭? 謂天茫茫兮, 推盪予欲又孰爲分劑? 嗟哉夫人有德而無命兮, 天乎人乎將尤誰? 百罹萬棘備經慘毒兮, 聞者孰不爲之傷悲? 懿哉君子之情摯兮, 誠不間於存歿. 有我文兮闡幽, 辭悽切而彌烈, 惟長逝之魂魄兮, 倘可慰於窀穸.

■〈淑夫人東萊鄭氏墓誌銘 幷序〉宋浚吉, 『同春堂集』 권18, 『韓國文集叢刊』 163~165쪽

平原牧伯宋侯叔保, 狀其亡室鄭夫人之行, 授其子前司憲持平光淵, 跋涉數百里, 謁余於窮鄉寂寞之濱, 屬以幽堂之誌. 余神思衰落, 文且拙, 謝非其任. 則光淵氏纍然憂服, 哀懇愈至, 顧念平昔誼情, 有不忍終辭者.

按狀, 夫人系出東萊, 尙書左僕射穆之後. 十三傳而至宗簿寺僉正球, 深創己卯之禍, 杜門謝病, 以文章自娛, 號乖隱, 於夫人爲高祖. 曾祖曰希登, 以掌令死於乙巳士禍, 至今傳者猶慘愴不忍言. 祖曰謹, 以大臺由中樞府經歷, 加階通政贈戶曹叅判. 考曰之經, 文科牧使, 階通政, 贈禮曹叅判. 其媲姜氏, 晉州大姓, 右叅贊紳之女, 右議政士尙之孫. 以萬曆己酉六月初十日生夫人.

幼有異質, 絶出等夷, 叅贊公鍾愛之. 十歲而婦道克修. 牧使公守白川, 適有故未搬家, 獨與夫人行, 凡飮食服御, 夫人實尸之.

年十五, 擇對, 歸于宋氏. 礪良大姓, 禮山縣監諱瑠, 護軍諱世仁, 司憲府監察贈吏曹判書諱礎, 禮曹叅議贈吏曹判書諱克訒, 卽其四世也. 妣貞夫人淸風金氏, 司宰僉正諱洽之女.

夫人入門, 而公姑媼御皆嘖嘖交賀. 金夫人素善病, 擧家事委之, 夫人上承下董, 夙夜無違. 事尊章, 極其婉嫕, 志物備盡. 奉祭祀, 一於誠敬, 山澤畢具. 供賓客, 必以酒醴而侑之, 自米鹽薪槀煩細之事, 至井臼廚竈之間, 無不秩然可觀. 絶無私貨私畜, 亦不敢私假與, 六親皆敬服焉.

歲癸酉, 牧伯公遘奇疾幾殊, 夫人竇簪珥, 延醫合藥, 不解帶束髻者殆二年.

乙亥, 叅議公捐舘, 丙子之變, 奉几筵侍金夫人, 避兵于嶺海之間, 備經險艱, 而下室之饋, 北堂之供, 無憾焉.

戊子, 牧伯公遭无妄, 配湖南之臨陂縣, 庚寅, 金夫人不幸於謫所. 爰自侍疾, 夫人竭心盡誠, 左右侍奉, 抑搔扶持, 罔不順適, 經年如一日. 金夫人臨歿, 宣言恰如長孫夫人稱唐夫人之意. 如時月之制. 夫人亦皆預爲之備, 雖竄謫流離之際, 凡附身附棺者, 無少有悔焉.

己亥, 牧伯公莅密陽, 夫人內政甚嚴, 衙門之間, 肅如也. 乙巳, 牧伯公由侍從擢拜銀臺, 夫人與受華誥. 庚戌, 子光洵宰橫城, 夫人戒其婦曰: “小心敬愼, 毋接外人, 毋通商貨, 毋惑巫卜浮屠之術, 庶可無累夫子.” 蓋夫人以所自治者詔之也.

辛亥春, 子光淵褫憲職補鏡城, 夫人聞而泣曰: “汝旣出身事主, 東西南北, 何所不可, 第汝痼疾在身, 一出鬼門, 生還難期, 以是耿耿爾,” 遂憂念成疾, 繼以子光濂及光洵之婦, 幷死於一日之內, 夫人大傷慟, 病日惡. 諸子競進寬譬之說, 答言: “死生之理, 吾豈不知? 吾年六十有三, 涯分已足. 趂此時平無事之日, 死於汝輩之手, 良非幸歟?” 是年五月初十日屬纊. 訃出姻黨親戚以至同里下賤, 皆驚怛奔走曰: “賢夫人喪矣.” 家中僮指, 莫不悲號痛割, 如喪其父母. 九月三日, 窆于永平先塋之傍金柱山乾坐巽向之原.

夫人天資溫淑, 性度柔嘉, 鄙褻之語, 不出於口, 惰慢之容, 不設於身. 未嘗學習文字, 而聰明英哲, 立心制行, 自符於內訓列女傳諸書. 昧爽而興, 笄縱必整, 雖有微恙, 自力無怠. 手執麻枲, 到老不釋, 服用不喜芬華, 飮食專尙菲薄. 每得美味, 不肯近口曰: "此可以供祀事待賓客, 婦人不御嘉膳, 吾有所受之耳."

敎諸子, 必以義方, 不以慈愛弛其規警. 每以掌令公忠孝正直之行傳信於一家者, 訓誨諸子, 未嘗不歎息流涕. 平生不信巫祝祈禳之事, 疾病猶諄諄戒子孫曰: "喪禍之餘, 以左道惑亂者, 今世通患, 汝輩須體余意, 一切禁斷可也."

夫人有一兄早歿, 撫其子女, 無間已出, 以至內外親黨, 隨其戚踈, 莫不盡其婣睦之道, 爲婦爲母, 皆取範焉.

與牧伯公同居五十年, 白首相莊, 始終無違德, 亦未嘗以有無相溷也.

夫人擧七男, 曰光淹・光濂・光洵・光浚・光淵・光澤・光涑. 光濂・光洵・光淵, 皆中甲午司馬. 光濂筮仕至直長, 先夫人夭, 光洵縣監. 光淵丙午文科, 卽乞銘者. 光涑, 己酉司馬. 光淹初娶大司憲李曼女, 後娶庶尹李大純女, 有三女而無子, 以光洵子徵殷爲嗣. 尹惟一, 柳重衍柳遂其三壻也. 光濂初娶掌令鄭始成女, 生三男一女, 男曰徵獻・徵遠・徵文, 女適生員趙錫周, 後娶判官金壽長女, 生一男一女, 皆幼. 光洵娶察訪李尙載女, 生四男三女, 男徵殷・徵久・徵五・徵奎, 女適韓始大夭, 餘幼. 光浚初娶監察尹元之女, 生三女, 長適李世璉, 餘幼, 後娶縣監韓崗女. 光淵娶判書李正英女, 無子, 以徵五爲嗣. 光澤娶郡守朴隨亨女, 生一女. 光涑娶判書金壽興女, 生一女. 徵殷有一男. 尹惟一一男一女, 柳重衍二女, 柳遂一女, 徵獻一女, 趙錫周一男一女, 內外孫曾男女, 摠數十餘人, 噫盛矣哉!

余與牧伯公, 定交於寮寀之間, 實托歲寒之義, 諸郞亦皆游從甚勤. 其不鄙陋拙, 來徵銘語, 有以也. 牧伯公名時喆, 叔保其字也, 銘曰: 萊山鍾靈, 萊水毓英. 髦彦旣多, 女士間生. 懿歟夫人, 德協坤貞, 克配君子, 如瑟如琴, 宜家宜人, 和樂且湛. 神之聽之, 子姓振振, 天和少愆, 情鐘相因, 閨儀如昨, 長算遽催. 胖合義摯, 親黨興哀, 金柱之原, 山長水匯. 我誌其窆, 用飭稚昧.

■〈殤女壙記〉 宋浚吉, 『同春堂集』 권18, 『韓國文集叢刊』107, 165쪽

恩津宋浚吉有女曰靜一. 幼而警悟, 三四歲, 出語若成人. 一日, 其父披千字文試之曰, "某字是何義? 某字是何謂?" 輒應口對無疑, 或不中不遠, 其父奇之. 以文非女子業, 不復授, 惟提耳以婉娩之敎.

嘗食肉謂曰: "汝長膏粱, 卽喪父母何如?"乃蹙然云: "阿爹向諸兒忍此語耶?"其慧類此. 稍長, 執女工之小者, 相助爲多.

其母卽晉陽鄭氏愚伏先生之季女. 先生以冢宰退, 終于尙州之梅湖. 及練, 其母搬諸兒往赴, 越三日而靜一暴得疾甚惡. 旣病, 令置其小弟于懷而撫視之, 執其父冠纓, 若告訣者, 頃之而絶.

吁!惜矣! 不免水火, 父母之罪. 意者, 炎途之輿走, 醫治之昧方, 有以致非命之夭耶? 抑程夫子所謂人理之未至, 容當責命於天者耶?

噫!其命矣夫. 靜一生於天啓丁卯三月十八日, 死於崇禎甲戌六月初七日. 翌月卄五日己酉, 還葬于懷德縣之學堂山宋氏墓, 與其殤叔同兆.

■〈恭人李氏行錄〉, 宋浚吉, 『同春堂集』 권20, 『韓國文集叢刊』107, 204~205쪽

恭人國姓, 太宗大王子謹寧君禮之後. 父曰天裕, 主簿, 祖曰壽, 司議, 曾祖曰烏林守誠, 高祖曰劒城正楫. 外祖崔繼勳, 官司藝, 領議政寧城府院君恒之後.

恭人, 以隆慶辛未正月二十六日, 生于漢陽第, 萬曆己丑, 歸于判官公.

恭人寬裕淑哲, 事無巨細, 一唯判官公意是承. 判官公奉所後母申氏, 恭人事之無違禮. 判官公喜賓客, 恭人盛酒食, 咄嗟之辦, 亦有異味, 人皆歎咤. 其數善中饋者, 必以恭人爲稱首.

常語諸婦息曰: “婦人之道, 惟順君子, 敬祭祀謹饋食而已, 餘無可爲者.” 每得珍味, 輒謹藏之, 以備祭用, 將事之日, 必誠必敬, 未嘗安意就寢曰: “萬一早晩失時, 雖祭如不祭.” 未及鷄, 必先家衆起, 雖七十之後, 如一日. 盖其天性然也. 綜理家務, 纖悉無遺, 凡百必預具積偫, 以待不時需. 自飮食服用, 以至杯圈諸物, 莫不燦然備具無少缺, 丐貸者亦無不滿意而去.

待宗黨有道, 御婢僕有恩, 軫飢寒均勞逸, 上下內外, 咸得其歡心, 及喪, 哭者皆盡哀.

判官公在任所終, 每以不及相訣爲至痛, 孀居十七年, 未嘗一日忘于懷. 子弟有過, 不苛責, 微示以色辭, 待其自悟, 然後隨以警語. 子女衆多, 眼前不見一人零落, 臨終, 子孫咸萃, 堂室皆滿, 觀者艶稱, 咸謂 “世間福祿鮮比云”

戊子正月, 有微恙, 至六月十七日, 竟不起, 享年七十八. 用卜人言, 以其年八月, 權厝于判官公屯下, 越明年四月二十二日, 遷祔于判官公兆左, 同塋異室.

有四男四女, 男長國蓍生員, 次國輔生員, 次國龜次國藎. 女長適士人李稑, 次適定州牧使蘇東道, 次適生員金巽賢, 次適進士權諹. 國蓍娶縣監金德民女, 生三男三女. 男長奎禎, 娶縣監黃紳女, 生一男幼. 次奎祥, 娶士人李挺生女, 生一男一女, 幼. 奎昌未娶, 女長適士人卞撝, 無後而死. 次女未嫁而死. 次幼. 國輔娶士人李挺期女, 生一女幼. 國龜娶縣監權爲己女, 生二男三女, 皆幼. 國藎娶進士黃德潤女, 生四女皆幼. 李稑生三男二女, 男長時雨, 次商雨, 次幼. 蘇東道無子女. 金巽賢生六男一女. 男長沆, 次浚, 次潤, 餘幼. 女適士人李廷蕃, 權諹生三男, 長博, 餘幼. 內外諸孫幾五十餘人.

■〈八代祖妣烈婦安人柳氏行狀〉, 宋浚吉, 『同春堂集』 권21, 『韓國文集叢刊』 206~208쪽

惟我先祖妣安人柳氏, 系出興陽. 麗朝尙書高興伯謚胡安公諱濬之女, 判官諱坊之孫. 都僉議政丞謚英密公諱淸臣之曾孫, 母某氏, 某官某之女也. 安人生于洪武辛亥, 及笄擇對, 歸于我先祖考成均進士府君. 府君諱克已, 姓宋氏, 恩津大族. 麗朝司憲執端諱明誼之子, 知郡事諱春卿之孫, 知郡事諱得珠之曾孫. 執端公以淸裁直操, 爲圃隱諸賢所推重. 聘懷德黃氏贈判書粹之女.

始家于懷, 府君旣以名家子, 治博士業, 妙年選入上舍, 若將以有爲, 不幸短命以沒. 實洪武壬申歲也.

安人時年二十二, 只有一孤兒, 纔四歲. 隨父母於松京, 服旣闋, 父母憐其早寡欲奪志. 盖當我朝之初, 舊國遺俗未改也. 安人以死自誓, 守義益堅, 父母猶不諒. 於是與一侍婢, 約欲同歸懷鄕舅姑家, 侍婢始諾而終難之, 以爲非主父母之命也. 安人乃夜, 獨負孤兒, 脫身徒步. 凡三晝夜而達於懷, 懷去松京五百餘里. 舅姑始不肯納曰: "何辛若乃爾, 女子而不從父母之言, 是不識三從之義也." 安人泣而對曰: "所謂三從之義, 其不在於背上兒耶?" 舅姑遂感而許入, 則不食已累日, 與之食, 氣竭腸焦, 勺水僅下於咽. 自是慈孝愈篤, 終始無間.

所負孤旣長, 名曰愉. 承訓趾美, 實有幽貞之德, 孤高之節. 當恭定大王朝, 隱居不仕, 築室於懷之白達村今名宋村 爲宋氏蕃昌故, 就東偏搆精舍, 扁曰雙淸堂堂屢廢夏修 今宗孫奎淵承守. 晨夕和婉, 竭其誠愛.

安人大表强康, 備享志物之養, 醉琴朴公彭年作記以美之. 正統丙寅, 雙淸公又先歿, 安人重遭慘戚, 人理所不堪, 而性如丈夫, 一付之命, 不以悲哀損天和後. 七年景泰壬申, 安人年八十二而卒, 葬于懷德治東寬洞坤向之原, 墓前立小石碑, 略記事實.

其稱安人者, 豈府君嘗有散階故也? 雙淸公有二男, 長曰繼祀, 實承其重, 官至尙州判官, 贈司憲府持平. 次曰繼中, 司果. 諸泒各傳至十餘代, 世益蕃衍, 內外子孫, 殆萬餘人, 名卿賢士, 譜牒相望. 雙淸公墓, 在懷之板橋里, 有淸陰金先生所譔表碣, 並著安人行蹟, 子姓之著顯者, 記于其陰.

崇禎癸巳春, 諸宗人咸一口言曰: "我先祖妣懿行貞節, 卓絶千古, 而湮滅於無聞, 豈不悲且懼哉? 事固有待, 盍謀所以聞於朝?"

以追旋之者, 於是七代孫同知中樞府事希命, 以宗老率諸宗數百人, 陳籲於縣庭. 聞者皆謂此事何晩? 縣監趙公沃, 擧而申諸觀察使. 觀察使趙公珩, 卽狀聞請旋之, 事下禮官. 以爲事在久遠, 不可輕議, 令本道更加體訪, 必得鄕里公論或碑版文字之可據以爲證者, 詳細申稟. 於是鄕之名大夫前副提學金公慶餘及耆老儒士八十餘人合辭, 陳安人實行, 幷以安人墓標小記與雙淸公墓表印本進之. 觀察使復據實上聞, 於是禮曹判書李公厚源等覆啓.

以爲柳氏之喪其所天, 在於洪武壬申, 則實我聖祖興運之年. 今至二百六十有二稔也, 我國家列聖相承, 凡所以褒崇節義扶植彛倫之方, 靡所不擧, 則惟此柳氏之事, 至今埋沒, 誠爲欠典.

盖高麗舊俗, 雖大家巨族, 夫死再醮, 恬不爲耻. 逮乎國初, 此風猶存, 人固視以當然, 非有法律形勢之防束, 而柳氏以年僅二十二歲之孀婦, 能不爲習俗之所移, 貞心彌礪, 秉節益固, 知父母將欲奪志, 誓死不從. 負其孤兒, 匍匐徒步, 自松京往依於懷德舅姑之家, 慈孝備至, 以終其身, 其卓行高節, 視古衛共姜陳孝婦之倫, 足以無媿. 歷觀前代圖史之中, 稱以烈婦而褒錄者, 曷嘗有過於此者乎?

其在我朝, 又有節相似者, 翰林金問妻陽川許氏. 卽大司憲許應之女, 而光廟朝相臣金國光之祖母也. 洪武癸酉, 許氏之年十七, 而其夫亡, 父母哀其早寡欲嫁之, 約已定. 許氏知之, 自松京負孩兒, 徒步往連山地舅家, 守節以終. 事聞旋閭, 載於輿地勝覽. 其旋門尙今巋然於路傍, 而其下又立小石碑, 行道興嗟. 湖西之人, 以此兩氏之事, 齊傳並誦, 愈久不衰者, 豈不以邑里之近, 時世之同, 行迹之本末始終, 一與相符之故, 而獨其旋表之典, 一行一否, 宜其後裔之不能無恨於此, 而敢以追褒望於國家也.

事旣久遠, 雖若不可輕議, 而二百二十後孫及八十鄕人, 多是有名有識之人, 而其中亦有爲世所信重者, 其言必不妄, 況有前後金石文字之足以爲徵者, 則世代久近, 非必爲拘. 其於聖朝惇典牖民之道, 許旌其閭, 以新一代之觀聽, 以補前日之闕典, 恐無不可. 而旌表重典, 非該曹所可擅便, 必經政府之覆啓, 自是令甲, 議大臣稟處何如, 依允.

領中樞府事李公敬輿, 領敦寧府事李公景奭, 以爲旌表, 國家之重典, 事在久遠, 則不敢輕擧者, 恐其實蹟未彰, 濫僞或間也. 今此柳氏節行, 卓冠今古, 久而未泯, 事皆有徵, 無一毫可疑之端. 有百世必傳之跡, 旌閭復戶, 以酬義烈, 兼樹風聲, 激勸頹俗, 實合聖朝彰善崇化之道.

領議政鄭公太和, 左議政金公堉, 右議政李公時白, 以爲年代雖遠, 事在當行, 則尙未旌表, 實是闕典, 依翰林金問妻許氏之例, 特旌其閭, 允爲聖朝風化奬勸之道. 上特命依議施行, 六月, 公移至, 官具棹楔, 卄二日丙辰. 竪諸雙淸堂之前, 先事告田於墓, 揭額之日, 諸孫會祭於正寢之遺墟寢毁於丁酉倭亂, 其文曰: "維我祖妣追典, 實我宗莫大之慶也,"

成命初下, 略告亭由于祖妣之墓矣, 而惟是府君墳塋, 莫尋所處, 茫不可契蓏, 可勝摧恨哉? 今者旌門已成, 恩額已揭, 惟此雙淸西偏者. 實我祖妣舊基, 則桑梓猶存, 神靈陟降, 實在於斯故敢以淸酌庶羞, 幷祭于府君暨祖妣之靈, 而敢告祖妣事蹟及旌表顚末于府君.

"惟我府君卽世之時, 卽我祖妣二十二歲之年也. 其時麗俗未變, 雖巨室大家, 夫死改適, 恬不爲異, 而我祖妣知父母之不諒, 卽負幼孩, 匍匐徒行. 自松都以抵此鄕, 此鄕者, 實我執端府君之居也. 祖妣孝養閎育, 義著三從, 百年痛毒, 一節純潔. 雖古之衛共姜陳孝婦, 何以加焉? 頃者, 我子姓及鄕人, 追擧實蹟, 籲于縣官, 申于方伯, 轉聞于朝, 禮官論奏, 大臣獻議, 旌閭之典, 竟蒙睿旨. 二百餘年未遑之事, 至是而無復遺憾矣, 子姓之責, 庶幾少塞. 而我府君修已刑家之實, 於此而亦可徵矣, 況復淑靈恢宣, 後孫嬋嫣, 孝子忠臣, 貞婦弟弟, 十望八九, 豈非慈蔭覆於無倦, 遺敎垂而罔墜也歟? 伏惟尊靈繼自今並歆榮命. 益啓後人勸忠勉孝, 以報我聖上褒崇之意, 不勝大願云云.

祭訖, 行餕於雙淸, 會飮於門前, 盡其歡慶, 遠近相傳, 無不感歎咨嗟. 安人墓, 中間亦堙沒莫之識, 頃年有一宗人游獵, 偶登寬洞之原, 認其標, 卽安人墓也. 八代孫牧使碩祚, 率諸宗展祀之, 仍置墓田, 每三月上旬, 歲一祭之.

嗚呼! 我先祖妣至行沈晦, 殆三百年, 而始顯於今, 其墓失亡又幾年, 而適爲子孫所幸得, 皆我先祖妣積善餘慶, 神明默佑, 有不期然而然者. 非區區孱孫所能容力於其間也? 其亦奇矣! 仍竊惟念我先祖考所以修於身而刑於家, 蓄之厚而發之遠者, 必有可書而傳者.

而時世旣遠, 家乘無徵, 衣履所藏, 又未能尋知, 後裔之痛, 惟在於是. 今將樹碣於安人之隧, 識其顚末, 以示後嗣於無窮. 玆敢具狀, 乞銘于當世立言之君子, 倘蒙矜憐而賜一語, 以賁泉道, 則幽明感幸, 何可勝言? 不任祈懇之至.

■ 〈曾祖妣端人李氏行狀〉, 宋浚吉, 『同春堂集』 권21, 『韓國文集叢刊』 107, 213쪽

端人李氏, 宗姓雲山君諱誠之女, 密城君諱琛之孫, 世宗大王之曾孫也. 雲山君以貴戚元老, 歷事四朝. 奉中廟贊大計, 策靖國勳階顯祿, 謚恭昭. 娶烏川鄭氏郡守自淑之女, 生三男二女. 端人卽其第二女也. 擇對歸于我曾祖考諱世英, 字英之, 姓宋氏, 恩津人. 考曰汝楫, 宣務郞, 祖曰遙年, 軍資監正兼校書館判校. 曾祖曰繼祀, 尙州判官贈司憲府持平. 高祖曰愉, 隱德不仕, 號雙淸堂. 麗朝判事大原, 其鼻祖也.

端人有子女皆夭, 竟無嗣早歿. 墓在廣州治西其自山辛坐乙向之原. 距恭昭公墓西北數里許. 我曾祖考繼娶谷山延氏, 子孫累百人, 簪纓相繼. 晩居懷德鄕, 墓在宋村學堂山乾坐巽向之原.

不肖孫等生世遠, 端人之生歿歲月, 淑德懿行, 蔑得以攷. 落在湖外, 且未克以時省墓. 歲癸酉, 曾孫浚吉, 獲忝一命, 往返京洛, 遂得瞻拜墓下. 阡荒阬翳, 不免樵牧. 所置墓田, 盡爲他人之有. 封塋所寄, 又犯於五患, 深恐世序愈遠, 愈無以爲護. 雖子孫, 亦未得審省, 遂與諸宗人鳩財伐石, 謀所以不朽者. 倘得當世大君子一言之惠, 以賁神道, 則不但闡揚先懿, 垂示後嗣爲大幸. 後之視之者, 亦將知公族大姓衣履之藏, 而或有爲之封護者矣. 區區至懇, 實在於此.

■ **〈先妣贈貞夫人光州金氏行狀〉, 宋浚吉, 『同春堂集』 권**16, **『韓國文集叢刊』** 107, 216~217**쪽**

先妣贈貞夫人金氏, 光州大姓. 新羅之末, 有王子興光, 知國將亂, 避地於光, 子孫仍居, 連世燀赫. 至我光廟朝, 有名臣, 曰左議政光山府院君諱國光. 生諱克忸, 司諫院大司諫, 寔夫人之高祖也. 曾祖諱宗胤, 珍山郡守贈兵曹參議. 祖諱錫, 漢城府庶尹. 考諱殷輝, 嘉善大夫行僉知中樞府事兼五衛將, 卽大司憲黃岡先生之弟. 先生以博學通材, 有大名於世. 僉樞府君才諝器局, 與之相埒, 先生常以相業自期, 而以將才讓與府君云. 府君之配, 曰淑夫人海州崔氏, 節度使守仁之女, 孤竹慶昌之姊, 家法嚴正, 爲六親所楷範.

夫人以嘉靖乙丑十二月十一日某時生. 生而資性絶異. 自在孩提, 已知孝於親愛兄弟, 稍長, 濡染於家庭, 一以古賢婦爲則. 諸親黨咸謂夫人之婦容婦德婦功三者備具, 世所罕儔云.

年十六, 歸于我先君, 入門而宗黨交賀, 鄕邦稱慶, 皆嘖嘖歎曰: "賢婦賢婦云."

事舅至孝, 柔色婉容, 以溫其志, 衣服之奉, 瀡滫之供, 無不順適其意.

叅判公常曰: "幸哉! 有婦如此. 吾子孫皆如吾婦之孝, 則吾門安得不昌大乎?" 如値歸寧之日則曰: "近無吾婦, 食不甘矣." 其至誠承奉, 深得老人之心如此.

配君子四十年, 終始無違德, 奉祭祀極其誠敬. 至晩歲病憊, 猶自力親莅, 不敢示懈色. 先府君喜賓客, 座無虛日, 而夫人主饋, 咄嗟之辦, 周洽無缺. 先府君歷任數邑, 所到不許外人交關, 不通商貨市買之物, 衙門之內, 肅如也.

平生無敖語無惰容, 又不喜紛華奢侈之習. 膳服惟務儉約, 終日正坐, 手執女工. 戶閾之間, 無故不出, 御婢使莊而惠. 雖有罪過, 常加恕貸, 衣食皆均, 一無纖毫薄厚. 窮乏有假貸者, 無不稱意而去. 其仁愛之入人深, 故夫人之沒也, 諸僕御如喪其父母. 諸親黨懷其惠, 沒身不能忘.

夫人始擧男女, 皆不育. 年近五十, 不肖乃生, 夫人甚愛而甚教之. 自幼稚時, 衣服飮食行步出入之節, 與一言一事之非, 隨卽警策, 每擧黃岡先生與僉樞府君德業行誼, 諄諄導飭, 俾爲師法. 且令往從沙溪先生, 事之以父. 不肖祗奉訓辭, 粗有所立者, 平日趨庭之外, 得於先妣之教爲多.

方不肖未娶, 有醜而權貴者, 求與爲婚, 夫人曰: "禍福有命, 忍與此人論親哉, 寧死不可爲也."其洞見大義, 委命循理有如此, 盖夫人至性純行, 得於天賦. 事父母奉舅姑, 治家訓子, 無不各盡其道, 親姻服其德, 遠近知其賢, 爲婦爲母, 皆取則焉.

天啓辛酉二月十四日, 以疾卒, 得年五十七. 用其閏晦, 葬于公州儒城沙寒里五道山辛坐乙向之原, 舅姑屯左岡也. 後七年而先府君捐館, 葬于夫人兆前, 坐向用乾巽. 始擬移奉夫人於兆左, 卜人言不必然, 且以遷改重難不果. 後三十八年, 不肖猥忝大夫之列, 蒙恩得贈父母, 上及曾祖考妣如式.

嗚呼! 不肖於此有絶痛者存. 先妣擧不肖最晩, 辛勤鞠養, 謂及見其長成. 而風樹不停, 西日易暮, 不肖之娶婦升庠, 先妣皆不待焉. 無非不肖不孝罪大, 罹此酷罰, 茫茫穹壤, 痛寃亡極. 夫以不肖庸才薄德, 叨荷累朝之殊遇, 得至列卿, 追榮累世, 此雖我祖先積善累仁垂休錫衍之致, 而亦我先妣塞淵之德, 義方之訓, 承天保佑, 有此慶幸. 豈歐陽子所謂"爲善無不報, 而遲速有時, 理之常者耶?" 願蒙執事略烮數語, 刻於小表之陰, 以示子孫之稚昧者, 不勝懇祈之至.

浚吉娶太學士文肅公鄭經世之女, 生一男二女. 男曰光栻, 工曹正郎, 女長適羅明佐, 皆夭. 次適承旨閔維重, 光栻有四男, 曰炳文炳夏炳遠, 一幼. 女適元夢翼. 閔維重有二子一女, 皆幼.

金壽增

■〈亡室忌日告文〉, 金壽增, 『谷雲集』권5, 『韓國文集叢刊』125, 242~243쪽

維歲次戊寅二月丙午朔十三日戊午, 夫谷雲居士, 使子楅告于亡室貞夫人昌寧曹氏. 嗟!君之亡, 倏焉一紀. 顧余支離, 隻立人世. 世變家厄, 何事不遇. 禍延鴒原, 籲天無路. 懍悸靡定, 棲遑山野. 申郎奄忽, 雲峽之墅, 哀哀孀女, 幸有二子, 二子隨沒, 天胡忍此? 慘哉伯女, 喪其孤兒, 夭閼百年, 奪我掌珠. 未亡兩家, 各餘一女. 暮境相對, 豈堪酸楚? 羨君冥漠, 無所聞覩.

伯兒繼嗣, 宗祀有寄. 仲子立後, 幽明可賴. 申內之女, 今已結帨. 季女之女, 年亦成長, 方將議親, 一慰一愴. 君不及見, 我恨長結. 余年日邁, 逾七望八. 人謂康健, 自覺衰苶. 回瞻故里, 怳同遼鶴. 無所託身, 何以寓懷. 惟此谷雲, 鹿門舊棲, 念昔團聚, 撫跡含悽. 新築華陰, 地僻山深. 婆娑初服, 往來滯淫. 親故諫止, 孰知我心? 去冬入城, 子女盍簪, 儻來官資, 耄矣何堪? 野性難馴, 山思不禁. 歷展丘墓, 永言慨慕. 閭井蕭條, 丙舍非故. 觸物興思, 怛然長喟,. 來投空谷, 顧影塊處, 乃分之宜.

窮獨何病, 孱婢迷僕, 相依爲命. 米塩經心, 笻扙扶身. 嶺月入戶, 澗水繞門. 衾枕乍御, 中夜而寤, 輾轉達明, 誰與晤語? 方春發生, 器物欣欣, 我獨胡爲? 感時傷神, 强責僮奴, 毋惰東務. 憶曾爲農, 共安勤苦. 菽水粗足, 上下相樂, 自君之逝, 萬事瓦裂. 屬玆荐饑, 家道索莫. 最憐女兒, 飢寒窘迫, 使君而在, 豈至此極.

餘生懍懍, 待盡朝夕, 一身困瘁, 我又何嗟? 君若有知, 其謂斯何? 時序荏苒, 亡日又至, 祠版達隔, 未親將事. 追念平生, 但有涕淚. 使子代奠, 文不盡意.

■〈亡室淑人曹氏行狀〉, 金壽增, 『谷雲集』권6, 『韓國文集叢刊』125, 245~247쪽

亡室淑人曹氏, 系出昌寧. 昌寧之氏, 著自羅麗, 入我朝 , 有諱繼商. 策靖國勳, 封昌寧府院君, 官贊成, 謚忠貞. 四世而至工曹參判諱文秀, 襲封夏寧君, 是爲淑人之祖. 考禮曹參判夏興君諱漢英. 母曰李氏, 參議祗先之女.

淑人生於天啓丁卯十一月十四日. 生而夙成, 聰明穎悟, 其於女工, 亦無不能. 夏興公鍾愛而敎迪, 手書班氏女訓而授之. 及長, 夏興公常曰: "吾家子女多, 惟此女識道理, 可與語也."

年十六, 歸壽增. 壽增考諱光燦, 同知中樞府事. 王考文正公諱尙憲, 文正公. 身任大義, 崇禎庚辰, 被逮于瀋陽之北館. 夏興公亦以慷慨論西事, 同時幽囚. 遂成朱陳之契, 未幾, 文正公與夏興公後先歸國.

壽增侍王考于石室, 淑人奉承敬愼, 一心不懈. 常謂壽增曰: "余自入君之門, 其所觀感者多矣."

仁宣王后在嬪宮, 命文正公諺釋列女傳以進. 文正公使淑人書其草本, 仍以與之, 淑人潛心循覽, 有所興慕. 壽曾先妣早世, 淑人深恨其不逮. 事先君, 誠敬備至, 未嘗少拂其意, 先君每喜而稱之. 先君有貳室, 淑人事之得其道, 和洽無間, 推而及於庶弟妹.

事壽增伯姊, 如事姑. 壽增有姑, 性嚴正, 不容人小過. 一家子弟, 或不得其意, 淑人盡其誠禮, 終無違忤. 接親黨輯隣里, 疎戚適宜, 內外無不翕然. 先君喪葬纔訖, 淑人母夫人不幸, 三年而夏興公卒, 重遭荼毒. 哀毁善病, 而喪制罔愆. 壽增奉四世之祀, 祠墓大小享祀, 逐月稠疊. 家貧奠需不能豊腆, 而物力殆盡於此. 淑人竭心營辨, 粢盛酒醴, 必先期備貯, 無所闕乏. 常謂"幽明雖殊, 其理則一.", 奉祭之際, 如將見之, 將事之日, 齊肅嚴敬, 坐而徹曉, 滌濯烹飪, 身親監視, 務令十分精潔, 至於臠割魚肉, 亦必手執. 女婦輩請代而終不委人, 至老不替. 嘗於先世忌祭, 有感夢之異, 其至誠奉先如此.

治家有法, 處事精敏, 皆有條理. 御下簡嚴, 婢僕罔或縱弛, 雖甚頑蠢者, 終無不率敎. 壽增拙於爲家, 家事傍落, 淑人夙夜劬心, 拮据爲生. 雖有窘急, 處之怡然, 常若裕如. 自堂室廚竈, 以至器皿細碎, 無不秩然整理. 膳服雖不及豊侈, 而必精以完. 供祭接賓, 或出倉卒, 咄嗟之辦, 亦無不備, 人皆異之, 不知其貧匱也. 嚴於辭受, 菜果之微, 非義不納. 周人之急, 無所靳惜, 而亦無妄與.

辛亥之歲, 京外大飢, 嶺南莊舍, 曾有儲粟. 淑人不計家用, 遂盡捐之, 賑施鄕族. 其先意於壽增, 俾成其志者多類此.

或聞婦人以非理欺誣家長, 恥之若將浼已. 左右壽增, 輔其不逮, 未嘗以一事貽累. 歷任六邑, 所至官舍, 嚴束婢僕, 不容外人交關, 衙門肅然.

淑人父母旣沒, 兄弟析箸之際, 讓不受分. 女弟有孀居貧病者, 護視懇款. 折甘分少, 無間遠近. 性勤肅, 非疾病, 未嘗跛臥. 終日正坐, 手執女工, 孜孜紡績. 甚惡人懶惰, 常警飭子女輩曰:"余平生不會懶也."

家庭之外, 無故不出, 親黨家燕集遊宴, 傳以爲盛事, 而淑人泊然無所好, 雖有邀請, 亦不樂赴也. 安於儉素, 不喜紛華. 或有一家盛會, 淑人服飾, 不過青碧. 近世閭閻, 侈靡轉甚, 又有時俗所謂宮樣奇衺之制, 爭相慕效. 孫女選入後宮, 宮人輩出而將事, 內外婦女咸聚, 珠翠滿堂, 而淑人所服, 一如常日. 宮人嫌其朴陋, 勸且從衆, 而終不變改. 三子納幣, 皆用土產, 不徇時俗. 晩年自製歛襲衣裳, 使勿以錦綺近體. 故歿後家人卒如遺命焉.

天姿莊重, 禮敬自將, 而雅有鑑識. 略通小學內訓等書, 常謂"不幸爲婦人, 不可舍已所事, 學習文史, 此爲可恨." 故於壽增看書時, 從旁領會其一二, 至格言善行, 有所感動. 其於古今治亂事是非人邪正, 能有所分別, 論事設譬, 亦無不中. 然不示人以賢智色, 言語書辭, 絶無過溢.

平生尤知文章學問爲可貴, 不以子弟科名爲第一件事. 聞人有文行, 輒嘖嘖稱嘆. 家姪昌翕, 不赴公車, 守靜讀書, 常以此爲美, 擧似諸子曰:"人家子弟如此, 其亦無憂乎! 若使汝等志趣卓然, 有所樹立, 則雖不得取巍科登顯仕, 亦無傷也."

尋常訓戒, 不出於此. 故兒輩場屋得失, 無所介懷. 及伯兒筮仕領邑, 即戒之曰: "乃家門戶, 爲世之望. 汝須奉公恪謹, 無忝家風." 季兒登第, 則又戒之曰: "汝以不才, 幸忝科名, 人之責望, 必重於前. 而汝之文學, 本不踰人, 益加勤勉, 不墜家聲. 余之所望, 不但在於榮利其身也."

送孫女入宮也, 勉之以敬事三殿, 無違宮事, 其所以儆戒者深切. 爲誦古今女訓, 特擧馬皇后・班婕妤事而勖之曰: "此是宮嬪之所當知也."

且以家連禁掖, 深懷憂畏, 每對家人, 飭厲勤愼之道, 繼之以歎惋, 此亦非世俗婦人之見識也. 少時自石室歸寧, 與諸兄弟各論所尙, 有言士大夫家車馬盈門, 賓客滿堂, 此最爲盛事者. 淑人曰:"我則異於是. 松籬茅舍, 映帶林壑, 此是好境界也."夏興公聞而異之.

嘗聞老萊子・陳仲子之妻之風而竊慕之, 其於世之富貴榮華, 無所歆羨. 常以棲遁農圃爲樂, 而顧壽增汨沒因循, 未能決去. 嘗於赴官日, 乘舟渡江, 淑人遂擧陶令風飄飄之句, 慨然長歎. 及世道大變, 擧室入春州之谷雲. 山峽險阻, 人煙隔絶. 徒步踰嶺, 就最深處, 樹居而居. 淑人曰:"今日爰得我所矣."

課農灌圃, 飯疏咬菜, 人皆憂其困苦不堪, 而淑人方且安而樂之, 歷六七年而終無怨悔之意. 助成壽增閑居之趣, 盖將爲終焉之計. 疾病憂患, 仍之以喪禍, 一出而不能復入, 常以此爲沒身之恨. 寤寐舊棲, 不樂城市, 擬將共挽鹿車, 出居郊坰, 以畢素志. 不幸淑人之疾已祑矣, 至丁卯二月十三日, 卒子藏義洞之新舍. 其四月二十六日癸酉, 葬于石室先塋庚坐甲向之原.

凡生三男四女. 男長昌國, 主簿, 曰昌肅, 有英才先夭. 曰昌直, 權知承文正字. 女長適洪文度, 次適李秉天, 夭. 次適申鎭華, 次適兪命健, 夭. 昌國生二女. 長適進士李賀朝, 次爲當宁貴人. 洪文度生一男一女. 男曰有人, 女未字. 申鎭華生一男一女. 兪命健一女, 皆幼.

嗚呼! 壽增迂踈卑汚, 使淑人迫於窮約, 不免糟糠. 雖其趣操淡泊, 無所咨咨, 一生辛勤, 則亦已甚矣. 中年以後, 連有舐犢之悲, 晩得一孫, 絶異奇愛, 而旋又失之, 哀傷無聊. 鹿門之志, 中途而乖, 不得偕老, 沒而又無以慰其魂而塞壽增悲. 若得大君子一言之重, 以著其不朽, 則宛陵之得歐公文, 亦奚足道哉! 謹具平日言行之大槩, 爲請於執事以備財擇.

■ 〈孫女入闕時書贈〉, 金壽增, 『谷雲集』권6, 『韓國文集叢刊』125, 255~256쪽

奉承三殿, 極其恭謹, 雖退在私室, 如在上前. 一心不懈, 如有下問, 隨事敬對, 非係下問. 一言半辭, 不可蔓引.

三殿宮人, 接待有方. 得其歡心, 言溫氣和. 而不可嬉笑親狎. 至於手下使令若於三殿宮人, 少有慢忽, 則痛加禁抑, 使不得瞪目正視出氣相抗.

每日夙興夜寐, 坐而待命. 進退擧止, 無少違失. 持身儉約, 至於服飾, 勿尙華靡. 勿服文錦, 只得精潔足矣. 古之居后妃之位者, 亦服大練, 況其下者乎? 我國列聖, 皆有儉德. 吾家自先世淸貧, 常以侈靡爲戒. 此又不可不知也.

宮禁深嚴, 內外截然. 內言不可出, 外言不可入. 父母安否之外, 絲毫之微, 不可關通. 古人居官署而不言庭樹有無. 况在嬪御之列者乎?

夙夜敬畏, 謙遜卑下. 至於居處服用, 一毫有近於內殿者, 則必卽避而去之.

宮中名分嚴截, 禮貌有定. 一言一嘿一動一靜, 不可放過. 設或有寬假之恩, 亦不可恃此自便.

昔年仁宣王后在嬪宮時, 下列女傳于先祖考, 使之諺釋, 先祖考依命諺釋以進. 此實閨壺懿範, 而家間草本, 今無存者. 只以內訓女戒贈送, 退處私室之時, 尋常披覽, 嘉言善行, 必須服膺遵行.

此外凡百, 雖不可一一索言, 而可推而知. 今取其最大最切者言之, 行與不行, 吉凶禍福係焉. 可不戒哉? 可不勉哉?

李端夏

■〈仁敬王后謚册文〉 李端夏, 『畏齋集』권5, 『韓國文集叢刊』125, 352쪽

陰儀告闕. 遽遭齊體之喪, 顯冊揚徽, 宜備易名之典, 玆循公議, 式闡幽光.

惟大行王妃, 稟性齊莊, 秉心淵靜, 以大賢之後, 而誕毓於名卿之門, 以卓異之資, 而服習於義方之訓.

夙膺親揀於寧考, 俾成好逑於儲宮, 事匪懈於一人, 甚稱先旨, 誠無間於兩殿, 祗承玆顔. 履翟褕之尊, 常存謙挹之志, 聞鷄鳴而警, 實多補助之功.

濯龍屛外家之私, 關睢啓南國之化, 惟服食器用, 務祛奢華. 而變異災凶, 倍軫戒懼. 螽斯嗇慶, 每惜燕梅之愆期, 彗孛騁妖, 忽驚軒曜之晦彩, 嬰疾未浹於旬日, 陟遐奈促於中宵? 當惟幾之辰, 尙嚴家人之禮, 出若夢之語, 猶切寡躬之憂, 蒼黃迸避之餘, 幽明奄隔. 死生契闊之際, 悲悼曷勝? 有此德而無嗣無年, 仰彼天兮難諶難問. 入宮規絶, 千秋同失佐之嘆,率土哀纏, 百姓均喪妣之慕.

爰思紀實而垂永, 要在揭號而崇終. 體坤元之含章, 仁爲善長, 正內位而贊治, 敬是身基, 謹遣臣云云. 典策無怍於溢辭, 休稱允協於懿範, 尙冀靈爽, 昭格精忱, 雲軿莫留, 縱音容之已閟, 彤管有記, 庶行迹之可徵.

■〈明聖王后諡冊文〉 李端夏, 『畏齋集』권5, 『韓國文集叢刊』125, 352쪽

積戾在躬, 奄罹酷於失恃, 節惠爲諡, 宜備禮於崇終, 爰率彝章, 式表至行. 恭惟貞莊成性, 孝順因心, 誕降相門, 王父占異祥之兆, 選入儲壼, 皇祖有佳婦之稱.

逮正位號於長秋, 寀勤箴戒於永巷, 宮闈靖謐, 但見和氣之融, 治化熏蒸, 允資陰功之贊. 念小子之當沖歲, 忝承艱大之基, 奉太母而御東朝, 咸仰擁佑之慶, 常蒙教誨之醇切, 幸保宗祏於傾危. 致元祐之清明, 不煩垂簾之聽, 俾成誦而感悟, 何待啓縢而知?

識達古今, 屛左道符章之屬, 心存公正, 絶外家蹊逕之私, 發內帑於黔首之饑, 示貴主以銅粧之儉, 眇躬頃患厲虐, 積幾日之焦憂.

今春將設豐呈, 祈兩殿之福履, 何知旬月之違豫, 遽捐臣庶而陟遐? 慈念軫少愈之加, 靡遑冠帶而養, 神理舛大德之壽, 無非罪禍之延. 治命丁寧, 自制附身附棺之具, 仁言惻怛, 悉出憂民憂國之衷, 仍舊件於磨儀, 減常式於祭奠.

恩至深而澤至厚, 感泣群黎, 后無繼而前無聞, 卓絶千祀. 明燭四遠, 庶物莫遁情形, 聖通萬微, 一善奚容擬議? 玆循舊典, 祗薦尊名. 云云.

竊冀英靈, 昭格忱悃, 音容杳隔, 縱莫追於玄扃, 芳烈長存, 尙有徵於彤管.

■〈莊烈王后徽陵誌〉 李端夏,『畏齋集』권5,『韓國文集叢刊』125, 358~360쪽

恭惟我莊烈王后, 仁祖大王之繼妃也. 履中壼十二載, 位東朝三十九載, 而未嘗聞內言出外, 亦未嘗聞干政一事. 然至德淵微, 自然之陰化, 周洽於生靈. 又惟我聖上承事, 竭誠盡禮, 上受慈恩, 下推孝理, 一國臣民, 咸祝后岡陵之壽.

而乃於上之十四年戊辰, 自三月有疾寢銘. 上夙夜焦煎, 命設侍藥廳, 則后慮各司廢務而止之. 上令藥房招集中外名能醫術者, 從臣之曉藥理者, 亦使同參議藥, 技殫百方, 罔克奏效. 上再命禱祀于廟社山川, 又命洞開獄門, 盡釋死囚以下, 凡所以祈禳之方, 無所不至, 而皇天不弔, 竟以八月二十六日丙寅, 昇遐于昌慶宮, 春秋六十有五.

諱音之下, 窮閻氓庶, 莫不悲號, 市廛父老, 尤頌后無一毫傷財害民之事, 士大夫相語曰: "自先朝以來, 后之私親, 人常不知爲戚里."於此益可見后之聖矣.

群臣議謚法, 履正志和曰莊, 秉德遵業曰烈. 遂上尊謚曰莊烈, 徽號曰貞肅溫惠, 殿號曰孝思, 陵號曰徽. 以十二月十六日, 葬于楊州健元陵旁坐酉之原.

上又撰次行錄, 命臣端夏誌諸玄宮, 臣以不文辭不獲. 然臣伏覩聖筆之所形容者, 可侔化工, 無容臣摸畫於其間也. 謹稽行錄, 若曰:

后姓趙氏, 系出楊州之漢陽縣. 上祖岑仕麗朝, 贈判院事, 入我朝, 有諱末生, 以文學才器, 遭遇獻陵, 歷大司馬, 大提學, 卒官領中樞, 謚文剛. 五代祖諱邦佐, 贈兵曹判書, 高祖諱俊秀, 龍仁縣令, 曾祖諱擥, 贈左贊成, 出後同宗, 以贈判書連孫爲考, 漢川尉無疆爲祖, 漢川卽文剛四世支孫也. 祖諱存性, 登文科, 歷踐內外, 官至知敦寧, 贈領議政, 謚昭敏. 考諱昌遠, 屢典郡邑, 績著循良, 擢授軍資監正, 人稱爲厚德長者. 爲國舅, 封漢原府院君領敦寧府事, 贈謚惠穆. 配完山府夫人崔氏, 大司諫鐵堅女也, 生三女, 后於序居季.

以天啓甲子十一月丁巳, 府夫人誕后于稷山縣之衙舍, 方有娠, 府夫人夢月入懷, 將誕之夕, 又夢祥虹滿室, 仙樂自天, 玉女數群, 彩服炷香而至曰: "貴人已降, 玉冊將啓." 俄而分娩. 旁人亦夢虹光月精, 輝映室中, 驚起候之, 后已誕矣.

甫數歲, 性質異常, 言語簡默, 與同輩嬉戲, 必坐高處, 同輩亦常推而爲尊. 恬靜無欲, 非長者所與, 雖食物之微, 未嘗自請. 府夫人嘗製姣服而衣之, 欲觀其爲, 指旁兒曰: "可解與否?" 后卽與之, 無吝色. 又令還着, 則曰: "已與之, 何忍復取?"

府夫人又得數顆珠, 獨與后, 后旣受而分與其姊曰: "父母之賜, 何可獨專?"於他物類如是.

稍長, 孝敬益至, 親癠則心憂色沮, 未嘗須臾離側, 若見所嗜之物, 則必謹藏以待進, 於同氣友愛甚篤, 推及於群從姊妹, 宗黨莫不稱歎. 自幼念絶忮害, 心存仁愛, 若見寒飢者, 惻傷達於面目, 必思濟恤. 恩撫婢御, 和氣藹然, 人皆感戴, 以是惠穆公常奇愛之.

戊寅夏, 祥虹立于駝駱洞本第, 是冬, 膺選行嘉禮. 后旣正位坤極, 飭躬以禮, 事上以誠, 居常服飾, 絶去華靡, 儉約敬畏, 終始如一. 后每以謙愼戒飭本家曰: "自昔宮闈不嚴, 率由戚畹不謹, 可不戒哉?" 府夫人時或入闕, 微請宮裏事, 后曰: "母氏在吾雖至親, 於國家則外人. 內裏事不須知." 府夫人歸語家人曰: "后教至此, 實爲家國之福也."

己丑夏, 仁祖賓天, 后雖在哭擗中, 衿絞衣稱之屬, 必親檢視, 務盡誠信.

孝廟卽阼, 尊后爲王大妃, 辛卯, 上尊號曰慈懿. 顯廟辛丑, 加上尊號曰恭愼. 小子於丙辰, 又上尊號曰徽獻. 后連遭大戚, 常懷悲疚, 前後上號之禮, 未嘗親臨. 每遇寒暑之感災異之警, 爲小子保護敎戒, 旣勤且切.

歲在閼茂, 八路阻飢, 后命罄出宮儲, 俾補賑資. 周睦親戚, 顧遇諸宮, 恩義雖備至, 絶不許曲徑干澤. 兩朝曁予三進宴慶壽, 而后每以時詘不肯受, 反覆力請然後始勉從.

甲子, 以周甲之慶, 頒赦國內, 推恩至于士庶, 加資賜物, 時以明聖王后喪制未終, 不得進宴.

丙寅夏, 追擧豐呈縟禮, 而亦遵后旨, 省其節目, 又加上尊號曰康仁. 孝廟嘗以后御所不便, 爲建萬壽殿以奉之, 至丁卯秋, 忽被回祿之災, 后上畏天戒, 不遑寧處, 逮至今夏, 違豫之候忽亟. 小子遑遑籲天祈祝, 竟遭罔極之痛, 茫茫穹壤, 叩叫靡逮. 當惟幾之日, 神氣已昏, 而憂念小子, 無異平昔, 顧謂曰: "日暮可退休, 毋致傷."

且痛人心偸薄, 世道危險, 執予手而噓唏曰: "一二宮女蕩滅國禁者, 指虛爲實, 指無爲有, 隱然嘗試, 不少顧忌, 昨年一相臣之被誣, 亦無足怪. 此而不懲, 其何以息浮言乎?" 伊時兩宮人之屛逐, 實體后嚴宮禁之意也.

聖筆行錄止此, 無容臣摸畫, 而竊以數語, 間補闕漏而已,

嗚呼, 后之德行, 可與任姒同其聖, 而獨無麟趾之慶, 天道不可知也. 然母儀三朝, 慈孝無間, 至于當宁, 保佑之功益著, 天之生后而畀聖德, 於是乎可徵矣. 臣又竊惟后大德, 生于名門, 媲于聖祖, 得其位矣, 長樂之奉, 極一國之養, 徽稱之上, 集衆善之美, 得其祿得其名矣. 萬年之祝, 雖缺臣民之願, 然齡籌之永, 視前世后妃, 實尠其倫, 則亦可謂得其壽矣. 聖言之取必於四者, 斯又盡驗, 於戲盛哉!

■〈伯姊淑人墓誌〉, 李端夏, 『畏齋集』권7, 『韓國文集叢刊』125, 402쪽

淑人姓李氏, 系出德水. 吏曹判書諱植之長女, 贈左贊成諱安性之孫也. 妣靑松沈氏. 贈領議政諱惓, 其外祖也. 生于萬曆乙巳七月某甲, 年十七, 歸于草溪鄭公鈐. 生男三, 長洙碩生員, 次洙晩·洙性. 生女四, 長適李萬徵, 次適尹始慶, 餘未嫁. 甲午十一月十三日. 卒于文化衙舍, 壽五十. 第三女繼夭, 同時返櫬, 權窆于砥平故居之北山. 翌年某月某日, 葬于原州先隴之傍某坐之原.

淑人天資旣秀, 又蒙先考禮則之訓, 居家孝友篤至. 鄭大姓也, 淑人宗婦也. 一入其門, 事舅姑三十餘年, 庭無間言. 當乙丙胡釁, 舅家在京, 使淑人先奉大夫人下鄕. 淑人自力貧匱, 竭誠奉養. 大夫人曰: "吾平生適意, 無如此時."此可以見淑人之孝也.

鄭公少時, 性頗不羈, 淑人每規諫之, 卒成令器. 及爲長城文化二邑, 皆以治最聞, 其內助居多. 故鄭公常謂其娚曰: "汝姊則吾師也, 非吾匹也."

淑人生于貧家, 自以農桑致饒, 上以承事親長, 下以拊育子女, 外以饋餉賓客, 靡有闕失, 其勤勞至矣. 晩乃官食十餘然, 蘭玉滿前, 嫁婚垂畢, 人皆稱福, 以爲孝敬之報. 而享壽不永, 又殤札繼之何也? 然淑人子婿, 皆有文行, 他日次第顯揚, 光大其門闌 ,則皇天未卒之報, 將不在於是乎? 噫!

■〈季姊淑人墓誌〉, 李端夏, 『畏齋集』권7, 『韓國文集叢刊』125, 408쪽

於戱! 余從傳記, 歷考賢婦女之事行多矣. 然爲子爲妻爲母之道, 咸盡而罔缺, 余於亡姊淑人見之矣. 淑人姓李氏, 系出德水. 先府君之第三女也. 府君諱植, 世號澤堂. 官至吏曹判書兼大提學. 祖考諱安性, 安奇道察訪, 贈左贊成. 曾祖考諱涉, 成均生員, 贈左承旨. 先妣貞夫人靑松沈氏. 玉果縣監贈領議政諱惀女. 以萬曆丙辰十一月十五日, 生淑人.

年十六, 歸于趙公, 公諱備. 以文詞顯, 歷薇垣玉堂, 官至濟用監正. 公卒之十五年癸丑十月十五日, 淑人卒, 享年五十八. 用其年十二月七日, 合葬于公墓, 卽高陽東境香積山坐甲之原也. 子女內外孫, 在公誌故略.

淑人資性柔婉貞明, 有士君子識度. 自幼爲父母所鍾愛, 常稱其仁孝. 旣嫁, 旋遭舅喪, 執制中於禮. 事公, 順而能箴. 公中歲落拓, 多子女貧甚. 淑人理梱勤敏, 不以空匱之憂累公. 又未嘗以有無, 煩訴父母. 公旣仕進, 吾家喪禍零替, 淑人得一味, 輒分獻先妣, 有時奉養于家, 以盡反哺之誠, 先妣甚安之.

遇先府君諱日, 或在遠未參祭, 必設奠哀哭, 事姑, 殫其孝敬. 公之伯氏先歿, 公營置宗家于隔墻, 同居奉親. 淑人晨夕手自饍以進, 食已乃退. 公每遇佳辰, 輒設酒樂會親戚, 以娛親心. 淑人竭力供具, 滿堂盡歡, 不知其室之罄也.

姑夫人常曰: "某婦在側, 吾不覺飮饍之加." 又曰: "此婦誠孝, 揆以內則, 無不合矣."

公不得終養, 姑夫人年逾八十, 淑人奉護愈勤. 坐臥出入, 必親扶持, 夫人晩年, 氣力益危綴, 淑人日夜跪守枕傍, 衣不解紉, 一刻靡懈. 及遭大故, 公喪猶未闋. 淑人曰: "宗家不幸, 只有寡姪婦. 貧惸無依, 嗣孫尙幼. 吾雖介婦, 豈不任祀事之責乎?" 朝夕親具饌品, 分設於兩几筵.

喪畢, 當忌祀朔節之薦, 亦嘗替行. 丁未, 擧家流寓湖南, 始與宗家離析. 淑人慮先祀或缺, 議于宗族, 權奉舅姑神主以行, 終已奉其粢盛. 然祭田所入, 一歸之宗家, 毫髮無所私.

公有兩姊, 淑人恪事如慈母. 兩姊每稱淑人孝德曰: "天生某氏, 爲趙氏也."

淑人孀居半世, 躬績達夜. 用能婚嫁四子女, 禮無欠闕, 常戒兩男曰: "汝曹勉學修行, 苟躬忝先德, 榮進非吾所希也."

視遇宗黨姪甥, 恩義周遍, 眷顧寡姪婦, 視子婦無間. 嫁遣其女, 如己女. 其寓湖南也, 率養公伯氏寡妾, 諸孤撫育, 久而不衰, 隣里感歎.

辛亥, 移寓驪江, 省父母墳于砥山, 祭罷, 以餘饌祭于故婢之無後者, 其恩愛之曲施多此類. 旣畢季女婚, 以書抵余曰: "吾於人世, 無復餘念. 若以此時死, 豈非幸乎?"

未幾淑人病, 入京醫治, 沈綿七八朔, 不能轉側. 臨舅姑諱辰, 猶自料理祭需, 擧首看檢, 處置身後事, 纖悉無遺. 遍顧子女, 遺誨丁寧, 解衣授老婢, 賞前勞而勉後效. 旣而合眼却藥. 余泣語曰: "先君平素細行, 余以少子, 不能周知. 欲問於姊氏而悉記之, 願爲此事, 勉保須臾."淑人開視而頷之, 復進藥物, 然竟不救. 痛矣痛矣!

淑人懿範哲行, 逈出凡婦. 平生言語, 自合道理. 骨肉之間, 痛斷譖說, 閨閤肅穆, 事事整治. 婢僕畏愛, 爲盡其忠, 內而闔門仰其澤, 外而姻家誦其德. 二子幼孤, 長以行誼稱, 諸女在夫族, 咸有令聞, 此皆淑人化導.

而淑人德行之純, 雖由於資稟之秀, 亦被先府君義方之訓, 涵濡成就而然也. 以淑人之賢, 不克會于貴壽, 天之報施, 安所在乎? 然淑人多産, 未嘗見夭札, 八子女夫婦俱在環侍, 終孝終喪, 一家並無恙, 此又世所罕有也. 其未艾之福, 可徵於天道, 而顧余不文, 無以闡揚德美. 時屬艱虞, 又未遑求銘於立言之士, 爲淑人不朽圖, 斯爲深恨. 第書此以告幽冥云. 季弟端夏泣識.

■ 〈外姑貞夫人李氏墓誌〉, 李端夏, 『畏齋集』권8, 『韓國文集叢刊』125, 414쪽

禮曹參判韓公諱必遠繼配, 曰貞夫人完山李氏. 始封祖密城君琛, 我世宗大王別子也. 歷雲山君誠·匡城正銓·廣原守耉壽·文科僉正克綱, 至司憲府監察申祿. 娶全義李氏秉節校尉元胤女, 以萬曆甲午十月初二日, 生夫人.

十七, 歸于公. 公早喪前配, 夫人入門七年, 始釋褐. 入颺臺閣, 出莅州府. 位亞卿而年踰大耋. 夫人偕老受祉, 再膺封典, 兩郎君繼以專城榮養.

辛亥三月初一日卒, 壽七十八. 夫人始無子, 公取仲氏子如斗爲嗣. 夫人晩生一女一男. 男如愚, 女適李端夏. 如斗仍主後, 前交河縣監. 如愚進士金山郡守. 縣監一男伯箕, 生員甑山縣令, 伯箕一男相朝. 二女適尹春教·李宜相. 郡守四男世箕·永箕·翊箕. 季幼. 一女適進士曹夏奇. 端夏二男, 蕃生員察訪, 次蓄. 二女適申濡·宋晦錫. 曾玄孫男女幼者並不錄.

夫人姿相端秀, 性行和順, 絶無時俗婦女偏僻侈靡之習. 姑夫人享壽至九耋, 夫人承事盡其誠. 公有三弟兩妹, 諸姪甥日來娛侍大夫人, 夫人主饋供接, 咸得其歡心. 雖至空乏丐貸, 不使公與親黨知之. 撫恤婢僕, 雖有過失, 惟戒飭而已, 未嘗輒加罵詈, 以故咸愛戴, 誦其仁惠焉. 公卒, 葬于驪州治西興谷先兆之右麓, 尤齋宋先生誌其墓. 逮夫人卒, 始以山家忌權窆, 甲寅某月日, 遷公墓于先兆左麓負某原, 與夫人合葬. 丙寅某月日, 又並遷于右麓負某原. 縣監屬余誌夫人事行, 與公誌並藏云.

■〈亡女申氏婦墓誌〉, 李端夏, 『畏齋集』권8, 『韓國文集叢刊』125, 414쪽

亡女孺人德水李氏, 前參判端夏長女. 吏曹判書諱植之孫, 母淸州韓氏, 禮曹判書諱必遠, 其外祖也. 以崇禎建元後丙申十月初一日生, 十八, 歸于申氏. 申君名潚, 義州府尹翼相之子也. 其明年, 余以罪黜, 還砥峽, 舅亦退處湖鄕, 久不仕. 逮擢授邊任, 女隨其家入京, 五六年間, 僅一再歸寧, 留數月輒辭去.

己未十月, 女病寒疾, 申君方趨覲龍灣, 其姊壻韓君世箕, 女之內兄也, 馳書告以疾劇. 余急遣蕃救視, 疾已革矣. 以其月二十五日不起, 得年甫二十四. 十二月十二日, 葬于楊州羣場里巳坐原, 從申氏先兆也.

女姿相端秀, 氣度婉娩. 內外親黨, 咸謂門中無可與倫. 自幼及長, 未嘗被余一言之責, 然余居常病昏, 不省兒女細事. 嫁遣益疎闊, 未詳其事行如何. 及歿, 問其母曰:

"女過十歲, 女工已精. 吾病, 代檢事如成人. 性又貞潔, 見非義, 若將浼焉. 歸夫家, 益殫孝敬, 夙夜不少懈, 舅姑甚宜之, 憐逾己女, 此非吾言. 卽其姑與吾書悼惜之辭."

余於是益知女行之修飭也. 余惟承先人大過之任, 不堪而病于顚, 晩筮得地天之爻, 求擧登朝, 卒又罪廢. 否泰循環, 天運之常, 而父猶不死, 女獨先夭, 抑何理歟? 余旣不孝不忠, 又不親其子, 歿後始悉其行. 頑冥至此, 天降之罰, 殃及所生, 理無足怪.

嗚呼痛哉! 女有一男一女. 女道溫始五歲, 男道成生僅十八朔. 岐嶷有異質, 天之報施汝者, 或於是乎在矣? 今年庚申春, 其父爲之誌.

■ 〈贈淑夫人柳氏墓表〉, 李端夏, 『畏齋集』권8, 『韓國文集叢刊』125, 427쪽

夫人某郡柳氏, 考持平贈都承旨潑, 祖長興府使忠貞, 曾祖副司直瀣. 妣某郡宋氏, 工曹佐郎遇女. 夫人弱夫怙恃, 執喪致哀. 癸巳, 適趙公纘韓, 承事箴規, 婦道克備.

丁酉, 避倭于羅州三鄉, 一夕賊舸猝逼, 蒼黃奔迸, 與趙公相失. 三赴水, 婢輒援止. 趙公潛行遇人, 適指其處, 急往救之. 未幾又遻賊鋒, 夫人力勸趙公走避得脫. 俟賊退還訪, 夫人已死, 血流塗草, 刃在其頸. 卽趙公平日所佩刀, 而夫人自遇亂, 自帶腰間者也.

趙公有文章, 官至承旨嘗爲文祭墓, 備敍貞烈. 今載遺集刊行, 後七十三年己酉, 羅士張復紀等三十三人, 呈文本州, 請轉聞于朝, 旌楔其門.

而趙公後配有子曰休, 龍宮縣監, 備, 文科濟用正, 皆早世. 備有子曰麟祥·龜祥, 樹表夫人墓, 以成先志.

夫人生萬曆某年月日, 某年月日卒. 墓在羅州某地坐某原, 牧使蘇公斗山實相斯役, 弘文館應教李端夏識.

■ 〈先妣貞夫人行狀〉, 李端夏, 『畏齋集』권10, 『韓國文集叢刊』125, 484~485쪽

先妣夫人姓沈氏, 本青松. 左侍中青城伯諱德符之後也. 曾祖諱鋼, 以康陵元舅, 封青陵府院君. 祖諱義謙, 司憲府大司憲青陽君. 考諱惟, 玉果縣監, 贈議政府領議政青川府院君. 妣綾城具氏, 卽章陵兀舅議政府左贊成贈領議政綾安府院君諱思孟之女也. 青陽伯氏, 曰溫陽郡守贈承政院左承旨諱仁謙, 無子, 青川公爲後.

夫人生于萬曆乙酉八月初六日戌時, 年十七辛丑, 歸于我先君. 先君姓李氏, 諱植. 官至吏曹判書, 世號澤堂. 夫人從受封典, 至貞夫人. 丁亥先君卒後十二年戊戌三月初五日, 夫人卒. 越五月初一日, 權窆于砥平東白鴉谷先隴之側, 越明年正月十五日, 合葬于同谷先君墓癸坐丁向之原.

有三男三女. 男長冕夏, 魁司馬試擢第, 官至弘文館修撰, 居先君喪, 過毁而卒. 次紳夏, 前敦寧府奉事, 次端夏, 前横城縣監. 女長適前郡守鄭鈴, 次適翊衛司衛率安光郁, 二女並先夫人歿. 次適成均館司藝趙備. 孫男五, 留, 冕夏出也, 蕃·畬紳夏出也. 蕃·蓄端夏出也. 孫女五皆幼. 外孫男九, 生員洙碩·洙晩·洙性鄭氏出也. 墩·堃·圭·垕安氏出也. 麟祥·龜祥趙氏出也. 外孫女八, 鄭壻李萬徵·尹始慶, 趙壻李亨稷·朴絿·韓濟愈. 餘幼.

夫人資性, 英毅貞確. 臨事有斷, 幹敏周詳, 治家有法, 青川公子女衆多, 於夫人鍾愛特甚. 公有瘡瘍痼患, 每朝令夫人淋洗傅藥, 如盥面櫛髮, 或着衣進飯, 亦令夫人代行. 以夫人善於承奉也, 及嫁先君. 家方鄕居貧甚, 青川家亦遭禍敗, 無所依藉. 夫人生長華腴, 素不習艱苦活計, 而能自力於紡績之功, 兼務稼穡, 年儲月衍, 漸振家業.

癸丑, 先君丁外艱, 卜葬于砥平荒谷, 繼遷先祖考妣兩墓, 夫人盡傾私槖, 且賣青川家所傳京中瓦屋, 以給其需用. 先君釋褐十四年, 仍屛居不仕, 其偕隱山中也. 夫人身親井臼以供朝夕. 每於歲首, 料理一年經用, 未嘗告乏. 先君用忘內顧, 能專心藝苑, 絶意貧仕, 蓋賴夫人之助也. 立朝四十年, 淸修如一日, 夫人克承其志, 未嘗私受人毫髮不正之饋. 惟治女工務本業, 至老不懈. 常未明而起, 躬率家衆, 程課其功, 庶事之辦, 若神助焉.

姑尹夫人年踰八袠, 夫人奉養四十年, 殫其誠孝. 家奉累代宗祀, 每當祭時, 夫人親具饌品, 達夜不寐. 訓子女以義方, 見有非違, 輒加峻責. 待婢僕, 嚴而有恩. 其少者常申戒飭, 俾無惰慢之行, 其老者曲施撫恤. 俾有依歸之所, 婢僕亦以此爲盡其力焉. 夫人積德于身, 受祿于天, 中年福履之盛, 爲世族所稱.

不幸丁亥以後, 喪禍相繼, 男端夏又嬰疢疾, 以貽夫人之憂. 然夫人能自理遣, 勉視家政, 闔門終受撫育之澤焉. 嘗處置身後事, 自初終含襲之具, 至永窆祭奠之需, 皆自預辦, 細大無所遺. 丁酉夏, 端夏病少間, 始奉夫人, 赴橫城任所. 曾未朞歲便養, 卒以罪逆延禍. 奉諱之日, 朝而無恙, 手猶執事, 而危證猝發, 奄及大故. 夫人稟氣素完, 宜享大壽, 至于無疆, 而顧有男不肖, 憂以傷其生, 病而昧其治. 窮天極地, 永抱不孝之慟, 尙何言哉? 夫人行懿, 有非不肖之辭所能闡揚一二, 而尙冀當世立言之君子据此而賜之敍銘, 以賁泉途, 則庶幾少慰先靈云.

■〈祭亡女申氏婦文〉, 李端夏, 『畏齋集』권11, 『韓國文集叢刊』125, 519쪽

維歲次庚申三月某甲, 父遣子某, 奠告于亡女申氏婦之靈筵曰. 嗚呼痛哉! 汝死之慘, 尙忍言哉? 尙忍言哉? 言猶未忍, 忍復爲文而告之耶? 然余於此, 亦有不能自已者, 何哉? 余不孝於親, 不忠於君, 行虧罪積, 終被黜廢. 然尙偸安田里, 六年于玆, 爲罰未極, 天又殃其所生.

如使余投于嶺海, 則嶺海可安也. 如使余歸于冥漠, 則冥漠可安也. 必使余殃其所生, 受此無涯痛苦而後, 爲罰之極也. 然則夭汝之生者, 父罪也. 汝何辜焉?

汝生質極秀, 容儀之端正, 性行之婉娩. 親黨咸稱之, 以爲內外門中, 無可與倫. 生之膝下, 自幼及長, 未嘗被余一言之責.

十八而歸于申氏, 舅姑甚宜之, 亦未聞有一事之失, 見非於其家人. 則汝有汝辜而夭其生乎? 或謂衰世氣漓, 淸秀者不得其年, 聖賢而或喪其子, 此固然矣? 然余不孝不忠之罪, 足以殃其所生, 則神理孔昭, 何可諉之於氣數也?

且余承先君緖業, 不堪而病于顚, 居常不知有家室子女之樂. 處內時絶少, 處外時常多, 時或入內, 未嘗呼兒女近前, 撫頂置膝. 又未嘗軫其飢寒, 問其情曲. 而況嫁汝之後, 余旋黜歸田廬, 湖峽京鄕, 分離阻闊, 間或歸寧, 亦未久淹. 去年之別, 已過一期. 女子每年歸見父母, 禮家之所許, 而余又事力不逮, 不能率來. 及聞汝病重, 馳遣長兒, 約以五日內無還報, 則認爲向差矣. 過期而人不來, 余憂頗釋, 而急報追至, 繼以計告矣.

余於汝, 生不能顧復, 病不能往救, 斂不能憑視, 父道之悖, 一至於此. 不孝不忠, 又加以不慈之罪. 汝爲我女, 生質又最淸弱, 雖欲全其生而免其殀, 何可得乎? 自汝之死, 汝之儀形, 未嘗不在於吾之心目, 而亦未嘗接於夢寐, 豈以平日嚴畏余之故? 魂氣亦不能親附而然歟? 噫! 父子有親, 天性也人倫也. 余雖病, 心豈獨無親愛子女之心也? 顧以心力有所不逮而然耳.

汝有生孩子女, 此後所祝, 惟在汝血屬之長養成就而已. 汝之魂氣, 必先親余而後, 亦可以親汝子女, 俾受一氣之蔭注, 汝不可不知此意. 余所以不得已於告辭者也. 余奔哭汝于葬所, 草此辭, 欲以告汝而有未遑焉. 亦欲請移几筵于吾家, 徐以奠告矣, 今汝夫家不從余請. 余無復入京, 哭汝靈筵之日, 玆令兒代告. 嗚呼痛哉! 尙饗.

李惟樟

■ 〈李彧妻權氏墓誌〉, 李惟樟, 『孤山集』권7, 『韓國文集叢刊』126, 140쪽

吾宗人彧, 有賢內助, 曰安東權氏. 宣務郎克載之女, 禮曹正郎暐之孫. 生于崇禎甲申正月某日. 性孝順, 年甫十歲, 母夫人李氏, 離毒癘幾危, 一家親屬, 皆出避, 權氏獨不出, 晝夜扶抱, 奉養備至, 獲得痊愈. 宣務公奇愛之, 賞以土田, 則權氏輒破毁其券曰: “豈有子侍母病而得賞者乎?” 聞者益奇之.

年二十二, 歸于我. 李氏甚有婦道, 或如小苦多病, 出入死生者. 幾十年凡藥物之用, 飮食之供, 權氏躬親之, 不使婢僕代之.

祭祀之節, 務盡其誠, 雖家甚貧乏, 至於粢盛籩豆之供, 常有所儲, 不至匱罄.

辛未閏七月二十七日卒, 以其年十一月十日. 葬于鶴駕山觀音洞未向之原, 先祖墓側. 男一人, 夭. 女子子四人, 長適士人李文蓍, 餘未笄.

■ 〈淑夫人綾城具氏墓誌〉, 李惟樟, 『孤山集』권7, 『韓國文集叢刊』 126, 141쪽

夫人綾城具氏考諱鷗齡, 某官, 祖諱某, 贈某官. 妣英陽南氏, 某官某之女.

夫人生于某年月日. 幼失所怙, 鞠于伯父栢潭先生, 先生愛之, 甚於己子. 而其敎之必以禮法. 夫人性又靜, 動合規範.

及歸于我外王父大丘府使平陽金公諱某, 甚得婦道, 人不見其有戱慢之色. 公待之如賓客, 未及廟見而歿, 某年六月十九日也.

有二男, 長根厚, 業儒. 次基厚, 生員. 業儒配安東權某之女, 生四男一女. 男長如亮, 次如翰, 次如翼, 次如斗. 女適尹禧. 生員配安東權某之女, 生一男六女. 男如萬. 女長適金濿. 次適李周遠, 次適李雲翼, 次適黃埏, 次適李在完, 次適李漢標. 內外曾玄孫若干人, 其著者如萬之子夏鎭, 以生員有名稱. 夏鋭有文學, 李雲翼之子東標, 以文科進, 選入玉堂, 爲時名人. 夫人墓在安東北佳丘之原, 與公光淵之封四十里而遠. 嗚呼痛哉!

■ 〈淑夫人英陽南氏墓誌〉, 李惟樟, 『孤山集』권7, 『韓國文集叢刊』 126, 141쪽

夫人英陽南氏, 考諱瑢, 祖諱舜孝, 曾祖諱鴻. 外祖李公諱玹, 慶州大族. 夫人生于嘉靖丙寅. 年二十二, 歸于我外王父通政大夫行大丘府使平陽金公諱某. 公初配綾州具氏, 早歿, 繼室以夫人. 公於家事, 澹然不以爲意. 夫人食貧多年, 屢至空匱. 又當壬辰之亂, 流離困頓, 備嘗艱苦, 而一不以有無, 見於色. 性本潔淸, 不苟於求覔.

嘗曰: "吾家百物皆乏. 若要一一丐貸, 則雖切親之家, 豈無厭心? 寧飢餓是甘, 而不欲煩於人."

待鄰里族婦, 必極溫和, 故咸得其歡心. 前夫人有二子, 撫愛過於己子. 見其有過, 則不告於公, 而自詔之, 己子有過則必告之, 使之嚴敎, 其柔嘉之德, 於此亦可見矣.

癸卯正月三日, 遘癘疾不起, 得年纔三十八矣. 夫人之葬, 初在龍宮縣九潭之原, 以宅兆不利, 庚戌歲, 移葬于本府一直縣光淵峴卯向之穴, 與公同封. 子孫錄在公之誌. 夫人之棄後昆, 于今九十年, 影響昧昧, 無所尋逐, 敢節約公所爲祭文中語, 略表幽竁. 嗚呼痛哉!

■ 〈先妣恭人順天金氏墓誌〉, 李惟樟, 『孤山集』권7, 『韓國文集叢刊』 126, 145쪽

先妣恭人, 姓金氏, 系出順天. 我太宗功臣左議政平陽府院君承霔八代孫, 高敞縣監自順之曾孫. 建功將軍博之孫, 大丘府使允安之女. 部將英陽南瑢之外孫. 生于萬曆庚子二月三日, 生四歲而母夫人捐背, 府使公使老婢愛竹者鞠之. 恭人之祖母李氏, 退溪先生之兄子也. 家法甚正, 竹雖賤人, 備知傳家古事, 敎恭人, 一以先代壼則. 府使公又取前古婦人閨行可法者, 譯以方言, 編之曰女範, 以敎之, 平生言行動靜, 必以卷中語爲準則.

年十七, 歸于我先君通德郎諱廷發. 字時華, 姓李氏, 禮安世家. 律身甚嚴, 治家有法, 恭人有助焉. 恭人年五十五, 我先君棄諸孤, 恭人恐諸孤等不克遵先訓, 日夜警勑不懈. 常曰: "汝等雖已長, 大有過, 則當楚罰之. 不汝貸也."

於義理難辨處, 就而禀之, 則一言剖析, 鑿鑿中窾, 聞者無不服. 聞人罄乏, 不計家之有無而周急之, 族人有貧不能祭祀者, 卽受而行之, 略無難色. 待愛竹極有禮意, 愛而敬之. 及其死, 每於四節及亡日, 必爲之祭.

己酉三月十四日歿, 享年七十. 有子男四人女一人. 男長惟樑, 次惟橿, 次惟樟, 俱中司馬試. 惟樟猥以大臣薦, 曾任世子翊衛司翊贊, 季惟枋, 業儒. 女適金呂重. 惟樑娶固城李克培女, 生三男二女. 男長鳳周, 次鳳朝, 季鳳儀. 女長適金南柱, 次適生員柳後康, 惟橿娶安東權際可女, 生一男四女. 男鳳擧, 女長適金有基. 次適金漢箕, 次適安夢祥, 季適黃道翊. 有側室男, 曰鳳歧. 惟樟娶全州柳㮨女, 無子以鳳朝爲之後. 有賤妾子, 曰人兒. 惟枋先娶安東權孫女, 生二男二女. 男長鳳天, 次鳳吉. 女長適李碩輔, 次適任翰國. 後娶義城金世英女. 生三男, 曰鳳祥・鳳昌・鳳瑞. 金呂重生一男, 之鐸. 內外孫曾玄如干人. 恭人之葬, 初在內佳洞族葬之地, 以宅兆不利, 辛亥秋, 移葬于縣之南磨崖午向之原. 與先府君馬堂之封, 三十里而遠. 嗚呼痛哉!

■ 〈亡室全州柳氏墓誌〉, 李惟樟, 『孤山集』권7, 『韓國文集叢刊』126, 147쪽

淑人姓柳氏, 其籍全州. 高祖諱城其, 配金氏, 以節行旌其閭. 曾祖諱復起, 禮賓寺正. 祖諱友潛, 某官, 考諱㮨, 以孝行稱. 妃安東權氏, 參奉際可之女, 淑人生于天啓戊辰. 生數歲, 母夫人捐背, 鞠于外氏.

年十九, 歸于禮安李惟樟. 性明敏聰慧, 事舅姑, 甚得其歡心. 我先妣寢疾多年, 轉側須人. 淑人日夜扶抱, 保養備至. 溷衣服躬自浣澣, 不委諸婢僕之手. 祭祀極其誠敬, 惟樟素不能治產, 饔飧不給, 而未嘗有咨怨. 客至不計家之有無, 而必爲之供具.

淑人無子, 以伯兄生員惟樑之第二子鳳朝爲之後. 鳳朝又無子, 以其兄鳳周第二子載基後之.

噫! 淑人有過人之行, 而少而煢獨, 長而貧寒. 享年短促, 後嗣又再絶, 亦獨何哉? 淑人以戊午十一月二十三日歿, 葬于內佳洞祖考墳側. 既葬後, 墓下成坑坎, 勢難久長, 惟樟告諸姪孫輩: "吾死後必以淑人墳遷而合封." 未知其果能如約否耳? 嗚呼悲哉!

■〈亡室贈貞夫人申氏行狀〉, 閔鼎重, 『老峯集』권9, 『韓國文集叢刊』129, 204~206쪽

夫人姓申氏, 系出平山. 高麗太師崇謙之後, 曾大父欽, 議政府領議政, 卒諡文貞, 世稱爲象村先生. 大父翊聖, 東陽尉. 父昇, 翊衛司洗馬. 母完山李氏, 吏曹判書晬光之孫, 司憲府大司憲敏求之女.

以天啓丁卯十一月二十六日(己丑)生, 生而警慧絶人. 五六歲聽諸舅吟詠所作, 能記數句而傳之, 人皆異之. 及笄, 歸于閔氏, 爲鼎重婦. 入門拜堂, 禮儀柔嘉, 六親贊賀.

乙酉, 產一女, 丙戌, 產一男, 不十日, 男以胎腫死. 又三日, 而夫人亦以疾不起. 實其年十一月三日也. 舅姑哭之慟, 兩家族黨, 亦皆出涕嗟惜. 既斂, 其父母哭而謂鼎重曰:

"吾女有德有行, 不幸短命. 吾重哀其生不能壽而死遂沈泯. 今欲述其平生, 建石琭辭, 表其墓前, 俾後之見者得有所考, 毋敢毁傷, 君其圖之. 吾女爲君婦不數年, 君豈盡知之也? 吾女聰明孝友出於天性, 婦道女職, 不學而成. 裁縫不用尺度而能, 事理不煩詔諭而通, 吾先君最鍾愛. 吾兄弟亦

相語曰: '生女當如某當如某.'

丁丑之亂, 母家遭禍甚酷, 母以毁廢事, 女能飮食以事父, 左右以護母. 下逮家衆, 皆能撫以御之如成人. 然母因以成疾, 奄奄數歲. 女又躬親湯藥不脫衣帶. 一日夜, 父寐起索女不在, 出戶視之, 女方設席中庭, 傴僂拜祝. 詰其姆, 姆曰: '娘子聞醮斗延壽之說, 每夜盥沐躬禱者, 已百餘日矣.' 夢有老人來言曰: '母病當瘉, 毋庸勤禱.' 病果良已, 豈非所謂至誠感天者耶? 尊公出宰帶方, 累日不得安否, 察其面, 已有憂色. 問其故, 則曰: '舅姑遠離, 且常多病, 是以憂之.'"

其兄申君啓明氏泣而言曰: "吾兄弟生養貴富, 而妹性澹素. 自幼不喜華靡, 及吾旣冠, 則妹謂吾曰: '綺襦紈袴, 非男子所宜好. 縱自喜, 人謂斯何?'" 余聞而懼之, 自是不敢復近纖麗之服. 族黨之親者歎而言曰: "居室之際, 易狎而難敬, 惜乎! 少娘, 吾見其容和而整, 未見其惰而慢也."

嗚呼! 只此數者, 皆可書而傳也. 自念鼎重委禽之日, 恰是十六之歲, 而娘年爲十七矣, 見娘持身處事, 已有法度. 其質貞而懿, 其氣淸而秀. 粹然有德, 儼然有執. 簡於言笑, 敏於績事, 財無私營, 夜行必燭. 常曰: "婦人事人, 自有其正. 媚笑容悅, 吾實恥之."

鼎重有過, 必正色規之曰: "毋自輕也."省親帶方, 偶出墜馬, 娘以書戒之曰: "不愼行動, 自取墜傷, 果誰之咎?" 嘗從試圍出曰: "今又無聞, 其不免於屈矣." 娘遽曰: "少年求擧, 已非遠大之志. 況又動心於得失間耶?"

娘性旣喜素, 又知我不樂紛華, 常所服用, 盡斥去羅綺等物. 旣疾病, 作布裙加之衾上, 有儉於下賤之衣, 問其由, 曰: "欲自服爾." 余面歎曰: "娘果賢哉." 實其屬纊前數日也.

噫嘻悲夫! 鼎重幼侍父母, 家屢空, 饘粥不繼. 嚴君仕於朝, 不問家事. 見吾母在中饋, 恒不夕餐. 吾心恝焉. 自以爲子壯當養, 及吾旣長, 而正當喜懼之年, 深恐此心未伸而西日易逝. 遂謀諸娘, 而買數頃於畿東, 將欲歸田力穡, 少效子職. 又嘗得陳茂卿所爲夙興夜寐箴, 讀而感之, 始知古人之學有在.

而又知事親之道不必取科第求爵祿而後爲至也. 更欲盡棄擧子業, 博求載籍所記古人齊家同居義莊之類, 口誦而手錄之. 盖以娘之賢, 必能助我而成我志也. 事未就, 而娘忽至斯. 豈非命耶? 入室無可告語, 恒居忽忽不樂. 凡吾平日之所欲爲者, 皆不可得. 則親老家貧, 急於祿仕, 不免應試, 一出世路九顚十倒. 俯仰今昔, 實愧初心, 何莫非失吾賢助而然也? 悲夫悲夫!

娘沒後二年, 鼎重中進士, 又一年, 登魁第. 又一年, 以鼎重秩超三品, 追錫娘淑人號. 又七年, 而鼎重陞通政階, 爲禮曹參議, 加贈娘淑夫人. 又六年, 鼎重陞嘉善階, 爲吏曹參判, 又五年, 鼎重陞資憲階, 爲戶曹判書, 加贈娘貞夫人, 可謂哀榮備至矣. 獨悲其天不少延其生, 俾得以身拜命也. 至今不二十年, 而父母又棄我, 餘生煢煢, 孤寄獨存, 每誦范文正訓子書. 今得厚祿, 欲以養親親不在, 汝母亦已早世. 吾所最恨之語, 未嘗不心摧而涕隕也.

始葬夫人於楊州鳴牛里先壟之次, 亦其年十二月十九日也. 鼎重承外舅言, 草爲行錄, 請銘於樂靜趙公, 刻之石矣. 今見其地卑下, 實有古人五患之慮. 深惟永世安固之圖, 將欲就其高而移窆之, 復虛其右, 以爲他日同穴之計. 逝者何知? 吁亦可悲也已. 玆用追記事之始終如右, 告于當世立言之君子, 誌其槩納之壙云爾.

■ 〈九代祖妣贈貞夫人礪山宋氏墓表〉, 閔鼎重, 『老峯集』권9, 『韓國文集叢刊』129, 217쪽

公州儒城縣東, 有村曰虎洞. 洞左負艮之原, 有封若堂者, 贈貞夫人礪山宋氏之墓. 其下曰司憲府執義閔公沖源與其配淑人吳氏之墓. 執義公卽其所出也, 子孫世居墓下, 至今識之.

崇禎戊申, 後孫維重以原任大司諫, 出按湖西路, 儒城實在其界內, 率宗人, 洒掃塋域, 備物以祭之. 退與謀曰: "墓久無表, 懼或世愈遠, 湮沒無傳. 宜刻石示諸後." 石旣具, 宗人遂命鼎重記之.

嗚呼! 今距夫人之世二百有餘年矣. 家乘散失, 雖不能詳其本末, 亦有世譜存焉. 按譜, 閔氏自尙衣奉御稱道十二世. 有諱審言配三姓, 其初娶曰夫人, 而於鼎重等爲九代祖考妣也. 祖考之藏, 在童城位谷里, 有短碣題其面曰: "嘉靖大夫開城府副留守閔某之墓." 盖公在魯山朝, 拜是職, 及光廟受禪, 以公爲世名賢, 召以刑曹參判, 不就, 歸老童城, 年九十餘終, 仍其居葬焉.

夫人以元配, 禮當合祔而別葬於此者, 不知何故也. 嘗考族書, 夫人之父羅州牧使諱琠, 及其配金氏墓在連山. 其祖兵曹參判諱允蕃墓在鎭岑. 連與鎭接壤於儒城, 豈夫人早世而卜葬, 取近於世壟耶? 其先有曰惟翊·曰淑文·曰希植·曰松禮·曰玢·曰瑞, 皆至大官, 於夫人爲曾高以上也.

夫人生二男一女. 長曰澄源參軍, 其次則執義公而擧賢良致位臺憲. 女歸經歷金恥. 其內外孫支甚繁. 擧其聞於世者, 則判決事貞. 參議孝孫·左尹祥安·持平箎·右議政箕·驪陽君仁伯 參軍之後也. 吏曹正郎粹·典籍龜孫·左贊成齊仁·郡守思容·令汝健·贈正郎汝俊·參判汝任·府使汝儉·參判汝慶·府尹機·節度使栐·觀察使光勳·掌令光爀, 執義之後也. 縣令金孟規·郡守金仲矩·生員金叔準·別提金季繩·生員安謙, 大提學權孟孫·翰林李悌林·生員柳承涵, 經歷之子與婿也. 及今苗裔益衆, 不可數計. 其居于墓下者, 亦六十三人. 皆冑出執義公, 處士枰以孝聞. 參奉㮨有長者風, 爲鄕里望. 每歲寒食, 長老會子弟, 具黍稷魚肉以祭焉.

嗚呼! 人之葬其先者, 孰不欲世守? 而不數十年, 子孫衰替, 不能保其丘壟, 其能保守七八十或百餘歲者, 盖亦罕矣. 今玆虎洞, 則子孫世守, 致虔香火, 庥蔭所及. 雲仍相襲, 或仕或處, 俱有顯名, 猗歟盛哉. 於此可以徵餘慶之未艾也. 吾先君觀察公, 嘗有意斯役, 而未及就. 吾弟能繼志有成.

伯氏蓍重出按嶺南, 爲之助刻, 而記述之文. 又屬鼎重, 感慕追遠. 有戚於心. 畧擧梗槩, 用垂來世, 俾有考焉. 崇禎己酉四月日, 九代孫資憲大夫戶曹判書兼同知經筵成均館事世子左副賓客鼎重謹述.

▩〈孺人驪興閔氏墓表〉, 閔鼎重, 『老峯集』권9, 『韓國文集叢刊』129, 219쪽

驪興閔氏者, 先觀察使贈吏曹判書府君之女, 而江華府留守蓍重・行大司憲鼎重・戶曹判書維重之長姊也. 以萬曆戊午三月十五日生. 資禀絶異, 淸粹和順, 學女事無不能. 事親至孝, 父母有疾, 輒憂念廢食, 見父母食然後乃食. 常曰: "小兒不宜有異藏." 雖絲線之微, 不之私也.

年十四, 受洪氏聘, 未行而遽以疾卒. 實崇禎辛未十月二十五日也. 先君有五男四女, 不幸長兄十歲而夭, 葬在楊州鳴牛里先祖贊成公墓左堇餘十擧武. 與吾叔父之殤者並而差後焉. 次則三歲, 別葬於坡山外氏先壟. 比姊喪, 亦葬之先祖墓左可百擧武而間一丘, 不相望也.

先君諱光勳, 先夫人延安李氏. 蓍重等竊悲吾姊之得於天者. 若此之秀, 而乃不能永其年, 奚哉? 後生諸弟蒙父母餘慶, 得有成立, 俱享人世之樂. 每念同氣之情, 幽明之痛, 未嘗不心摧而涕隕也. 所懼他日, 一抔荒土, 又無所考, 長爲樵牧之所蹂踐. 用立短石, 追表墓道, 並識諸殤之所藏.

嗚呼哀哉! 崇禎癸丑月日, 弟五憲大夫行司憲府大司憲兼知經筵事世子左賓客鼎重謹書.

▩〈亡姪女墓表〉, 閔鼎重, 『老峯集』권9, 『韓國文集叢刊』129, 219~220쪽

姪女閔氏, 韓山李君沆之妻也. 柔惠端淑, 罕言笑. 不遊庭, 不好戱玩之具, 不私箱篋之蓄. 父母旣愛其得氣淸, 而又憂其禀質弱也. 己酉, 其父蓍重爲嶺南按使, 以家屬從.

庚戌, 擇其對, 歸于李君, 辛亥夏, 自其父任所, 奔舅喪于京師. 旣數日,而李君病癘, 時余仕於朝, 取李君救護於家. 姪女朝夕居室外湯藥. 是冬十一月二十六日, 余赴早衙, 忽報姪女病急. 急歸視之, 已無及矣.

嗚呼! 我之大譴歟? 李君之不幸歟? 抑毁於喪憂於疾而損其壽歟? 豈天賦之淸且弱者, 局於數歟? 同居而不及救, 朝出而不復見, 何其死之暴也? 痛哉痛哉!

壬子, 按使公以大諫召還, 視葬於李氏先壟, 卽廣州治東樊川負戌之原. 二月二十八日也, 西南距其舅參判公廷夔墓, 隔一丘二百步而近.

閔氏之先, 出自驪興. 平章事諱令謨・贊成事諱宗儒・大提學諱愉, 俱以名臣, 備載麗史. 副留守諱審言・左贊成諱齊仁・慶州府尹諱機, 亦以文學行義, 著於本朝. 而府尹公是爲曾祖, 觀察使贈吏曹判書諱光勳, 是其祖. 按使公娶府使洪霔女.

姪女以崇禎丙申九月二十七日生焉. 李君牧隱先生諱穡之後. 癸丑, 按使公留守江都, 命余曰: "吾看李君必能立身, 追賁吾女之隧. 吾所哀者, 其生不長, 其死無嗣, 不爲之表, 後無以考. 吾不能待也, 吾治小石, 汝其識之."

余謹略叙其槩如右. 嗚呼! 可悲也已. 崇禎癸丑月日, 仲父某官某書.

■ 〈李煊妻墓表〉, 閔鼎重, 『老峯集』권9, 『韓國文集叢刊』129, 220쪽

孺人閔氏, 議政府左議政鼎重之女也, 其母曰李. 以崇禎癸卯八月十一日生. 自能言, 長老見之, 輒稱其明淑. 稍長, 季父領敦寧府事公維重喜其有知識, 槳愛有加.

年十七, 歸于慶州李煊. 舅姑甚愛之, 常曰: "是善事我, 習禮中度." 及遭其嫡姑喪, 又歎其哀敬兩盡.

庚申夏, 其父起謫拜相, 爲覲入京, 因產感疾. 九月卜七日, 竟不起.

嗚呼痛哉! 辛酉正月初七日, 歸祔于李氏先壟之左負午之原, 卽興原江北靈鷲山下行齋洞也. 其嫡兄鎭長往莅其事.

我閔系出驪興, 高麗平章事諱令謨, 大提學諱愉, 乃其遠祖也. 曾祖慶州府尹贈領議政諱機. 祖江原道觀察使贈領議政諱光勳. 其母本自璿派, 全平君慶禎是爲考. 熩之先, 出自新羅佐命大臣諤平. 父仁寶, 司饔院參奉. 祖諱溭, 同知中樞府事, 贈某官. 曾祖諱惟一, 贈某官.

嗚呼! 余哭此女未數旬, 其所生男亦不育. 追瘞之墓側, 而又其同胞六人, 皆先後夭死. 不四年, 而其母亦傷毁繼逝. 惟玆一抔之託, 誰復識之? 用遵古禮, 立一小石, 略記其世系如斯. 嗚呼痛哉! 其父泣書.

■〈先妣貞夫人李氏墓埋誌告文〉, 閔鼎重, 『老峯集』권9, 『韓國文集叢刊』 223쪽

顯妣誌銘, 已請行判中樞府事尤齋宋公時烈撰定. 燔作八片, 盛之石函, 擇吉奉埋于壙南少東之地. 追遠感慕, 摧咽難勝.

찾아보기

ㄷ

ㄹ

ㅁ

ㅂ

ㅅ

ㅇ

ㅈ

ㅊ

ㅌ

ㅍ

ㅎ

■ 황수연

연세대학교 국문과에서 한문학을 전공하고, 이화여자대학교 한국문화연구원 전임 연구원으로 여성 제문 및 행장을 연구하였으며, 현재 미국에 있다. 그간 작업한 것으로 "17세기 제망실문(祭亡室文)과 제망녀문(祭亡女文) 연구", "여성주의적 시각에서 본 18세기 기녀 대상 한시" 등이 있다.

■ 김기림

이화여자대학교에서 국문과에서 한문학을 전공하고, 현재 충북대학교에서 한문을 강의하고 있다. 그간 작업한 것으로 『우리 한문학사의 여성 인식』(공저), "태평한화 골계전에 나타난 여성상과 그 의미", "서거정 여성 인식과 그 의미" 등이 있다.

【 이화한국문화연구총서 2 】

17세기 여성생활사 자료집 ❷

2006년 2월 15일 초판 발행

역 주 황수연 · 김기림
펴낸이 김홍국
펴낸곳 도서출판 **보고사**

등록 1990년 12월(제6-0429)
주소 서울시 성북구 보문동 7가 11번지
편집부 922-5120~1, 영업부 922-2246, 팩스 922-6990
홈페이지 www.bogosabooks.co.kr
메일 kanapub3@chol.com

ISBN 89-8433-436-7(94810)
89-8433-434-0(전4권)

정가 23,000원

잘못된 책은 교환하여 드립니다.